Persiapan Spiritual Untuk Dunia
Yang Sedang Muncul

LANGKAH-LANGKAH
MENUJU PENGETAHUAN

∞

Kitab Mengetahui Batin

PERSIAPAN SPIRITUAL UNTUK
DUNIA YANG SEDANG MUNCUL

LANGKAH-LANGKAH
MENUJU
PENGETAHUAN

KITAB MENGETAHUI BATIN

Marshall Vian Summers

LANGKAH-LANGKAH MENUJU PENGETAHUAN:
Kitab Mengetahui Batin

Copyright © 1999 by The Society for the New Message.

Hak cipta dilindungi.

Penyunting: Darlene Mitchell

Desain Buku: Argent Associates, Boulder, CO.

ISBN: 978-1-884238-77-2 STEPS TO KNOWLEDGE: *The Book of Inner Knowing*

Redazione a cura di Darlene Mitchell
Design del libro a cura di Argent Associates, Boulder, CO.

NKL POD Version 4.5
Library of Congress Catalog Card Number: 00551019
Ini adalah edisi ketiga *Steps to Knowledge*
JUDUL ASLI DITERBITKAN DALAM BAHASA INGGRIS

Publisher's Cataloging-in-Publication
(Provided by Quality Books, Inc.)

Summers, Marshall Vian.
  Steps to knowledge : the book of inner knowing : spiritual preparation for an emerging world / Marshall Vian Summers—third edition.
    pages cm
  LCCN 00551019
  978-1-884238-18-5 (English print legacy)
  978-1-884238-77-2 (English print pod)
  978-1-942293-65-1 (Indonesian print)
  978-1-884238-67-3 (English ebook)
  978-1-942293-66-8 (Indonesian ebook)

  1. Society for The Greater Community Way of Knowledge. 2. Spiritual exercises. I. Title
BP605.S58S84 2014   299'.93
                                      QBI14-334

Langkah-Langkah menuju Pengetahuan berfungsi sebagai Buku Latihan Pesan Baru dalam mempelajari dan menerapkan Tata Cara Pengetahuan Komunitas Besar. *Langkah-Langkah menuju Pengetahuan* adalah buku dari Pesan Baru dari Tuhan dan diterbitkan oleh New Knowledge Library, penerbit dari Society untuk Pesan Baru. Society adalah organisasi nirlaba keagamaan yang berdedikasi untuk menyajikan dan mengajarkan suatu Pesan Baru bagi umat manusia. Buku-buku New Knowledge Library dapat dipesan di www.newknowledgelibrary.org, toko buku lokal Anda dan di banyak pengecer online lainnya.

Pesan Baru sedang dipelajari dalam lebih dari 30 bahasa di lebih dari 90 negara.
Langkah-Langkah menuju Pengetahuan sedang diterjemahkan ke dalam banyak bahasa dunia kita oleh sekelompok siswa penerjemah sukarelawan yang berdedikasi dari seluruh dunia. Semua terjemahan ini akan tersedia secara online di https://www.pesanbaru.org/.

The Society for the New Message
P.O. Box 1724 • Boulder, CO 80306-1724
(303) 938-8401 • (800) 938-3891 011
303 938 84 01 (International). (303) 938-1214 (fax)
www.newknowledgelibrary.org   society@newmessage.org
www.newmessage.org   www.newmessage.org

Kata Pengantar

Langkah-Langkah menuju Pengetahuan adalah Kitab Mengetahui Batin. Rencana studi satu tahun ini, yang dibagi menjadi 365 langkah atau pelajaran, dirancang untuk memungkinkan para siswa belajar mengalami dan menerapkan Pengetahuan Diri, atau Kuasa Spiritual mereka, di dunia. *Langkah-Langkah menuju Pengetahuan* memenuhi tugas ini secara langkah demi langkah saat siswa diperkenalkan dengan gagasan-gagasan dan latihan-latihan penting yang memungkinkan keberhasilan upaya ini. Berlatih setiap hari memberikan dasar pengalaman yang kuat dan mengembangkan pemikiran, persepsi, dan motivasi diri yang diperlukan untuk keberhasilan duniawi maupun kemajuan spiritual.

Apakah Pengetahuan?

Langkah-langkah menuju Pengetahuan menjelaskan Pengetahuan secara berikut:

> "Pengetahuan mewakili Jati Diri Anda, Pikiran Sejati Anda dan hubungan-hubungan sejati Anda di alam semesta. Pengetahuan juga mengandung panggilan Anda yang lebih agung di dunia dan pemanfaatan sempurna dari kodrat Anda, semua kemampuan dan ketrampilan inheren Anda, bahkan keterbatasan Anda, semua untuk diberikan demi kebaikan di dunia." (Langkah 2)

Pengetahuan adalah pikiran spiritual yang lebih dalam yang Sang Pencipta telah berikan kepada setiap orang. Ini adalah sumber dari semua tindakan, kontribusi, dan hubungan yang berarti. Ini adalah sistem Pemandu Batin alami kita. Realitasnya misterius, namun Hadiratnya dapat dialami secara langsung. Pengetahuan sangat arif dan efektif dalam memandu setiap orang dalam menemukan hubungan, kerja, dan kontribusi mereka yang tepat. Ini sama efektifnya dalam mempersiapkan seseorang untuk mengenali banyak sandungan dan penipuan yang ada di sepanjang jalan. Ini adalah dasar untuk melihat, mengetahui, dan bertindak dengan kepastian dan kekuatan. Ini adalah fondasi kehidupan.

Untuk Apakah Langkah-Langkah menuju Pengetahuan?

Langkah-Langkah menuju Pengetahuan telah disediakan sebagai Cara bagi individu yang merasa bahwa suatu panggilan dan tujuan spiritual sedang muncul dalam hidup mereka, tetapi yang memerlukan pendekatan baru untuk sepenuhnya memahami apa artinya. Seringkali individu-individu ini sudah lama merasakan tarikan ini. *Langkah-Langkah* menyediakan fondasi di mana mereka dapat mulai merespons panggilan ini. Satu-satunya persyaratan masuk adalah tekad untuk mengetahui tujuan, makna, dan arah seseorang.

Ini Dirancang untuk Mencapai Apa?

Langkah-Langkah menuju Pengetahuan mewakili baik jalur menuju Tuhan maupun jalur kontribusi di dunia. Yang melibatkan siswa dalam memecahkan dua pertanyaan paling mendasar dalam kehidupan: Siapakah saya? dan Mengapa saya di sini? *Langkah-Langkah* menjawab pertanyaan-pertanyaan ini dalam konteks tujuan, hubungan dan komunitas. Yang menekankan bahwa setiap orang mencari hal-hal ini di dunia dan bahwa pengejaran ini mendasari semua hasrat dan upaya yang dianggap bermakna di sini. Pengalaman akan tujuan, hubungan, dan komunitas memberi setiap orang makna dan identitas apa pun yang mungkin mereka rasakan pada saat-saat tertentu. *Langkah-Langkah* menunjukkan bahwa kebutuhan ini bersifat intrinsik bagi setiap orang dan bahwa setiap orang telah membawa jawaban atas kebutuhan ini bersama mereka dari Rumah Purba mereka. Dengan demikian, dikatakan bahwa setiap orang membawa, tanpa menyadari, pemenuhan mereka sendiri di dalam diri mereka, di dalam Pengetahuan Diri mereka.

Melalui latihan dan wahyu, *Langkah-Langkah menuju Pengetahuan* memberi siswa struktur yang diperlukan untuk menemukan Pengetahuan, untuk terlibat dengan Pengetahuan, dan untuk mengikuti Pengetahuan dalam setiap situasi. Dengan ini, mereka mulai menemukan arah hidup mereka yang sejati. Belajar setiap hari membangun keterampilan dan kepercayaan diri yang hanya didapatkan dari penerapan diri yang konsisten.

Memperoleh kembali dan menerapkan Pengetahuan Diri adalah tujuan dari buku latihan spiritual ini dan ajarannya. Penekanan dalam setiap langkah adalah untuk mengembangkan kehidupan batin dan kehidupan lahir siswa secara bersama-sama, karena Pengetahuan

(Kesadaran Diri) dan Kearifan (Penerapan Diri) harus muncul bersama-sama. Dengan demikian, melalui pembelajaran dan menerapkan Tata Cara Pengetahuan, siswa secara alami mengembangkan kesabaran, objektivitas, wawasan, kekuatan, toleransi, dan rasa harga diri yang langgeng.

BAGAIMANA INI DIBERIKAN

Langkah-Langkah menuju Pengetahuan diwahyukan kepada guru Marshall Vian Summers pada musim semi tahun 1989. Yang diterima selama periode dua puluh hari dalam keadaan wahyu. *Langkah-Langkah menuju Pengetahuan* diberikan oleh sekelompok guru spiritual tak terlihat yang menggambarkan diri mereka sebagai Guru-Guru dari Komunitas Besar. Pesan mereka bersifat universal namun metode mereka unik untuk masa dan dunia kita.

MENGAPA INI DITULIS

Dunia kita berada di ambang batas kemunculan ke dalam Komunitas Besar penuh kehidupan berakal di alam semesta di sekitar kita. Oleh karena itu, pemahaman dan perspektif yang lebih universal tentang hubungan, spiritualitas, dan kemajuan manusia diperlukan saat ini. *Langkah-Langkah menuju Pengetahuan* disediakan bagi mereka yang menjanjikan sebagai kontributor utama selama periode besar berikutnya dalam sejarah manusia, di mana umat manusia mulai menjumpai ras-ras berakal lainnya dari Komunitas Besar. Ini adalah ambang batas terbesar yang pernah kita hadapi. Namun dari perspektif Komunitas Besar, jelas bahwa umat manusia tidak siap. Ini telah memicu suatu pemahaman dan ajaran spiritual baru untuk diberikan kepada dunia, karena Sang Pencipta tidak akan membiarkan kita sendirian dan tidak siap menghadapi kemunculan kita ke dalam Komunitas Besar. Maka suatu persiapan spiritual yang sangat unik telah diberikan yang memungkinkan pria dan wanita memperoleh kuasa, belas kasih, dan keterampilan yang diperlukan untuk melayani dunia dalam masa transisi. Untuk mempersiapkan individu-individu ini menemukan panggilan hidup mereka yang lebih besar, *Langkah-Langkah menuju Pengetahuan* dan buku-buku pendampingnya telah disediakan sebagai panduan dan sebagai sumber.

Bagaimana bekerja dengan Langkah-Langkah

Harap pertimbangkan rekomendasi berikut ini untuk memungkinkan Anda menerima manfaat terbesar dari studi Anda dalam *Langkah-Langkah menuju Pengetahuan:*

    ☯ *Langkah-Langkah menuju Pengetahuan* adalah program studi lengkap. Setiap langkah membawa Anda lebih tinggi dan lebih dekat ke penemuan diri Anda. Karena itu, rencanakan untuk menyelesaikannya. Jika Anda tidak berhenti, Anda akan maju.

    ☯ Meskipun *Langkah-Langkah menuju Pengetahuan* adalah program belajar mandiri, Anda disarankan untuk menemukan orang lain yang dapat Anda ajak berbagi latihan dan pengalaman Anda. Ini memaksimalkan peluang Anda untuk belajar dan menyediakan dasar yang bermakna untuk membentuk hubungan baru.

    ☯ Ikuti langkah-langkah dalam *Langkah-Langkah menuju Pengetahuan* persis seperti yang diberikan. Jangan mengubah latihan secara apa pun. Ini sangat penting. Anda boleh tetap di satu langkah selama lebih dari satu hari jika Anda mau, tetapi jangan terlalu lama diam di langkah mana pun atau Anda dapat kehilangan momentum dengan kurikulum ini.

    ☯ Jangan melewatkan atau mengubah urutan untuk berlatih langkah yang menurut Anda menarik. Setiap langkah dirancang untuk membawa Anda mengambil langkah satu per satu. Ini menyediakan jalur yang aman dan berhasil dalam pendekatan Anda menuju Pengetahuan. Ikuti dan manfaatkan langkah untuk hari itu. Langkah ini cocok untuk hari itu.

    ☯ Bacalah pelajaran di pagi hari ketika Anda bangun dan beberapa waktu kemudian. Anda juga dapat membaca pelajaran sebagai orang pertama pada salah satu kesempatan ini, jika Anda ingin merasa pesannya lebih pribadi.

    ☯ *Langkah-Langkah menuju Pengetahuan* akan mengajari Anda cara berlatih dan cara mengembangkan kebiasaan belajar yang efektif. Ada saatnya Anda mungkin merasa bahwa tetap berlatih akan merupakan tantangan yang cukup besar. Namun ingatlah bahwa *Langkah-Langkah* akan membangun kekuatan dan kesadaran diri Anda melalui latihannya. Anda mampu menjalankan latihan-latihan ini dan melakukannya akan menyelaraskan dan mengubah hidup Anda.

    ☯ Sisihkan waktu latihan rutin setiap hari. Jangan biarkan keadaan mendikte kemampuan Anda untuk berlatih. Latihan sangat penting untuk membangun lingkungan untuk Pengetahuan muncul. Waktu latihan telah ditambahkan di bagian bawah setiap langkah untuk membantu Anda mengintegrasikan latihan ke dalam hari Anda.

⁓ Menulis jurnal sangat berharga dalam melacak kemajuan Anda dan melihat bagaimana setiap langkah berperan dalam melayani Anda setiap hari. Jurnal adalah alat yang ampuh untuk penemuan diri dan akan membantu Anda menerapkan langkah-langkahnya. Menulis jurnal juga akan sangat membantu Anda dalam menggunakan latihan Tinjau Ulang yang ada di seluruh kurikulum.

⁓ Bersabarlah dan izinkan langkah-langkah ini bekerja untuk Anda. Hal ini luar biasa kuat jika Anda mengikuti urutan langkah-langkah seperti yang diberikan. Ini memerlukan waktu. Suatu perjalanan besar terdiri dari banyak langkah kecil. Masing-masing diperlukan.

⁓ Jika Anda melewatkan satu hari, cukup kembalilah berlatih. Jangan mengutuk diri Anda sendiri (atau programnya). Anda hanya perlu melanjutkan *Langkah-Langkah* untuk menerima manfaat penuhnya.

⁓ *Langkah-Langkah menuju Pengetahuan* dapat menantang kepercayaan dan asumsi yang dijunjung tinggi. Jika ini terjadi, terimalah tantangan ini dan lihat apa yang dikandungnya untuk Anda. Anda harus melihat melampaui sudut pandang terbatas untuk mendapatkan sudut pandang yang lebih besar. Di sinilah kepuasan tercapai.

⁓ *Langkah-Langkah menuju Pengetahuan* adalah anugerah untuk Anda dari Tuhan melalui guru-guru tak terlihat yang melayani umat manusia. Ini adalah anugerah untuk Anda terima dan untuk Anda berikan.

Kesimpulan

Kuasa dan cakupan *Langkah-Langkah menuju Pengetahuan* sama besarnya dengan tujuannya. Sumbernya berasal dari luar dunia ini. Yang mengajarkan bahwa dunia sedang dalam proses memasuki Komunitas Besar dunia-dunia. Ini menyajikan pemahaman dan persiapan spiritual baru yang diperlukan untuk mengaktifkan kuasa spiritual dan kemampuan duniawi setiap orang. Ini akan menebus masa lalu mereka dan mempersiapkan mereka untuk masa depan. *Langkah-Langkah menuju Pengetahuan* mendorong perspektif yang lebih besar daripada sudut pandang manusia belaka dalam memahami peristiwa-peristiwa di dunia dan di luarnya. Tepat untuk mengatakan bahwa kurikulum dalam *Langkah-Langkah menuju Pengetahuan* mewakili Kearifan Universal dalam arti yang sesungguhnya.

Seperti yang sering diindikasikan oleh *Langkah-Langkah*, Kebenaran, bagaimanapun dikonsepkan, harus dialami sepenuhnya untuk diwujudkan dan diterapkan dengan tepat. Ini adalah proses langkah demi langkah. *Langkah-Langkah menuju Pengetahuan* telah diberikan untuk melayani orang-orang yang terpanggil untuk mewujudkan warisan dan tujuan spiritual mereka di dunia saat ini.

Daftar Isi

Bagian Pertama

☙

Langkah 1:	Saya sekarang tanpa Pengetahuan.
Langkah 2:	Pengetahuan ada bersama saya. Di manakah saya?
Langkah 3:	Apakah yang benar-benar saya ketahui?
Langkah 4:	Saya menginginkan apa yang saya pikir saya ketahui.
Langkah 5:	Saya percaya apa yang saya ingin percaya.
Langkah 6:	Saya memiliki fondasi sejati di dunia.
Langkah 7:	Tinjau Ulang

☙

Langkah 8:	Hari ini saya akan hening.
Langkah 9:	Dalam keheningan segala sesuatu dapat diketahui.
Langkah 10:	Apakah Pengetahuan itu?
Langkah 11:	Saya tidak terpisah dari kehidupan.
Langkah 12:	Individualitas saya adalah untuk mengungkapkan kehidupan itu sendiri.
Langkah 13:	Saya ingin terpisah agar menjadi unik.
Langkah 14:	Tinjau Ulang

☙

Langkah 15:	Saya akan mendengarkan pengalaman saya hari ini.

LANGKAH 16: MELAMPAUI PIKIRAN SAYA ADA PENGETAHUAN.

LANGKAH 17: HARI INI SAYA INGIN MENDENGAR KEBENARAN.

LANGKAH 18: HARI INI SAYA MERASAKAN KEBENARAN MUNCUL DALAM DIRI SAYA.

LANGKAH 19: HARI INI SAYA INGIN MELIHAT.

LANGKAH 20: SAYA TIDAK AKAN MEMBIARKAN KERAGUAN DAN KEBINGUNGAN MEMPERLAMBAT KEMAJUAN SAYA.

LANGKAH 21: TINJAU ULANG

LANGKAH 22: SAYA DIKELILINGI OLEH GURU-GURU TUHAN.

LANGKAH 23: SAYA DIKASIHI, DIKELILINGI DAN DIDUKUNG OLEH GURU-GURU TUHAN.

LANGKAH 24: SAYA LAYAK AKAN KASIH TUHAN.

LANGKAH 25: SAYA SELARAS DENGAN KEBENARAN TERAGUNG DALAM KEHIDUPAN.

LANGKAH 26: KESALAHAN SAYA MELAHIRKAN PENGETAHUAN SAYA.

LANGKAH 27: SAYA MEMILIKI KEARIFAN YANG INGIN SAYA TEMUKAN.

LANGKAH 28: TINJAU ULANG

LANGKAH 29: SAYA AKAN MENGAMATI DIRI SAYA HARI INI UNTUK BELAJAR TENTANG PENGETAHUAN.

LANGKAH 30: HARI INI SAYA AKAN MENGAMATI DUNIA SAYA.

LANGKAH 31: SAYA INGIN MELIHAT DUNIA YANG BELUM PERNAH SAYA LIHAT SEBELUMNYA.

LANGKAH 32: KEBENARAN ADA BERSAMA SAYA. SAYA DAPAT MERASAKANNYA.

Langkah 33:	Saya memiliki misi dalam hidup saya untuk dipenuhi.
Langkah 34:	Saya adalah siswa pemula Pengetahuan.
Langkah 35:	Tinjau Ulang

∞

Langkah 36:	Hidup saya adalah misteri untuk dijelajahi.
Langkah 37:	Ada jalan menuju Pengetahuan.
Langkah 38:	Tuhan tahu jalan menuju Pengetahuan.
Langkah 39:	Kuasa Tuhan bersama saya.
Langkah 40:	Hari ini saya akan merasakan kuasa Tuhan.
Langkah 41:	Saya tidak takut akan kuasa Tuhan.
Langkah 42:	Tinjau Ulang

∞

Langkah 43:	Kehendak saya adalah untuk mengenal Tuhan.
Langkah 44:	Saya ingin mengetahui kekuatan saya sendiri.
Langkah 45:	Sendirian saya tidak bisa melakukan apa-apa.
Langkah 46:	Saya harus kecil untuk menjadi agung.
Langkah 47:	Mengapa saya memerlukan Guru?
Langkah 48:	Instruksi sejati tersedia untuk saya.
Langkah 49:	Tinjau Ulang

∞

Langkah 50:	Hari ini saya akan bersama Pengetahuan.

LANGKAH 51: **Biarkan saya mengenali ketakutan saya agar saya dapat melihat kebenaran yang melampauinya.**

LANGKAH 52: **Saya bebas untuk mencari sumber pengetahuan saya.**

LANGKAH 53: **Anugerah saya adalah untuk orang lain.**

LANGKAH 54: **Saya tidak akan hidup dalam idealisme.**

LANGKAH 55: **Saya akan menerima dunia apa adanya.**

LANGKAH 56: **Tinjau Ulang**

LANGKAH 57: **Kebebasan ada pada saya.**

LANGKAH 58: **Pengetahuan ada pada saya.**

LANGKAH 59: **Hari ini saya akan belajar kesabaran.**

LANGKAH 60: **Saya tidak akan menilai dunia hari ini.**

LANGKAH 61: **Cinta kasih memberikan dirinya melalui saya.**

LANGKAH 62: **Hari ini saya akan belajar mendengarkan kehidupan.**

LANGKAH 63: **Tinjau Ulang**

LANGKAH 64: **Hari ini saya akan mendengarkan orang lain.**

LANGKAH 65: **Saya telah datang untuk bekerja di dunia.**

LANGKAH 66: **Saya akan berhenti mengeluh tentang dunia.**

LANGKAH 67: **Saya tidak tahu apa yang saya inginkan untuk dunia.**

LANGKAH 68: **Saya tidak akan hilang kepercayaan pada diri saya sendiri hari ini.**

LANGKAH 69:   Hari ini saya akan berlatih keheningan.
LANGKAH 70:   Tinjau Ulang

☯

LANGKAH 71:   Saya di sini untuk melayani suatu tujuan yang lebih agung.
LANGKAH 72:   Saya akan memercayai kecenderungan terdalam saya hari ini.
LANGKAH 73:   Saya akan mengizinkan kesalahan saya untuk mengajari saya.
LANGKAH 74:   Kedamaian berdiam bersama saya hari ini.
LANGKAH 75:   Hari ini saya akan mendengarkan Diri saya.
LANGKAH 76:   Hari ini saya tidak akan menilai orang lain.
LANGKAH 77:   Tinjau Ulang

☯

LANGKAH 78:   Saya tidak dapat melakukan apa-apa sendirian.
LANGKAH 79:   Saya akan mengizinkan ada ketidakpastian hari ini.
LANGKAH 80:   Saya hanya bisa berlatih.
LANGKAH 81:   Saya tidak akan menipu diri sendiri hari ini.
LANGKAH 82:   Saya tidak akan menilai orang lain hari ini.
LANGKAH 83:   Saya menghargai Pengetahuan di atas segalanya.
LANGKAH 84:   Tinjau Ulang

☯

LANGKAH 85: **Saya menemukan kebahagiaan dalam hal-hal kecil hari ini.**

LANGKAH 86: **Saya menghormati mereka yang telah memberi kepada saya.**

LANGKAH 87: **Saya tidak akan takut dengan apa yang saya ketahui.**

LANGKAH 88: **Kesadaran Tertinggi saya bukan individu.**

LANGKAH 89: **Emosi saya tidak dapat menghalangi Pengetahuan saya.**

LANGKAH 90: **Hari ini saya tidak akan membuat asumsi.**

LANGKAH 91: **Tinjau Ulang**

∞

LANGKAH 92: **Ada peran untuk saya jalankan di dunia.**

LANGKAH 93: **Saya dikirim ke sini demi suatu tujuan.**

LANGKAH 94: **Kebebasan saya adalah untuk menemukan tujuan saya.**

LANGKAH 95: **Bagaimana mungkin saya memenuhi diri saya sendiri?**

LANGKAH 96: **Kehendak Tuhan adalah agar saya tidak terbebani.**

LANGKAH 97: **Saya tidak tahu apa pemenuhan itu.**

LANGKAH 98: **Tinjau Ulang**

∞

LANGKAH 99: **Saya tidak akan menyalahkan dunia hari ini.**

LANGKAH 100: **Hari ini saya adalah siswa pemula Pengetahuan.**

LANGKAH 101: **Dunia memerlukan saya, tapi saya akan menunggu.**

Langkah 102: **Ada banyak hal yang harus saya lepaskan.**

Langkah 103: **Saya dihormati oleh Tuhan.**

Langkah 104: **Tuhan lebih tahu tentang saya daripada saya sendiri.**

Langkah 105: **Tinjau Ulang**

∞

Langkah 106: **Tidak ada Master yang hidup di dunia.**

Langkah 107: **Hari ini saya akan belajar menjadi bahagia.**

Langkah 108: **Kebahagiaan adalah sesuatu yang harus saya pelajari lagi.**

Langkah 109: **Saya tidak akan terburu-buru hari ini.**

Langkah 110: **Saya akan jujur dengan diri saya sendiri hari ini.**

Langkah 111: **Hari ini saya akan merasa nyaman.**

Langkah 112: **Tinjau Ulang**

∞

Langkah 113: **Saya tidak akan terbujuk oleh orang lain.**

Langkah 114: **Teman-teman sejati saya ada bersama saya. Saya tidak sendirian.**

Langkah 115: **Hari ini saya akan mendengarkan Kuasa Pengetahuan.**

Langkah 116: **Hari ini saya akan bersabar dengan Pengetahuan.**

Langkah 117: **Lebih baik sederhana daripada miskin.**

Langkah 118: **Saya tidak akan menghindari dunia hari ini.**

Langkah 119: **Tinjau Ulang**

LANGKAH 120: **Saya akan mengingat Pengetahuan saya hari ini.**

LANGKAH 121: **Hari ini saya bebas untuk memberi.**

LANGKAH 122: **Saya memberi tanpa kerugian hari ini.**

LANGKAH 123: **Saya tidak akan mengasihani diri sendiri hari ini.**

LANGKAH 124: **Hari ini saya tidak akan berpura-pura bahagia.**

LANGKAH 125: **Saya tidak perlu menjadi seseorang hari ini.**

LANGKAH 126: **Tinjau Ulang**

∞

LANGKAH 127: **Hari ini saya tidak akan mencoba membalas dendam kepada Tuhan.**

LANGKAH 128: **Guru-Guru saya bersama saya. Saya tidak perlu takut.**

LANGKAH 129: **Guru-Guru saya bersama saya. Saya akan bersama mereka.**

LANGKAH 130: **Hubungan akan datang kepada saya ketika saya siap.**

LANGKAH 131: **Hari ini saya akan mencari pengalaman tujuan sejati dalam kehidupan.**

LANGKAH 132: **Biarkan saya belajar menjadi bebas agar saya dapat bergabung.**

LANGKAH 133: **Tinjau Ulang**

∞

LANGKAH 134: **Saya tidak akan mendefinisikan tujuan saya untuk diri saya sendiri.**

LANGKAH 135: SAYA TIDAK AKAN MENDEFINISIKAN TAKDIR SAYA HARI INI.

LANGKAH 136: TUJUAN SAYA ADALAH UNTUK MEMPEROLEH KEMBALI PENGETAHUAN SAYA DAN MENGIZINKANNYA MENGUNGKAPKAN DIRI DI DUNIA.

LANGKAH 137: SAYA AKAN MENERIMA MISTERI HIDUP SAYA.

LANGKAH 138: SAYA HANYA PERLU MENGIKUTI LANGKAH SEPERTI YANG DIBERIKAN.

LANGKAH 139: SAYA TELAH DATANG KE DUNIA UNTUK MELAYANI.

LANGKAH 140: TINJAU ULANG

LANGKAH 141: SAYA AKAN YAKIN HARI INI.

LANGKAH 142: SAYA AKAN KONSISTEN HARI INI.

LANGKAH 143: HARI INI SAYA AKAN HENING.

LANGKAH 144: SAYA AKAN MENGHORMATI DIRI SAYA SENDIRI HARI INI.

LANGKAH 145: SAYA AKAN MENGHORMATI DUNIA HARI INI.

LANGKAH 146: SAYA AKAN MENGHORMATI GURU-GURU SAYA HARI INI.

LANGKAH 147: TINJAU ULANG

LANGKAH 148: LATIHAN SAYA ADALAH PEMBERIAN SAYA KEPADA TUHAN.

LANGKAH 149: LATIHAN SAYA ADALAH PEMBERIAN SAYA KEPADA DUNIA.

LANGKAH 150: HARI INI SAYA AKAN BELAJAR CARA BELAJAR.

LANGKAH 151: SAYA TIDAK AKAN MENGGUNAKAN RASA TAKUT UNTUK MENDUKUNG PENILAIAN SAYA.

Langkah 152: **Saya tidak akan mengikuti rasa takut di dalam dunia.**

Langkah 153: **Sumber saya ingin mengungkapkan dirinya melalui saya.**

Langkah 154: **Tinjau Ulang**

☙❧

Langkah 155: **Dunia memberkati saya saat saya menerima.**

Langkah 156: **Saya tidak akan mengkhawatirkan diri saya hari ini.**

Langkah 157: **Saya tidak sendirian di alam semesta.**

Langkah 158: **Saya kaya sehingga saya bisa memberi.**

Langkah 159: **Kaum miskin tidak bisa memberi. Saya tidak miskin.**

Langkah 160: **Dunia miskin, tapi saya tidak.**

Langkah 161: **Tinjau Ulang**

☙❧

Langkah 162: **Saya tidak akan takut hari ini.**

Langkah 163: **Saya akan merasakan Pengetahuan hari ini.**

Langkah 164: **Hari ini saya akan menghormati apa yang saya ketahui.**

Langkah 165: **Tugas saya kecil. Misi saya agung.**

Langkah 166: **Misi saya agung. Karena itu, saya bebas melakukan hal-hal kecil.**

Langkah 167: **Dengan Pengetahuan saya bebas di dunia.**

Langkah 168: **Tinjau Ulang**

☙❧

Langkah 169: **Dunia ada dalam diri saya. Ini saya tahu.**

LANGKAH 170: **Saya mengikuti Ritus Purba persiapan hari ini.**

LANGKAH 171: **Pemberian saya adalah penegasan kekayaan saya.**

LANGKAH 172: **Saya harus memperoleh kembali Pengetahuan saya.**

LANGKAH 173: **Hari ini saya akan melakukan apa yang diperlukan.**

LANGKAH 174: **Hidup saya dibutuhkan.**

LANGKAH 175: **Tinjau Ulang**

LANGKAH 176: **Saya akan mengikuti Pengetahuan hari ini.**

LANGKAH 177: **Saya akan belajar menjadi jujur hari ini.**

LANGKAH 178: **Saya akan mengingat mereka yang telah memberi kepada saya hari ini.**

LANGKAH 179: **Hari ini saya akan berterima kasih kepada dunia untuk mengajari saya apa yang sejati.**

LANGKAH 180: **Saya mengeluh karena saya kurang Pengetahuan.**

LANGKAH 181: **Hari ini saya menerima cinta kasih Pengetahuan.**

LANGKAH 182: **Tinjau Ulang**

Bagian Kedua

LANGKAH 183: **Saya mencari pengalaman bukan jawaban.**

LANGKAH 184: **Pertanyaan saya lebih besar dari yang saya sadari sebelumnya.**

LANGKAH 185: SAYA TELAH DATANG KE DUNIA DEMI SUATU TUJUAN.

LANGKAH 186: SAYA LAHIR DARI WARISAN PURBA.

LANGKAH 187: SAYA ADALAH WARGA KOMUNITAS BESAR DUNIA-DUNIA.

LANGKAH 188: HIDUP SAYA DI DUNIA INI LEBIH PENTING DARI YANG SAYA SADARI SEBELUMNYA.

LANGKAH 189: KELUARGA SPIRITUAL SAYA ADA DI SEMUA TEMPAT.

LANGKAH 190: DUNIA SEDANG MUNCUL KE DALAM KOMUNITAS BESAR DUNIA-DUNIA DAN ITULAH SEBABNYA SAYA TELAH DATANG.

LANGKAH 191: PENGETAHUAN SAYA LEBIH AGUNG DARI KEMANUSIAAN SAYA.

LANGKAH 192: SAYA TIDAK AKAN MENGABAIKAN HAL-HAL KECIL HARI INI.

LANGKAH 193: SAYA AKAN MENDENGARKAN ORANG LAIN TANPA MENGHAKIMI HARI INI.

LANGKAH 194: SAYA AKAN PERGI KE MANA SAYA DIPERLUKAN HARI INI.

LANGKAH 195: PENGETAHUAN LEBIH KUASA DARI YANG SAYA SADARI.

LANGKAH 196: TINJAU ULANG

LANGKAH 197: PENGETAHUAN HARUS DIALAMI UNTUK DISADARI.

LANGKAH 198: HARI INI SAYA AKAN KUAT.

LANGKAH 199: DUNIA YANG SAYA LIHAT SEDANG MUNCUL KE DALAM KOMUNITAS BESAR DUNIA-DUNIA.

LANGKAH 200: PIKIRAN SAYA TERLALU KECIL UNTUK MEMUAT PENGETAHUAN.

LANGKAH 201: PIKIRAN SAYA DICIPTAKAN UNTUK MELAYANI PENGETAHUAN.

LANGKAH 202: SAYA MEMERHATIKAN KOMUNITAS BESAR HARI INI.

LANGKAH 203: KOMUNITAS BESAR MEMENGARUHI DUNIA YANG SAYA LIHAT.

LANGKAH 204: SAYA AKAN DAMAI HARI INI.

LANGKAH 205: SAYA TIDAK AKAN MENGHAKIMI DUNIA HARI INI.

LANGKAH 206: CINTA KASIH MENGALIR DARI SAYA SEKARANG.

LANGKAH 207: SAYA MEMAAFKAN MEREKA YANG SAYA PIKIR TELAH MENYAKITI SAYA.

LANGKAH 208: SEMUA HAL YANG BENAR-BENAR SAYA HARGAI AKAN DIUNGKAPKAN DARI PENGETAHUAN.

LANGKAH 209: SAYA TIDAK AKAN KEJAM PADA DIRI SAYA SENDIRI HARI INI.

LANGKAH 210: TINJAU ULANG

LANGKAH 211: SAYA MEMILIKI TEMAN-TEMAN BESAR DI LUAR DUNIA INI.

LANGKAH 212: SAYA MENDAPATKAN KEKUATAN DARI SEMUA YANG BERLATIH DENGAN SAYA.

LANGKAH 213: SAYA TIDAK MEMAHAMI DUNIA.

LANGKAH 214: SAYA TIDAK MEMAHAMI DIRI SAYA SENDIRI.

LANGKAH 215: GURU-GURU SAYA BERSAMA SAYA. SAYA TIDAK SENDIRIAN.

LANGKAH 216: ADA HADIRAT SPIRITUAL DALAM HIDUP SAYA.

LANGKAH 217: SAYA MEMBERIKAN DIRI SAYA KEPADA PENGETAHUAN HARI INI.

LANGKAH 218: SAYA AKAN MENYIMPAN PENGETAHUAN DALAM DIRI SAYA HARI INI.

LANGKAH 219: SAYA TIDAK AKAN MEMBIARKAN AMBISI MENIPU SAYA HARI INI.

LANGKAH 220: SAYA AKAN MENAHAN DIRI HARI INI AGAR KEAGUNGAN DAPAT TUMBUH DALAM DIRI SAYA.

LANGKAH 221: SAYA BEBAS UNTUK MERASA BINGUNG HARI INI.

LANGKAH 222: DUNIA MERASA BINGUNG. SAYA TIDAK AKAN MENILAINYA.

LANGKAH 223: SAYA AKAN MENERIMA PENGETAHUAN HARI INI.

LANGKAH 224: TINJAU ULANG

LANGKAH 225: HARI INI SAYA AKAN SERIUS DAN RIANG SEKALIGUS.

LANGKAH 226: PENGETAHUAN BERSAMA SAYA. SAYA TIDAK AKAN TAKUT.

LANGKAH 227: SAYA TIDAK AKAN BERPIKIR BAHWA SAYA TAHU HARI INI.

LANGKAH 228: SAYA TIDAK AKAN MISKIN HARI INI.

LANGKAH 229: SAYA TIDAK AKAN MENYALAHKAN ORANG LAIN UNTUK DERITA SAYA.

LANGKAH 230: PENDERITAAN SAYA LAHIR DARI RASA BINGUNG.

LANGKAH 231: SAYA MEMILIKI PANGGILAN DI DUNIA INI.

LANGKAH 232: PANGGILAN HIDUP SAYA MEMERLUKAN PERKEMBANGAN ORANG LAIN.

LANGKAH 233: SAYA ADALAH BAGIAN DARI SUATU KEKUATAN YANG LEBIH AGUNG DEMI KEBAIKAN DI DUNIA.

LANGKAH 234: PENGETAHUAN MELAYANI UMAT MANUSIA DALAM SEGALA CARA.

LANGKAH 235: KUASA PENGETAHUAN MULAI TERBUKTI BAGI SAYA.

LANGKAH 236: **Dengan Pengetahuan saya akan tahu apa yang harus dilakukan.**

LANGKAH 237: **Saya baru mulai memahami makna hidup saya.**

LANGKAH 238: **Tinjau Ulang**

∞

LANGKAH 239: **Kebebasan adalah milik saya hari ini.**

LANGKAH 240: **Gagasan-gagasan kecil tidak dapat memenuhi kebutuhan saya akan Pengetahuan.**

LANGKAH 241: **Amarah saya tidak dapat dibenarkan.**

LANGKAH 242: **Anugerah terbesar saya untuk dunia adalah Pengetahuan saya.**

LANGKAH 243: **Saya tidak perlu istimewa untuk memberi.**

LANGKAH 244: **Saya dihormati ketika orang lain kuat.**

LANGKAH 245: **Ketika orang lain gagal, saya diingatkan akan perlunya Pengetahuan.**

LANGKAH 246: **Tidak ada pembenaran untuk gagal mendapatkan kembali Pengetahuan.**

LANGKAH 247: **Saya akan mendengarkan Guru-Guru Batin saya hari ini.**

LANGKAH 248: **Saya akan mengandalkan Kearifan alam semesta untuk menginstruksikan saya.**

LANGKAH 249: **Sendirian saya tidak dapat melakukan apa-apa.**

LANGKAH 250: **Saya tidak akan memisahkan diri hari ini.**

LANGKAH 251: **Jika saya mematuhi Pengetahuan, tidak akan ada kebingungan dalam hubungan saya.**

LANGKAH 252: **Tinjau Ulang**

LANGKAH 253: **Semua hal yang benar-benar saya perlukan akan disediakan untuk saya.**

LANGKAH 254: **Saya percaya pada Guru-Guru saya yang berdiam bersama saya.**

LANGKAH 255: **Kesalahan dunia ini tidak akan menghalangi saya.**

LANGKAH 256: **Dunia sedang muncul ke dalam Komunitas Besar dunia-dunia.**

LANGKAH 257: **Kehidupan lebih agung dari yang pernah saya sadari.**

LANGKAH 258: **Siapakah teman-teman saya hari ini?**

LANGKAH 259: **Saya telah datang untuk mengajar di dunia.**

LANGKAH 260: **Saya adalah teman dunia hari ini.**

LANGKAH 261: **Saya harus belajar memberi dengan bijak.**

LANGKAH 262: **Bagaimana saya bisa menilai diri sendiri ketika saya tidak tahu siapa diri saya?**

LANGKAH 263: **Dengan Pengetahuan semua hal menjadi jelas.**

LANGKAH 264: **Saya akan belajar tentang kebebasan hari ini.**

LANGKAH 265: **Ada kebebasan yang lebih besar menunggu saya.**

LANGKAH 266: **Tinjau Ulang**

LANGKAH 267: **Ada solusi sederhana untuk semua masalah di hadapan saya hari ini.**

LANGKAH 268: **Saya tidak akan tertipu oleh kerumitan hari ini.**

LANGKAH 269: KUASA PENGETAHUAN AKAN MENGULURKAN DIRI DARI SAYA.

LANGKAH 270: DENGAN KUASA DATANG TANGGUNG JAWAB.

LANGKAH 271: SAYA AKAN MENERIMA TANGGUNG JAWAB HARI INI.

LANGKAH 272: GURU-GURU SAYA AKAN MEMANDU SAYA SAAT SAYA MELANJUTKAN.

LANGKAH 273: GURU-GURU SAYA MENYIMPAN MEMORI RUMAH PURBA SAYA UNTUK SAYA.

LANGKAH 274: SAYA MENCARI KEBEBASAN DARI AMBIVALENSI HARI INI.

LANGKAH 275: HARI INI SAYA MENCARI KEBEBASAN DARI KETIDAKPASTIAN.

LANGKAH 276: PENGETAHUAN ADALAH PENYELAMAT SAYA.

LANGKAH 277: GAGASAN SAYA KECIL, TETAPI PENGETAHUAN AGUNG.

LANGKAH 278: APA YANG TIDAK BERUBAH AKAN MENGUNGKAPKAN DIRINYA MELALUI SAYA.

LANGKAH 279: SAYA HARUS MENGALAMI KEBEBASAN SAYA UNTUK MENYADARINYA.

LANGKAH 280: TINJAU ULANG

LANGKAH 281: DI ATAS SEGALANYA SAYA MENCARI PENGETAHUAN.

LANGKAH 282: SAYA AKAN BELAJAR MENERIMA TANGGUNG JAWAB DALAM MEMBAWA PENGETAHUAN DI DUNIA.

LANGKAH 283: DUNIA AMBIVALEN, TETAPI SAYA TIDAK.

LANGKAH 284: KEHENINGAN ADALAH ANUGERAH SAYA UNTUK DUNIA.

LANGKAH 285: DALAM KEHENINGAN SEMUA HAL DAPAT DIKETAHUI.

LANGKAH 286: SAYA MEMBAWA KEHENINGAN KE DALAM DUNIA BERSAMA SAYA HARI INI.

LANGKAH 287: DENGAN PENGETAHUAN SAYA TIDAK BISA BERPERANG.

LANGKAH 288: MUSUH HANYALAH TEMAN YANG BELUM BELAJAR UNTUK BERGABUNG.

LANGKAH 289: HARI INI SAYA ADALAH SISWA PENGETAHUAN.

LANGKAH 290: SAYA HANYA BISA MENJADI SISWA. KARENA ITU, SAYA AKAN MENJADI SISWA PENGETAHUAN.

LANGKAH 291: SAYA BERSYUKUR KEPADA SAUDARA-SAUDARA SAYA YANG TELAH BERSALAH PADA SAYA.

LANGKAH 292: BAGAIMANA SAYA BISA MARAH PADA DUNIA KETIKA DUNIA HANYA MELAYANI SAYA?

LANGKAH 293: SAYA TIDAK INGIN MENDERITA HARI INI.

LANGKAH 294: TINJAU ULANG

LANGKAH 295: SAYA SEKARANG MENEMBUS MISTERI HIDUP SAYA.

LANGKAH 296: NASI NOVARE CORAM

LANGKAH 297: NOVRE NOVRE COMEY NA VERA TE NOVRE

LANGKAH 298: MAVRAN MAVRAN CONAY MAVRAN

LANGKAH 299: NOME NOME CONO NA VERA TE NOME

LANGKAH 300: SAYA MENERIMA SEMUA YANG ADALAH KELUARGA SPIRITUAL SAYA HARI INI.

LANGKAH 301: SAYA TIDAK AKAN TENGGELAM DALAM KECEMASAN HARI INI.

LANGKAH 302: SAYA TIDAK AKAN MELAWAN DUNIA HARI INI.

LANGKAH 303: SAYA AKAN MUNDUR DARI BUJUKAN DUNIA HARI INI.

LANGKAH 304: SAYA TIDAK AKAN MENJADI SISWA RASA TAKUT HARI INI.

LANGKAH 305: SAYA MERASAKAN KUASA CINTA KASIH HARI INI.

LANGKAH 306: SAYA AKAN BERISTIRAHAT DALAM PENGETAHUAN HARI INI.

LANGKAH 307: PENGETAHUAN HIDUP DALAM DIRI SAYA SEKARANG.

LANGKAH 308: TINJAU ULANG

LANGKAH 309: DUNIA YANG SAYA LIHAT SEDANG BERUSAHA MENJADI SATU KOMUNITAS.

LANGKAH 310: SAYA BEBAS KARENA SAYA INGIN MEMBERI.

LANGKAH 311: DUNIA MEMANGGIL SAYA. SAYA HARUS MEMPERSIAPKAN UNTUK MELAYANINYA.

LANGKAH 312: ADA MASALAH-MASALAH YANG LEBIH BESAR UNTUK SAYA SELESAIKAN DI DUNIA.

LANGKAH 313: BIARKAN SAYA MENGENALI BAHWA APA YANG RUMIT ADALAH SEDERHANA.

LANGKAH 314: SAYA TIDAK AKAN TAKUT UNTUK MENGIKUTI HARI INI.

LANGKAH 315: HARI INI SAYA TIDAK AKAN SENDIRIAN.

LANGKAH 316: SAYA AKAN MEMERCAYAI KECENDERUNGAN TERDALAM SAYA HARI INI.

LANGKAH 317: SAYA HANYA PERLU MELEPASKAN AMBIVALENSI SAYA UNTUK MENGETAHUI KEBENARAN.

LANGKAH 318: ADA KUASA YANG LEBIH AGUNG YANG BEKERJA DI DUNIA.

LANGKAH 319: MENGAPA SAYA HARUS TAKUT KETIKA KUASA YANG LEBIH AGUNG ADA DI DUNIA?

LANGKAH 320: SAYA BEBAS UNTUK BEKERJA DI DALAM DUNIA.

LANGKAH 321: DUNIA MENUNGGU KONTRIBUSI SAYA.

LANGKAH 322: TINJAU ULANG

LANGKAH 323: **P**ERAN SAYA DI DUNIA TERLALU PENTING UNTUK DIABAIKAN.

LANGKAH 324: **S**AYA TIDAK AKAN MENGHAKIMI ORANG LAIN HARI INI.

LANGKAH 325: **D**UNIA SEDANG MUNCUL KE DALAM **K**OMUNITAS **B**ESAR DUNIA-DUNIA. **K**ARENA ITU, SAYA HARUS PENUH PERHATIAN.

LANGKAH 326: **K**OMUNITAS **B**ESAR ADALAH SESUATU YANG DAPAT SAYA RASAKAN TETAPI TIDAK DAPAT SAYA PAHAMI.

LANGKAH 327: **S**AYA AKAN DAMAI HARI INI.

LANGKAH 328: **H**ARI INI SAYA AKAN MENGHORMATI MEREKA YANG TELAH MEMBERI KEPADA SAYA.

LANGKAH 329: **S**AYA BEBAS UNTUK MENCINTAI DUNIA HARI INI.

LANGKAH 330: **S**AYA TIDAK AKAN MENGABAIKAN HAL-HAL KECIL DALAM HIDUP SAYA.

LANGKAH 331: **A**PA YANG KECIL MENGUNGKAPKAN APA YANG AGUNG.

LANGKAH 332: **S**AYA BARU MULAI MEMAHAMI MAKNA **P**ENGETAHUAN DALAM HIDUP SAYA.

LANGKAH 333: **A**DA HADIRAT BERSAMA SAYA. **S**AYA DAPAT MERASAKANNYA.

LANGKAH 334: **H**ADIRAT **G**URU-**G**URU SAYA BERSAMA SAYA SETIAP HARI.

LANGKAH 335: **A**PI **P**ENGETAHUAN BERSAMA SAYA SETIAP HARI.

LANGKAH 336: **T**INJAU **U**LANG

LANGKAH 337: **S**ENDIRIAN SAYA TIDAK BISA BERBUAT APA-APA.

LANGKAH 338: Hari ini saya akan penuh perhatian.

LANGKAH 339: Hadirat cinta kasih bersama saya sekarang.

LANGKAH 340: Latihan saya adalah kontribusi saya kepada dunia.

LANGKAH 341: Saya bahagia, karena saya sekarang dapat menerima.

LANGKAH 342: Saya adalah siswa Pengetahuan hari ini.

LANGKAH 343: Hari ini saya akan menghormati sumber persiapan saya.

LANGKAH 344: Pengetahuan saya adalah anugerah yang saya berikan kepada dunia.

LANGKAH 345: Pengetahuan saya adalah anugerah saya untuk Keluarga Spiritual saya.

LANGKAH 346: Saya berada di dunia untuk bekerja.

LANGKAH 347: Saya mengizinkan hidup saya membuka hari ini.

LANGKAH 348: Hari ini saya akan menyaksikan dunia membuka.

LANGKAH 349: Saya bahagia bahwa saya akhirnya dapat melayani kebenaran.

LANGKAH 350: Tinjau Ulang

Pelajaran-Pelajaran Terakhir

LANGKAH 351: Saya melayani tujuan yang lebih agung, yang sekarang mulai saya alami.

LANGKAH 352: Saya adalah siswa Pengetahuan sejati hari ini.

LANGKAH 353: Rumah Sejati saya ada di dalam Tuhan.

LANGKAH 354: Saya harus mengalami Rumah Sejati saya ketika saya berada di dunia.

LANGKAH 355: Saya bisa damai di dunia.

LANGKAH 356: Saya akan menemukan Diri saya hari ini.

LANGKAH 357: Saya berada di dunia untuk mengungkapkan Diri saya.

LANGKAH 358: Saya ingin berada di rumah di dunia.

LANGKAH 359: Saya hadir untuk melayani dunia.

LANGKAH 360: Saya harus belajar bagaimana menyingkap keagungan di dunia.

LANGKAH 361: Saya sedang diarahkan ke dalam cahaya Pengetahuan hari ini.

LANGKAH 362: Saya belajar cara belajar karena saya membawa Pengetahuan dalam diri saya hari ini.

LANGKAH 363: Pengetahuan adalah hasrat sejati saya karena saya adalah siswa Pengetahuan.

LANGKAH 364: Pengetahuan membawa saya karena saya adalah siswa Pengetahuan.

LANGKAH 365: Saya berkomitmen untuk belajar cara belajar. Saya berkomitmen untuk memberikan apa yang dimaksudkan untuk saya berikan. Saya berkomitmen karena saya adalah bagian dari Kehidupan. Saya adalah bagian dari Kehidupan karena saya bersatu dengan Pengetahuan.

Indeks

Tentang Proses Penerjemahan

Kisah Utusan Tuhan

Suara Wahyu

Tentang Society Untuk Pesan Baru Dari Tuhan

Tentang Komunitas Seluruh Dunia Pesan Baru Dari Tuhan

Buku-Buku Pesan Baru Dari Tuhan

Sebagaimana diungkapkan kepada
MARSHALL VIAN SUMMERS
26 Mei – 14 Juni 1989
di Albany, New York

DEDIKASI

"Metode ini diberikan kepada semua siswa Pengetahuan di dunia dengan rasa syukur dan harapan yang tinggi dari Keluarga Spiritual Anda.

Ikutilah instruksi seperti yang diberikan. Dengan cara ini, kuasa dan kemanjuran kerja ini akan diungkapkan kepada Anda dan, karenanya, anugerah Kami untuk Anda telah diberikan.

Dengan kegembiraan yang luar biasa Kami melimpahkan ini kepada Anda dan melalui Anda kepada dunia Anda."

Langkah-Langkah Menuju Pengetahuan

BAGIAN PERTAMA

Langkah 1
SAYA SEKARANG TANPA PENGETAHUAN.

Harus ada satu titik awal pada setiap titik perkembangan. Anda harus mulai dari mana Anda berada, bukan dari mana Anda ingin berada. Anda mulai di sini dengan pemahaman bahwa Anda sekarang tanpa Pengetahuan. Ini bukan mengatakan bahwa Pengetahuan tidak bersama Anda. Ini hanya mengatakan bahwa Anda sekarang tidak bersama Pengetahuan. Pengetahuan sedang menunggu Anda untuk melangkah maju. Pengetahuan sedang menunggu untuk memberikan dirinya kepada Anda. Karena itu, Anda sekarang mulai mempersiapkan diri untuk berada dalam hubungan dengan Pengetahuan, aspek pikiran yang lebih agung yang telah Anda bawa serta dari Rumah Purba Anda.

Tiga kali hari ini habiskanlah waktu 10 menit untuk memikirkan apakah itu Pengetahuan, bukan hanya menerapkan gagasan-gagasan Anda sendiri, bukan hanya menerapkan pemahaman lampau Anda, tetapi memikirkan apakah sesungguhnya Pengetahuan itu.

Latihan 1: *Tiga periode latihan 10 menit.*

Langkah 2

PENGETAHUAN ADA BERSAMA SAYA. DI MANAKAH SAYA?

Pengetahuan ada bersama Anda, sepenuhnya, tetapi Pengetahuan berada di bagian pikiran Anda di mana Anda belum mendapatkan akses. Pengetahuan mewakili Jati Diri Anda, Pikiran Sejati Anda dan hubungan-hubungan sejati Anda di alam semesta. Pengetahuan juga mengandung panggilan Anda yang lebih agung di dunia dan pemanfaatan sempurna dari kodrat Anda, semua kemampuan dan ketrampilan inheren Anda, bahkan keterbatasan Anda — semua untuk diberikan demi kebaikan di dunia.

Pengetahuan ada bersama Anda, tetapi di manakah Anda? Hari ini pikirkanlah di mana Anda berada. Jika Anda tidak bersama Pengetahuan, di manakah Anda? Karena itu, tiga kali hari ini, masing-masing 10 menit, pikirkanlah di mana Anda berada, bukan hanya secara fisik atau geografis, tetapi di mana Anda berada sehubungan dengan kesadaran Anda akan diri Anda di dunia. Pikirkanlah dengan sangat, sangat cermat. Jangan izinkan pikiran Anda mengalihkan perhatian Anda dari orientasi ini. Sangat penting sekarang di awal persiapan Anda untuk mengajukan pertanyaan-pertanyaan ini secara sangat serius.

LATIHAN 2: *Tiga periode latihan 10 menit.*

Langkah 3
APAKAH YANG BENAR-BENAR SAYA KETAHUI?

Hari ini tanyakan pada diri Anda sendiri apakah yang benar-benar Anda ketahui dan bedakan apa yang Anda ketahui dengan apa yang Anda pikirkan atau harapkan atau inginkan untuk diri Anda sendiri atau dunia Anda, apa yang Anda takutkan, apa yang Anda percayai, apa yang Anda junjung tinggi, dan apa yang Anda hargai. Bedakan pertanyaan ini dari semua orientasi tadi sebaik kemampuan Anda dan tanyakan pada diri Anda sendiri, "Apakah yang benar-benar saya ketahui?" Anda harus terus-menerus memeriksa jawaban apa pun yang Anda berikan atas pertanyaan ini untuk melihat apakah jawaban-jawaban tersebut mewakili kepercayaan-kepercayaan atau asumsi-asumsi Anda atau kepercayaan atau asumsi orang lain atau bahkan umat manusia pada umumnya.

Tiga kali hari ini, masing-masing 10 menit, ajukanlah pertanyaan ini dan pikirkan secara sangat serius tentang tanggapan Anda dan tentang arti dari pertanyaan ini, "Apakah yang benar-benar saya ketahui?"

Latihan 3:   *Tiga periode latihan 10 menit.*

Langkah 4

SAYA MENGINGINKAN APA YANG SAYA PIKIR SAYA KETAHUI.

Anda menginginkan apa yang Anda pikir Anda ketahui, dan ini adalah apa yang merupakan dasar dari pemahaman Anda tentang diri Anda dan dunia Anda. Bahkan, ini merupakan dasar dari seluruh identitas Anda. Namun, Anda akan menemukan setelah penyelidikan yang jujur bahwa pemahaman Anda didasarkan terutama pada asumsi, dan asumsi-asumsi ini belum didasarkan pada pengalaman Anda sampai tingkat yang sangat tinggi, atau pun sama sekali.

Hari ini dalam tiga periode latihan singkat Anda, di mana Anda mengabdikan seluruh perhatian Anda untuk menyelidiki asumsi-asumsi Anda, pikirkanlah hal-hal yang benar-benar Anda pikir Anda ketahui, termasuk hal-hal yang tidak terpikir untuk Anda pertanyakan sebelumnya — hal-hal yang Anda pikir Anda ketahui. Maka, latihan hari ini melanjutkan langkah-langkah sebelumnya di mana Anda mulai melihat perbedaan antara apa yang Anda pikir Anda ketahui dengan Pengetahuan sejati itu sendiri serta hubungan antara apa yang Anda anggap sebagai Pengetahuan dengan asumsi, kepercayaan dan harapan Anda sendiri tentang berbagai hal.

Karena itu, dalam setiap sesi latihan sangatlah penting bagi Anda untuk memikirkan hal-hal yang Anda pikir Anda ketahui. Ketika Anda menyadari bahwa mereka didasarkan terutama pada asumsi-asumsi Anda, maka Anda akan menyadari betapa lemahnya fondasi Anda di dunia. Memahami ini mungkin akan mengecewakan dan meresahkan, tetapi sepenuhnya penting bagi Anda agar memberikan Anda dorongan dan hasrat untuk menemukan fondasi sejati Anda di dunia.

LATIHAN 4:   *Tiga periode latihan 10 menit.*

Langkah 5

SAYA PERCAYA APA YANG SAYA INGIN PERCAYA.

Pernyataan ini mewakili kebodohan besar umat manusia dan bentuk penipuan diri umat manusia yang paling berbahaya. Kepercayaan terutama didasarkan pada apa yang diinginkan, bukan pada apa yang sebenarnya terjadi dan bukan pada apa yang asli. Kepercayaan mungkin sebenarnya mewakili cita-cita besar umat manusia dan dalam hal ini merupakan cerminan sejati, tetapi secara sehari-hari, dan dalam kebanyakan pertanyaan praktis, orang-orang mendasarkan kepercayaan mereka pada hal-hal yang mereka harapkan, bukan pada hal-hal yang benar-benar ada. Anda harus memiliki pemahaman yang sangat kuat bahwa pendekatan terhadap pemecahan apa pun dan pembentukan konstruktif apa pun harus dimulai dengan realitas saat ini. Apa diri Anda dan apa yang Anda miliki saat ini harus menjadi titik awal Anda.

Karena itu, dalam tiga periode latihan Anda hari ini, pikirkanlah pernyataan ini. Selidiki apa yang Anda percaya dan kemudian selidiki apa yang Anda inginkan. Anda akan menemukan bahwa bahkan kepercayaan Anda yang menakutkan atau negatif pun terkait dengan ambisi-ambisi Anda. Hanya penerapan latihan hari ini dengan cermat yang akan mengungkapkan hal ini kepada Anda.

Latihan 5: *Tiga periode latihan 10 menit.*

Langkah 6

SAYA MEMILIKI FONDASI SEJATI DI DUNIA.

MELAMPAUI KEPERCAYAAN DAN ASUMSI YANG MENYELUBUNGI rasa takut dan ketidakpastian Anda sendiri, terdapat bagi Anda suatu fondasi sejati di dunia. Fondasi ini dibangun atas kehidupan Anda di luar dunia ini, karena dari sanalah Anda telah datang dan ke sanalah Anda akan kembali. Anda telah datang dari tempat di mana Anda akan kembali, dan Anda tidak datang dengan tangan hampa.

DUA KALI HARI INI, HABISKANLAH DUA PERIODE YANG LEBIH PANJANG dari 15 sampai 20 menit dalam mempertimbangkan apa kemungkinan fondasi sejati Anda ini. Pikirkanlah semua gagasan Anda mengenai hal ini. Ini merupakan pertanyaan yang sangat penting. Anda harus menyadari kebutuhan besar Anda mengenai hal ini untuk dapat mengajukan pertanyaan ini dengan ketulusan dan dengan kedalaman yang menembus.

TANPA FONDASI SEJATI, prestasi dan kemajuan nyata Anda akan tiada harapan. Maka, merupakan berkat besar bahwa Anda memiliki hal ini, walaupun jika hal ini tidak diketahui oleh Anda.

LATIHAN 6: *Dua periode latihan 15 -20 menit.*

Langkah 7
TINJAU ULANG

Dalam dua periode latihan hari ini, tinjaulah kembali semua yang telah Kami bahas sejauh ini, mulai dari langkah pertama dan lanjutkan sampai langkah hari sebelum ini. Kemudian pertimbangkan seluruh urutan langkah bersamaan. Sangat penting pada titik ini bahwa Anda tidak mengharuskan diri Anda memiliki kesimpulan, tetapi Anda mengajukan pertanyaan-pertanyaan dan menyadari sejauh mana Anda memerlukan Pengetahuan sejati. Jika Anda menjalankan latihan hari ini secara tulus, akan sangat jelas bahwa Anda memiliki kebutuhan besar ini. Anda rentan tanpa asumsi-asumsi Anda, tetapi Anda juga berada dalam posisi untuk menerima kebenaran dan kepastian dalam kehidupan.

Lakukanlah dua periode latihan hari ini, masing-masing 30 menit, untuk mempertimbangkan hal-hal ini.

Latihan 7:   *Dua periode latihan 30 menit.*

Langkah 8

HARI INI SAYA AKAN HENING.

Dalam dua latihan meditasi Anda hari ini, berlatihlah keheningan selama 15 menit. Mulailah dengan menarik tiga napas dalam-dalam dan kemudian fokuskan pada suatu titik internal. Boleh titik imajiner atau boleh titik dalam tubuh fisik Anda. Dengan mata tertutup, cukup berikan ini perhatian penuh Anda, tanpa penilaian dan evaluasi. Janganlah berkecil hati jika upaya awal ternyata sulit. Memulai sesuatu yang penting dalam kehidupan bisa sulit pada awalnya, tetapi jika Anda bertahan, Anda akan mencapai tujuan agung ini, karena dalam keheningan segala sesuatu dapat diketahui.

Latihan 8:   *Dua periode latihan 15 menit.*

Langkah 9

DALAM KEHENINGAN SEGALA SESUATU DAPAT DIKETAHUI.

Keheningan pikiran mengizinkan suatu Pikiran yang Lebih Agung untuk muncul dan menyingkapkan Kearifannya. Mereka yang membina keheningan dengan hasrat untuk Pengetahuan akan mempersiapkan diri mereka agar wahyu yang lebih agung dan wawasan sejati dapat muncul. Wawasan dapat muncul selagi latihan atau selagi aktivitas normal apa saja. Aspek yang penting di sini adalah bahwa persiapan telah dibuat.

Dua kali hari ini berlatihlah latihan keheningan kemarin, tetapi berlatihlah tanpa mengharapkan hasil. Jangan menggunakan latihan ini untuk menanyakan apa pun karena Anda sedang berlatih keheningan, di mana semua spekulasi, semua pertanyaan, dan semua pencarian berakhir. Selama 15 menit, dua kali hari ini, berlatihlah keheningan sekali lagi.

LATIHAN 9: *Dua periode latihan 15 menit.*

Mengapakah saya melakukan ini?

*P*ertanyaan yang sangat baik! Mengapakah Anda melakukan ini? Mengapa Anda mengajukan pertanyaan-pertanyaan semacam ini? Mengapa Anda mencari hal-hal yang lebih agung? Mengapa Anda mengerahkan upaya? Pertanyaan-pertanyaan ini pasti muncul. Kami mengantisipasinya. Mengapa Anda melakukan ini? Anda melakukan ini karena ini esensial. Jika Anda ingin menjalani kehidupan apa pun yang lebih agung daripada kehidupan yang dangkal dan tidak stabil belaka, Anda harus menembus lebih dalam dan tidak percaya diri hanya berdasarkan asumsi lemah dan pengharapan. Ada anugerah yang lebih agung menanti Anda, tetapi Anda harus mempersiapkan diri secara mental, emosional dan fisik. Tanpa Pengetahuan, Anda tidak menyadari tujuan Anda. Anda tidak menyadari asal usul Anda dan takdir Anda, dan Anda akan melewati kehidupan ini seolah-olah tidak lebih dari suatu mimpi buruk.

Langkah 10
Apakah Pengetahuan Itu?

Katakanlah bahwa Pengetahuan bukan hal-hal yang biasa dihubungkan dengannya. Pengetahuan bukan gagasan. Pengetahuan bukan badan informasi. Pengetahuan bukan sistem kepercayaan. Pengetahuan bukan proses evaluasi diri. Pengetahuan adalah misteri agung kehidupan Anda. Manifestasi keluarnya adalah intuisi yang mendalam, wawasan yang besar, mengetahui sesuatu tanpa dapat dijelaskan, persepsi bijaksana tentang masa kini dan masa depan serta pemahaman bijaksana tentang masa lalu. Namun terlepas dari pencapaian pikiran yang besar ini, Pengetahuan lebih agung daripada ini. Pengetahuan adalah Jati Diri Anda, Diri yang tidak terpisah dari kehidupan.

Latihan 10: *Baca pelajaran tiga kali hari ini.*

Langkah 11
SAYA TIDAK TERPISAH DARI KEHIDUPAN.

TERLEPAS DARI PEMBENTUKAN BESAR PADA INDIVIDUALITAS Anda dan semua yang terkait dengan Anda secara pribadi — tubuh Anda, gagasan Anda, kesulitan Anda, cara-cara khas Anda berekspresi, keistimewaan Anda, bakat Anda — Anda tidak terpisah dari kehidupan. Hal ini sangat jelas apabila Anda melihat diri Anda secara sederhana dan menyadari bahwa susunan dasar tubuh Anda, struktur dasar kehidupan fisik Anda, sepenuhnya terbuat seperti adanya kehidupan di dunia fisik. Sangatlah jelas bahwa Anda terbuat dari "bahan" yang sama dengan segala sesuatu di sekitar Anda. Apa yang misterius adalah pikiran Anda. Pikiran Anda tampak sebagai titik pemahaman yang berbeda, tetapi tetap merupakan bagian dari kehidupan seperti struktur fisik Anda. Anda adalah individu yang tidak menyadari Sumber Anda dan kesertaan total Anda dalam kehidupan. Individualitas Anda merupakan beban sekarang, tetapi akan menjadi kebahagiaan besar bagi Anda ketika ia dapat mengungkapkan kehidupan itu sendiri.

LATIHAN 11:   *Baca pelajaran tiga kali hari ini.*

Langkah 12
INDIVIDUALITAS SAYA ADALAH UNTUK MENGUNGKAPKAN KEHIDUPAN ITU SENDIRI.

Disini keunikan Anda adalah aset besar dan sumber sukacita, bukan sumber keterasingan yang menyakitkan dan bukan sumber penghakiman yang menyakitkan terhadap diri sendiri atau orang lain. Perbedaan ini tidak mengangkat Anda di atas atau menempatkan Anda di bawah orang lain. Ini hanya menunjukkan tujuan sebenarnya di balik individualitas Anda dan janji besarnya untuk masa depan. Anda berada di sini untuk mengungkapkan sesuatu. Itulah arti sebenarnya yang diberikan kepada individualitas Anda karena Anda tidak ingin terpisah lagi.

Dalam dua kesempatan hari ini, berlatihlah dua periode keheningan dengan menjalankan latihan yang telah Kami gambarkan sejauh ini.

Latihan 12:   *Dua periode latihan 15 menit.*

Langkah 13

SAYA INGIN TERPISAH AGAR MENJADI UNIK.

Pemikiran ini mewakili motivasi sesungguhnya untuk keterpisahan, namun ini tidak perlu. Kami tidak menyatakannya disini sebagai penegasan melainkan sebagai ungkapan dari keadaan Anda saat ini. Anda ingin terpisah karena ini mendefinisikan diri Anda; diri Anda didefinisikan dengan keterpisahan, bukan dengan kesertaan. Keterpisahan merupakan sumber dari semua penderitaan dan kebingungan pikiran Anda. Kehidupan fisik Anda mendemonstrasikan kehidupan yang terpisah tetapi hanya dari sudut pandang tertentu. Dari sudut pandang lain, ini tidak mendemonstrasikan keterpisahan sama sekali. Kehidupan fisik Anda mendemonstrasikan ungkapan unik dari Realitas yang Lebih Agung.

Dalam dua kesempatan hari ini, habiskanlah 15 menit untuk berkonsentrasi pada gagasan untuk hari ini. Pikirkanlah secara serius mengenai apa artinya pelajaran ini dan tinjaulah pengalaman Anda sendiri untuk merenungkan relevansinya terhadap kehidupan Anda. Renungkanlah apa akibat dari keinginan Anda untuk keterpisahan dari segi waktu, energi dan penderitaan. Sadarilah motivasi Anda untuk keterpisahan dan Anda akan tahu bahwa Anda ingin bebas.

Latihan 13:   *Dua periode latihan 15 menit.*

Langkah 14
TINJAU ULANG

SEKALI LAGI TINJAULAH SEMUA PELAJARAN YANG TELAH DIBERIKAN SEBELUMNYA. Dalam Tinjau Ulang ini bacalah ulang instruksi yang telah diberikan dalam setiap langkah. Juga tinjaulah semua sesi latihan Anda untuk menentukan kedalaman keterlibatan Anda dalam latihan dan hasil yang telah Anda alami. Selama rencana studi Anda, Anda akan menyelidiki kadar pengalaman Anda sendiri. Hal ini akan berkembang dengan sendirinya dan nantinya akan mengungkapkan kepada Anda kesadaran akan Pengetahuan Anda sendiri.

HABISKANLAH SATU PERIODE LATIHAN HARI ini sekitar 45 menit untuk meninjau kembali semua instruksi dan untuk meninjau kembali hasil dan kualitas dari latihan Anda. Besok kita akan memulai tahap berikutnya dari persiapan kita bersama.

LATIHAN 14: *Satu periode latihan 45 menit.*

Langkah 15

SAYA AKAN MENDENGARKAN PENGALAMAN SAYA HARI INI.

"Hari ini saya akan mendengarkan pengalaman saya untuk mengetahui isi pikiran saya."

Sadarilah bahwa isi sejati pikiran Anda terkubur di bawah semua yang telah Anda tambahkan sejak hari Anda dilahirkan. Isi sejati ini ingin mengungkapkan dirinya dalam konteks kehidupan Anda saat ini dan situasi Anda saat ini. Untuk membedakannya, Anda harus mendengarkan dengan cermat dan seiring waktu menyadari perbedaan antara isi sejati pikiran Anda serta pesan-pesannya bagi Anda dengan semua impuls dan keinginan lain yang Anda rasakan. Memisahkan pikiran dari Pengetahuan adalah salah satu prestasi besar yang Anda akan memiliki kesempatan untuk mempelajarinya dalam kursus ini.

Satu latihan hari ini selama 45 menit akan dikhususkan untuk mendengarkan batin. Ini akan meminta Anda mendengarkan tanpa menghakimi diri sendiri, meskipun jika isi pikiran Anda menggelisahkan. Meskipun jika isi pikiran Anda tidak menyenangkan, Anda harus mendengarkan tanpa menghakimi untuk mengizinkan pikiran Anda membuka. Anda sedang mendengarkan sesuatu yang lebih dalam daripada pikiran, tetapi Anda harus melewati pikiran untuk sampai ke sana.

Latihan 15:   *Satu periode latihan 45 menit.*

Langkah 16
MELAMPAUI PIKIRAN SAYA ADA PENGETAHUAN.

MELAMPAUI PIKIRAN ANDA ADA PENGETAHUAN, inti sejati dari keberadaan Anda, Jati Diri Anda, bukan diri yang telah Anda bangun untuk mengatasi dunia, melainkan Jati Diri Anda. Dari Jati Diri ini datang pemikiran dan kesan-kesan, kecenderungan dan arah. Sebagian besar dari apa yang Jati Diri Anda komunikasikan kepada Anda belum dapat Anda dengar, tetapi seiring waktu Anda akan belajar untuk mendengar saat pikiran Anda menjadi hening dan saat Anda mengembangkan penyempurnaan yang diperlukan untuk mendengarkan dan membedakan.

HARI INI BERLATIHLAH DALAM TIGA PERIODE MASING-MASING 15 MENIT. Dengarkanlah dengan lebih cermat dari hari sebelumnya. Dengarkan kecenderungan yang lebih dalam. Sekali lagi Anda harus mendengarkan tanpa menghakimi. Anda tidak boleh mengedit apa-apa. Anda harus mendengarkan secara mendalam agar Anda dapat belajar untuk mendengar.

LATIHAN 16:   *Tiga periode latihan 15 menit.*

Langkah 17

HARI INI SAYA INGIN MENDENGAR KEBENARAN.

Hasrat untuk mendengar kebenaran adalah sesuatu yang merupakan proses dan hasil dari persiapan sejati. Mengembangkan kemampuan untuk mendengar dan hasrat untuk mendengar akan memberikan kepada Anda apa yang Anda cari. Kebenaran sepenuhnya bermanfaat bagi Anda, tetapi pada awalnya bisa sangat mengejutkan dan mengecewakan terhadap rencana dan cita-cita Anda yang lain. Anda harus mengambil risiko ini jika Anda ingin memiliki kepastian dan pemberdayaan yang kebenaran akan berikan kepada Anda. Kebenaran selalu membawa pemecahan terhadap konflik, selalu memberikan pengalaman diri, selalu memberikan rasa realitas saat ini dan selalu memberikan arah bagi Anda untuk melangkah maju.

Hari ini, dalam tiga periode latihan 15 menit Anda, berlatihlah mendengar kebenaran, berusaha mendengar melampaui pikiran dan emosi. Sekali lagi janganlah khawatir jika semua yang Anda dengar hanyalah kesibukan pikiran Anda sendiri. Ingat, Anda sedang mengembangkan kemampuan untuk mendengar. Itulah yang paling penting. Seperti melatih otot dalam tubuh, Anda sedang melatih kemampuan pikiran yang disebut mendengar. Karena itu, hari ini berlatihlah untuk mendengar, menggunakan waktu latihan ini untuk mengabdikan diri Anda sehingga Anda dapat merasakan kebenaran muncul dalam diri Anda.

Latihan 17:   *Tiga periode latihan 15 menit.*

Langkah 18

HARI INI SAYA MERASAKAN KEBENARAN MUNCUL DALAM DIRI SAYA.

KEBENARAN HARUS SEPENUHNYA DIALAMI. Ini bukan sekadar gagasan; ini bukan sekadar gambar, meskipun gambar dan gagasan dapat menyertainya. Ini adalah pengalaman, sehingga ini adalah sesuatu yang dapat dirasakan secara mendalam. Hal ini dapat terwujud secara sedikit berbeda bagi mereka yang mulai menembusnya, namun hal ini tetap akan muncul. Ini adalah sesuatu yang harus Anda rasakan. Agar mendapatkan orientasi perasaan, pikiran Anda harus hening. Kebenaran adalah sesuatu yang akan Anda rasakan dengan seluruh tubuh Anda, dengan seluruh keberadaan Anda.

PENGETAHUAN TIDAK BERBICARA KEPADA ANDA SETIAP SAAT, tetapi Pengetahuan selalu mengandung pesan bagi Anda. Untuk mendekati Pengetahuan berarti bahwa Anda menjadi semakin seperti Pengetahuan itu sendiri — lebih utuh, lebih konsisten, lebih jujur, lebih khusyuk, lebih konsentrasi, lebih disiplin diri, lebih berbelas kasih, dan lebih mencintai diri. Semua kualitas ini berkembang sementara Anda mendekati apa yang merupakan sumber dari kualitas-kualitas ini.

MENUJU KE ARAH INILAH ANDA AKAN BERLATIH HARI ini sementara Anda merasakan kebenaran muncul dalam diri Anda. Ini akan menggabungkan semua aspek diri Anda, memberikan Anda pengalaman merata tentang diri Anda. Dalam tiga periode latihan 15 menit Anda, berikanlah perhatian penuh Anda untuk merasakan kebenaran muncul dalam diri Anda. Berlatihlah dalam keheningan, dan jangan berkecil hati jika sulit pada awalnya. Cukup hanya berlatih dan Anda akan maju.

SEPANJANG HARI JUGA, tanpa ragu atau kebimbangan, kejarlah tujuan hidup sejati Anda. Dari tujuan sejati ini akan datang semua hal penting yang akan perlu Anda capai serta kuasa visi dan ketajaman besar yang akan mengizinkan Anda menemukan individu-individu tertentu yang Anda telah datang ke dunia untuk temukan.

LATIHAN 18: *Tiga periode latihan 15 menit.*

Langkah 19

HARI INI SAYA INGIN MELIHAT.

Hasrat untuk melihat sama seperti hasrat untuk mengetahui. Ini juga memerlukan penyempurnaan dari kemampuan pikiran Anda. Untuk melihat dengan penglihatan yang jernih berarti Anda melihat tanpa preferensi. Ini berarti bahwa Anda mampu melihat apa yang sesungguhnya terjadi daripada apa yang ingin Anda lihat. Ada sesuatu yang sesungguhnya terjadi melampaui keinginan Anda. Ini sangatlah benar. Maka, hasrat untuk melihat adalah hasrat untuk melihat kebenaran yang lebih besar. Ini memerlukan kejujuran yang lebih besar dan keterbukaan pikiran yang lebih besar.

Hari ini dalam dua sesi latihan Anda, berlatihlah menatap satu objek sederhana biasa. Jangan mengalihkan pandangan Anda dari objek itu, tetapi lihat dan berlatihlah melihat dengan sangat sungguh-sungguh. Anda tidak mencoba untuk melihat apa-apa. Anda hanya melihat dengan pikiran terbuka. Ketika pikiran terbuka, pikiran mengalami kedalamannya sendiri, dan pikiran mengalami kedalaman dari apa yang sedang diamati.

Pilihlah satu objek sederhana yang sangat sedikit artinya bagi Anda dan tataplah dua kali hari ini selama minimal 15 menit. Izinkan pikiran Anda menjadi sangat hening. Bernapaslah dalam-dalam dan teratur saat Anda menatap objek ini. Izinkan pikiran Anda tenang dengan sendirinya.

Latihan 19: *Dua periode latihan 15 menit.*

Langkah 20

SAYA TIDAK AKAN MEMBIARKAN KERAGUAN DAN KEBINGUNGAN MEMPERLAMBAT KEMAJUAN SAYA.

APAKAH YANG DAPAT MEMPERLAMBAT kemajuan Anda selain ketidaktegasan Anda sendiri, dan apakah yang dapat menyebabkan ketidaktegasan selain apa yang menghasilkan kebingungan pikiran? Anda memiliki tujuan yang lebih agung yang sedang dijelaskan dalam program persiapan ini. Jangan biarkan keraguan dan kebingungan menjadi halangan bagi Anda. Menjadi seorang siswa sejati berarti bahwa Anda berasumsi sangat sedikit dan bahwa Anda mengarahkan diri Anda dengan cara yang tidak Anda tentukan bagi diri sendiri melainkan diberikan kepada Anda dari suatu Kuasa Agung. Kuasa Agung ini ingin meningkatkan Anda ke tingkat kemampuannya sendiri. Dengan cara ini, Anda menerima anugerah persiapan sehingga Anda dapat memberikannya kepada orang lain. Dengan cara ini, Anda diberikan sesuatu yang tidak dapat Anda sediakan untuk diri sendiri. Anda menyadari kuasa dan kemampuan individu Anda karena hal-hal tersebut harus dikembangkan agar Anda dapat mengikuti program semacam ini. Anda juga menyadari kesertaan Anda dalam kehidupan saat kehidupan berusaha keras melayani Anda dalam perkembangan sejati Anda.

KARENA ITU, BERLATIHLAH LATIHAN YANG sama seperti yang Anda coba di hari sebelumnya dalam dua periode latihan Anda, dan jangan biarkan keraguan atau kebingungan menghalangi Anda. Jadilah siswa sejati hari ini. Izinkan diri Anda berkonsentrasi pada latihan Anda. Serahkan diri Anda untuk berlatih. Jadilah siswa sejati hari ini.

LATIHAN 20: *Dua periode latihan 15 menit.*

Langkah 21

TINJAU ULANG

Dalam Tinjau Ulang ketiga Anda, tinjaulah semua pelajaran minggu lalu dan hasil dari pelajaran-pelajaran tersebut. Berlatihlah hari ini untuk tidak membuat kesimpulan apa pun, tetapi hanya mengenali alur perkembangannya dan memerhatikan kemajuan yang telah Anda buat sejauh ini. Masih terlalu dini untuk membuat kesimpulan asli, meskipun mungkin sangat menggoda untuk melakukannya. Siswa pemula tidak berada dalam posisi untuk menilai kurikulum mereka. Hak ini harus dikejar dan akan datang kemudian jika Anda ingin agar penilaian Anda memiliki efek sejati dan agar bijaksana.

Karena itu, dalam satu periode latihan Anda, tinjaulah bagian terakhir dari latihan dan semua yang telah dialami sejauh ini.

Latihan 21:   *Satu periode latihan 45 menit.*

Langkah 22

SAYA DIKELILINGI OLEH GURU-GURU TUHAN.

Anda sungguh dikelilingi oleh Guru-Guru Tuhan, yang telah menjalankan pelatihan yang dalam banyak hal mirip dengan yang sedang Anda lakukan sekarang. Meskipun telah diberikan dalam berbagai bentuk, di berbagai era, di berbagai dunia, jenis pelatihan yang sangat mirip telah diberikan kepada mereka yang telah diarahkan dengan bijaksana untuk kondisi pikiran dan keadaan lampau mereka dalam kehidupan.

Hari ini, dalam dua periode latihan 15 menit, rasakanlah hadirat Guru-Guru Tuhan. Anda belum dapat melihat mereka dengan mata Anda, dan Anda belum dapat mendengar mereka dengan telinga Anda karena kemampuan indra ini belum cukup disempurnakan, tetapi Anda dapat merasakan hadirat mereka, karena hadirat mereka mengelilingi dan melindungi Anda. Dalam latihan Anda, jangan biarkan pikiran lain mengganggu. Jangan menyerah pada keraguan atau kebingungan, karena Anda harus mempersiapkan diri untuk mendapatkan pahala yang Anda cari, dan Anda harus mengetahui bahwa Anda tidak sendirian di dunia untuk memiliki kekuatan, kepercayaan diri dan sumber Kearifan yang diperlukan untuk mencapai apa yang Anda telah dikirim ke sini untuk dicapai.

Anda dikelilingi oleh Guru-Guru Tuhan. Mereka berada di sini untuk mengasihi, mendukung dan mengarahkan Anda.

Latihan 22:   *Dua periode latihan 15 menit.*

Langkah 23

SAYA DIKASIHI, DIKELILINGI DAN DIDUKUNG OLEH GURU-GURU TUHAN.

KEBENARAN TENTANG HAL INI AKAN MENJADI JELAS dengan sendirinya saat Anda mempersiapkan diri, tetapi untuk saat ini mungkin memerlukan iman yang besar. Gagasan ini mungkin menantang gagasan atau kepercayaan yang sudah ada, tetapi tetap saja ini benar. Rencana Tuhan tak terlihat dan disadari oleh sangat sedikit orang karena sangat sedikit orang memiliki keterbukaan pikiran dan kualitas perhatian yang akan mengizinkan mereka untuk melihat apa yang jelas terjadi di sekitar mereka, yang pada titik ini tidak jelas sama sekali bagi mereka.

Guru-Guru Anda mengasihi Anda, mengelilingi Anda dan mendukung Anda, karena Anda sedang muncul ke dalam Pengetahuan. Ini memanggil mereka ke sisi Anda. Anda merupakan salah satu dari sedikit orang yang menjanjikan dan memiliki peluang untuk terbangun dari tidur imajinasi Anda sendiri ke dalam rahmat Realitas.

KARENA ITU, DALAM DUA PERIODE LATIHAN ANDA HARI INI, rasakanlah cinta kasih, dukungan dan arah ini. Ini adalah perasaan. Ini bukan gagasan. Ini adalah perasaan. Ini adalah sesuatu yang harus Anda rasakan. Cinta kasih adalah sesuatu yang harus Anda rasakan untuk diketahui. Anda sungguh dikasihi, dikelilingi dan didukung oleh Guru-Guru Anda, dan Anda sangat layak menerima anugerah agung mereka untuk Anda.

LATIHAN 23: *Dua periode latihan 15 menit.*

Langkah 24

SAYA LAYAK AKAN KASIH TUHAN.

Anda sungguh layak akan kasih Tuhan. Bahkan, sesungguhnya Anda adalah kasih Tuhan. Tanpa kepura-puraan apa pun, di inti diri Anda, ini adalah Jati Diri Anda. Ini bukan Diri yang sudah Anda alami, dan sampai Anda mengalaminya, jangan berpura-pura bahwa ini adalah pengalaman Anda. Tetapi ingatlah dalam kesadaran sejati bahwa ini adalah Diri Anda. Anda adalah seseorang, tetapi Anda lebih agung daripada seseorang. Bagaimana mungkin Anda tidak layak akan kasih Tuhan jika ini adalah apa diri Anda? Guru-Guru Anda mengelilingi Anda dan menyediakan apa yang adalah diri Anda agar Anda dapat mengalami diri Anda sendiri serta hubungan sejati Anda dengan kehidupan.

Dalam dua periode latihan Anda hari ini, berlatihlah sekali lagi untuk menerima kasih, dukungan dan arahan dari Guru-Guru Anda, dan jika ada pikiran yang menghalangi hal ini, jika ada perasaan apa pun yang mencegah hal ini, ingatkan diri Anda akan kelayakan besar Anda. Anda layak bukan karena apa yang telah Anda lakukan di dunia. Anda layak karena siapa diri Anda, dari mana Anda berasal dan ke mana Anda menuju. Hidup Anda mungkin penuh dengan kekeliruan dan kesalahan, keputusan yang salah dan pilihan yang buruk, namun Anda tetap berasal dari Rumah Purba Anda yang ke mana Anda akan kembali. Kelayakan Anda di mata Tuhan tidak berubah. Yang ada hanyalah upaya besar untuk memperbaiki kesalahan-kesalahan Anda sehingga Anda dapat mengalami Jati Diri Anda sehingga dapat diberikan kepada dunia.

Karena itu, dalam periode latihan Anda, berlatihlah menerima dan mengalami kelayakan sejati. Jangan biarkan pikiran apa pun bertentangan dengan kebenaran teragung dalam kehidupan.

Latihan 24: *Dua periode latihan 15 menit.*

Langkah 25

SAYA SELARAS DENGAN KEBENARAN TERAGUNG DALAM KEHIDUPAN.

APAKAH KEBENARAN TERAGUNG DALAM KEHIDUPAN? Ini adalah sesuatu yang harus dialami, karena tidak ada kebenaran agung yang dapat terkandung dalam satu gagasan saja, meskipun gagasan dapat mencerminkan hal ini dalam pengalaman Anda saat ini. Kebenaran agung adalah hasil dari hubungan agung. Anda memiliki hubungan agung dengan kehidupan. Anda memiliki hubungan agung dengan Guru-Guru sejati Anda yang ada di dalam Anda. Nantinya, Anda akan mengalami hubungan agung dengan orang-orang dalam kehidupan luar Anda, tapi pertama-tama Anda harus mengalami sumber dari hubungan agung Anda dalam bentuknya yang sejati. Kemudian ini hanyalah merupakan masalah mentransfernya ke dunia luar, yang akan Anda lakukan secara alami seiring waktu.

DALAM DUA PERIODE LATIHAN ANDA, berlatihlah merasakan hubungan ini. Sekali lagi Anda diminta untuk menerima karena Anda harus menerimanya untuk memberikannya. Setelah diterima, hal ini akan memberikan dirinya sendiri secara alami. Dalam proses ini kelayakan Anda ditegakkan kembali karena hal ini cukuplah jelas. Anda tidak perlu salah dalam mengartikan diri Anda atau pengalaman Anda. Untuk berbagi kasih agung secara jujur berarti Anda harus mengalaminya. Pengalaman inilah yang ingin Kami berikan kepada Anda hari ini.

LATIHAN 25: *Dua periode latihan 15 menit.*

Langkah 26
KESALAHAN SAYA MELAHIRKAN PENGETAHUAN SAYA.

TIDAK ADA GUNANYA MEMBENARKAN KESALAHAN, tetapi kesalahan dapat menyebabkan Anda menghargai kebenaran, dan dengan ini dapat membawa Anda kepada Pengetahuan sejati. Hanya inilah satu-satunya kemungkinan nilainya. Kami tidak membenarkan kesalahan, tetapi jika kesalahan terjadi, Kami ingin membuatnya agar melayani kebutuhan Anda yang paling sejati sehingga Anda dapat belajar darinya dan tidak mengulanginya lagi. Ini tidak sekadar untuk Anda melupakan kesalahan Anda, karena Anda tidak dapat melakukan itu. Ini tidak sekadar untuk Anda membenarkan kesalahan Anda, karena itu akan membuat Anda tidak jujur. Ini tidak sekadar untuk Anda melihat kesalahan Anda sebagai layanan murni bagi Anda, karena kesalahan tersebut memang menyakitkan. Maksud sesungguhnya adalah bahwa Anda menyadari bahwa kesalahan adalah kesalahan dan kemudian Anda mencoba untuk menggunakannya demi kebaikan Anda sendiri. Kepedihan akibat kesalahan dan kesengsaraan akibat kesalahan harus diterima, karena ini akan mengajarkan Anda apa yang nyata dan apa yang tidak, apa yang harus dihargai dan apa yang tidak boleh dihargai. Menggunakan kesalahan Anda demi perkembangan berarti bahwa Anda telah menerima kesalahan itu, dan sekarang Anda sedang berusaha untuk memanfaatkannya dengan mendapatkan nilai darinya karena sampai nilai bisa didapat dari kesalahan, ini hanya akan merupakan kesalahan saja dan akan menjadi sumber kepedihan dan ketidaknyamanan bagi Anda.

HARI INI, DALAM DUA PERIODE LATIHAN 30 MENIT ANDA, amati kesalahan-kesalahan tertentu yang telah Anda perbuat yang telah sangat menyakitkan. Jangan mencoba mengabaikan kepedihannya, tetapi lihatlah bagaimana dalam situasi kehidupan Anda saat ini Anda dapat menggunakannya demi kebaikan Anda. Menggunakan kesalahan secara ini dapat menunjukkan kepada Anda apa yang perlu Anda lakukan dan koreksi atau penyesuaian apa yang perlu dilakukan untuk meningkatkan kualitas hidup Anda. Ingatlah bahwa setiap pemecahan atas kesalahan selalu menimbulkan pengakuan sejati dan ketajaman sejati dalam berhubungan.

DALAM PERIODE LATIHAN ANDA, TINJAULAH KEMBALI KESALAHAN yang terpikir saat Anda duduk sendirian dengan tenang, dan kemudian lihatlah bagaimana masing-masing dapat dimanfaatkan demi keuntungan Anda saat ini. Apakah yang perlu dipelajari darinya? Apakah yang harus dilakukan yang tidak dilakukan sebelumnya? Apakah yang tidak boleh dilakukan yang telah dilakukan sebelumnya? Bagaimanakah kesalahan ini dapat dikenali sebelum terjadi? Apakah tanda-tanda yang terjadi sebelumnya dan bagaimanakah tanda-tanda tersebut dapat dikenali sebelum terjadinya kesalahan di masa mendatang?

GUNAKANLAH PERIODE LATIHAN ini untuk proses introspektif ini dan ketika Anda selesai, jangan membicarakan hasilnya dengan siapa pun, tetapi izinkan penyelidikan ini berlanjut secara alami, seperti yang akan terjadi secara alami.

LATIHAN 26:   *Dua periode latihan 30 menit.*

Langkah 27

SAYA MEMILIKI KEARIFAN YANG INGIN SAYA TEMUKAN.

PENEGASAN INI MEWAKILI KEHENDAK SEJATI ANDA. Jika Anda tidak merasakan ini, berarti bahwa Anda sedang mempertimbangkan sesuatu yang palsu dan tanpa fondasi sejati dalam diri Anda. Jika Anda pernah merasa bahwa kebenaran mengkhianati Anda, maka Anda belum mengenali nilainya. Mungkin kebenaran mengecewakan rencana dan cita-cita Anda. Mungkin Anda kehilangan sesuatu yang Anda benar-benar inginkan. Mungkin kebenaran mencegah Anda dari pencarian sesuatu yang didambakan. Tetapi dalam semua kasus kebenaran telah menyelamatkan Anda dari kepedihan dan penderitaan. Sampai fungsi sejati Anda dikenali, Anda tidak dapat menghargai bagaimana kebenaran telah melayani Anda, karena sampai fungsi Anda ditemukan, Anda akan mencoba untuk mengklaim dan membenarkan fungsi-fungsi lain. Jika fungsi-fungsi lain ini tidak dianjurkan atau ditolak oleh kebenaran, maka bisa terjadi kebingungan dan konflik besar. Namun, ingatlah bahwa kebenaran selalu menyelamatkan Anda dari kesalahan yang lebih besar yang akan Anda lakukan jika tidak.

ORANG-ORANG TIDAK DAPAT MENGALAMI PENGETAHUAN karena mereka sibuk dengan pemikiran dan penilaian. Pemikiran dan penilaian ini menciptakan dunia yang tertutup sendiri bagi individu, dunia yang tertutup sendiri di mana mereka tidak dapat melihat keluar. Mereka hanya bisa melihat isi pikiran mereka dan ini sepenuhnya mewarnai pengalaman mereka akan kehidupan, begitu besarnya sehingga mereka tidak dapat melihat kehidupan sama sekali.

KARENA ITU, DALAM DUA PERIODE LATIHAN 30 MENIT ANDA, lihat dan amatilah bagaimana kebenaran telah melayani Anda. Lihat pengalaman-pengalaman yang bahagia. Lihat pengalaman-pengalaman yang menyakitkan. Terutama dalam pengalaman yang menyakitkan, lihatlah bagaimana kebenaran telah melayani Anda. Lihatlah secara terbuka. Jangan membela suatu posisi lampau jika Anda tergoda untuk melakukannya. Jika kepedihan masih terasa dari suatu kehilangan lampau, terimalah kepedihan itu dan keputusasaannya, tetapi cobalah untuk melihat dan mengamati bagaimana Anda sesungguhnya dilayani oleh kehilangan tersebut.

Sudut pandang ini di mana Anda dilayani oleh pengalaman Anda adalah sesuatu yang harus Anda kembangkan. Ini tidak membenarkan pengalaman itu sendiri. Pahamilah ini. Ini hanya memberi Anda kesempatan untuk menggunakan pengalaman Anda demi kemajuan Anda dan pemberdayaan Anda. Kebenaran beroperasi di dunia penuh khayalan untuk membantu mereka yang sedang merespons kebenaran dalam kehidupan mereka. Anda sedang merespons kebenaran, atau Anda tidak akan menjalankan program pengembangan ini. Dengan demikian, Anda telah tiba pada titik di mana kebenaran tampak bersaing dengan hal-hal lain dan, oleh karena itu, sangat sulit untuk dikenali. Dalam program pengembangan ini, kebenaran akan dibedakan dari semua hal lain sedemikian rupa sehingga Anda dapat mengalaminya secara langsung dan tidak akan bingung tentang penampilannya atau keberadaannya yang menguntungkan dalam hidup Anda. Karena kebenaran berada disini untuk melayani Anda sebagaimana Anda berada disini untuk melayani kebenaran.

Latihan 27: *Dua periode latihan 30 menit.*

Langkah 28
TINJAU ULANG

Kita akan memulai periode Tinjau Ulang keempat kita dengan doa khusus.

"Saya menerima Pengetahuan saya sebagai anugerah dari Tuhan. Saya menerima Guru-Guru saya sebagai kakak-kakak saya. Saya menerima dunia saya sebagai tempat di mana Pengetahuan dapat diperoleh kembali dan dikontribusikan. Saya menerima masa lalu saya sebagai demonstrasi hidup tanpa Pengetahuan. Saya menerima mukjizat kehidupan saya sebagai demonstrasi hadirat Pengetahuan, dan saya menyerahkan diri saya sekarang untuk membina apa yang merupakan kebaikan teragung dalam diri saya untuk diberikan kepada dunia."

Sekali lagi kita akan meninjau ulang latihan minggu lalu, membaca ulang semua instruksi dan dengan setiap langkah meninjau ulang apa yang telah terjadi pada waktu-waktu latihan Anda. Pastikan untuk bertanya pada diri Anda sendiri seberapa dalamnya Anda terlibat dalam latihan — seberapa besarnya Anda ingin mencari dan menyelidiki, seberapa telitinya Anda memeriksa pengalaman Anda sendiri dan sejauh mana Anda merasa termotivasi untuk menembus hambatan apa pun yang mungkin ada.

Satu periode latihan 45 menit kita untuk meninjau ulang akan mulai memberikan Anda perspektif atas perkembangan Anda dalam persiapan ini. Ini tidak hanya bermanfaat bagi diri Anda sendiri tetapi juga bagi orang-orang yang akan Anda layani di masa mendatang, karena seperti Anda menerima sekarang, Anda akan ingin memberi dalam konteks apa pun dan dalam bentuk apa pun yang sesuai bagi Anda. Anda harus memahami bagaimana orang belajar dan bagaimana orang berkembang. Ini harus datang dari pengalaman Anda sendiri dan harus mewakili cinta dan belas kasih yang merupakan pancaran alami dari Pengetahuan Anda. Sekali lagi jangan biarkan keraguan atau kebingungan apa pun menghalangi Anda dari penerapan sejati Anda.

Latihan 28: *Satu periode latihan 45 menit.*

Langkah 29

SAYA AKAN MENGAMATI DIRI SAYA HARI INI UNTUK BELAJAR TENTANG PENGETAHUAN.

DHARI KHUSUS UNTUK LATIHAN INI, amatilah diri Anda sepanjang hari, menjaga kesadaran akan pemikiran dan perilaku Anda sebesar mungkin. Untuk mengembangkan kualitas pengamatan diri ini, Anda harus sebebas mungkin dari penilaian, karena penilaian membuat Anda tidak jeli. Anda harus mempelajari diri sendiri seolah-olah Anda adalah orang lain di mana Anda bisa jauh lebih objektif.

KITA AKAN BERLATIH PADA SETIAP JAM HARI INI. Setiap jam Anda akan perlu memeriksa pemikiran Anda dan mengamati perilaku Anda saat itu. Pemeriksaan diri secara konstan ini akan memungkinkan Anda untuk jauh lebih terlibat dalam pengalaman Anda saat ini dan akan mengizinkan Pengetahuan Anda menerapkan pengaruhnya yang bermanfaat bagi Anda secara jauh lebih besar. Pengetahuan tahu apa yang Anda perlukan dan tahu bagaimana melayani Anda, tetapi Anda harus belajar bagaimana untuk menerima. Seiring waktu, Anda harus belajar bagaimana memberi juga sehingga Anda dapat menerima lebih banyak. Penerimaan Anda penting karena memungkinkan Anda untuk memberi, dan memberi adalah esensi dari pemenuhan di dunia ini. Tetapi Anda tidak bisa memberi dalam keadaan miskin. Karena itu, pemberian Anda harus asli, yang lahir dari penerimaan yang berlimpah yang telah Anda bina dalam diri Anda, dalam hubungan-hubungan Anda dengan orang lain dan dengan kehidupan.

SETIAP PERIODE LATIHAN HANYA MEMERLUKAN BEBERAPA MENIT saja tetapi Anda harus memberikannya perhatian penuh. Anda tidak perlu menutup mata untuk melakukannya, meskipun jika memungkinkan, itu akan membantu. Anda dapat berlatih di tengah-tengah percakapan dengan orang lain. Bahkan, hanya sedikit keadaan yang akan mencegah momen introspeksi ini. Dalam latihan Anda hanya bertanya pada diri sendiri, "Bagaimana perasaan saya?" dan "Apa yang sedang saya lakukan sekarang?" Itu saja. Kemudian rasakan jika ada sesuatu yang harus Anda lakukan yang tidak sedang Anda lakukan. Jika tidak ada koreksi yang perlu dibuat, lanjutkanlah dengan apa yang sedang Anda lakukan. Jika ada koreksi yang perlu dibuat, lakukanlah dengan sebijaksana mungkin.

Izinkan panduan batin Anda memengaruhi Anda, yang akan dilakukannya jika Anda tidak diatur oleh impuls, rasa takut atau ambisi. Amatilah diri Anda hari ini.

Latihan 29: *Latihan setiap jam.*

Langkah 30

HARI INI SAYA AKAN MENGAMATI DUNIA SAYA.

Hari ini amatilah dunia Anda, dengan mengikuti rencana latihan yang sama seperti yang dilakukan hari sebelumnya. Amatilah dunia Anda tanpa penilaian dan amatilah apa yang sedang Anda lakukan di dunia tanpa penilaian. Kemudian rasakanlah jika ada sesuatu yang perlu dilakukan. Sekali lagi, latihan setiap jam Anda hanya memakan waktu beberapa menit, dan ketika Anda berlatih, latihan Anda akan menjadi lebih cepat, lebih tajam dan lebih efektif.

Kami menginginkan Anda melihat dunia tanpa penilaian, karena ini akan memungkinkan Anda untuk melihat dunia sebagaimana sesungguhnya ada. Jangan berpikir bahwa Anda sudah melihat dunia sebagaimana sesungguhnya ada, karena apa yang sudah Anda lihat adalah penilaian Anda terhadap dunia. Dunia yang akan Anda lihat tanpa penilaian adalah dunia yang berbeda dari yang pernah Anda lihat sebelumnya.

Latihan 30:   *Latihan setiap jam.*

Langkah 31

SAYA INGIN MELIHAT DUNIA YANG BELUM PERNAH SAYA LIHAT SEBELUMNYA.

INI MEWAKILI HASRAT ANDA AKAN PENGETAHUAN. Ini mewakili hasrat Anda akan perdamaian. Semua ini adalah hasrat yang sama. Hasrat ini memancar dari Pengetahuan Anda. Hal ini mungkin bersaing dengan hasrat-hasrat lain. Hal ini mungkin mengancam hal-hal lain, meskipun tidak harus demikian. Karena itu, penegasan hari ini mencerminkan kehendak sejati Anda dalam kehidupan. Saat hal ini ditegaskan, hal ini semakin jelas bagi Anda, dan Anda dapat semakin mengalaminya seiring waktu.

HARI INI PADA SETIAP JAM, RASAKANLAH HASRAT Anda untuk melihat sebuah dunia yang berbeda. Lihatlah dunia tanpa penilaian dan katakan kepada diri sendiri, "Saya ingin melihat sebuah dunia yang berbeda." Lakukan ini setiap jam. Cobalah untuk tidak melewatkan satu pun sesi latihan. Berlatihlah terlepas dari bagaimana perasaan Anda, terlepas dari apa yang terjadi. Anda lebih agung daripada keadaan emosi Anda sehingga Anda tidak perlu menolaknya, meskipun mereka perlu dikendalikan seiring waktu. Anda lebih agung daripada kesan-kesan yang Anda lihat di sekitar Anda, karena mereka sebagian besar merupakan penilaian Anda terhadap dunia. Berlatihlah hari ini untuk melihat tanpa penilaian dan perasaan saat Anda melihat.

LATIHAN 31: *Latihan setiap jam.*

Langkah 32

KEBENARAN ADA BERSAMA SAYA. SAYA DAPAT MERASAKANNYA.

Kebenaran ada bersama Anda. Anda dapat merasakannya, dan kebenaran dapat bersinar ke dalam pikiran Anda dan ke dalam emosi Anda jika Anda mengizinkannya. Hari ini lanjutkan persiapan Anda dalam mengembangkan hasrat akan kebenaran serta kemampuan untuk mengalami kebenaran.

Dalam dua periode latihan Anda yang lebih panjang, masing-masing selama 30 menit, duduklah dengan tenang dengan mata terpejam, bernapas dalam-dalam dan teratur, mencoba untuk merasakan kebenaran di luar kegelisahan konstan pikiran Anda. Gunakan napas Anda untuk membawa Anda lebih dalam, karena napas Anda akan selalu membawa Anda melampaui pemikiran Anda jika Anda mematuhinya secara sungguh-sungguh. Jangan biarkan apa pun mengalihkan atau menghalangi Anda. Jika ada sesuatu yang menembus pikiran Anda dan Anda mengalami kesulitan untuk melepaskannya, katakan pada diri sendiri bahwa Anda akan meninjaunya nanti, namun sekarang Anda sedang meliburkan diri sejenak dari pikiran Anda. Berlatihlah merasakan kebenaran. Jangan memikirkan kebenaran. Berlatihlah merasakan kebenaran.

LATIHAN 32: *Dua periode latihan 30 menit.*

Langkah 33

SAYA MEMILIKI MISI DALAM HIDUP SAYA UNTUK DIPENUHI.

Anda memiliki misi dalam kehidupan untuk dipenuhi, misi yang diberikan kepada Anda sebelum Anda datang ke sini, misi yang akan Anda tinjau kembali setelah Anda pergi. Misi ini melibatkan memperoleh kembali Pengetahuan dan keterlibatan yang tepat dengan orang lain untuk menghasilkan hasil-hasil tertentu di dunia. Tidak begitu penting pada saat ini bahwa Anda mengevaluasi hidup Anda sekarang untuk melihat apakah mencerminkan tujuan yang lebih agung ini, karena Anda kini sedang terlibat dalam memperoleh kembali Pengetahuan. Seiring Pengetahuan Anda semakin kuat, Pengetahuan akan menyinari kebaikannya kepada Anda dan melalui Anda. Aktivitas Anda kemudian akan disesuaikan sebagaimana diperlukan. Dengan demikian, Anda tidak perlu menyalahkan atau membenarkan masa lalu atau kegiatan Anda saat ini, karena Anda sekarang mengikuti suatu kekuatan yang lebih agung dalam diri Anda.

Dalam dua periode latihan panjang Anda hari ini, renungkanlah gagasan bahwa ada misi agung dalam hidup Anda. Pikirkanlah hal ini. Jangan segera yakin dengan respons awal Anda sendiri. Pikirkanlah hal ini dengan cermat. Pikirkan kemungkinan artinya. Pikirkan saat-saat dalam hidup Anda ketika Anda telah memikirkan hal ini sebelumnya atau telah mempertimbangkan kemungkinan ini. Dalam dua periode latihan Anda, Anda akan memiliki kesempatan untuk mempertimbangkan hal ini, tetapi berhati-hatilah — jangan membuat kesimpulan dahulu.

Latihan 33: *Dua periode latihan 30 menit.*

Langkah 34

SAYA ADALAH SISWA PEMULA PENGETAHUAN.

Anda adalah siswa pemula Pengetahuan. Terlepas dari seberapa intuitif Anda mungkin menganggap diri Anda, terlepas dari seberapa mampu secara mental Anda mungkin menganggap diri Anda, terlepas dari seberapa jujur secara emosional Anda mungkin menganggap diri Anda, apa pun kemajuan Anda yang telah diakui, Anda adalah siswa pemula Pengetahuan. Berbahagialah bahwa demikian halnya, karena seorang siswa pemula berada dalam posisi untuk mempelajari segala sesuatu dan tidak perlu membela pencapaian mereka. Kami tidak meremehkan pencapaian Anda melainkan ingin menyinarkan sinar kebenaran atas keagungan yang menunggu untuk ditemukan dalam diri Anda, keagungan yang akan memberi Anda kesetaraan sejati dalam kehidupan dan seiring waktu akan mengungkapkan apa yang Anda telah datang ke sini secara khusus untuk dilakukan.

Dalam dua periode latihan Anda, mulailah dengan mengakui kepada diri sendiri bahwa Anda adalah siswa pemula Pengetahuan dan dengan mengingatkan diri Anda agar tidak membuat kesimpulan dini baik mengenai kurikulum ini maupun mengenai kemampuan Anda sebagai seorang siswa. Penilaian semacam itu terlalu dini dan jarang mencerminkan kebenaran secara apa pun. Itu biasanya adalah bentuk mengecilkan hati sendiri sehingga sama sekali tidak ada gunanya yang layak.

Setelah menyatakan gagasan hari ini kepada diri sendiri dan mengingatkan diri Anda agar tidak membuat penilaian, berlatihlah 15 menit keheningan batin dalam dua periode latihan Anda. Cobalah untuk merasakan kebenaran dalam diri Anda. Fokuskan pikiran Anda pada satu titik, baik itu titik fisik atau titik imajiner jika perlu. Biarkan semuanya mereda di dalam. Biarkan diri Anda menjadi setenang mungkin, dan jangan berkecil hati jika ada kesulitan. Anda adalah siswa pemula Pengetahuan sehingga dapat mempelajari segala sesuatu.

LATIHAN 34:   *Dua periode latihan 15 menit.*

Langkah 35
TINJAU ULANG

Tinjau Ulang ini akan memberi Anda kesempatan untuk belajar sesuatu tentang Tata Cara Pengetahuan Komunitas Besar. Dalam dua periode latihan 30 menit, tinjaulah instruksi dan pengalaman Anda dalam latihan minggu lalu. Lakukan ini dengan penilaian sekecil mungkin. Hanya tinjau dan lihat apa yang telah diinstruksikan, apa yang telah Anda lakukan, dan apa hasilnya. Tinjau ulang objektif ini akan memberi Anda akses terbesar kepada wawasan dan pemahaman dengan minimal kepedihan dan penyalahgunaan diri. Anda sekarang sedang belajar menjadi objektif tentang hidup Anda tanpa menekan isi emosi Anda. Daripada mencoba untuk menghancurkan satu aspek dari diri Anda, Anda hanya mencoba untuk membina yang lain.

Karena itu, dalam tinjau ulang Anda, gunakan ini sebagai pedoman: "Saya akan melihat, tetapi saya tidak akan menilai." Dengan cara ini, Anda akan mampu mengenali hal-hal. Ingatlah betapa mudahnya bagi Anda mungkin untuk mendapatkan wawasan tentang kehidupan orang lain dan betapa sedikit wawasan Anda tentang kehidupan Anda sendiri. Objektivitas yang lebih besar dimungkinkan dengan orang lain karena Anda tidak mencoba menggunakan hidup mereka demi tujuan tertentu dan sejauh mana Anda melakukan hal itu, semakin kurang mampu Anda untuk memahami mereka, kodrat mereka, perkembangan mereka atau takdir mereka. Karena itu, semakin sedikit Anda mencoba untuk menggunakan hidup Anda, semakin mampu Anda memahaminya, menghargainya dan bekerja dengan mekanisme intrinsiknya demi kemajuan Anda yang lebih besar.

Latihan 35:   *Dua periode latihan 30 menit.*

Langkah 36

HIDUP SAYA ADALAH MISTERI UNTUK DIJELAJAHI.

Sesungguhnya hidup Anda adalah misteri dan, ya, sesungguhnya Anda perlu menjelajahinya jika Anda ingin memahami tujuannya, maknanya dan arah sejatinya. Ini penting demi kebahagiaan dan pemenuhan Anda di dunia, karena jika Anda telah mengamati hidup Anda secara seksama, Anda akan menyadari bahwa Anda tidak merasa puas dengan hal-hal kecil. Bagi Anda yang mencari Pengetahuan, sesuatu yang lebih agung harus diberikan. Anda harus menembus permukaan hal-hal belaka, yang tampaknya cukup menstimulasi kebanyakan orang. Anda harus menerima kerinduan Anda yang lebih dalam atau Anda akan menyebabkan kesedihan dan konflik yang tak berguna bagi diri Anda sendiri. Tidak penting apa yang dihargai orang lain. Yang penting adalah apa yang Anda hargai. Jika Anda mencari makna yang lebih besar, yang merupakan makna sejati, Anda harus menembus permukaan pikiran Anda.

Dalam dua periode latihan Anda hari ini, sekali lagi berkonsentrasilah dalam meditasi untuk merasakan hadirat Guru-Guru Spiritual Anda. Ini bukan sesuatu yang harus Anda usahakan. Ini hanya berarti rileks, bernapas dan mengizinkan pikiran Anda membuka. Kualitas hubungan Anda dengan Guru-Guru Anda penting untuk memberi Anda kekuatan dan semangat, karena Anda mungkin mempunyai alasan untuk meragukan keterampilan Anda sendiri, tetapi Anda memiliki alasan yang tepat untuk sepenuhnya mempercayai keterampilan Guru-Guru Anda, yang telah melalui jalan ini sebelumnya menuju Pengetahuan. Mereka tahu jalannya, yang mereka sekarang ingin berbagi dengan Anda.

Latihan 36: *Dua periode latihan 15 menit.*

Langkah 37

ADA JALAN MENUJU PENGETAHUAN.

Bagaimana mungkin tidak ada jalan menuju Pengetahuan ketika itu adalah Jati Diri Anda? Bagaimana mungkin tidak ada jalan bagi Pengetahuan untuk mengungkapkan diri ketika itu adalah bentuk ungkapan paling alami? Bagaimana mungkin tidak ada jalan bagi Pengetahuan untuk memandu Anda dalam hubungan-hubungan Anda ketika Pengetahuan adalah sumber sempurna dari semua hubungan Anda? Ada jalan menuju Pengetahuan. Yang memerlukan keterampilan dan hasrat. Keduanya akan memerlukan waktu untuk berkembang. Anda harus belajar menghargai yang sejati dan tidak menghargai yang palsu, dan diperlukan waktu untuk belajar memisahkan keduanya dan untuk mengenalinya. Diperlukan waktu untuk belajar bahwa yang palsu tidak memuaskan Anda dan yang sejati memuaskan Anda. Ini harus dipelajari melalui coba-coba dan melalui kontras. Ketika Anda mendekati Pengetahuan, hidup Anda menjadi lebih penuh, lebih pasti dan lebih terarah. Ketika Anda menjauh darinya, Anda masuk kembali ke dalam kebingungan, frustrasi dan amarah.

Dalam dua periode latihan Anda hari ini, yang tidak akan merupakan latihan meditasi, habiskanlah setidaknya 15 menit untuk memikirkan semua cara untuk mendapatkan akses ke Pengetahuan. Tuliskan di selembar kertas semua cara untuk mencapai Pengetahuan. Habiskan kedua periode latihan melakukan hal ini dan kuras semua kemungkinan yang dapat Anda pikirkan. Cobalah agar sangat spesifik. Gunakan imajinasi Anda, namun petakan rute yang tampak cukup nyata dan berarti bagi Anda. Dengan cara ini, Anda akan tahu apa yang Anda pikirkan tentang bagaimana menemukan jalan menuju Pengetahuan, dan dari ini Anda akan menyadari bahwa Tuhan mengetahui jalan menuju Pengetahuan.

LATIHAN 37:   *Dua periode latihan 15 menit.*

Langkah 38

TUHAN TAHU JALAN MENUJU PENGETAHUAN.

BAGAIMANAKAH ANDA DAPAT MENEMUKAN JALAN ANDA KETIKA ANDA TERSESAT? Bagaimanakah Anda dapat mengetahui kepastian ketika Anda begitu menghargai apa yang sementara? Bagaimanakah Anda dapat mengetahui kuasa kehidupan Anda sendiri ketika Anda begitu terintimidasi oleh ancaman kehilangan dan kehancuran? Kehidupan baik kepada Anda, karena kehidupan tidak hanya menawarkan pahala tetapi juga jalan menuju pahala. Jika dibiarkan terserah Anda, memang akan sungguh kejam, karena Anda akan harus mencoba semua kemungkinan yang dapat Anda bayangkan, lalu ada kemungkinan yang telah dibayangkan orang lain dan bahkan peluang mencapai Pengetahuan yang telah berhasil digunakan orang lain tetapi yang mungkin sesungguhnya tidak begitu sesuai bagi Anda. Dalam rentang waktu singkat Anda di dunia, bagaimanakah Anda dapat mencapai semua ini dan masih mempertahankan vitalitas Anda? Bagaimanakah Anda dapat mempertahankan semangat untuk Pengetahuan ketika begitu banyak cara akan mengecewakan Anda?

YAKINLAH HARI INI DENGAN MENGETAHUI BAHWA TUHAN mengetahui jalan menuju Pengetahuan, dan Anda hanya perlu mengikuti jalan yang telah diberikan. Secara ini, Pengetahuan semata-mata muncul dalam diri Anda karena telah diakui, karena hanya Tuhan yang mengetahui Pengetahuan dalam diri Anda, dan hanya Pengetahuan dalam diri Anda yang mengetahui Tuhan. Ketika keduanya beresonansi bersama-sama, keduanya menjadi lebih jelas. Di sini, Anda menemukan kedamaian.

DALAM DUA PERIODE LATIHAN ANDA HARI INI, masing-masing selama 30 menit, berlatihlah merasakan hadirat Tuhan, dalam kesunyian, dalam keheningan. Tidak berpikir mengenai Tuhan, tidak berspekulasi, tidak bertanya-tanya, tidak meragukan, tetapi hanya merasakan. Anda tidak sedang berkonsentrasi pada fantasi sekarang, meskipun Anda telah terbiasa berkonsentrasi pada fantasi. Dalam keheningan dan kesunyian, semuanya menjadi jelas. Tuhan sangat hening, sebab Tuhan tidak ke mana-mana. Ketika Anda menjadi hening, Anda akan merasakan Kuasa Tuhan.

LATIHAN 38: *Dua periode latihan 30 menit.*

Langkah 39

KUASA TUHAN BERSAMA SAYA.

Kuasa Tuhan bersama Anda. Kuasa Tuhan ada dalam Pengetahuan Anda. Maka belajarlah untuk memperoleh kembali Pengetahuan Anda, dan Anda akan belajar untuk memperoleh kembali kuasa yang Tuhan telah berikan kepada Anda, dan Anda akan memperoleh kembali kuasa Anda juga, karena kuasa Anda akan diperlukan bagi Anda untuk mendekati kuasa Tuhan. Dengan demikian, semua yang sungguh kuasa dan semua yang yang sungguh baik akan ditegaskan dalam diri Anda dan dalam Tuhan. Maka, biarkanlah hari ini menjadi hari khusus untuk mengalami hadirat ini dan kuasa ini dalam hidup Anda. Anda tidak perlu membayangkan Tuhan dalam fantasi. Anda tidak memerlukan gambar atau pelukisan untuk memperkuat pemahaman atau kepercayaan Anda. Anda hanya perlu memanfaatkan latihan yang diberikan di sini.

Dalam dua latihan meditasi mendalam Anda masing-masing selama 30 menit, sekali lagi masuklah ke dalam keheningan dan izinkan diri Anda merasakan kuasa Tuhan. Manfaatkan kuasa Anda sendiri untuk mengarahkan pikiran Anda, dan jangan biarkan keraguan atau rasa takut menghalangi Anda. Kuasa Tuhan mewakili misteri kehidupan Anda, karena kuasa Tuhan mewakili kuasa yang Anda bawa bersama Anda dari Tuhan untuk dimanfaatkan dengan semestinya di dunia sesuai dengan Rencana Agung. Maka, izinkan diri Anda memasuki latihan dengan penuh dedikasi, dengan kesederhanaan dan dengan kerendahan hati agar Anda dapat merasakan kuasa Tuhan.

LATIHAN 39: *Dua periode latihan 30 menit.*

Langkah 40

HARI INI SAYA AKAN MERASAKAN KUASA TUHAN.

KUASA TUHAN BEGITU LENGKAP DAN BEGITU INKLUSIF SEHINGGA meresapi segalanya. Hanya pikiran yang terpisah dan tersesat dalam menghargai pemikirannya sendiri yang mungkin dapat terpisahkan dari kebajikan agung Tuhan. Mereka yang telah merespons Tuhan menjadi Utusan-Utusan Tuhan seiring waktu sehingga mereka dapat melimpahkan anugerah Rahmat kepada orang-orang yang tetap tertinggal dalam kebingungan.

SEMUA YANG TAMPAK SEBAGAI KUASA DI DUNIA ANDA — kekuatan alam, kepastian kematian Anda, ancaman terus menerus akan penyakit, kehilangan dan kehancuran dan semua wujud konflik — semua merupakan pergerakan sementara dalam keheningan agung Tuhan. Keheningan agung inilah yang memanggil Anda untuk kembali ke kedamaian dan kenikmatan penuh Tuhan, tetapi Anda harus mempersiapkan.

HARI INI ANDA MEMPERSIAPKAN DALAM DUA PERIODE LATIHAN 30 MENIT Anda. Dalam meditasi sunyi, cobalah untuk merasakan kuasa Tuhan. Anda tidak perlu menciptakan gambaran-gambaran ajaib, karena kuasa ini adalah sesuatu yang dapat Anda rasakan, karena kuasa ini ada di mana-mana. Apa pun keadaan atau kondisi Anda, apakah menguntungkan bagi perkembangan Anda atau tidak, hari ini Anda dapat merasakan kuasa Tuhan.

LATIHAN 40: *Dua periode latihan 30 menit.*

Langkah 41
SAYA TIDAK TAKUT AKAN KUASA TUHAN.

PENEGASAN INI SANGAT PENTING DEMI KEBAHAGIAAN ANDA, karena Anda harus kembali belajar untuk mempercayai kuasa cinta kasih dan kuasa Tuhan. Untuk ini, Anda harus melepaskan gagasan, asumsi dan evaluasi lampau Anda dari pengalaman masa lalu yang menyakitkan. Sangat menyakitkan untuk terpisah dari apa yang Anda cintai melebihi segalanya, dan satu-satunya cara untuk mempertahankan keterpisahan ini adalah dengan memfitnah apa yang Anda cintai, memberikannya maksud jahat dan kemudian menimbulkan rasa bersalah dalam diri sendiri. Untuk merasakan dan menerima kuasa Tuhan, kejahatan dan rasa bersalah harus meninggalkan Anda. Anda harus berani menjelajahi apa yang paling alami. Ini seolah-olah membuka lahan baru dan pulang sekaligus.

MAKA, DALAM KEHENINGAN, BERLATIHLAH DUA kali hari ini merasakan kuasa Tuhan. Jangan mencari jawaban dari Tuhan. Anda tidak perlu berbicara sama sekali melainkan hanya hadir, karena saat Anda belajar untuk berhubungan dengan apa yang merupakan sumber dari semua hubungan Anda, informasi yang Anda perlukan dapat dengan mudah datang kepada Anda untuk memandu Anda, menghibur Anda dan mengoreksi Anda apabila perlu. Tetapi pertama-tama Anda harus merasakan kuasa Tuhan, dan di sini Anda akan menemukan kekuatan Anda sendiri.

LATIHAN 41:   *Dua periode latihan 30 menit.*

Langkah 42
TINJAU ULANG

Dalam Tinjau Ulang Anda hari ini, tinjaulah semua instruksi yang diberikan dalam seminggu terakhir serta pengalaman latihan Anda. Berikan perhatian khusus hari ini untuk melihat seberapa dalam dan seberapa teliti Anda berlatih. Pastikan bahwa Anda tidak mengubah atau menyesuaikan pelajaran untuk memenuhi selera atau harapan Anda. Ingatlah bahwa Anda hanya perlu mengikuti kurikulum ini untuk menerima pahala sejatinya. Bagian Anda kecil. Bagian Kami besar. Kami memberikan sarana. Anda hanya perlu mengikutinya, dengan keimanan dan dengan harapan sejati. Dalam melakukan hal ini, Anda akan mengembangkan kesabaran, ketajaman, kepercayaan, konsistensi dan harga diri. Mengapa harga diri? Karena Anda harus sangat menghargai diri Anda untuk mengizinkan diri Anda mendekati anugerah agung Pengetahuan. Tidak ada hal lain yang akan membatalkan kebencian diri dan keraguan diri yang lebih bijaksana dan lebih menyeluruh daripada menerima anugerah yang dimaksudkan bagi Anda.

Karena itu, dalam satu periode latihan panjang Anda hari ini, tinjaulah seminggu terakhir latihan. Tanpa menilai, tinjau dan lihatlah apa yang telah ditawarkan, apa yang telah Anda lakukan dan apa yang mungkin dapat dilakukan untuk memperdalam latihan Anda sehingga Anda dapat menerima manfaatnya secara lebih langsung. Jika Anda mengalami kesulitan, kenalilah masalahnya dan usahakan memperbaikinya. Berikan minggu depan keterlibatan yang lebih besar. Dalam melakukannya, Anda akan memperbaiki keraguan diri dan kebingungan hanya dengan mengarahkan kehendak Anda.

Latihan 42: *Satu periode latihan panjang.*

Langkah 43

KEHENDAK SAYA ADALAH UNTUK MENGENAL TUHAN.

Kehendak Anda adalah untuk mengenal Tuhan. Itu adalah kehendak sejati Anda. Hasrat atau motivasi lainnya adalah untuk melarikan diri dari hal ini, yang mewakili kehendak Anda. Kehendak Andalah yang telah menjadi menakutkan bagi Anda. Anda takut akan apa yang Anda ketahui dan rasakan paling dalam. Ini menyebabkan Anda mencari perlindungan dalam hal-hal lain yang tidak mewakili Anda, dan di sini Anda kehilangan identitas Anda dan berupaya membangun identitas yang berkaitan dengan hal-hal yang telah Anda cari untuk melarikan diri. Dalam keterasingan Anda sengsara, tetapi dalam hubungan kebahagiaan diperoleh kembali.

Kehendak Anda adalah untuk mengenal Tuhan. Janganlah takut pada kehendak Anda. Anda diciptakan oleh Tuhan. Kehendak Tuhan adalah untuk mengenal Anda. Kehendak Anda adalah untuk mengenal Tuhan. Tidak ada kehendak lain. Semua motivasi lain di luar ini hanya lahir dari rasa bingung dan takut. Mengenal Tuhan memberikan kuasa kepada Tuhan dan memberikan kuasa kepada Anda juga.

Dalam dua periode latihan Anda hari ini, dalam meditasi sunyi, berlatihlah merasakan kekuatan kehendak Anda sendiri. Jangan biarkan rasa takut dan ragu memperkeruh pikiran Anda. Anda tidak perlu mencoba merasakan kehendak Tuhan. Hal itu semata-mata ada. Hal itu hanya memerlukan perhatian Anda agar Anda mengenalinya. Karena itu, berlatihlah secara mendalam hanya dengan hadir untuk pengalaman ini.

Latihan 43:   *Dua periode latihan 30 menit.*

Langkah 44

SAYA INGIN MENGETAHUI KEKUATAN SAYA SENDIRI.

PENEGASAN INI MUNGKIN MENURUT ANDA SANGAT COCOK karena kebutuhan Anda yang mendesak untuknya dalam keadaan Anda saat ini, tetapi penegasan ini jauh lebih dalam dari yang Anda mungkin sadari pada awalnya. Anda memiliki jauh lebih besar kekuatan dari yang telah Anda akui, tetapi ini tidak dapat sepenuhnya diwujudkan sampai penerapannya diarahkan dengan cara yang benar-benar memperbarui Anda dan mengemukakan kemampuan sejati Anda.

BAGAIMANAKAH ANDA DAPAT MENDEKATI KEKUATAN ANDA ketika Anda merasa lemah dan tidak berdaya, ketika Anda merasa tidak layak, jika Anda terbebani oleh rasa bersalah atau kebingungan atau dalam amarah menyalahkan orang lain atas kegagalan yang jelas milik Anda? Untuk mengklaim kekuatan Anda berarti melepaskan semua yang menahan Anda. Anda tidak melepaskan hambatan Anda dengan tidak mengakuinya. Anda melepaskannya karena Anda menghargai sesuatu yang lebih agung. Hambatannya hanyalah tanda bahwa Anda harus melewatinya. Kekuatan Anda sendiri kemudian dikembangkan. Anda mencari kekuatan Anda, dan Anda menggunakannya untuk menemukan kekuatan Anda. Kami menginginkan Anda mengenali kekuatan Anda dan memanfaatkannya demi Anda sendiri.

DALAM DUA LATIHAN MEDITASI ANDA HARI INI, dengan diam dan dalam keheningan, cobalah untuk merasakan kekuatan Anda sendiri. Jangan biarkan pemikiran belaka menghalangi Anda, karena rasa takut dan keraguan hanyalah pemikiran — hal-hal yang menguap yang melintasi pikiran Anda seperti awan. Melampaui awan pikiran Anda adalah alam semesta agung Pengetahuan. Karena itu, jangan biarkan awan menghalangi pandangan Anda pada bintang-bintang di luar sana.

LATIHAN 44: *Dua periode latihan 30 menit.*

Langkah 45

SENDIRIAN SAYA TIDAK BISA MELAKUKAN APA-APA.

Sendirian Anda tidak bisa melakukan apa-apa. Tidak ada yang pernah dicapai sendirian, bahkan di dunia Anda. Tidak ada yang pernah diciptakan sendirian, bahkan dalam pikiran Anda. Tidak ada penghargaan yang akan diterima dengan melakukan sesuatu sendirian. Semuanya adalah upaya bersama. Semuanya adalah hasil dari hubungan.

Apakah ini merendahkan Anda sebagai individu? Pasti tidak. Ini memberi Anda lingkungan dan pemahaman untuk mewujudkan prestasi sejati Anda. Anda lebih agung daripada individualitas Anda, sehingga Anda dapat terbebas dari keterbatasannya. Anda bekerja melalui individu yang merupakan Anda pribadi, tetapi Anda lebih agung daripada ini. Terimalah keterbatasan dari diri yang terbatas, dan jangan menuntut agar diri yang terbatas menjadi Tuhan atau Anda akan memberinya beban besar dan harapan besar dan kemudian akan menghukumnya atas kegagalannya. Ini mengakibatkan kebencian diri. Ini mengakibatkan Anda membenci kehidupan fisik Anda dan menyiksa diri sendiri secara pribadi, secara emosional dan secara fisik. Terimalah keterbatasan Anda agar Anda dapat menerima keagungan dalam hidup Anda.

Karena itu, dalam dua periode latihan Anda hari ini, dengan mata terbuka, berkonsentrasilah sekarang pada keterbatasan Anda. Kenalilah mereka. Jangan menilai mereka sebagai baik atau buruk. Cukup kenali saja. Ini memberi Anda kerendahan hati, dan dalam kerendahan hati Anda berada dalam posisi untuk menerima keagungan. Jika Anda membela keterbatasan Anda, bagaimana Anda dapat menerima apa yang melampauinya?

Latihan 45: *Dua periode latihan 15 menit.*

Langkah 46

SAYA HARUS KECIL UNTUK MENJADI AGUNG.

Apakah merupakan kontradiksi bahwa Anda harus kecil untuk menjadi agung? Ini bukan kontradiksi jika Anda memahami maknanya. Menyadari keterbatasan Anda mengizinkan Anda untuk bekerja dalam konteks yang terbatas secara sangat berhasil. Ini mendemonstrasikan realitas yang lebih agung dari yang dapat Anda sadari sebelumnya. Keagungan Anda tidak boleh didasarkan hanya pada harapan atau antisipasi tinggi. Tidak boleh didasarkan pada idealisme tetapi pada pengalaman sejati. Izinkan diri Anda kecil, dan Anda akan mengalami bahwa keagungan ada bersama Anda dan bahwa keagungan adalah bagian dari Anda.

Dalam dua periode latihan Anda hari ini, izinkan diri Anda terbatas tetapi tanpa penilaian. Tidak ada pengutukan. Libatkan pikiran Anda secara aktif untuk berfokus pada keterbatasan Anda. Berfokuslah tanpa mengutuk. Lihatlah secara objektif. Anda dimaksudkan untuk menjadi sarana bagi Realitas yang Lebih Agung mengungkapkan dirinya di dunia ini. Sarana Anda untuk pengungkapan cukup terbatas, tetapi sepenuhnya memadai untuk menyelesaikan tugas yang harus Anda selesaikan. Dengan menerima keterbatasannya, Anda dapat memahami mekanismenya dan belajar bekerja dengannya secara konstruktif. Kemudian hal ini bukan lagi merupakan keterbatasan melainkan bentuk pengungkapan yang menyenangkan bagi Anda.

LATIHAN 46: *Dua periode latihan 15 menit.*

Langkah 47

MENGAPA SAYA MEMERLUKAN GURU?

Anda akan menanyakan pertanyaan ini cepat atau lambat dan mungkin dalam banyak kesempatan. Timbul dari harapan Anda pada diri sendiri maka Anda akan menanyakan pertanyaan ini. Namun jika Anda secara seksama mengamati hidup Anda, Anda akan melihat bahwa Anda telah memerlukan instruksi untuk segala sesuatu yang telah Anda pelajari. Mungkin hal-hal yang Anda rasakan dalam diri Anda tampaknya telah diciptakan oleh Anda, namun itu pun merupakan hasil dari instruksi. Anda telah dipersiapkan melalui hubungan untuk segala sesuatu yang telah Anda pelajari, baik itu keterampilan praktis maupun wawasan yang lebih dalam. Menyadari hal ini akan menimbulkan penghargaan besar terhadap hubungan dan penegasan penuh akan kuasa kontribusi di dunia.

Jika Anda berniat untuk secara jujur mulai mempelajari keterampilan apa pun, pertama-tama Anda harus menyadari berapa banyak yang tidak Anda ketahui, kemudian Anda harus menyadari berapa banyak yang perlu Anda pelajari, dan kemudian Anda harus mencari bentuk instruksi terbaik mungkin. Ini harus berlaku untuk memperoleh kembali Pengetahuan. Anda harus menyadari berapa sedikit yang Anda ketahui, berapa banyak yang perlu Anda ketahui dan kemudian menerima instruksi yang disediakan. Apakah merupakan kelemahan untuk memerlukan guru? Tidak. Ini adalah pengakuan jujur berdasarkan evaluasi jujur. Jika Anda menyadari berapa sedikit yang Anda ketahui dan berapa banyak yang perlu Anda ketahui dan kuasa Pengetahuan itu sendiri, Anda akan memahami betapa jelasnya ini. Bagaimana Anda dapat memberi kepada orang-orang yang berpikir bahwa mereka sudah memiliki, yang pada kenyataannya mereka miskin? Tidak bisa. Dan kemiskinan mereka akan ditimbulkan dan dipertahankan oleh mereka sendiri.

Mengapa Anda memerlukan Guru? Karena Anda perlu belajar. Dan Anda perlu melupakan apa yang telah Anda pelajari yang menghambat Anda. Dalam dua periode latihan Anda hari ini, dengan mata tertutup dalam meditasi, pertimbangkanlah mengapa Anda memerlukan Guru. Amati pemikiran apa pun yang tampaknya mengindikasikan bahwa Anda dapat melakukannya sendiri jika Anda cukup pintar atau cukup kuat atau memenuhi kualifikasi lainnya. Jika harapan ini muncul, kenalilah hal-hal tersebut apa adanya. Hal-hal tersebut bersikeras agar Anda tetap bebal dengan menyatakan diri Anda adalah instruktur yang memadai. Anda tidak dapat mengajari diri sendiri apa yang tidak Anda ketahui, dan upaya untuk melakukan hal itu hanya mengulang informasi lama dan mengikat Anda lebih erat di tempat Anda berada sekarang.

Karena itu, dalam latihan hari ini kenalilah kebutuhan Anda akan instruksi sejati serta penolakan Anda, jika ada, terhadap kehadiran instruksi sejati yang tersedia bagi Anda sekarang.

Latihan 47:   *Dua periode latihan 30 menit.*

Langkah 48

INSTRUKSI SEJATI TERSEDIA UNTUK SAYA.

INSTRUKSI SEJATI TERSEDIA. Instruksi sejati telah menunggu Anda untuk mencapai titik kematangan di mana Anda menyadari pentingnya hal ini dalam hidup Anda. Ini menimbulkan motivasi sejati untuk belajar. Hal ini lahir dari mengenali keterbatasan Anda dalam kaitannya dengan kebutuhan sejati Anda. Anda harus mencintai diri sendiri untuk menjadi siswa Pengetahuan dan senantiasa mencintai diri sendiri untuk maju. Tidak ada kendala lain untuk belajar selain ini. Tanpa cinta kasih yang ada adalah rasa takut, karena tidak ada hal lain yang dapat menggantikan cinta kasih. Namun cinta kasih belum tergantikan, dan bantuan sejati tersedia bagi Anda.

DALAM DUA LATIHAN MEDITASI ANDA HARI INI, cobalah untuk merasakan kehadiran bantuan sejati ini. Dalam keheningan dan kesunyian, rasakanlah ini dalam hidup Anda dan di sekitar Anda. Latihan meditasi ini akan mulai membuka kepekaan yang lebih besar dalam diri Anda, indra yang sama sekali baru. Anda akan mulai mencamkan hal-hal yang ada, meskipun Anda tidak dapat melihatnya. Anda akan dapat merespons gagasan dan informasi, meskipun Anda belum dapat mendengar sumber dari pesan tersebut. Ini adalah proses sesungguhnya dalam berpikir kreatif, karena orang-orang menerima gagasan; mereka tidak menciptakannya. Anda adalah bagian dari kehidupan yang lebih agung. Kehidupan pribadi Anda adalah sarana pengungkapannya. Kemudian, individualitas Anda menjadi lebih terlatih dan lebih menyenangkan, tidak lagi merupakan penjara bagi Anda, melainkan bentuk pengungkapan Anda yang menyenangkan.

BANTUAN SEJATI TERSEDIA UNTUK ANDA. Berlatihlah hari ini untuk merasakan hadirat abadinya dalam hidup Anda.

LATIHAN 48: *Dua periode latihan 30 menit.*

Langkah 49
TINJAU ULANG

Ini menandai selesainya latihan minggu ketujuh Anda. Dalam Tinjau Ulang ini, Anda diminta untuk meninjau kembali seluruh tujuh minggu latihan, meninjau semua instruksi dan mengingat pengalaman Anda dalam penggunaannya masing-masing. Ini mungkin memerlukan beberapa periode latihan yang lebih panjang, tetapi cukup penting bagi Anda untuk memperoleh pemahaman tentang apa artinya menjadi seorang siswa dan bagaimana pembelajaran sesungguhnya dicapai.

Berhati-hatilah untuk tidak menilai diri sendiri sebagai seorang siswa. Anda tidak berada dalam posisi untuk menilai diri sendiri sebagai seorang siswa. Anda tidak memiliki kriterianya, karena Anda bukanlah seorang guru Pengetahuan Diri. Saat Anda melanjutkan Anda akan menyadari bahwa beberapa kegagalan Anda akan mengarah pada keberhasilan yang lebih besar, dan bahwa beberapa dari apa yang Anda anggap sebagai keberhasilan dapat mengarah pada kegagalan. Ini akan menggarisbawahi seluruh sistem evaluasi Anda dan akan mengarahkan Anda pada pengakuan yang lebih besar. Ini akan memungkinkan Anda untuk merasakan belas kasih terhadap diri sendiri dan terhadap orang lain yang saat ini Anda nilai berdasarkan keberhasilan mereka dan kegagalan mereka.

Maka, tinjaulah empat puluh delapan pelajaran pertama dari latihan. Cobalah untuk mengingat bagaimana Anda merespon setiap langkah dan seberapa dalamnya Anda melibatkan diri. Cobalah untuk melihat keberhasilan Anda, pencapaian Anda, dan kendala Anda. Anda telah datang sejauh ini. Selamat! Anda telah lulus ujian pertama. Bersemangatlah sekarang untuk melanjutkan, karena Pengetahuan ada bersama Anda.

Latihan 49: *Beberapa periode latihan panjang.*

Langkah 50

HARI INI SAYA AKAN BERSAMA PENGETAHUAN.

Bersama Pengetahuanlah hari ini agar kepastian dan kuasa Pengetahuan dapat tersedia bagi Anda. Izinkan Pengetahuan memberi Anda keheningan. Izinkan Pengetahuan memberi Anda kekuatan dan kompetensi. Izinkan Pengetahuan mengajari Anda. Izinkan Pengetahuan mengungkapkan alam semesta seperti apa adanya, bukan seperti penilaian Anda.

Dalam dua periode latihan Anda, berlatihlah dalam keheningan merasakan kuasa Pengetahuan. Jangan mengajukan pertanyaan. Itu tidak diperlukan sekarang. Jangan berdebat dengan diri sendiri mengenai realitas pencarian Anda, karena itu sia-sia dan tak berarti. Anda tidak dapat mengetahui sampai Anda menerima, dan untuk menerima Anda harus memercayai kecenderungan Anda untuk mengetahui.

Hari ini bersamalah dengan Pengetahuan. Dalam periode latihan Anda, jangan biarkan apa pun menghalangi Anda. Anda hanya perlu rileks dan hadir. Dari latihan-latihan ini hadirat yang lebih agung akan dikenali, dan ini akan mulai meredakan ketakutan Anda.

Latihan 50: *Dua periode latihan 30 menit.*

Langkah 51

BIARKAN SAYA MENGENALI KETAKUTAN SAYA AGAR SAYA DAPAT MELIHAT KEBENARAN YANG MELAMPAUINYA.

KENDALA ANDA HARUS DIKENALI AGAR Anda dapat melihat melampauinya. Jika hal-hal ini diabaikan atau ditolak, jika dilindungi atau disebut dengan nama lain, Anda tidak akan mengenali sifat dari hambatan Anda. Anda tidak akan memahami apa yang menindas Anda. Hidup Anda tidak lahir dari rasa takut. Sumber Anda tidak lahir dari rasa takut. Agar mampu mengenali rasa takut Anda berarti Anda harus menyadari bahwa Anda adalah bagian dari sesuatu yang lebih agung. Dengan menyadari hal ini Anda dapat belajar untuk menjadi objektif tentang hidup Anda dan memahami keadaan Anda saat ini tanpa mengutuk diri sendiri, karena dalam keadaan seperti inilah Anda harus mengembangkan diri. Anda harus mulai dari mana Anda berada. Untuk melakukan ini, Anda harus menginventarisasi kekuatan dan kelemahan Anda.

DALAM DUA PERIODE LATIHAN ANDA HARI INI, evaluasi keberadaan rasa takut Anda dan ingatkan diri Anda bahwa realitas Anda berada melampauinya, namun Anda harus mengenalinya untuk memahami sifatnya yang merugikan dalam hidup Anda. Pejamkan mata Anda dan ulangi gagasan untuk hari ini; kemudian pertimbangkan setiap rasa takut yang muncul dalam pikiran Anda. Ingatkan diri Anda bahwa kebenaran berada melampaui rasa takut spesifik tersebut. Izinkan semua rasa takut muncul dan dievaluasi secara ini.

AGAR TERBEBAS DARI RASA TAKUT, ANDA HARUS MEMAHAMI RASA TAKUT — mekanismenya, pengaruhnya pada orang-orang, dan akibatnya di dunia. Anda harus mengenali hal ini tanpa penipuan dan tanpa preferensi. Anda adalah makhluk agung yang bekerja dalam konteks terbatas, dalam lingkungan terbatas. Pahamilah keterbatasan lingkungan Anda dan pahamilah keterbatasan sarana Anda, dan Anda tidak akan lagi membenci diri sendiri karena terbatas.

LATIHAN 51: *Dua periode latihan 30 menit.*

Langkah 52

SAYA BEBAS UNTUK MENCARI SUMBER PENGETAHUAN SAYA.

SUMBER PENGETAHUAN ANDA ADA DI DALAM DIRI ANDA dan melampaui Anda juga. Tidak ada perbedaan di mana sumber Pengetahuan berada, sebab Pengetahuan ada di mana-mana. Hidup Anda telah diselamatkan karena Tuhan telah menanamkan Pengetahuan di dalam diri Anda. Tetapi Anda tidak akan menyadari penyelamatan Anda sampai Pengetahuan telah diizinkan untuk muncul dan untuk melimpahkan anugerahnya pada Anda. Kebebasan lain apakah yang bebas selain yang memungkinkan Anda untuk menerima anugerah kehidupan sejati Anda? Semua kebebasan lainnya adalah kebebasan untuk menjadi kacau, kebebasan untuk menyakiti diri sendiri. Kebebasan agung adalah untuk menemukan Pengetahuan Anda dan mengizinkannya mengungkapkan diri melalui Anda. Hari ini Anda bebas untuk menemukan sumber Pengetahuan Anda.

DALAM DUA PERIODE LATIHAN ANDA DALAM KEHENINGAN, terimalah sumber dari Pengetahuan Anda. Ingatkan diri Anda bahwa Anda bebas untuk melakukan hal ini. Terlepas dari rasa takut atau cemas, terlepas dari rasa bersalah atau rasa malu apa pun, izinkan diri Anda untuk menerima sumber Pengetahuan Anda. Anda bebas untuk menerima sumber Pengetahuan Anda hari ini.

LATIHAN 52: *Dua periode latihan 30 menit.*

Langkah 53

Anugerah saya adalah untuk orang lain.

Anugerah Anda dimaksudkan untuk diberikan kepada orang lain, tetapi pertama-tama Anda harus mengenali anugerah Anda dan memisahkannya dari gagasan-gagasan yang menahannya, mengubahnya atau menolaknya. Bagaimanakah Anda dapat memahami diri sendiri selain dalam konteks kontribusi kepada orang lain? Sendirian Anda tidak dapat melakukan apa-apa. Sendirian Anda tidak memiliki makna. Karena Anda tidak sendirian. Ini akan dianggap sebagai beban dan sebagai ancaman sampai Anda menyadari makna besarnya dan anugerah sebenarnya. Ini adalah penyelamat hidup Anda. Ketika kehidupan memperoleh Anda kembali, Anda memperoleh kembali kehidupan dan menerima semua pahalanya, yang jauh melebihi apa pun yang dapat Anda berikan kepada diri sendiri. Nilai hidup Anda disempurnakan dan sepenuhnya didemonstrasikan melalui kontribusi Anda kepada orang lain karena sampai kontribusi terjadi, Anda hanya dapat mewujudkan sebagian diri Anda — nilai Anda, tujuan Anda, makna Anda dan arah Anda.

Dalam dua periode latihan Anda hari ini, rasakanlah hasrat Anda untuk berkontribusi kepada orang lain. Anda tidak perlu sekarang untuk menentukan apa yang ingin Anda kontribusikan. Itu tidak sepenting hasrat Anda untuk berkontribusi, karena bentuk kontribusi akan menjadi jelas bagi Anda seiring waktu dan akan berkembang juga. Hasrat Anda untuk berkontribusi yang lahir dari motivasi sejati adalah yang akan memberikan Anda sukacita hari ini.

Latihan 53: *Dua periode latihan 30 menit.*

Langkah 54

SAYA TIDAK AKAN HIDUP DALAM IDEALISME.

Apakah idealisme kalau bukan gagasan tentang hal-hal yang diharapkan berdasarkan kekecewaan? Idealisme Anda termasuk diri Anda sendiri, hubungan-hubungan Anda dan dunia tempat Anda tinggal. Idealisme Anda termasuk Tuhan dan kehidupan serta semua ranah pengalaman yang dapat Anda bayangkan. Tanpa pengalaman, yang ada adalah idealisme. Idealisme dapat membantu pada awalnya, karena dapat memulai Anda bergerak ke arah sejati, tetapi kesimpulan-kesimpulan atau identitas Anda jangan berhenti di situ, karena hanya pengalaman yang dapat memberikan apa yang sejati bagi Anda dan apa yang dapat sepenuhnya Anda terima. Janganlah membiarkan idealisme memandu Anda, karena Pengetahuan ada disini untuk memandu Anda.

Dalam dua periode latihan Anda hari ini, kenalilah sejauh mana idealisme Anda sendiri. Amati dengan seksama Anda ingin diri Anda seperti apa, Anda ingin dunia Anda seperti apa, dan Anda ingin hubungan-hubungan Anda seperti apa. Ulangi gagasan hari ini dan, dengan mata terpejam, periksalah setiap cita-cita Anda. Meskipun cita-cita Anda mungkin tampak menguntungkan dan tampaknya mewakili hasrat Anda akan cinta dan keselarasan, sesungguhnya mereka menghambat Anda, karena mereka menggantikan apa yang benar-benar akan memberikan anugerah yang Anda cari.

Latihan 54: *Dua periode latihan 30 menit.*

Langkah 55

SAYA AKAN MENERIMA DUNIA APA ADANYA.

IDEALISME ADALAH UPAYA UNTUK TIDAK MENERIMA DUNIA apa adanya. Idealisme membenarkan penyalahan dan pengutukan. Idealisme membangun harapan akan kehidupan yang belum terjadi sehingga membuat Anda rentan terhadap kekecewaan besar. Idealisme Anda memperkuat pengutukan Anda.

TERIMALAH DUNIA HARI INI APA ADANYA, bukan seperti yang Anda inginkan. Dengan penerimaan datang cinta kasih, karena Anda tidak dapat mencintai dunia yang Anda inginkan. Anda hanya dapat mencintai dunia sebagaimana adanya. Terimalah diri Anda sendiri sekarang sebagaimana adanya, dan hasrat sejati demi perubahan dan kemajuan akan muncul secara alami dalam diri Anda. Idealisme membenarkan pengutukan. Kenalilah kebenaran agung ini, dan Anda akan mulai memiliki pengalaman yang lebih langsung dan mendalam tentang kehidupan dan apa yang asli dan tidak berdasarkan pada harapan atau antisipasi melainkan pada keterlibatan sejati.

KARENA ITU, DALAM DUA PERIODE LATIHAN 30 MENIT ANDA HARI ini, berkonsentrasilah untuk menerima hal-hal persis apa adanya. Anda tidak membenarkan kekerasan, konflik atau ketidaktahuan dalam melakukan hal ini. Anda hanya menerima kondisi yang ada sehingga Anda dapat bekerja dengannya secara konstruktif. Tanpa penerimaan ini, Anda tidak memiliki titik awal untuk keterlibatan sejati. Izinkan dunia menjadi persis apa adanya, karena di dunia inilah Anda telah datang untuk melayani.

LATIHAN 55: *Dua periode latihan 30 menit.*

Langkah 56
TINJAU ULANG

Dalam Tinjau Ulang hari ini, tinjaulah pelajaran minggu lalu dan keterlibatan Anda dengannya. Cobalah untuk memahami bahwa meskipun kemajuan mungkin tampak perlahan pada awalnya, apa yang perlahan dan teratur akan maju dengan pesat. Keterlibatan yang diterapkan secara konsisten akan memberikan Anda garis lurus menuju pencapaian Anda.

Dalam Tinjau Ulang Anda, kami kembali mengingatkan Anda untuk tidak menilai diri jika Anda belum memenuhi harapan Anda. Cukup untuk menyadari apa yang diperlukan untuk mengikuti instruksi sesuai dengan yang diberikan dan melibatkan diri Anda dengannya semaksimal mungkin. Ingatlah bahwa Anda sedang belajar untuk belajar, dan ingatlah bahwa Anda sedang belajar untuk memperoleh kembali nilai diri Anda dan kemampuan sejati Anda.

Latihan 56:   *Satu periode latihan panjang.*

Langkah 57
KEBEBASAN ADA PADA SAYA.

KEBEBASAN BERDIAM DALAM DIRI ANDA, menunggu dilahirkan dalam diri Anda, menunggu diakui dan diterima, menunggu dijalankan dan diterapkan, dan menunggu dihormati dan diikuti. Anda yang selama ini hidup di bawah beban imajinasi Anda sendiri, Anda yang selama ini menjadi tahanan pemikiran Anda sendiri dan pemikiran orang lain, Anda yang selama ini terintimidasi dan terancam oleh penampilan dunia ini kini memiliki harapan, karena kebebasan sejati berdiam dalam diri Anda. Kebebasan sejati menanti Anda. Anda telah membawanya serta dari Rumah Purba Anda. Anda membawanya serta setiap hari, setiap saat.

DALAM PROGRAM PENGEMBANGAN INI, Anda sekarang belajar untuk mengarah pada kebebasan dan menjauh dari rasa takut dan kegelapan imajinasi Anda sendiri. Dalam kebebasan, Anda akan menemukan stabilitas dan konsistensi. Ini akan memberi Anda fondasi untuk membangun cinta kasih dan rasa harga diri Anda, dan fondasi ini tidak akan tergoyahkan oleh dunia, karena hal ini lebih agung daripada dunia. Hal ini tidak lahir dari perasaan waswas keterpisahan. Hal ini lahir dari kebenaran kesertaan total Anda dalam kehidupan.

PADA SETIAP JAM ULANGI GAGASAN HARI INI dan luangkan waktu sejenak untuk merasakan bahwa kebebasan ada pada Anda. Saat Anda mendekati kebebasan sepanjang hari, Anda akan mampu mengenali semakin jelas apa yang menahan Anda. Anda akan menyadari bahwa hanya kepatuhan Anda pada pemikiran Anda sendirilah yang menahan Anda. Minat Anda pada imajinasi Anda sendirilah yang menahan Anda. Ini akan meringankan beban Anda, dan Anda akan menyadari bahwa tersedia pilihan sejati. Kesadaran ini akan memberi Anda kekuatan untuk mencapai kebebasan hari ini.

DALAM DUA LATIHAN MEDITASI MENDALAM ANDA, ulangi gagasan hari ini dan upayakan agar pikiran Anda hening, yang merupakan awal dari kebebasannya. Latihan dalam keheningan ini akan memungkinkan pikiran Anda melepas rantai-rantai yang membelenggunya — sikap tidak memaafkan dari masa lalu, kecemasannya akan masa depan, dan penghindarannya dari masa kini. Dalam keheningan, pikiran Anda bangkit di atas semua yang menahannya tetap kecil, tersembunyi dan terisolasi dalam kegelapannya sendiri. Betapa dekatnya kebebasan bagi Anda hari ini yang hanya perlu menjadi hening untuk menerimanya. Dan betapa besar pahala Anda, Anda yang telah datang ke dalam dunia, karena kebebasan ada pada Anda.

Latihan 57: *Dua periode latihan 30 menit.*
Latihan setiap jam.

Langkah 58

PENGETAHUAN ADA PADA SAYA.

Hari ini Kami menegaskan hadirat Pengetahuan dalam hidup Anda. Pada setiap jam nyatakanlah penegasan ini dan kemudian luangkan waktu sejenak untuk mencoba merasakan hadirat ini. Anda harus merasakannya. Anda tidak bisa membayangkannya saja, karena Pengetahuan harus dialami. Apa pun situasi Anda hari ini, ulangilah penegasan ini sekali pada setiap jam dan cobalah untuk merasakan maknanya. Anda akan mengetahui bahwa ada banyak situasi yang Anda pikir tidak pantas untuk berlatih di mana Anda dapat berlatih. Dengan cara ini, Anda akan mengetahui bahwa Anda memiliki kuasa untuk mengatur pengalaman Anda agar memenuhi kecenderungan sejati Anda, dan Anda akan mengetahui bahwa situasi apa pun adalah lingkungan yang memadai untuk persiapan sejati dan penerapan diri.

COBALAH UNTUK BERLATIH SETIAP JAM. Tetaplah menyadari waktu Anda. Jika satu jam terlewatkan, jangan khawatir, tetapi dedikasikan kembali diri Anda untuk berlatih di jam-jam yang tersisa sementara Anda melanjutkan. Pengetahuan ada pada Anda hari ini. Hari ini bersamalah dengan Pengetahuan.

LATIHAN 58: *Latihan setiap jam.*

Langkah 59

HARI INI SAYA AKAN BELAJAR KESABARAN.

Sangat sulit bagi pikiran yang tersiksa untuk bersabar. Sangat sulit bagi pikiran yang gelisah untuk bersabar. Sangat sulit bagi pikiran yang telah mencari semua nilainya dari hal-hal sementara untuk bersabar. Hanya dalam mengejar sesuatu yang lebih agung maka kesabaran diperlukan karena diperlukan penerapan yang lebih besar. Pikirkanlah hidup Anda dari segi pengembangan jangka panjang, bukan dari segi sensasi dan keuntungan langsung. Pengetahuan bukan sekadar stimulasi. Pengetahuan adalah kedalaman kuasa yang universal dan abadi, dan keagungannya diberikan kepada Anda untuk diterima dan untuk diberikan.

Berlatihlah setiap jam hari ini dengan menegaskan bahwa Anda akan belajar bersabar dan bahwa Anda akan mengamati hidup Anda daripada mencela hidup Anda. Tegaskanlah bahwa Anda akan menjadi objektif tentang kemampuan Anda dan keadaan Anda sehingga Anda dapat menerapkan kepastian yang lebih besar padanya.

Belajarlah kesabaran hari ini dan belajarlah dengan sabar. Dengan cara ini, Anda akan bergerak lebih cepat, lebih pasti dan lebih penuh kasih.

Latihan 59: *Latihan setiap jam.*

Langkah 60

SAYA TIDAK AKAN MENILAI DUNIA HARI INI.

TANPA PENILAIAN ANDA, Pengetahuan dapat menunjukkan apa yang harus Anda lakukan dan apa yang harus Anda pahami. Pengetahuan mewakili penilaian yang lebih besar, tetapi ini merupakan penilaian yang sangat berbeda dari penilaian Anda, karena tidak lahir dari rasa takut. Hal ini tidak memiliki amarah. Hal ini selalu dimaksudkan untuk melayani dan untuk mengasuh. Hal ini adil, dalam hal memberikan pengakuan sejati atas keadaan setiap orang saat ini tanpa meremehkan makna mereka atau takdir mereka.

JANGANLAH MENILAI DUNIA HARI ini sehingga Anda dapat melihat dunia apa adanya. Janganlah menilai dunia hari ini sehingga Anda dapat menerima dunia apa adanya. Izinkan dunia menjadi persis apa adanya sehingga Anda dapat mengenalinya. Setelah dunia dikenali, Anda akan menyadari betapa dunia memerlukan Anda dan betapa Anda akan ingin memberi kepadanya. Dunia tidak memerlukan penyalahan. Dunia memerlukan layanan. Dunia memerlukan kebenaran. Dan di atas segala-galanya, dunia memerlukan Pengetahuan.

SETIAP JAM HARI INI, LUANGKAN WAKTU SEJENAK dan lihatlah dunia tanpa menilai. Ulangi penegasan untuk hari ini dan gunakan waktu sejenak untuk melihat dunia tanpa menilai. Terlepas dari penampilan apa yang mungkin Anda lihat, apakah menyenangkan Anda atau tidak menyenangkan Anda, apakah Anda menganggapnya indah atau jelek, apakah Anda pikir layak atau tidak layak, lihatlah tanpa menilai.

LATIHAN 60: *Latihan setiap jam.*

Langkah 61

CINTA KASIH MEMBERIKAN DIRINYA MELALUI SAYA.

CINTA KASIH MEMBERIKAN DIRINYA MELALUI ANDA ketika Anda siap menjadi sarana pengungkapannya. Anda tidak perlu mencoba bersikap penuh cinta untuk meredakan rasa tak mampu diri atau rasa bersalah. Anda tidak perlu mencoba bersikap penuh cinta untuk mengambil hati orang lain. Jangan memperkuat rasa tak berdaya atau rasa tak layak Anda dengan mencoba menempatkan perasaan gembira atau baik hati padanya. Cinta kasih dalam diri Anda akan mengungkapkan dirinya sendiri, karena hal ini lahir dari Pengetahuan dalam diri Anda, di mana hal ini adalah bagiannya.

SETIAP JAM HARI INI SAAT ANDA MENGAMATI DUNIA, kenalilah bahwa cinta kasih dalam diri Anda akan berbicara sendiri. Jika Anda tidak menilai, jika Anda mampu bersama dunia sebagaimana adanya dan jika Anda mampu hadir dengan orang lain sebagaimana mereka adanya, cinta kasih dalam diri Anda akan berbicara sendiri. Jangan mencoba agar cinta kasih berbicara untuk Anda. Jangan mencoba agar cinta kasih mengungkapkan keinginan atau kebutuhan Anda, karena cinta kasih itu sendiri akan berbicara melalui Anda. Jika Anda hadir untuk cinta kasih, maka Anda akan hadir untuk dunia, dan cinta kasih akan berbicara melalui Anda.

LATIHAN 61:   *Latihan setiap jam.*

Langkah 62

HARI INI SAYA AKAN BELAJAR MENDENGARKAN KEHIDUPAN.

Jika Anda hadir untuk dunia, Anda akan mampu mendengar dunia. Jika Anda hadir untuk kehidupan, Anda akan mampu mendengar kehidupan. Jika Anda hadir untuk Tuhan, Anda akan mampu mendengar Tuhan. Jika Anda hadir untuk diri sendiri, Anda akan mampu mendengar diri Anda sendiri.

Karena itu, hari ini berlatihlah mendengarkan. Pada setiap jam berlatihlah mendengarkan dunia di sekitar Anda dan dunia di dalam Anda. Ulangi penegasan ini dan kemudian latihlah ini. Ini hanya memerlukan waktu sejenak. Anda akan menyadari bahwa terlepas dari keadaan Anda, akan ada cara bagi Anda untuk melatihnya hari ini. Jangan biarkan keadaan Anda mendominasi Anda. Anda dapat berlatih di dalamnya. Anda dapat menemukan cara untuk berlatih tanpa mengakibatkan rasa malu atau ketidakpantasan dengan orang lain. Apakah Anda sendirian atau terlibat dengan orang lain, Anda bisa berlatih hari ini. Berlatihlah setiap jam. Berlatihlah mendengarkan. Berlatihlah untuk hadir. Untuk benar-benar mendengarkan berarti bahwa Anda tidak menilai. Berarti bahwa Anda mengamati. Ingatlah, Anda sedang mengembangkan kemampuan pikiran yang akan diperlukan bagi Anda agar dapat memberi dan menerima keagungan Pengetahuan.

Latihan 62: *Latihan setiap jam.*

Langkah 63
TINJAU ULANG

Seperti sebelumnya, dalam Tinjau Ulang Anda, tinjaulah latihan minggu lalu dan pelajari sejauh mana keterlibatan Anda dan bagaimana hal ini dapat ditambahkan dan ditingkatkan. Minggu ini latihan Anda telah diperluas. Latihan Anda telah dibawa dengan Anda ke dalam dunia untuk diterapkan dalam segala macam situasi, terlepas dari kondisi emosional Anda, terlepas dari kondisi emosional orang-orang yang memengaruhi Anda serta terlepas dari di mana Anda berada dan apa yang Anda lakukan. Secara ini, semuanya menjadi bagian dari latihan Anda. Kemudian, daripada menjadi tempat menakutkan yang menindas Anda, dunia menjadi tempat yang berguna untuk mengembangkan Pengetahuan.

Sadarilah kekuatan yang diberikan kepada Anda ketika Anda mampu berlatih terlepas dari keadaan emosi Anda, karena Anda lebih agung daripada emosi Anda, dan Anda tidak perlu membendungnya untuk menyadari hal ini. Agar objektif terhadap keadaan internal Anda sendiri, Anda harus beroperasi dari posisi di mana Anda dapat mengamatinya dan di mana Anda tidak didominasi olehnya. Ini akan mengizinkan Anda untuk hadir bagi diri sendiri dan akan memberi Anda belas kasih dan pemahaman sejati. Kemudian Anda tidak akan kejam terhadap diri sendiri, dan kekejaman dalam hidup Anda akan berakhir.

Dalam satu periode latihan panjang Anda, evaluasi minggu terakhir ini secermat mungkin tanpa pengutukan. Ingatlah bahwa Anda sedang belajar berlatih. Ingatlah bahwa Anda sedang belajar mengembangkan keterampilan Anda. Ingatlah bahwa Anda seorang siswa. Jadilah seorang siswa pemula, karena siswa pemula membuat sedikit asumsi dan ingin mempelajari segalanya.

LATIHAN 63:   *Satu periode latihan panjang.*

Langkah 64

HARI INI SAYA AKAN MENDENGARKAN ORANG LAIN.

DALAM TIGA KESEMPATAN TERPISAH HARI INI, berlatihlah mendengarkan orang lain. Dengarkan tanpa evaluasi dan tanpa penilaian. Dengarkan tanpa pikiran Anda terbagi oleh apa pun. Cukup hanya mendengarkan saja. Berlatihlah dengan tiga individu yang berbeda hari ini. Berlatihlah mendengarkan. Heningkan pikiran Anda saat Anda mendengarkan. Cobalah untuk mendengar melampaui kata-kata mereka. Cobalah untuk melihat melampaui penampilan mereka. Jangan memproyeksikan citra pada mereka. Dengarkan saja.

BERLATIHLAH HARI INI MENDENGARKAN ORANG LAIN. Jangan terlibat dengan apa yang mereka katakan. Anda tidak perlu menanggapi mereka secara tidak patut untuk berlatih dengan mereka, jika mereka berbicara langsung kepada Anda. Anda akan melibatkan seluruh pikiran Anda dalam percakapan Anda. Maka, luangkan waktu untuk berlatih mendengarkan tanpa berbicara. Izinkan orang lain mengungkapkan diri kepada Anda. Anda akan mengerti bahwa mereka sedang mengomunikasikan sesuatu yang lebih besar kepada Anda daripada yang mungkin Anda antisipasi pada awalnya. Anda tidak perlu memikirkan hal ini. Cukuplah berlatih mendengarkan hari ini agar Anda dapat mendengar hadirat Pengetahuan.

LATIHAN 64:   *Tiga periode latihan.*

Langkah 65

SAYA TELAH DATANG UNTUK BEKERJA DI DUNIA.

Anda telah datang ke dunia untuk bekerja. Anda telah datang ke dunia untuk belajar dan untuk berkontribusi. Anda telah datang dari tempat istirahat ke tempat kerja. Jika kerja ini sudah selesai, Anda pulang ke tempat istirahat. Hal ini hanya dapat diketahui, dan Pengetahuan Anda akan mengungkapkan hal ini kepada Anda jika Anda telah siap.

Untuk sekarang, berlatihlah setiap jam. Katakan pada diri Anda sendiri bahwa Anda telah datang ke dunia untuk bekerja, lalu luangkan waktu sejenak untuk merasakan realitas ini. Kerja Anda lebih agung daripada pekerjaan Anda saat ini. Kerja Anda lebih agung daripada apa yang sedang Anda coba lakukan dengan orang-orang dan untuk orang-orang. Kerja Anda lebih agung daripada apa yang sedang Anda coba lakukan untuk diri sendiri. Pahamilah bahwa Anda tidak tahu apa kerja Anda. Hal tersebut akan terungkap kepada Anda dan akan berkembang untuk Anda, namun pahamilah hari ini bahwa Anda telah datang ke dunia untuk bekerja. Ini akan menegaskan kekuatan Anda, tujuan Anda dan takdir Anda. Ini akan menegaskan realitas Rumah Sejati Anda, dari mana Anda telah membawa anugerah-anugerah Anda.

Latihan 65: *Latihan setiap jam.*

Langkah 66
SAYA AKAN BERHENTI MENGELUH TENTANG DUNIA.

MENGELUH TENTANG DUNIA BERARTI BAHWA dunia tidak sesuai dengan idealisme Anda. Mengeluh tentang dunia berarti bahwa Anda tidak menyadari bahwa Anda telah datang ke sini untuk bekerja. Mengeluh tentang dunia tidak membantu Anda memahami kesulitannya. Mengeluh tentang dunia berarti bahwa Anda tidak memahami dunia apa adanya. Keluhan Anda menandakan bahwa beberapa harapan telah dikecewakan. Kekecewaan ini diperlukan bagi Anda untuk mulai memahami dunia apa adanya dan memahami diri Anda yang sesungguhnya.

PADA SETIAP JAM HARI INI TEGASKANLAH HAL ini pada diri sendiri dan kemudian berlatihlah. Setiap jam luangkan waktu satu menit untuk tidak mengeluh tentang dunia. Jangan biarkan jam-jam berlalu tanpa pengawasan, melainkan tetaplah hadir untuk berlatih. Pahami sejauh mana orang lain mengeluh tentang dunia dan betapa sedikit manfaatnya bagi mereka dan betapa sedikit manfaatnya bagi dunia. Dunia sudah dikecam oleh orang-orang yang tinggal di dalamnya. Jika dunia ingin dikasihi dan dipupuk, kesulitannya harus dikenali dan peluangnya harus diterima. Siapakah yang dapat mengeluh ketika diberikan lingkungan di mana Pengetahuan dapat diperoleh kembali dan disumbangkan? Dunia hanya memerlukan Pengetahuan dan ungkapan Pengetahuan. Bagaimana mungkin dunia layak dikutuk?

LATIHAN 66:   *Latihan setiap jam.*

Langkah 67

SAYA TIDAK TAHU APA YANG SAYA INGINKAN UNTUK DUNIA.

Anda tidak tahu apa yang Anda inginkan untuk dunia karena Anda tidak memahami dunia, dan Anda belum dapat melihat kesulitannya. Jika Anda menyadari bahwa Anda tidak tahu apa yang Anda inginkan untuk dunia, ini memberi Anda motivasi dan peluang untuk mengamati dunia, untuk melihat lagi. Ini penting demi pemahaman Anda. ini penting demi kesejahteraan Anda. Dunia hanya akan mengecewakan Anda jika disalahpahami. Anda hanya akan mengecewakan diri sendiri jika Anda disalahpahami. Anda telah datang ke dunia untuk bekerja. Kenalilah peluang yang diberikan kepada Anda.

Berlatihlah setiap jam hari ini dalam segala situasi. Ucapkan penegasan ini dan kemudian cobalah memahami kebenarannya. Anda tidak tahu apa yang Anda inginkan untuk dunia, tetapi Pengetahuan Anda tahu apa yang harus disumbangkan. Tanpa Anda mencoba menggantikan Pengetahuan dengan rancangan Anda sendiri untuk dunia, Pengetahuan akan mengungkapkan diri secara bebas tanpa halangan, dan Anda dan dunia akan menjadi penerima manfaat besar dari anugerah-anugerah tersebut.

LATIHAN 67: *Latihan setiap jam.*

Langkah 68

SAYA TIDAK AKAN HILANG KEPERCAYAAN PADA DIRI SAYA SENDIRI HARI INI.

Janganlah hilang kepercayaan pada diri Anda sendiri hari ini. Pertahankan latihan Anda. Pertahankan niat Anda untuk belajar. Jangan mengambil kesimpulan. Milikilah keterbukaan ini dan kerentanan ini. Kebenaran ada tanpa Anda mencoba membentengi diri Anda sendiri. Izinkan diri Anda untuk menerimanya.

PADA SETIAP JAM HARI INI, BERLATIHLAH MENGINGATKAN diri Anda bahwa Anda tidak akan hilang kepercayaan pada diri sendiri hari ini. Janganlah hilang kepercayaan pada Pengetahuan, pada hadirat Guru-Guru Anda, pada manfaat kehidupan atau pada misi Anda di dunia. Izinkan semua hal ini ditegaskan agar dapat sepenuhnya mengungkapkan diri kepada Anda seiring waktu. Jika Anda hadir bagi mereka, mereka akan begitu jelas bagi Anda sehingga Anda akan melihat dan merasakannya dalam segala hal. Visi Anda terhadap dunia akan berubah. Pengalaman Anda tentang dunia akan berubah. Dan semua kuasa dan energi Anda akan bersatu untuk mengungkapkan diri.

JANGANLAH HILANG KEPERCAYAAN PADA DIRI Anda sendiri hari ini.

LATIHAN 68: *Latihan setiap jam.*

Langkah 69

HARI INI SAYA AKAN BERLATIH KEHENINGAN.

Dalam dua periode latihan 30 menit Anda hari ini, berlatihlah keheningan. Izinkan meditasi Anda mendalam. Berikan diri Anda padanya. Jangan memasuki meditasi dengan tuntutan dan permintaan. Masukilah meditasi untuk memberikan diri Anda padanya. Anda membawa diri Anda ke bait Roh Sejati dalam diri Anda. Maka, dalam periode latihan Anda, hadirlah dan heninglah. Izinkan diri Anda mandi dalam nikmatnya kekosongan. Karena hadirat Tuhan pertama-tama dialami sebagai kekosongan karena kurangnya pergerakan, dan kemudian dalam kekosongan ini, Anda mulai merasakan hadirat yang menembus segala sesuatu dan memberikan semua makna dalam kehidupan.

Berlatihlah keheningan hari ini agar Anda bisa mengetahui.

Latihan 69: *Dua periode latihan 30 menit.*

Langkah 70

TINJAU ULANG

Hari ini adalah puncak dari sepuluh minggu latihan. Selamat! Anda telah sampai sejauh ini. Menjadi siswa sejati berarti bahwa Anda mengikuti langkah-langkah sesuai yang diberikan. Untuk melakukan hal ini, Anda harus belajar menghormati diri sendiri, menghormati sumber dari instruksi Anda, mengenali keterbatasan Anda, dan menghargai keagungan Anda. Dengan demikian ini adalah hari penghormatan dan hari pengakuan bagi Anda.

Tinjaulah tiga minggu terakhir latihan. Baca ulang instruksinya dan ingat kembali setiap periode latihan. Ingatlah apa yang telah Anda berikan dan apa yang tidak Anda berikan. Hormati partisipasi Anda dan upayakan untuk memperkuatnya hari ini. Perdalam tekad Anda untuk mendapatkan Pengetahuan dan perdalam pengalaman Anda sebagai pengikut sejati agar di masa depan Anda dapat belajar menjadi pemimpin sejati. Perdalam pengalaman Anda sebagai penerima sejati agar Anda dapat menjadi kontributor sejati.

Maka, biarkan hari peninjauan ulang ini menjadi hari penghormatan bagi Anda dan hari yang memperkuat komitmen Anda. Evaluasi partisipasi Anda secara jujur. Pertimbangkan keberhasilan dan kegagalan Anda yang tampak. Keberhasilan Anda akan mendorong Anda, dan kegagalan Anda akan mengajarkan Anda apa yang perlu Anda lakukan untuk memperdalam pengalaman Anda. Ini adalah hari penghormatan bagi Anda yang terhormat.

LATIHAN 70: *Beberapa periode latihan panjang.*

Langkah 71

SAYA DI SINI UNTUK MELAYANI SUATU TUJUAN YANG LEBIH AGUNG.

Anda di sini untuk melayani suatu tujuan yang lebih agung, melampaui sekadar kelangsungan hidup dan kepuasan dari hal-hal yang mungkin Anda pikir Anda inginkan. Ini benar karena Anda memiliki kodrat spiritual. Anda memiliki asal usul spiritual dan takdir spiritual. Kegagalan Anda dalam kehidupan ini adalah kegagalan untuk merespons kodrat spiritual Anda, yang telah diubah dan difitnah oleh agama-agama dunia Anda, yang telah diabaikan dan ditolak oleh ilmu pengetahuan dunia Anda. Anda memiliki kodrat spiritual. Anda memiliki tujuan yang lebih agung untuk dilayani. Ketika Anda memercayai kecenderungan Anda akan tujuan ini, Anda akan mampu mendekatinya. Ketika Anda merasa yakin bahwa hal ini mewakili sumber asli cinta kasih, maka Anda akan mulai membuka diri terhadapnya, dan ini akan menjadi kepulangan agung bagi Anda.

DALAM DUA PERIODE LATIHAN MEDITASI ANDA HARI INI, izinkan diri Anda membuka terhadap hadirat cinta kasih dalam hidup Anda. Sambil duduk dengan diam dan bernapas dalam-dalam, biarkan diri Anda benar-benar merasakan hadirat cinta kasih, yang menandakan adanya tujuan yang lebih agung dalam hidup Anda.

LATIHAN 71: *Dua periode latihan 30 menit.*

Langkah 72
SAYA AKAN MEMERCAYAI KECENDERUNGAN TERDALAM SAYA HARI INI.

PERCAYALAH PADA KECENDERUNGAN TERDALAM Anda karena mereka dapat dipercaya, tetapi Anda harus belajar untuk memilahnya dan membedakannya dari banyak hasrat, dorongan dan keinginan lainnya yang Anda rasakan dan yang memengaruhi Anda. Anda hanya dapat mempelajari ini melalui pengalaman. Anda dapat mempelajari ini karena kecenderungan terdalam Anda selalu membawa Anda ke dalam hubungan-hubungan yang bermakna dan menjauh dari isolasi atau keterlibatan yang memecah belah. Anda harus berlatih untuk mempelajari ini, dan ini akan memakan waktu, tetapi setiap langkah Anda menuju arah ini akan membawa Anda lebih dekat dengan sumber cinta kasih dalam hidup Anda dan akan mendemonstrasikan kepada Anda Kuasa Agung yang berdiam bersama Anda yang harus Anda layani dan yang Anda harus belajar untuk menerima.

DALAM DUA PERIODE LATIHAN ANDA HARI INI, dengan diam dan dalam keheningan, terimalah Kuasa Agung ini dan percayai kecenderungan terdalam Anda saat Anda melakukannya. Izinkan diri Anda memberi dua periode latihan ini perhatian penuh, mengesampingkan semua hal lain untuk dipertimbangkan nanti. Izinkan diri Anda mengenali kecenderungan terdalam Anda, yang Anda harus belajar untuk percayai.

LATIHAN 72:   *Dua periode latihan 30 menit.*

Langkah 73

SAYA AKAN MENGIZINKAN KESALAHAN SAYA UNTUK MENGAJARI SAYA.

Mengizinkan kesalahan Anda untuk menginstruksikan Anda akan memberikannya nilai. Mereka tidak akan memiliki nilai tanpa ini dan akan menjadi tanda yang merugikan Anda dalam estimasi Anda sendiri. Maka, menggunakan kesalahan sebagai instruksi adalah memanfaatkan keterbatasan Anda sendiri agar menunjukkan jalan menuju keagungan. Tuhan menginginkan Anda belajar dari kesalahan Anda sehingga Anda dapat belajar tentang keagungan Tuhan. Ini dilakukan bukan untuk meremehkan Anda, tetapi untuk mengangkat Anda. Telah banyak kesalahan yang Anda lakukan, dan ada beberapa kesalahan yang masih akan Anda lakukan. Kami ingin menginstruksikan Anda sekarang untuk menjaga dari pengulangan kesalahan yang merusak dan belajar dari kesalahan.

Pada setiap jam hari ini, ulangilah kepada diri sendiri bahwa Anda ingin belajar dari kesalahan Anda dan rasakan sejenak apa artinya ini. Dengan demikian, melalui banyak periode latihan hari ini, Anda akan mulai memahami pernyataan Anda ini dan mungkin kemudian akan merasakan bagaimana hal ini dapat dicapai. Jika Anda bersedia untuk belajar dari kesalahan Anda, maka Anda tidak akan begitu takut untuk mengenalinya. Kemudian Anda akan ingin memahaminya, bukan menyangkalnya, bukan memberikan kesaksian palsu terhadapnya, bukan menyebutnya dengan nama lain, tetapi mengakuinya demi keuntungan Anda sendiri. Dari pengakuan ini, Anda akan mampu membantu orang lain dalam memperoleh kembali Pengetahuan, karena mereka juga harus belajar bagaimana belajar dari kesalahan mereka.

LATIHAN 73:   *Latihan setiap jam.*

Langkah 74

KEDAMAIAN BERDIAM BERSAMA SAYA HARI INI.

Hari ini kedamaian berdiam bersama Anda. Berdiamlah bersama kedamaian dan terimalah berkatnya. Datanglah kepada kedamaian dengan segala sesuatu yang menyusahkan Anda. Datanglah dengan beban Anda yang berat. Datanglah tidak dengan mencari jawaban. Datanglah tidak dengan mencari pemahaman. Datanglah dengan mencari berkatnya. Kedamaian tidak bisa campur tangan dalam kehidupan yang penuh konflik, tetapi Anda bisa masuk ke dalam kehidupan yang damai. Anda datang kepada kedamaian, yang menanti Anda, dan di sini beban Anda akan dilepaskan.

Dalam dua periode latihan panjang Anda hari ini, berlatihlah dalam keheningan menerima kedamaian. Izinkan diri Anda mendapatkan anugerah ini, dan jika ada pemikiran apa pun yang menghalangi Anda, ingatkan diri Anda akan kelayakan agung Anda — kelayakan Pengetahuan Anda dan kelayakan diri Anda. Ketahuilah sekarang bahwa Anda bersedia untuk belajar dari kesalahan Anda dan bahwa Anda tidak perlu mengidentifikasi diri dengannya melainkan memanfaatkannya hanya sebagai sumber daya berharga untuk pengembangan Anda, karena mereka bisa seperti itu untuk Anda.

Maka, berlatihlah menerima. Bukalah sedikit lebih jauh hari ini. Kesampingkan semua hal-hal yang menyita pikiran Anda untuk dipertimbangkan nanti jika perlu. Kedamaian berdiam bersama Anda hari ini. Hari ini berdiamlah bersama kedamaian.

LATIHAN 74:   *Dua periode latihan 30 menit.*

Langkah 75

HARI INI SAYA AKAN MENDENGARKAN DIRI SAYA.

HARI INI DENGARKANLAH DIRI ANDA, bukan diri kecil di dalam Anda yang mengeluh dan khawatir dan bertanya-tanya dan berkeinginan, melainkan Diri yang lebih Agung di dalam Anda. Dengarkanlah Diri yang lebih Agung di dalam Anda, yang merupakan Pengetahuan, yang bersatu dengan Guru-Guru Spiritual Anda, yang bersatu dengan Keluarga Spiritual Anda, dan yang mengandung tujuan dan panggilan Anda dalam kehidupan. Jangan mendengarkan untuk mengajukan pertanyaan, melainkan untuk belajar mendengarkan. Dan saat kemampuan mendengarkan Anda semakin dalam seiring waktu, Jati Diri Anda akan berbicara kepada Anda bilamana diperlukan, dan Anda kemudian akan mampu mendengar dan merespons tanpa kebingungan.

DALAM DUA PERIODE LATIHAN ANDA HARI INI, berlatihlah mendengarkan Diri Anda. Tidak ada pertanyaan yang harus ditanyakan. Itu tidak perlu. Kemampuan mendengarkanlah yang perlu dikembangkan. Dengarkan Jati Diri Anda hari ini agar Anda dapat belajar tentang apa yang Tuhan ketahui dan kasihi.

LATIHAN 75: *Dua periode latihan 30 menit.*

Langkah 76

HARI INI SAYA TIDAK AKAN MENILAI ORANG LAIN.

TANPA PENILAIAN ANDA BISA MELIHAT. Tanpa penilaian Anda bisa belajar. Tanpa penilaian pikiran Anda menjadi terbuka. Tanpa penilaian Anda memahami diri sendiri. Tanpa penilaian Anda bisa memahami orang lain.

PADA SETIAP JAM HARI INI, ulangi pernyataan ini saat Anda menyaksikan diri sendiri dan dunia di sekitar Anda. Ulangi pernyataan ini dan rasakan dampaknya. Lepaskan penilaian Anda sejenak, dan kemudian rasakan perbedaan dan pengalaman yang akan diberikannya kepada Anda. Jangan menilai orang lain hari ini. Izinkan orang lain mengungkapkan diri mereka kepada Anda. Tanpa penilaian Anda tidak akan menderita di bawah mahkota duri Anda sendiri. Tanpa penilaian Anda akan merasakan hadirat Guru-Guru Anda membantu Anda.

IZINKAN LATIHAN SETIAP JAM ANDA KONSISTEN. Jika satu jam terlewatkan, maafkan diri Anda dan dedikasikan kembali diri Anda. Kesalahan adalah untuk mengajar Anda, memperkuat Anda, dan menunjukkan kepada Anda apa yang perlu Anda pelajari.

TERLEPAS DARI APA YANG SEDANG DILAKUKAN orang lain, terlepas dari bagaimana mereka mungkin menyinggung kepekaan Anda, gagasan Anda atau nilai-nilai Anda, janganlah menilai orang lain hari ini.

LATIHAN 76:   *Latihan setiap jam.*

Langkah 77
TINJAU ULANG

Dalam Tinjau Ulang Anda hari ini, sekali lagi tinjaulah latihan dan instruksi seminggu terakhir. Sekali lagi periksalah kualitas dalam diri Anda yang membantu Anda dalam persiapan Anda dan kualitas dalam diri Anda yang membuat persiapan Anda lebih sulit. Perhatikan hal-hal ini secara objektif. Belajarlah untuk memperkuat aspek-aspek diri Anda yang mendorong dan memperkuat partisipasi Anda dalam memperoleh kembali Pengetahuan, dan belajarlah untuk menyesuaikan atau memperbaiki kualitas-kualitas yang menghambat. Anda harus mengenali keduanya untuk memiliki kearifan. Anda harus belajar tentang kebenaran dan Anda harus belajar tentang kesalahan. Anda harus melakukan ini untuk maju, dan Anda harus melakukan ini untuk melayani orang lain. Sampai Anda belajar tentang kesalahan dan dapat melihatnya secara objektif dan memahami bagaimana munculnya dan bagaimana melepaskannya — sampai Anda telah belajar hal-hal ini — Anda tidak akan tahu bagaimana melayani orang lain, dan kesalahan mereka akan membuat Anda marah dan frustrasi. Dengan Pengetahuan harapan Anda akan selaras dengan kodrat orang lain. Dengan Pengetahuan Anda akan belajar bagaimana melayani dan Anda akan lupa bagaimana mengutuk.

Latihan 77: *Satu periode latihan panjang.*

Langkah 78
SAYA TIDAK DAPAT MELAKUKAN APA-APA SENDIRIAN.

Anda tidak dapat melakukan apa-apa sendirian, karena Anda tidak sendirian. Anda tidak akan menemukan kebenaran yang lebih agung daripada ini. Namun, Anda tidak akan menemukan kebenaran yang akan memerlukan pemikiran dan pemeriksaan yang lebih besar daripada ini. Janganlah percaya begitu saja, karena kebenaran ini sangat agung. Anda perlu mempelajarinya.

Pada setiap jam hari ini ulangi pernyataan ini dan pertimbangkan dampaknya. Lakukan hal ini dalam segala keadaan, karena seiring waktu Anda akan mengetahui bagaimana belajar dalam setiap keadaan, bagaimana berlatih dalam setiap keadaan, bagaimana setiap keadaan dapat menguntungkan latihan Anda dan bagaimana latihan Anda dapat menguntungkan setiap keadaan.

Anda tidak dapat melakukan apa-apa sendirian, dan dalam latihan Anda hari ini Anda akan menerima bantuan dari Guru-Guru Spiritual Anda, yang akan memberikan kekuatan mereka kepada Anda. Anda akan merasakan hal ini saat Anda memberikan kekuatan Anda sendiri. Anda akan menyadari kekuatan yang lebih agung daripada kekuatan Anda akan memungkinkan Anda untuk bergerak maju, untuk menembus tabir besar kesalahpahaman, dan untuk menyadari sumber Pengetahuan Anda dan sumber hubungan-hubungan Anda dalam kehidupan. Terimalah keterbatasan Anda, karena Anda tidak dapat melakukan apa-apa sendirian, tetapi dengan kehidupan segala sesuatu diberikan Anda untuk melayani. Dengan kehidupan, kodrat sejati Anda dihargai dan dimuliakan dalam pelayanannya kepada orang lain.

Latihan 78: *Latihan setiap jam.*

Langkah 79
SAYA AKAN MENGIZINKAN ADA KETIDAKPASTIAN HARI INI.

MENGIZINKAN ADANYA KETIDAKPASTIAN BERARTI ADA keimanan besar. Ini berarti bahwa bentuk kepastian yang lain sedang muncul. Ketika Anda mengizinkan adanya ketidakpastian, ini berarti bahwa Anda menjadi jujur, karena sesungguhnya Anda tidak pasti. Dengan mengizinkan adanya ketidakpastian, Anda menjadi sabar, karena diperlukan kesabaran untuk memperoleh kembali kepastian Anda. Dengan mengizinkan adanya ketidakpastian, Anda menjadi toleran. Anda mundur dari penilaian dan menjadi saksi dari kehidupan dalam diri Anda dan dari kehidupan di sekitar Anda. Terimalah ketidakpastian hari ini sehingga Anda dapat belajar. Tanpa praduga, Anda akan mencari Pengetahuan. Tanpa penilaian, Anda akan menyadari kebutuhan sejati Anda sendiri.

PADA SETIAP JAM HARI INI, ulangi pernyataan hari ini dan periksalah apa artinya. Periksalah ini dari perasaan Anda dan periksalah ini sehubungan dengan apa yang Anda lihat di dunia di sekitar Anda. Ketidakpastian ada sampai Anda menjadi pasti. Jika Anda mengizinkan adanya ketidakpastian, Anda dapat mengizinkan Tuhan untuk melayani Anda.

LATIHAN 79: *Latihan setiap jam.*

Langkah 80

SAYA HANYA BISA BERLATIH.

A NDA HANYA BISA BERLATIH. Hidup adalah latihan. Kami hanya mengarahkan latihan Anda agar latihan Anda melayani Anda dan agar latihan Anda dapat melayani orang lain. Anda berlatih sepanjang waktu, berulang-ulang, berkali-kali. Anda berlatih kebingungan, Anda berlatih menghakimi, Anda berlatih melemparkan kesalahan, Anda berlatih merasa bersalah, Anda berlatih memisahkan diri, dan Anda berlatih untuk tidak konsisten. Anda memperkuat penghakiman Anda dengan terus menggunakannya. Anda memperkuat ketidakpastian Anda dengan terus menegaskannya. Anda berlatih membenci diri sendiri dengan terus memengaruhinya.

JIKA ANDA MENINJAU HIDUP ANDA secara objektif sejenak saja, Anda akan melihat bahwa seluruh hidup Anda adalah latihan. Karena itu, Anda akan berlatih terlepas dari apakah Anda memiliki kurikulum yang menguntungkan Anda atau tidak. Karena itu, Kami memberikan kurikulum yang dapat Anda latih sekarang. Yang akan menggantikan latihan-latihan yang telah membingungkan dan meremehkan Anda, yang telah membuat Anda bertentangan, dan yang telah membawa Anda menuju kesalahan dan menuju bahaya. Kami memberikan Anda latihan yang lebih besar sehingga Anda tidak akan berlatih hal-hal yang mengurangi nilai Anda dan kepastian Anda.

DALAM DUA PERIODE LATIHAN MEDITASI ANDA hari ini, ulangi pernyataan bahwa Anda hanya bisa berlatih, dan kemudian berlatihlah keheningan dan penerimaan. Perkuat latihan Anda, dan Anda akan mengonfirmasi apa yang Kami katakan. Anda hanya bisa berlatih. Karena itu, berlatihlah demi kebaikan.

LATIHAN 80:   *Dua periode latihan 30 menit.*

Langkah 81

SAYA TIDAK AKAN MENIPU DIRI SENDIRI HARI INI.

PADA SETIAP JAM BERLATIHLAH DENGAN MEMBUAT pernyataan ini dan merasakan dampaknya. Perkuat komitmen Anda terhadap Pengetahuan. Jangan jatuh ke dalam kemudahan menipu diri sendiri. Jangan merasa nyaman hanya dengan asumsi atau kepercayaan orang lain. Jangan menerima peraturan umum sebagai kebenaran. Jangan menerima penampilan sebagai perwakilan dari realitas orang lain. Jangan hanya menerima penampilan diri Anda sendiri. Melakukan hal-hal tersebut mendemonstrasikan bahwa Anda tidak menghargai diri sendiri atau hidup Anda dan bahwa Anda terlalu malas untuk berupaya demi diri Anda sendiri.

ANDA HARUS MEMASUKI KETIDAKPASTIAN UNTUK MENEMUKAN PENGETAHUAN. Apakah artinya ini? Ini hanya berarti bahwa Anda melepaskan asumsi palsu, gagasan yang menghibur diri, serta kenikmatan dalam mengutuk diri sendiri. Mengapakah mengutuk diri sendiri merupakan kenikmatan? Karena hal ini mudah dan tidak mengharuskan Anda untuk memeriksa kebenaran. Anda menerimanya karena hal ini diterima di dunia ini, dan memberi Anda banyak hal untuk dibicarakan dengan teman-teman Anda. Hal ini membangkitkan rasa simpati. Karena itu, hal ini mudah dan lemah.

JANGAN MENIPU DIRI SENDIRI HARI INI. Izinkan diri Anda memeriksa misteri dan kebenaran hidup Anda. Pada setiap jam hari ini ulangi gagasan untuk hari ini dan rasakan apa maknanya. Juga hari ini, dalam dua periode latihan yang lebih panjang, ulangi pernyataan ini dan kemudian dedikasikan diri Anda pada keheningan dan penerimaan. Sekarang Anda sudah mulai belajar bagaimana mempersiapkan diri untuk keheningan — menggunakan napas Anda, memusatkan pikiran Anda, melepaskan pemikiran-pemikiran, dan mengingatkan diri bahwa Anda layak akan upaya tersebut. Ingatkan diri Anda akan tujuan yang ingin Anda capai. Jangan menipu diri sendiri hari ini. Jangan menyerah kepada apa yang mudah dan menyakitkan.

LATIHAN 81: *Dua periode latihan 30 menit.*
Latihan setiap jam.

Langkah 82

SAYA TIDAK AKAN MENILAI ORANG LAIN HARI INI.

*S*EKALI LAGI KITA BERLATIH PELAJARAN INI, yang akan kita ulangi pada interval-interval tertentu saat Anda melanjutkan. Menilai adalah keputusan untuk tidak mengetahui. Keputusan untuk tidak melihat. Keputusan untuk tidak mendengarkan. Keputusan untuk tidak hening. Menilai adalah keputusan untuk mengikuti bentuk pemikiran yang mudah yang membuat pikiran Anda tetap tertidur dan membuat Anda tetap tersesat di dunia. Dunia penuh dengan kesalahan. Bagaimana mungkin tidak? Karena itu, dunia tidak memerlukan kutukan Anda melainkan bantuan konstruktif Anda.

JANGAN MENILAI ORANG LAIN HARI INI. Ingatkan diri Anda akan hal ini pada setiap jam dan pertimbangkan sejenak. Ingatkan diri Anda akan hal ini dalam dua latihan meditasi Anda, di mana Anda membuat pernyataan ini dan kemudian memasuki keheningan dan penerimaan. Jangan menilai orang lain hari ini agar Anda dapat merasa bahagia.

LATIHAN 82:   *Dua periode latihan 30 menit.*
              Latihan setiap jam.

Langkah 83

SAYA MENGHARGAI PENGETAHUAN DI ATAS SEGALANYA.

Jika Anda dapat mengalami kedalaman dan kuasa dari pernyataan ini, maka ini akan membebaskan Anda dari segala bentuk perbudakan. Ini akan menghapus semua konflik dalam pemikiran Anda. Ini akan sepenuhnya mengakhiri semua yang mengganggu Anda dan membingungkan Anda. Anda tidak akan melihat hubungan sebagai bentuk dominasi maupun sebagai bentuk hukuman. Ini akan memberi Anda dasar pemahaman yang sama sekali baru mengenai partisipasi Anda dengan orang lain. Ini akan memberi Anda kerangka acuan di mana Anda akan mampu mengembangkan diri Anda secara mental dan fisik, sambil memiliki perspektif yang lebih besar. Apakah yang telah mengecewakan Anda selain penyalahgunaan kemampuan Anda? Apakah yang telah membuat Anda sedih dan marah selain penyalahgunaan kemampuan orang lain?

HARGAILAH PENGETAHUAN. Hal ini melampaui pemahaman Anda. Ikutilah Pengetahuan. Hal ini memandu Anda dengan cara yang belum pernah Anda alami sebelumnya. Percayailah Pengetahuan. Hal ini mengembalikan Anda kepada diri Anda sendiri. Kepercayaan datang sebelum pemahaman, selalu. Partisipasi datang sebelum kepercayaan, selalu. Karena itu, berpartisipasilah dengan Pengetahuan.

INGATKAN DIRI ANDA AKAN PENEGASAN ANDA PADA SETIAP JAM. Cobalah untuk sangat konsisten. Jangan lupa hari ini untuk menekankan bahwa Anda menghargai Pengetahuan di atas segalanya. Dalam dua latihan meditasi Anda, berikan pernyataan ini sebagai penegasan dan kemudian, dalam keheningan, izinkan diri Anda untuk menerima. Jangan menggunakan latihan ini untuk mendapatkan jawaban atau informasi, tetapi izinkan diri Anda menjadi diam, karena pikiran yang diam dapat mempelajari segala sesuatu dan mengetahui segala sesuatu. Kata-kata hanyalah salah satu bentuk komunikasi. Anda sekarang sedang belajar berkomunikasi, karena pikiran Anda sekarang sedang membuka terhadap asosiasi yang lebih besar.

LATIHAN 83: *Dua periode latihan 30 menit.*
Latihan setiap jam.

Langkah 84

TINJAU ULANG

Tinjaulah latihan dan instruksi untuk minggu sebelumnya. Tinjaulah kemajuan Anda secara objektif. Sadarilah betapa besar pembelajaran Anda. Langkah-langkah Anda sekarang kecil, tetapi nyata. Langkah-langkah kecil membawa Anda mencapai tujuan. Anda tidak diharapkan untuk mengambil lompatan besar, namun setiap langkah kecil akan terasa seperti lompatan besar, karena akan memberi Anda jauh lebih banyak daripada yang pernah Anda miliki sebelumnya. Izinkan kehidupan lahir Anda disusun kembali seiring kehidupan batin Anda mulai muncul dan menyinarkan cahayanya pada Anda. Pertahankan fokus Anda dan terimalah perubahan dalam kehidupan lahir Anda, karena ini adalah demi kebaikan Anda. Hanya jika Pengetahuan dilanggar maka indikasi kesalahan akan jelas bagi Anda. Ini akan mengarahkan Anda untuk melakukan tindakan yang efektif. Jika Pengetahuan tidak terganggu oleh perubahan di sekitar Anda, maka Anda pun tidak perlu merasa terganggu. Seiring waktu, Anda akan mencapai kedamaian Pengetahuan. Anda akan berbagi dalam kedamaiannya, kepastiannya dan anugerah sejatinya.

Karena itu, lakukan tinjau ulang Anda dalam satu periode latihan panjang hari ini. Tinjaulah dengan sangat menekankan dan memilah. Jangan izinkan diri Anda luput dari pengenalan proses belajar Anda.

Latihan 84: *Satu periode latihan panjang.*

Langkah 85

SAYA MENEMUKAN KEBAHAGIAAN DALAM HAL-HAL KECIL HARI INI.

Anda akan menemukan kebahagiaan dalam hal-hal kecil karena kebahagiaan ada bersama Anda. Anda akan menemukan kebahagiaan dalam hal-hal kecil karena Anda sedang belajar menjadi hening dan jeli. Anda akan menemukan kebahagiaan dalam hal-hal kecil karena pikiran Anda menjadi reseptif. Anda akan mengalami kebahagiaan dalam hal-hal kecil karena Anda hadir dengan keadaan Anda saat ini. Hal-hal kecil dapat membawa pesan-pesan besar jika Anda memperhatikannya. Kemudian hal-hal kecil tidak akan menjengkelkan Anda.

Pikiran yang hening adalah pikiran yang sadar. Pikiran yang hening adalah pikiran yang sedang belajar menjadi damai. Kedamaian bukanlah keadaan pasif. Kedamaian adalah keadaan dengan aktivitas terbesar, karena melibatkan kehidupan Anda dengan tujuan dan intensitas besar, mengaktifkan semua kuasa Anda dan memberinya arah yang seragam. Ini berasal dari kedamaian. Tuhan hening, tetapi semua yang berasal dari Tuhan dibangkitkan menjadi tindakan yang konstruktif dan seragam. Inilah yang memberi bentuk dan arah pada semua hubungan yang bermakna. Inilah sebabnya Guru-Guru Anda ada bersama Anda, karena ada Rencana.

Berlatihlah keheningan dua kali hari ini dalam meditasi mendalam. Nyatakan penegasan pelajaran Anda pada setiap jam dan pertimbangkan sejenak. Izinkan hari Anda diberikan untuk berlatih, sehingga latihan dapat meresap sendiri ke dalam semua aktivitas lain Anda.

LATIHAN 85: *Dua periode latihan 30 menit.*
Latihan setiap jam.

Langkah 86

SAYA MENGHORMATI MEREKA YANG TELAH MEMBERI KEPADA SAYA.

MENGHORMATI MEREKA YANG TELAH MEMBERI KEPADA Anda akan menimbulkan rasa bersyukur, yang merupakan awal dari cinta kasih dan apresiasi sejati. Hari ini dalam dua periode latihan mendalam Anda, Anda diminta untuk memikirkan orang-orang yang telah memberi kepada Anda, hanya memikirkan mereka dan tidak ada yang lain selama periode latihan Anda. Anda diminta untuk mempertimbangkan sangat mendalam apa yang telah mereka lakukan untuk Anda. Dengan orang-orang yang Anda merasa marah dan kesal, cobalah untuk melihat bagaimana mereka juga telah memberikan layanan kepada Anda dalam memperoleh kembali Pengetahuan. Jangan memberikan kesaksian palsu terhadap perasaan Anda, melainkan terlepas dari perasaan Anda terhadap mereka, jika memang ada perasaan sakit hati, cobalah juga untuk mengenali layanan mereka kepada Anda. Karena Anda memang bisa merasa marah atau kecewa terhadap seseorang yang Anda akui telah melayani Anda, dan ini sering terjadi. Mungkin Anda bahkan akan merasa marah pada kurikulum ini yang hanya berusaha melayani Anda. Mengapa Anda merasa marah pada kurikulum ini? Karena Pengetahuan menghalau segala sesuatu yang menghalanginya. Itulah sebabnya ada saat-saat Anda merasa marah namun tidak tahu mengapa.

IZINKAN DUA PERIODE LATIHAN ANDA CUKUP TERFOKUS. Berkonsentrasilah. Gunakan kuasa pikiran Anda. Pikirkan orang-orang yang telah melayani Anda. Jika ada individu yang terpikir yang tidak pernah Anda anggap telah melayani Anda, pikirkan juga bagaimana mereka telah melayani Anda. Biarkan hari ini menjadi hari pengakuan. Biarkan hari ini menjadi hari pemulihan.

LATIHAN 86:   *Dua periode latihan 30 menit.*

Langkah 87

SAYA TIDAK AKAN TAKUT DENGAN APA YANG SAYA KETAHUI.

PADA SETIAP JAM HARI INI BERLATIHLAH mengulangi pernyataan ini dan pertimbangkan maknanya. Pada setiap jam Anda akan belajar untuk melepaskan rasa takut dari kehidupan Anda, karena Pengetahuan akan menghalau semua rasa takut, dan Anda akan menghalau rasa takut untuk memberikan Pengetahuan haknya untuk mengungkapkan diri. Percayalah pada apa yang Anda ketahui. Ini adalah demi kebaikan terbesar. Anda mungkin menanggung amarah dan ketidakpercayaan besar terhadap diri sendiri, namun ini tidak diarahkan pada Pengetahuan. Ini diarahkan pada pikiran pribadi Anda, yang tidak mungkin memahami tujuan Anda yang lebih agung. Yang tidak mungkin menjawab pertanyaan-pertanyaan terbesar Anda atau memberikan kepastian, tujuan, makna dan arah dalam hidup Anda. Maafkanlah apa yang dapat keliru. Hormatilah apa yang sempurna. Dan belajarlah untuk membedakan keduanya.

DALAM DUA PERIODE LATIHAN PANJANG ANDA HARI INI, berlatihlah melepaskan rasa takut sehingga Anda dapat mengetahui. Mengizinkan pikiran Anda hening dan reseptif tanpa menuntut apa pun akan menunjukkan bahwa Anda mempercayai Pengetahuan. Ini akan menangguhkan Anda dari penderitaan dan permusuhan di dunia ini. Dengan demikian, Anda akan mulai melihat sebuah dunia yang berbeda.

LATIHAN 87:   *Dua periode latihan 30 menit.*
                    Latihan setiap jam.

Langkah 88

KESADARAN TERTINGGI SAYA BUKAN INDIVIDU.

Sering kali terjadi kebingungan mengenai Kesadaran Tertinggi Anda dan Guru-Guru Spiritual Anda. Ini sangat sulit untuk dijelaskan dari sudut pandang keterpisahan. Tetapi jika Anda memikirkan kehidupan sebagai jaringan inklusif dari hubungan-hubungan yang berkembang, maka Anda akan mulai mengalami dan mengenali bahwa Kesadaran Tertinggi Anda memang merupakan bagian dari struktur hubungan yang lebih besar. Kesadaran Tertinggi Anda adalah bagian dari diri Anda yang tidak terpisah tetapi terikat secara bermakna dengan yang lainnya. Karena itu, Kesadaran Tertinggi Anda terikat dengan Kesadaran Tertinggi Guru-Guru Anda. Mereka tanpa dualitas sekarang, karena mereka tidak memiliki diri lainnya. Anda memiliki dua diri: Diri yang sudah tercipta dan diri yang telah Anda ciptakan. Membawa diri yang telah Anda ciptakan ke dalam pelayanan bagi Jati Diri Anda menggabungkan keduanya ke dalam perkawinan bermakna akan tujuan dan pelayanan dan mengakhiri konflik batin selamanya.

Hari ini pada setiap jam ulangi penegasan Anda dan rasakan dampaknya. Dalam dua periode latihan panjang Anda, gunakan penegasan Anda sebagai pengantar latihan Anda dalam keheningan dan penerimaan.

Latihan 88: *Dua periode latihan 30 menit.*
Latihan setiap jam.

Langkah 89
EMOSI SAYA TIDAK DAPAT MENGHALANGI PENGETAHUAN SAYA.

EMOSI MENYERET ANDA SEPERTI ANGIN KENCANG. Mereka menarik Anda dari tempat ke tempat. Mungkin seiring waktu Anda akan dapat memahami mekanismenya secara lebih menyeluruh. Latihan kita hari ini adalah untuk menekankan bahwa mereka tidak mengendalikan Pengetahuan. Pengetahuan tidak perlu menghancurkan emosi Anda. Pengetahuan hanya ingin membantunya. Seiring waktu, Anda akan memahami lebih banyak tentang emosi Anda, dan Anda akan menyadari bahwa emosi Anda dapat melayani tujuan yang lebih agung, seperti halnya pikiran dan tubuh Anda. Semua hal yang telah menjadi sumber rasa sakit, ketidaknyamanan dan pemisahan, jika digunakan untuk melayani satu kuasa — yaitu Satu Kuasa — kemudian akan menjadi sarana pengungkapan yang melayani tujuan yang lebih agung. Bahkan amarah pun melayani tujuan yang lebih agung di sini, karena ini menandakan bahwa Anda telah melanggar Pengetahuan. Meskipun amarah Anda mungkin tidak diarahkan kepada orang lain, ini semata-mata merupakan tanda bahwa telah terjadi suatu kesalahan dan harus ada koreksi. Anda akan memahami sumber dari kesedihan, dan Anda akan memahami sumber dari semua emosi seiring waktu.

BERLATIHLAH PADA SETIAP JAM dan di awal dua periode meditasi lebih panjang Anda, ulangi gagasan hari ini dan kemudian masuklah ke dalam keheningan. Hari ini belajarlah menghargai apa yang pasti dan memahami apa yang tidak pasti, mengenali apa yang merupakan penyebab dan apa yang menghalangi penyebab tetapi seiring waktu mungkin akan melayani penyebab itu sendiri.

LATIHAN 89: *Dua periode latihan 30 menit.*
Latihan setiap jam.

Langkah 90

HARI INI SAYA TIDAK AKAN MEMBUAT ASUMSI.

Jangan membuat asumsi hari ini saat Anda mengabdikan satu hari lagi untuk memperoleh kembali Pengetahuan. Jangan membuat asumsi tentang kemajuan belajar Anda. Jangan membuat asumsi tentang dunia Anda. Berlatihlah hari ini dengan pikiran terbuka yang menjadi saksi peristiwa-peristiwa dan yang ingin belajar. Nikmatilah kebebasan yang datang tanpa adanya asumsi, karena misteri akan menjadi sumber rahmat bagi Anda daripada sumber rasa takut dan cemas saat Anda belajar untuk menerimanya.

Dalam latihan setiap jam Anda dan dalam dua latihan meditasi lebih panjang Anda hari ini, di mana Anda berlatih keheningan dan penerimaan, Anda dapat mengalami nilai dan kuasa dari kata-kata ini. Janganlah membuat asumsi hari ini. Ingatkan diri Anda akan hal ini sepanjang hari, karena membuat asumsi hanyalah suatu kebiasaan dan ketika kebiasaan itu dilepaskan, pikiran dapat menjalankan fungsi alaminya tanpa pembatasan sebelumnya.

LATIHAN 90: *Dua periode latihan 30 menit.*
Latihan setiap jam.

Langkah 91
TINJAU ULANG

Tinjau Ulang kita akan sekali lagi berkonsentrasi pada instruksi dan latihan Anda selama seminggu terakhir. Berikan waktu ini untuk mengalami kembali apa yang telah terjadi setiap hari dan melihatnya juga dari pengalaman Anda saat ini. Belajarlah cara belajar. Belajarlah tentang proses belajar. Jangan menggunakan pembelajaran sebagai suatu bentuk pamer. Jangan menggunakan pembelajaran untuk mencoba membuktikan kelayakan Anda kepada diri sendiri. Anda tidak dapat membuktikan kelayakan Anda. Hal ini melampaui upaya Anda untuk membuktikannya. Kelayakan Anda akan mendemonstrasikan diri ketika Anda mengizinkannya, yang sekarang Anda sedang belajar melakukan. Berlatihlah cara berlatih. Akan ada hari-hari yang lebih mudah. Akan ada hari-hari yang lebih sulit. Akan ada hari-hari yang Anda ingin berlatih. Akan ada hari-hari lain yang Anda mungkin tidak ingin berlatih. Setiap hari Anda berlatih karena Anda mewakili Kehendak yang Lebih Agung. Ini mendemonstrasikan konsistensi, yang merupakan demonstrasi kuasa. Ini mendemonstrasikan dedikasi yang lebih besar. Ini memberi Anda kepastian dan stabilitas serta mengizinkan Anda untuk menangani dengan penuh kasih semua hal dengan kekuatan yang lebih rendah.

Tinjau Ulang panjang Anda hari ini akan merupakan pemeriksaan proses belajar Anda. Ingatlah untuk tidak menilai diri sendiri sehingga Anda dapat belajar.

Latihan 91: *Satu periode latihan panjang.*

Langkah 92

ADA PERAN UNTUK SAYA JALANKAN DI DUNIA.

*A*NDA TELAH DATANG KE DUNIA PADA MASA YANG GENTING. Anda telah datang untuk melayani dunia dalam kebutuhannya saat ini. Anda telah datang untuk mempersiapkan generasi-generasi mendatang. Dapatkah semua ini bermakna bagi Anda secara pribadi sekarang? Mungkin tidak, karena Anda bekerja untuk masa kini dan untuk masa depan. Anda bekerja untuk kehidupan yang akan Anda jalani dan kehidupan-kehidupan yang akan mengikuti kehidupan Anda. Ini memenuhi bagi Anda sekarang, karena ini adalah anugerah Anda yang Anda telah datang untuk berikan. Tanpa kepura-puraan dan tanpa ketidakpastian, hal ini akan muncul dari Anda secara alami dan akan memberikan dirinya sendiri ke dunia. Dengan menjalin hidup Anda dengan kehidupan lain dengan cara yang sangat spesifik, hal ini dimaksudkan untuk mengangkat Anda dan semua dengan siapa Anda berhubungan. Rencana ini lebih agung daripada ambisi pribadi Anda, dan hanya ambisi pribadi Anda yang dapat memperkeruh visi Anda tentang apa yang harus Anda lakukan. Maka, bersyukurlah hari ini bahwa ada peran untuk Anda penuhi di dunia. Anda telah datang ke dalam dunia untuk memenuhi peran ini — demi pemenuhan Anda sendiri, demi kemajuan dunia Anda, dan demi pelayanan kepada Keluarga Spiritual Anda.

DALAM DUA PERIODE LATIHAN ANDA HARI INI, berkonsentrasilah dan tegaskan bahwa ada peran untuk Anda jalankan. Jangan mencoba mengisi peran ini sesuai dengan gagasan Anda atau keinginan Anda, tetapi izinkan peran ini memenuhi dirinya sendiri, karena Pengetahuan dalam diri Anda akan memenuhinya setelah Anda siap. Dalam keheningan dan penerimaan, tegaskan bahwa ada peran untuk Anda jalankan di dunia dan alami kuasa dan kebenaran dari gagasan agung ini.

LATIHAN 92: *Dua periode latihan 30 menit.*

Langkah 93
SAYA DIKIRIM KE SINI DEMI SUATU TUJUAN.

*A*NDA TELAH DIKIRIM KE DUNIA DEMI SUATU TUJUAN, untuk menyumbangkan anugerah Anda yang akan berasal dari Pengetahuan. Anda telah datang ke sini demi suatu tujuan, untuk mengingat Rumah Sejati Anda saat Anda berada di dunia. Tujuan agung yang Anda bawa ada bersama Anda saat ini, dan akan muncul secara bertahap saat Anda menjalani persiapan yang Kami sediakan bagi Anda. Tujuan ini lebih agung daripada semua tujuan yang telah Anda bayangkan bagi diri Anda sendiri. Lebih agung daripada semua tujuan yang telah Anda coba jalani untuk diri sendiri. Tujuan ini tidak memerlukan imajinasi Anda atau kreasi Anda, karena hal ini akan memenuhi dirinya sendiri melalui Anda dan akan mengintegrasikan Anda sepenuhnya saat melakukannya. Ada tujuan untuk Anda penuhi di dunia. Anda kini mempersiapkan langkah demi langkah untuk mengalami dan belajar menerimanya agar hal ini dapat memberikan anugerah besarnya kepada Anda.

DALAM DUA PERIODE LATIHAN ANDA, tegaskan realitas pernyataan ini. Dalam keheningan dan penerimaan, izinkan pikiran Anda menenang ke dalam fungsi sejatinya. Izinkan diri Anda menjadi seorang siswa, yang berarti mengizinkan diri Anda menjadi reseptif dan bertanggung jawab dalam memanfaatkan apa yang disediakan untuk Anda. Biarkan hari ini menjadi penegasan dari kehidupan sejati Anda di dunia, bukan kehidupan yang telah Anda ciptakan untuk diri sendiri.

LATIHAN 93:   *Dua periode latihan 30 menit.*

Langkah 94

KEBEBASAN SAYA ADALAH UNTUK MENEMUKAN TUJUAN SAYA.

NILAI APAKAH YANG MUNGKIN DIMILIKI KEBEBASAN selain untuk memungkinkan Anda menemukan tujuan Anda dan memenuhinya? Tanpa tujuan, kebebasan hanyalah hak untuk menjadi kacau, hak untuk hidup tanpa pembatasan eksternal. Tetapi tanpa pembatasan eksternal, Anda hanya akan bertindak dari kerasnya pembatasan internal Anda. Apakah ini kemajuan? Secara keseluruhan ini bukan kemajuan, meskipun ini dapat menuju kepada peluang untuk penemuan diri.

JANGAN SEBUT KEKACAUAN SEBAGAI KEBEBASAN, karena ini bukanlah kebebasan. Jangan berpikir karena orang lain tidak membatasi Anda maka Anda mahamulia. Sadarilah bahwa kebebasan Anda adalah untuk memungkinkan Anda menemukan tujuan Anda dan memenuhinya. Memahami kebebasan secara ini akan memungkinkan Anda untuk memanfaatkan semua aspek kehidupan Anda — situasi Anda saat ini, hubungan-hubungan Anda, keterlibatan Anda, keberhasilan Anda, kesalahan Anda, ciri-ciri Anda dan keterbatasan Anda — semuanya demi menemukan tujuan Anda. Karena ketika tujuan yang lebih agung mulai mengungkapkan diri melalui Anda dengan cara yang dapat Anda kenali dan terima, Anda akhirnya akan merasa bahwa hidup Anda sepenuhnya terintegrasi. Anda tidak akan lagi menjadi individu-individu yang terpisah dalam diri Anda, melainkan satu orang, utuh dan bersatu, dengan semua aspek diri Anda terlibat dalam melayani satu tujuan ini.

KEBEBASAN UNTUK MELAKUKAN KESALAHAN TIDAK AKAN menebus Anda. Kesalahan dapat dilakukan dalam kondisi apa pun, dan kebebasan dapat ditemukan dalam keadaan apa pun. Karena itu, berusahalah untuk belajar tentang kebebasan. Pengetahuan akan mengungkapkan diri ketika ia tidak terkekang dan ketika Anda sebagai pribadi telah cukup berkembang untuk dapat mengemban misi agungnya di dunia. Guru-Guru Spiritual Anda, yang berdiam bersama Anda di luar pandangan visual Anda, berada di sini untuk menginisiasi Anda ke dalam Pengetahuan. Mereka memiliki metode mereka sendiri untuk melakukan hal ini, karena mereka memahami makna sesungguhnya dari kebebasan dan tujuan sejatinya di dunia.

KARENA ITU, DALAM PERIODE LATIHAN ANDA KAMI sekali lagi menegaskan kuasa dari pernyataan ini dan memberikan Anda dua peluang untuk mengalaminya secara mendalam dalam diri Anda. Anda tidak perlu mencoba berspekulasi secara mental mengenai hal ini, melainkan cukup hanya rileks sehingga hal ini dapat dialami. Fokuskan pikiran Anda sepenuhnya untuk mengizinkannya mengalami keagungan hadirat Tuhan yang ada bersama Anda dan yang ada di dalam Anda, karena ini melihat ke arah kebebasan di mana kebebasan benar-benar ada.

Latihan 94:   *Dua periode latihan 30 menit.*

Langkah 95

BAGAIMANA MUNGKIN SAYA MEMENUHI DIRI SAYA SENDIRI?

BAGAIMANA MUNGKIN ANDA MEMENUHI DIRI ANDA sendiri ketika Anda tidak tahu siapa diri Anda, ketika Anda tidak tahu dari mana Anda berasal atau ke mana Anda menuju, ketika Anda tidak tahu siapa yang telah mengirim Anda dan siapa yang akan menunggu Anda ketika Anda kembali? Bagaimana mungkin Anda seorang dapat memenuhi diri sendiri ketika Anda adalah bagian dari kehidupan itu sendiri? Dapatkah Anda memenuhi diri sendiri secara terpisah dari kehidupan? Hanya dalam fantasi dan imajinasi Anda mungkin dapat memikirkan gagasan untuk memenuhi diri Anda sendiri. Tidak ada pemenuhan di sini, hanya ada meningkatnya kebingungan. Seiring berlalunya tahun, Anda akan merasakan kegelapan yang tumbuh dalam diri Anda, seolah-olah peluang besar telah hilang. Janganlah kehilangan peluang ini untuk menyadari kehidupan seperti yang sesungguhnya ada dan untuk menerima pemenuhan seperti yang sesungguhnya ditawarkan kepada Anda.

HANYA DALAM IMAJINASI SAJA ANDA DAPAT memenuhi diri sendiri, dan imajinasi bukanlah realitas. Menerima ini mungkin pada awalnya tampak seperti pembatasan dan kekecewaan, karena Anda sudah mempunyai rancangan dan motif demi pemenuhan pribadi Anda sendiri, baik hal tersebut sudah dialami maupun belum. Seluruh rencana Anda demi pemenuhan Anda sekarang harus dipertanyakan, bukan untuk memisahkan Anda dari sesuatu yang berharga, melainkan untuk melepaskan Anda dari belenggu yang hanya bisa menipu dan mengecewakan Anda seiring waktu. Karena itu, menerima sia-sianya upaya Anda untuk memenuhi diri sendiri akhirnya membuka Anda untuk menerima anugerah agung yang tersedia bagi Anda dan yang menanti Anda. Anugerah agung ini dimaksudkan untuk diberikan melalui Anda ke dunia dengan cara khusus demi kebahagiaan Anda dan demi kebahagiaan orang-orang yang secara alami akan tertarik pada Anda.

BAGAIMANA MUNGKIN ANDA MEMENUHI DIRI ANDA SENDIRI? Pada setiap jam hari ini, ulangi pertanyaan ini dan berikan sejenak pertimbangan serius, terlepas dari keadaan Anda. Saat Anda berlatih setiap jam, tengoklah keluar ke dunia dan lihat bagaimana orang-orang berusaha memenuhi diri mereka sendiri, baik dalam situasi yang ada sekarang maupun dalam situasi yang diharapkan. Pahami bagaimana ini memisahkan mereka dari kehidupan seperti yang sesungguhnya ada. Pahami bagaimana ini memisahkan mereka dari misteri keberadaan mereka sendiri dan kehidupan yang menakjubkan yang bebas mereka alami setiap saat setiap hari. Jangan izinkan diri Anda begitu merugi. Fantasi akan selalu melukiskan gambar yang megah bagi Anda, namun tidak memiliki fondasi dalam realitas. Hanya orang-orang yang berusaha untuk saling memperkuat fantasi merekalah yang akan berusaha berhubungan satu sama lain demi tujuan ini, dan kekecewaan mereka akan timbal balik, yang mereka akan cenderung untuk saling menyalahkan. Maka, janganlah mencari hal-hal yang hanya dapat memberi Anda ketidakbahagiaan dan hanya menghancurkan peluang besar untuk hubungan bagi Anda.

PADA SETIAP JAM ULANGILAH PERNYATAAN INI. Dalam dua periode latihan Anda, masuklah ke dalam keheningan dan penerimaan sehingga Anda dapat belajar menerima pemenuhan seperti yang sesungguhnya ada.

LATIHAN 95:   *Dua periode latihan 30 menit.*
                  Latihan setiap jam.

Langkah 96

KEHENDAK TUHAN ADALAH AGAR SAYA TIDAK TERBEBANI.

Langkah pertama Tuhan dalam penebusan dan pemberdayaan Anda adalah melepaskan beban Anda dari hal-hal yang tidak diperlukan demi kebahagiaan Anda, melepaskan beban Anda dari hal-hal yang tidak mungkin memuaskan Anda, melepaskan beban Anda dari hal-hal yang hanya menyebabkan Anda menderita dan mengangkat dari kepala Anda mahkota duri yang Anda pakai, yang mewakili upaya Anda untuk pemenuhan di dunia. Kehendak yang Lebih Agung ada dalam diri Anda yang ingin mengungkapkan diri. Ketika Anda mengalami hal ini, Anda akhirnya akan merasa bahwa Anda dikenal oleh diri Anda sendiri. Anda akhirnya akan mengalami kebahagiaan sejati, karena hidup Anda akhirnya akan terintegrasi. Anda harus tidak terbebani untuk menemukan hal ini. Tidak ada yang berharga yang akan diambil dari Anda. Bukan maksud Tuhan untuk membuat Anda kesepian dan terlantar, melainkan untuk memberi Anda peluang untuk mewujudkan janji sejati Anda sehingga Anda dapat maju dengan kekuatan dan motivasi sejati.

Karena itu, terimalah tawaran besar pertama ini untuk melepaskan beban Anda dari konflik sia-sia yang Anda coba atasi, dari pencarian tak berarti yang tanpa tujuan, dari janji-janji palsu dunia ini dan dari idealisme Anda sendiri yang melukiskan gambaran yang tidak mungkin didukung oleh dunia. Dalam kesederhanaan dan kerendahan hati keagungan kehidupan akan jelas bagi Anda, dan Anda akan menyadari bahwa Anda tidak melepaskan apa pun untuk sesuatu yang paling berharga.

Pada setiap jam ulangi pernyataan ini dan pikirkanlah. Amati maknanya dari segi keadaan Anda saat ini. Amati buktinya dalam kehidupan orang-orang di sekitar Anda. Amati realitasnya dari segi keberadaan Anda sendiri, yang kini Anda sedang belajar untuk menyaksikannya secara objektif.

Dalam dua periode latihan Anda yang lebih panjang hari ini, upayakan untuk berkonsentrasi pada gagasan ini dan terapkan dalam kehidupan Anda secara spesifik. Secara aktif libatkan pikiran Anda dan cobalah memikirkan makna pernyataan ini dari segi ambisi Anda saat ini, rencana Anda saat ini, dan sebagainya. Banyak hal mungkin akan diragukan saat Anda melakukan ini, namun sadarilah bahwa Pengetahuan tidak terpengaruh oleh skema dan rencana Anda atau oleh harapan dan kekecewaan Anda. Pengetahuan hanya menunggu waktu ketika dapat muncul secara alami dalam diri Anda, dan Anda akan menjadi penerima pertama dari anugerah-anugerah agungnya.

LATIHAN 96: *Dua periode latihan 30 menit.*
Latihan setiap jam.

Langkah 97
SAYA TIDAK TAHU APA PEMENUHAN ITU.

APAKAH PERNYATAAN INI MENGAKUI KELEMAHAN? Apakah ini kepasrahan pada keputusasaan? Tidak, bukan demikian. Ini adalah awal dari kejujuran sejati. Ketika Anda menyadari betapa sedikit yang Anda pahami namun juga menyadari persembahan agung Pengetahuan yang tersedia untuk Anda, hanya pada saat itulah Anda akan meraih peluang ini dengan penuh semangat dan dedikasi. Anda hanya dapat membayangkan pemenuhan, namun dalam diri Anda Pengetahuan tentang pemenuhan hidup dan membara. Ini adalah api yang tidak dapat Anda padamkan. Ini adalah api yang ada dalam diri Anda sekarang. Yang mewakili kerinduan besar Anda demi pemenuhan, demi penyatuan dan demi kontribusi. Jauh di bawah semua harapan dan rasa takut Anda, di bawah rencana dan ambisi Anda, api ini membara sekarang. Maka, lepaskanlah gagasan Anda tentang pemenuhan, tetapi jangan berputus asa, karena Anda menempatkan diri Anda dalam posisi untuk menerima anugerah yang dimaksudkan bagi Anda. Anda telah membawa serta anugerah-anugerah ini ke dalam dunia. Mereka tersembunyi dalam diri Anda di mana Anda tidak dapat menemukannya.

ANDA TIDAK TAHU APA PEMENUHAN ITU. Stimulasi yang menyenangkan saja tidak mungkin merupakan pemenuhan, karena pemenuhan adalah keadaan sunyi. Pemenuhan adalah keadaan penerimaan batin. Keadaan integrasi total. Pemenuhan adalah keadaan tanpa waktu yang mengungkapkan diri di dalam waktu. Bagaimana mungkin bahkan stimulasi yang paling menyenangkan dapat memberikan apa yang dapat berdiam di dalam keadaan apa pun dan yang tidak berhenti ketika stimulasi berakhir? Kami tidak ingin menolak Anda dari stimulasi yang menyenangkan, karena itu bisa sangat baik, tetapi itu hanyalah sementara dan hanya dapat memberikan sekilas dari kemungkinan yang lebih besar. Disini Kami ingin membawa Anda langsung kepada kemungkinan yang lebih besar dengan mengembangkan sumber daya besar dalam pikiran Anda dan dengan mengajar Anda cara melihat dunia sehingga Anda dapat belajar tentang tujuan sejatinya.

KARENA ITU, PADA SETIAP JAM HARI INI, ulangilah gagasan hari ini dan pertimbangkan secara serius dengan melihat diri Anda sendiri dan dunia di sekitar Anda. Hari ini, dalam dua periode latihan panjang Anda, sekali lagi luangkan waktu untuk mempertimbangkan gagasan ini secara serius.

Ingatlah untuk memikirkan hidup Anda sendiri dalam periode latihan ini dan terapkan gagasan hari ini pada rencana-rencana yang Anda ketahui menyangkut pemenuhan diri Anda. Meditasi berpikir ini memerlukan kerja mental. Di sini Anda tidak akan hening. Anda akan menyelidiki. Anda akan menjelajahi. Anda akan secara aktif menggunakan pikiran Anda untuk menembus hal-hal yang Anda akui ada di sana. Ini adalah waktu untuk introspeksi serius. Ketika Anda menyadari bahwa apa yang Anda pikir Anda ketahui hanyalah merupakan bentuk dari imajinasi, maka Anda akan menyadari kebutuhan besar Anda akan Pengetahuan.

ANDA HARUS MEMAHAMI APA YANG ANDA miliki untuk belajar menerima lebih banyak. Jika Anda berpikir bahwa Anda memiliki lebih banyak dari apa yang sesungguhnya Anda miliki, maka Anda miskin tanpa menyadarinya dan tidak akan memahami Rencana Agung yang telah dibuat demi Anda. Anda harus mulai dari mana Anda berada, karena secara ini Anda bisa maju, setiap langkah pasti, setiap langkah maju, dibangun di atas langkah sebelumnya. Tidak akan ada kemunduran di sini, karena Anda akan mapan di jalan Anda menuju Pengetahuan.

LATIHAN 97: *Dua periode latihan 30 menit.*
Latihan setiap jam.

Langkah 98
TINJAU ULANG

Dalam Tinjau Ulang Anda sekali lagi tinjaulah semua instruksi pelajaran dan semua yang telah Anda alami sejauh ini dalam seminggu terakhir latihan. Secara jujur evaluasilah keterlibatan Anda dengan pelajaran ini dan kenalilah apa yang telah mereka hasilkan bagi Anda dalam hal pemahaman. Cobalah untuk bersikap sangat adil dalam penilaian Anda. Ingat bahwa Anda adalah siswa. Jangan mengklaim bahwa Anda telah menyadari lebih dari yang sebenarnya Anda alami.

Kesederhanaan pendekatan ini mungkin tampak jelas, tetapi bagi banyak orang hal ini sangat sulit dicapai, karena mereka begitu terbiasa untuk berpikir bahwa mereka memiliki lebih daripada apa yang mereka miliki atau kurang daripada apa yang mereka miliki sehingga sangat sulit bagi mereka untuk menaksir keadaan mereka yang sebenarnya meskipun keadaan mereka cukup jelas.

Maka, dalam satu periode latihan panjang Anda, tinjaulah pelajaran Anda dan pertimbangkan masing-masing secara mendalam, mengingat-ingat aktivitas Anda dengannya pada hari mereka diberikan dan pemahaman Anda mengenainya pada saat ini. Tinjaulah masing-masing dari enam langkah sebelumnya dengan sangat teliti dan waspadalah dalam membuat kesimpulan yang tidak mewakili pengalaman sejati Anda. Lebih baik menjadi tidak pasti daripada membuat kesimpulan palsu.

Latihan 98: *Satu periode latihan panjang.*

Langkah 99
SAYA TIDAK AKAN MENYALAHKAN DUNIA HARI INI.

Hari ini berlatihlah untuk tidak menyalahkan dunia, tidak menilai kesalahannya yang jelas dan tidak mengklaim atau memberikan tanggung jawab kepada orang lain atas kesalahan-kesalahan ini juga. Lihatlah dunia dengan diam. Izinkan pikiran Anda hening.

Latihlah ini pada setiap jam dan amati dunia dengan mata terbuka. Dalam dua periode latihan panjang Anda, berlatihlah juga dengan mata terbuka melihat dunia. Tidak masalah apa yang Anda lihat, karena semuanya sama. Konsentrasi Anda hari ini adalah untuk melihat tanpa menilai, karena ini akan mengembangkan kemampuan nyata pikiran Anda.

Karena itu, dalam periode latihan Anda, berlatihlah melihat dengan mata terbuka, melihat tanpa menilai. Lihatlah di sekitar lingkungan terdekat Anda. Lihatlah hanya pada hal-hal yang benar-benar ada. Jangan terlibat dengan imajinasi. Jangan biarkan pikiran Anda hanyut ke masa lalu atau ke masa depan. Saksikan hanya apa yang ada. Saat muncul pemikiran yang merupakan penilaian, cukup abaikan tanpa mempertimbangkannya, karena hari ini Anda berlatih melihat — melihat tanpa menilai sehingga Anda dapat melihat apa yang benar-benar ada.

LATIHAN 99:   *Dua periode latihan 30 menit.*
              Latihan setiap jam.

Langkah 100

HARI INI SAYA ADALAH SISWA PEMULA PENGETAHUAN.

ANDA ADALAH SISWA PEMULA PENGETAHUAN. Terimalah tempat awal ini. Jangan mengklaim lebih untuk diri sendiri, karena Anda tidak memahami jalan menuju Pengetahuan. Di jalan menuju asumsi-asumsi yang lebih besar, Anda mungkin telah mengumpulkan imbalan besar untuk diri sendiri, tetapi itu berbeda arah dengan jalan menuju Pengetahuan, di mana semua hal yang tidak nyata dilepaskan dan semua hal yang asli dirangkul. Jalan menuju Pengetahuan bukan jalan yang dibayangkan orang-orang untuk diri mereka sendiri, karena jalan ini tidak lahir dari imajinasi.

KARENA ITU, JADILAH SISWA PEMULA PENGETAHUAN. Pada setiap jam ulangilah pernyataan ini dan berikan pertimbangan serius. Terlepas dari bagaimana Anda menganggap diri Anda sendiri, apakah itu dimuliakan atau dihinakan, tidak peduli apa yang telah Anda lakukan sebelumnya, tidak peduli apa yang Anda anggap adalah prestasi Anda, Anda adalah siswa pemula Pengetahuan. Sebagai siswa pemula Anda akan ingin mempelajari semua hal yang dapat dipelajari, dan Anda tidak akan terbebani untuk membela apa yang Anda pikir sudah Anda capai. Ini akan sangat meringankan beban Anda dalam kehidupan dan memberi Anda peluang akan motivasi dan semangat sejati, yang saat ini kurang.

JADILAH SISWA PEMULA PENGETAHUAN. Mulailah dua periode latihan panjang Anda dengan penegasan ini dan izinkan diri Anda duduk dalam keheningan dan menerima. Tanpa petisi, tanpa pertanyaan dan tanpa harapan atau tuntutan, izinkan pikiran Anda menjadi diam, karena Anda adalah siswa pemula Pengetahuan dan belum tahu apa yang harus diminta atau apa yang diharapkan.

LATIHAN 100: *Dua periode latihan 30 menit.*
Latihan setiap jam.

Langkah 101
DUNIA MEMERLUKAN SAYA, TAPI SAYA AKAN MENUNGGU.

MENGAPA MENUNGGU KETIKA DUNIA MEMERLUKAN ANDA? Apakah ini tidak tampak kontradiktif dengan ajaran yang sedang Kami sampaikan? Ini sebenarnya tidak kontradiktif sama sekali, jika Anda mengerti maksudnya. Karena dunia memerlukan Anda, menunggu tampaknya merupakan ketidakadilan dan tidak bertanggung jawab. Apakah ini tidak kontradiktif dengan apa yang Kami ajarkan? Tidak, ini tidak kontradiktif jika Anda mengerti maksudnya. Jika Anda telah mempertimbangkan dengan serius apa yang telah Kami berikan sejauh ini dalam persiapan Anda, Anda akan menyadari bahwa dengan sendirinya, Pengetahuan dalam diri Anda akan merespons dunia, dan Anda akan merasa tergerak untuk memberi di tempat-tempat tertentu dan tidak tergerak untuk memberi di tempat lain. Respons besar ini dalam diri Anda tidak akan lahir dari kelemahan pribadi, kurangnya kepercayaan diri pribadi atau kebutuhan untuk diterima atau diakui. Ini tidak akan menjadi bentuk penghindaran atau rasa bersalah. Bahkan, ini tidak akan ada hubungannya dengan Anda sama sekali. Itulah sebabnya hal ini sangat agung, karena hal ini tidak dimaksudkan untuk memperbaiki rasa tak berharga Anda, melainkan untuk mendemonstrasikan kuasa Pengetahuan yang ada di dunia sehingga Anda dapat menjadi saksinya dan menjadi sarana untuk pengungkapannya.

MENGAPA MENUNGGU KETIKA DUNIA MEMERLUKAN ANDA? Karena Anda belum siap untuk memberi. Mengapa menunggu ketika dunia memerlukan Anda? Karena Anda belum memahami kebutuhannya. Mengapa menunggu ketika dunia memerlukan Anda? Karena Anda akan memberi demi alasan yang salah dan hanya akan memperkuat dilema Anda. Waktunya untuk memberi akan tiba, dan hidup Anda akan memberi dengan sendirinya, dan Anda akan siap untuk menerima hal ini, untuk meresponsnya dan untuk mengikuti panduan Pengetahuan yang ada dalam diri Anda. Agar pelayanan Anda sejati untuk dunia, Anda harus siap, dan itulah yang sedang kita lakukan sekarang.

JANGAN BIARKAN KESENGSARAAN DUNIA MEMBUAT ANDA SANGAT CEMAS. Jangan biarkan ancaman kehancuran membangkitkan rasa takut Anda. Jangan biarkan ketidakadilan dunia ini merangsang amarah Anda, karena jika demikian, Anda melihat tanpa Pengetahuan. Anda melihat kegagalan idealisme Anda sendiri. Ini bukan cara melihat, maka ini bukan cara memberi. Anda telah dikirim untuk memberi, dan pemberian Anda hakiki bagi Anda. Anda tidak perlu mengendalikannya, karena hal ini akan memberi dengan sendirinya ketika Anda siap. Karena itu, layanan Anda kepada dunia saat ini adalah persiapan Anda untuk menjadi kontributor, dan meskipun ini tidak akan memberi Anda kepuasan segera pada kebutuhan Anda untuk memberi, ini akan membuka jalan agar suatu layanan yang lebih besar dapat diberikan.

DALAM DUA PERIODE LATIHAN ANDA HARI INI, secara aktif pikirkan gagasan hari ini dan pertimbangkanlah mengingat perilaku Anda, kecenderungan Anda, gagasan Anda, dan kepercayaan Anda.

LATIHAN 101: *Dua periode latihan 30 menit.*

Langkah 102

ADA BANYAK HAL YANG HARUS SAYA LEPASKAN.

Hidup Anda penuh dengan kebutuhan dan gagasan Anda sendiri, penuh dengan persyaratan dan ambisi Anda sendiri, penuh dengan rasa takut Anda sendiri, dan penuh dengan komplikasi Anda sendiri. Sehingga, sarana Anda untuk memberi terbebani dan berserakan, dan energi Anda sebagian besar disalahgunakan. Itulah sebabnya langkah pertama Tuhan adalah melepaskan beban Anda. Sampai hal ini terjadi, Anda semata-mata akan berusaha mengatasi situasi Anda tanpa tahu apa yang harus dilakukan, tanpa memahami kesulitan Anda, dan tanpa menerima bantuan yang pasti akan Anda butuhkan seiring waktu. Karena itu, belajarlah untuk melepaskan, karena ini akan melepaskan beban Anda dan meyakinkan Anda bahwa kehidupan yang lebih agung adalah mungkin dan tak terhindarkan bagi Anda yang telah datang ke sini untuk memberi.

Pada setiap jam ulangi pernyataan ini dan pertimbangkanlah. Amati realitasnya dari segi persepsi Anda mengenai dunia. Dalam dua periode latihan Anda yang lebih panjang, sekali lagi berlatihlah keheningan mental dengan diam, di mana tidak ada yang diupayakan dan tidak ada yang dihindari. Anda hanya melibatkan pikiran Anda untuk hening sehingga pikiran Anda dapat belajar merespons dengan sendirinya kepada apa yang memanggilnya. Dengan setiap langkah yang Anda ambil untuk melepaskan, Pengetahuan akan mengisi apa yang telah menggantikannya. Hal ini seketika, karena Anda hanya memindahkan diri ke posisi untuk menerima sehingga pemberian Anda dapat berlimpah, tulus dan memenuhi bagi Anda.

LATIHAN 102: *Dua periode latihan 30 menit.*
Latihan setiap jam.

Langkah 103

SAYA DIHORMATI OLEH TUHAN.

Anda dihormati oleh Tuhan, namun pernyataan ini dapat merangsang rasa ketidakpastian Anda, membangkitkan rasa bersalah Anda, membingungkan rasa harga diri Anda dan menstimulasi segala macam konflik yang memang ada dalam diri Anda sekarang. Di masa lalu Anda telah berusaha menjadi sesuatu yang tidak sejati, dan itu telah mengecewakan Anda. Sekarang Anda takut menjadi apa pun karena takut kegagalan akan mengejar Anda sekali lagi. Sehingga, keagungan tampak seperti hal kecil dan hal kecil tampak seperti keagungan, dan semua hal terlihat mundur atau terbalik dari makna sejati mereka.

Anda dihormati oleh Tuhan terlepas dari apakah Anda dapat menerima hal ini atau tidak. Hal ini adalah benar terlepas dari evaluasi manusia, karena hanya hal-hal yang melampaui evaluasilah yang benar. Kami membawa Anda kepada apa yang melampaui evaluasi, yang akan menjadi penemuan terbesar mungkin dalam kehidupan ini atau dalam kehidupan apa pun.

Pada setiap jam ulangi pernyataan ini dan pertimbangkan dengan serius. Dalam dua periode latihan Anda, izinkan pikiran Anda sekali lagi menjadi hening dan menerima sehingga Anda dapat belajar menerima hormat Tuhan kepada Anda. Tentunya, hormat ini harus diarahkan pada bagian diri Anda yang hampir tidak Anda sadari. Bukan perilaku Anda yang dihormati. Bukan idealisme Anda yang dihormati. Bukan kepercayaan Anda, asumsi Anda, tuntutan Anda atau ketakutan Anda. Hal-hal tersebut mungkin demi kebaikan atau keburukan. Hal-hal tersebut mungkin melayani Anda atau mengkhianati Anda. Namun hormat disimpan untuk sesuatu yang lebih agung, yang kini Anda sedang belajar untuk mengenali.

LATIHAN 103: *Dua periode latihan 30 menit.*
Latihan setiap jam.

Langkah 104

TUHAN LEBIH TAHU TENTANG SAYA DARIPADA SAYA SENDIRI.

Sesungguhnya Tuhan lebih tahu tentang Anda daripada Anda sendiri. Itu seharusnya jelas jika Anda telah mempertimbangkan diri Anda dengan jujur. Sekalipun demikian, pertimbangkanlah implikasi dari hal ini. Jika Tuhan lebih tahu tentang Anda daripada Anda sendiri, tidakkah evaluasi Tuhan menjadi sesuatu yang Anda ingin belajar untuk selidiki? Tentu saja. Dan tidakkah evaluasi Anda tentang diri Anda sendiri mestinya salah? Dalam hal ini saja Anda sudah berdosa, karena dosa hanyalah kesalahan. Kesalahan memerlukan koreksi, bukan kutukan. Anda akan mengutuk diri sendiri dan berpikir bahwa Tuhan akan mengikuti contoh Anda dan memberi Anda kutukan yang lebih berat lagi. Itulah sebabnya orang-orang menciptakan Tuhan menurut citra mereka, dan itulah sebabnya Anda harus melepaskan apa yang sudah Anda ciptakan, agar Anda dapat menemukan apa yang Anda ketahui dan agar ciptaan Anda di dunia ini bisa demi kebaikan dan memiliki nilai yang kekal.

Tuhan lebih tahu tentang Anda daripada Anda sendiri. Jangan berpura-pura Anda dapat menciptakan diri sendiri, karena Anda sudah diciptakan dan apa yang sudah asli diciptakan jauh lebih agung dan lebih bahagia daripada kehidupan yang telah Anda wujudkan sejauh ini. Ketidakbahagiaan Andalah yang membawa Anda pada kebenaran, karena hal ini mendorong Anda kepada pemecahan sejati. Ini, tentu saja, adalah benar.

Pada setiap jam ulangi pernyataan ini dan pertimbangkan dengan serius. Saat Anda melakukannya, amati dunia di sekitar Anda untuk mencoba mempelajari makna gagasan hari ini di dunia. Dalam sesi latihan Anda yang lebih panjang dalam keheningan, izinkan pikiran Anda menjadi diam agar dapat belajar untuk menikmati keagungannya. Berikan kesempatan ini kepadanya demi kebebasan, dan pikiran Anda akan memberi Anda kebebasan sebagai balasannya.

Latihan 104: *Dua periode latihan 30 menit.*
Latihan setiap jam.

Langkah 105
TINJAU ULANG

Dalam Tinjau Ulang Anda, ikutilah contoh sebelumnya dan tinjau instruksi seminggu ini dan latihan seminggu ini. Berikan pertimbangan khusus hari ini pada gagasan-gagasan yang telah Kami sajikan. Pahamilah bahwa gagasan-gagasan ini harus diperhatikan dan dialami melalui banyak tahap perkembangan. Maknanya terlalu dalam dan terlalu besar untuk sepenuhnya jelas bagi Anda sekarang, namun mereka akan berfungsi untuk mengingatkan bahwa Pengetahuan ada bersama Anda dan bahwa Anda telah datang untuk memberikan Pengetahuan di dunia.

Dengan demikian ajaran Kami akan menyederhanakan semua hal, yang akan menyelesaikan konflik-konflik yang Anda bawa sekarang dan yang akan membuat konflik di masa depan tidak perlu. Karena sejauh Anda berada bersama Pengetahuan, tidak ada konflik. Kehidupan tanpa konflik adalah kontribusi terbesar yang dapat diberikan ke dunia, karena ini adalah kehidupan yang akan memicu mulainya Pengetahuan dalam semua orang, pemicu yang dapat membawa dirinya ke masa depan jauh melampaui kehidupan pribadi Anda. Ini adalah pemicu besar yang Anda dimaksudkan untuk berikan ke dunia, karena kemudian pemberian Anda akan tanpa akhir dan akan melayani generasi Anda dan generasi-generasi yang akan datang.

Berkat yang sekarang Anda alami hari ini di dunia Anda adalah hasil dari gema ini yang diwariskan dari generasi ke generasi karena Pengetahuan dijaga tetap hidup di dunia. Peluang Anda untuk mendapatkan Pengetahuan lahir dari pemberian orang-orang yang hidup sebelumnya, seperti pemberian Anda akan memberikan peluang demi kebebasan bagi orang-orang yang akan mengikuti. Inilah tujuan hidup Anda yang lebih besar: untuk menjaga Pengetahuan tetap hidup di dunia. Tetapi pertama-tama Anda harus belajar mengenai Pengetahuan — belajar bagaimana mengenalinya, belajar bagaimana menerimanya, belajar bagaimana membedakannya dari impuls lain dalam pikiran Anda dan belajar berbagai tahap perkembangan yang akan diperlukan dalam mengikuti Pengetahuan menuju pemenuhan besarnya. Itulah sebabnya Anda adalah siswa pemula Pengetahuan.

Dalam satu latihan panjang Anda, lakukan Tinjau Ulang Anda serinci mungkin. Izinkan kebingungan dan ketidakpastian ada, karena ini diperlukan dalam tahap penyelidikan ini. Maka berbahagialah untuk semua hal yang dapat benar-benar dikenali dan ketahuilah bahwa Pengetahuan ada bersama Anda, sehingga Anda bebas untuk merasa tidak pasti.

Latihan 105: *Satu periode latihan panjang.*

Langkah 106
TIDAK ADA MASTER YANG HIDUP DI DUNIA.

TIDAK ADA MASTER YANG HIDUP DI DUNIA, karena Tingkat Master dicapai di luar dunia. Ada siswa lanjutan. Ada siswa dengan prestasi besar. Tetapi tidak ada Master yang hidup di dunia. Kesempurnaan tidak ditemukan di sini, hanya kontribusi. Siapa pun yang tinggal di dunia tinggal untuk belajar pelajaran-pelajaran dunia. Pelajaran dunia harus dipelajari tidak hanya dalam kehidupan pribadi Anda, tetapi dalam kehidupan kontribusi juga. Pendidikan sejati Anda jauh melebihi apa yang telah Anda sadari sejauh ini. Ini bukan semata-mata koreksi kesalahan. Ini adalah kontribusi anugerah.

TIDAK ADA MASTER YANG HIDUP DI DUNIA. Maka Anda dapat melepaskan diri dari beban besar dalam upaya atau menuntut Tingkat Master bagi diri sendiri. Anda sendiri tidak bisa menjadi Master, karena kehidupan adalah Masternya. Itulah perbedaan besar yang akan menentukan bagi Anda ketika Anda memahami makna dan manfaat sejatinya.

DALAM DUA PERIODE LATIHAN ANDA HARI INI, pikirkan semua individu yang Anda anggap sebagai Master —individu yang pernah Anda temui, dengar atau bayangkan, individu di masa lalu dan individu yang masih hidup sekarang. Pikirkan semua kualitas yang telah membuat mereka menjadi Master dan bagaimana Anda telah menggunakan mereka untuk menilai diri sendiri dan mengevaluasi hidup Anda dan perilaku Anda. Bukan tujuan para siswa lanjutan untuk menjadi kriteria untuk pengutukan diri oleh orang-orang dengan kemampuan yang lebih rendah. Itu bukan anugerah mereka, meskipun mereka harus memahami seiring waktu bahwa anugerah mereka akan begitu disalahartikan.

TERIMALAH PELEPASAN BEBAN Anda sementara Kami mengingatkan Anda bahwa tidak ada Master yang hidup di dunia. Dalam dua periode latihan panjang Anda, cobalah menyadari hal ini. Cobalah menyadari rasa lega yang diberikan kepada Anda. Tetapi jangan membuat kesalahan dengan berpikir bahwa ini mengarahkan Anda menjadi pasif, karena akan semakin besar keterlibatan Anda dalam memperoleh kembali Pengetahuan. Akan semakin besar komitmen Anda pada kemunculan Pengetahuan. Sekarang keterlibatan dan komitmen Anda dapat maju lebih pesat, karena mereka tidak terbebani oleh idealisme Anda, yang hanya dapat menyesatkan Anda.

LATIHAN 106: *Dua periode latihan 30 menit.*

Langkah 107
HARI INI SAYA AKAN BELAJAR MENJADI BAHAGIA.

BELAJAR MENJADI BAHAGIA HANYALAH belajar menjadi alami. Belajar menjadi bahagia adalah belajar menerima Pengetahuan hari ini. Pengetahuan bahagia hari ini. Jika Anda tidak bahagia, Anda tidak bersama Pengetahuan. Kebahagiaan tidak berarti selalu tersenyum. Ini bukan perilaku. Kebahagiaan asli adalah rasa diri, rasa keutuhan dan kepuasan. Jika Anda pernah mengalami kehilangan dalam hidup Anda, kehilangan orang yang Anda cintai, Anda masih bisa bahagia, meskipun Anda mungkin meneteskan air mata. Tidak mengapa meneteskan air mata, karena ini tidak perlu mengkhianati kebahagiaan yang lebih besar dalam diri Anda, karena ini juga mungkin merupakan air mata bahagia. Kebahagiaan bukanlah bentuk perilaku. Biarkan Kami mengingatkan Anda tentang hal ini. Kebahagiaan adalah rasa kepuasan batin. Pengetahuan akan memberikan ini kepada Anda karena Pengetahuan akan menyederhanakan hidup Anda dan mengizinkan pikiran Anda berkonsentrasi pada apa yang diberikan kepadanya untuk dilakukan dalam realitas. Ini akan memberdayakan Anda, menyederhanakan Anda dan memberikan keselarasan yang lebih besar daripada yang dapat Anda ketahui sebelumnya.

KARENA ITU, DALAM DUA PERIODE LATIHAN Anda hari ini, izinkan pikiran Anda memasuki keheningan sekali lagi. Ini adalah waktu sunyi. Ini bukan latihan penyelidikan mental, melainkan latihan keheningan mental.

LATIHAN 107: *Dua periode latihan 30 menit.*

Langkah 108

KEBAHAGIAAN ADALAH SESUATU YANG HARUS SAYA PELAJARI LAGI.

Semua hal sekarang harus dievaluasi kembali. Semua hal sekarang harus dilihat secara baru, karena ada cara melihat dengan Pengetahuan dan ada cara melihat tanpa Pengetahuan. Mereka memberikan hasil yang berbeda. Mereka mendorong evaluasi yang berbeda dan respons yang berbeda. Kami telah mengatakan bahwa kebahagiaan bukanlah bentuk perilaku, karena hal ini jauh lebih dalam daripada itu. Karena itu, jangan mencoba menggunakan gagasan ini untuk mengambil hati orang lain atau mendemonstrasikan pada diri sendiri bahwa Anda lebih bahagia daripada yang sebenarnya. Kami tidak ingin menaruh lapisan perilaku pada pengalaman Anda saat ini. Kami ingin memandu Anda kepada pengalaman yang asli bagi kodrat Anda, yang mengungkapkan kodrat Anda dan yang menyumbangkan kodrat Anda kepada kehidupan.

Maka, belajarlah lagi tentang kebahagiaan. Dalam dua periode latihan Anda, libatkan pikiran Anda dalam penyelidikan. Pertimbangkan gagasan Anda tentang kebahagiaan serta bentuk perilaku yang menurut Anda harus ditunjukkannya. Pikirkan semua cara di mana Anda telah berusaha menjadi lebih bahagia daripada yang sebenarnya. Pikirkan semua harapan dan persyaratan yang Anda tempatkan pada diri sendiri untuk merasa bahagia dan untuk membuktikan kelayakan Anda pada diri sendiri dan orang lain. Saat Anda mengenali hal-hal ini, sadarilah bahwa tanpa upaya ini kebahagiaan akan muncul dengan sendirinya, karena Anda bahagia secara alami. Tanpa pengekangan, kebahagiaan Anda akan muncul dengan sendirinya, tanpa Anda memaksakannya pada pikiran Anda dan pada tubuh Anda. Tanpa pemaksaan Anda, kebahagiaan akan muncul dengan sendirinya. Pikirkanlah ini hari ini, tetapi jangan merasa puas dengan kesimpulan sederhana, karena Anda adalah siswa pemula Pengetahuan dan kesimpulan besar datangnya kemudian.

LATIHAN 108: *Dua periode latihan 30 menit.*

Langkah 109

SAYA TIDAK AKAN TERBURU-BURU HARI INI.

Hari ini ambillah setiap langkah dengan anggun. Jangan terburu-buru. Anda tidak perlu terburu-buru karena Anda bersama Pengetahuan. Anda boleh menepati urusan Anda di dunia dan menepatinya sesuai jadwal, tetapi di dalam diri Anda jangan terburu-buru. Anda boleh mencari Pengetahuan, pemenuhan dan kontribusi, tetapi jangan terburu-buru. Ketika Anda terburu-buru, Anda mengabaikan langkah Anda saat ini untuk langkah yang lebih Anda sukai, dan bagaimanakah langkah bisa lebih disukai kecuali bila Anda mengabaikan langkah yang di depan Anda? Anda hanya perlu mengambil langkah yang di depan Anda, dan langkah berikutnya akan muncul secara alami. Jangan terburu-buru. Anda tidak bisa berjalan lebih cepat dari yang Anda bisa berjalan. Jangan lewatkan semua yang Kami berikan untuk Anda latih, yang akan mengharuskan Anda untuk tidak terburu-buru.

Sepanjang hari ini ingatkan diri Anda pada setiap jam untuk tidak terburu-buru. Katakan pada diri sendiri, "Saya tidak akan terburu-buru hari ini," dan pikirkan sejenak hal ini. Anda bisa memenuhi tanggung jawab duniawi Anda tanpa terburu-buru. Anda bisa memenuhi tujuan Anda yang lebih agung tanpa terburu-buru. Anda boleh merasa nyaman dengan kenyataan bahwa Anda adalah seorang siswa pemula, karena siswa pemula tidak tahu ke mana mereka menuju karena mereka berada dalam posisi menerima, bukan mengatur. Ini adalah berkat besar bagi Anda sekarang dan seiring waktu akan memberi Anda kuasa untuk mengatur pikiran Anda dan urusan Anda menggunakan Pengetahuan. Anda akan menjadi pemimpin yang baik hati yang tidak akan mengutuk kesalahan dan tidak akan menghukum orang berdosa, seperti yang sekarang Anda bayangkan dilakukan oleh Tuhan.

Pengetahuan tidak terburu-buru. Mengapa Anda harus terburu-buru? Pengetahuan mungkin menggerakkan Anda dengan cepat atau dengan perlahan. Maka Anda kemudian boleh bergerak dengan cepat atau dengan perlahan, tetapi dalam diri Anda, Anda tidak terburu-buru. Ini adalah bagian dari misteri kehidupan yang kini Anda dapat belajar untuk ketahui.

Latihan 109: *Latihan setiap jam.*

Langkah 110

SAYA AKAN JUJUR DENGAN DIRI SAYA SENDIRI HARI INI.

"Hari ini saya akan sepenuhnya jujur, mengakui apa yang benar-benar saya ketahui dan apa yang hanya saya percayai atau harapkan. Saya tidak akan berpura-pura mengetahui hal-hal yang tidak saya ketahui. Saya tidak akan berpura-pura saya lebih kaya daripada yang sebenarnya atau saya lebih miskin daripada yang sebenarnya. Saya akan mencoba untuk berada persis di mana saya berada hari ini."

Cobalah untuk berada persis di mana Anda berada hari ini. Jadilah sederhana. Jadilah nyaman. Amati dunia di sekitar Anda. Laksanakan tugas-tugas duniawi Anda. Jangan memuliakan diri sendiri. Jangan merendahkan diri sendiri. Hari ini izinkan semua hal berfungsi sebagaimana mestinya, tanpa berusaha mengatur atau memanipulasi diri sendiri. Satu-satunya perkecualian adalah menggunakan disiplin diri Anda sehingga Anda dapat menjalankan latihan Anda untuk hari ini.

Dalam dua periode latihan Anda yang lebih panjang, ulangi penegasan untuk hari ini dan masuklah ke dalam keheningan. Di sini Anda harus mengerahkan kuasa pikiran Anda. Di sini Anda tidak mengupayakan apa pun yang menipu atau apa pun yang tidak nyata. Anda mengizinkan pikiran Anda memasuki keadaan alaminya, ke dalam keadaan damai.

Latihan 110: *Dua periode latihan 30 menit.*
Latihan setiap jam.

Langkah 111

HARI INI SAYA AKAN MERASA NYAMAN.

MERASA NYAMANLAH HARI INI DENGAN mengetahui bahwa Pengetahuan ada bersama Anda, dengan mengetahui bahwa Guru-Guru Anda ada bersama Anda dan dengan mengetahui bahwa Keluarga Spiritual Anda ada bersama Anda. Jangan biarkan rasa cemas atau beban kekhawatiran menjauhkan Anda dari latihan Anda hari ini.

SEMENTARA ANDA MENJALANI HARI, dengan berlatih pada setiap jam, ingatkan diri Anda untuk merasa nyaman, karena Pengetahuan adalah pemandu Anda sekarang. Jika Pengetahuan tidak merasa terganggu, Anda tidak perlu merasa terganggu. Lepaskan diri Anda dari keasyikan yang telah menjadi kebiasaan, dari ketergantungan yang telah menjadi kebiasaan. Perkuat tekad Anda untuk melakukannya dan ini akan semakin mudah seiring waktu. Kemudian ini akan terjadi dengan sendirinya secara alami. Pikiran Anda mempunyai kebiasaan berpikir. Hanya itu saja. Ketika itu digantikan dengan kebiasaan baru, Pengetahuan akan mulai bersinar menembus struktur yang telah Anda bebankan padanya. Di sini Pengetahuan akan mulai bersinar keluar, untuk memandu tindakan Anda, untuk mengarahkan Anda kepada wawasan dan penemuan penting, dan untuk memberi Anda kekuatan dan kepastian yang lebih besar daripada yang pernah Anda ketahui.

KARENA ITU, DALAM LATIHAN SETIAP jam Anda gunakan disiplin diri Anda demi Anda sendiri. Dalam dua latihan meditasi Anda, tetaplah sangat waspada tetapi dengan pikiran yang hening.

LATIHAN 111: *Dua periode latihan 30 menit.*
Latihan setiap jam.

Langkah 112
TINJAU ULANG

Hari ini untuk Tinjau Ulang Anda kita akan melakukan sesuatu yang sedikit berbeda. Pada setiap jam, ingatkan diri Anda untuk mengingat Pengetahuan. Ulangi pada diri sendiri, "Saya akan mengingat Pengetahuan. Saya akan mengingat Pengetahuan," dengan mengingat sepanjang hari bahwa Anda belum tahu apa itu Pengetahuan, namun merasa yakin bahwa Pengetahuan ada bersama Anda. Pengetahuan lahir dari Tuhan. Pengetahuan adalah Kehendak Tuhan dalam diri Anda. Pengetahuan adalah Jati Diri Anda. Dengan demikian, Anda belajar mengikuti apa yang agung. Dalam keadaan Anda yang terbatas, Anda memperoleh akses kepada apa yang tidak terbatas. Dengan demikian, Anda menjadi jembatan menuju Pengetahuan hari ini.

Karena itu, ulangi pada setiap jam bahwa Anda akan mengingat Pengetahuan. Jangan melupakan latihan Anda hari ini sehingga Anda dapat memperkuat dan memberdayakan diri Anda sendiri.

Latihan 112: *Latihan setiap jam.*

Langkah 113

SAYA TIDAK AKAN TERBUJUK OLEH ORANG LAIN.

PIKIRAN APA PUN YANG LEBIH TEGUH DARIPADA PIKIRAN Anda dapat membujuk Anda dan memberi pengaruh pada Anda. Tidak ada yang sangat misterius tentang hal ini. Ini hanyalah hasil dari satu pikiran yang lebih terkonsentrasi atau terfokus daripada pikiran yang lain. Pikiran mempunyai tingkat pengaruh relatif terhadap satu sama lain, tergantung pada konsentrasinya dan tergantung pada jenis pengaruh yang mereka gunakan. Biarkanlah Pengetahuan membujuk Anda, karena itu adalah keagungan yang Anda bawa. Jangan biarkan opini atau kehendak orang lain membujuk Anda. Biarkan hanya Pengetahuan mereka yang memengaruhi Anda, karena hanya inilah yang dapat memengaruhi Pengetahuan Anda. Ini akan sangat berbeda dari perasaan didominasi, dimanipulasi atau dibujuk oleh orang lain.

KARENA ITU, TAHANLAH DIRI ANDA. Ikuti Pengetahuan. Jika orang lain menstimulasi Pengetahuan Anda, maka berikan perhatian kepada individu tersebut sehingga Anda dapat belajar mengenai kekuatan bujukan sejati. Namun, jangan biarkan bujukan dunia ini — keluhannya, idealnya yang dijunjung tinggi, moralitasnya, tuntutannya atau kompromimya — memengaruhi Anda, karena Anda mengikuti Pengetahuan, dan Anda tidak perlu mengikuti bujukan dunia.

INGATKAN DIRI ANDA TENTANG GAGASAN HARI ini pada setiap jam dan berlatihlah keheningan secara mendalam dalam dua latihan meditasi Anda hari ini. Izinkan hanya Pengetahuan membujuk Anda, karena hanya inilah yang perlu Anda ikuti di dunia.

LATIHAN 113: *Dua periode latihan 30 menit.*
Latihan setiap jam.

Langkah 114

TEMAN-TEMAN SEJATI SAYA ADA BERSAMA SAYA. SAYA TIDAK SENDIRIAN.

Bagaimana mungkin Anda sendirian ketika Guru-Guru Anda bersama Anda? Teman sejati apa yang Anda miliki selain mereka yang mematuhi Pengetahuan Anda? Persahabatan ini tidak lahir dari dunia ini. Mereka telah diciptakan di luar dunia, dan mereka ada untuk melayani Anda sekarang. Anda akan merasakan hadirat mereka yang bersama Anda begitu pikiran Anda mulai tenang. Begitu Anda tidak lagi sibuk dengan keinginan dan ketakutan kuat Anda sendiri, Anda akan mulai merasakan hadirat ini yang begitu anggun, begitu lembut dan begitu menenteramkan.

Pada setiap jam hari ini, ingatkan diri Anda bahwa teman-teman Anda ada bersama Anda. Dalam dua periode latihan mendalam Anda, izinkan pikiran Anda menerima hadirat mereka sehingga Anda dapat memahami sifat sejati dari hubungan di dunia. Dengan latihan, pemahaman ini akan menjadi begitu kuat sehingga Anda akan mampu menerima gagasan, dorongan dan koreksi dari mereka yang lebih ampuh dari Anda, yang ada untuk melayani Anda dalam fungsi sejati Anda di dunia. Mereka adalah pemrakarsa Anda ke dalam Pengetahuan, dan mereka berhubungan dengan Pengetahuan Anda, karena Pengetahuan Anda mengandung hubungan-hubungan sejati Anda dengan semua kehidupan.

Latihan 114: *Dua periode latihan 30 menit.*
Latihan setiap jam.

Langkah 115

HARI INI SAYA AKAN MENDENGARKAN KUASA PENGETAHUAN.

HARI INI DENGARKAN KUASA PENGETAHUAN. Ini memerlukan perhatian Anda. Ini memerlukan hasrat Anda. Ini memerlukan pelepasan hal-hal yang menyita perhatian dan mengkhawatirkan Anda, hal-hal yang tidak dapat Anda selesaikan sendiri. Dengarkan Pengetahuan hari ini agar Pengetahuan dapat menghibur Anda dan berdiam bersama Anda. Dalam keheningannya, Anda akan menemukan kepastian dan kepercayaan diri yang kukuh juga. Karena jika Pengetahuan diam, Anda tidak perlu cemas tentang hidup Anda, dan jika Pengetahuan berbicara, Anda hanya perlu mengikuti sehingga Anda dapat belajar kuasa Pengetahuan untuk Anda.

ANDA MENJADI HENING KARENA PENGETAHUAN HENING. Anda menjadi mampu bertindak karena Pengetahuan mampu bertindak. Anda belajar berbicara dengan sederhana karena Pengetahuan berbicara dengan sederhana. Anda belajar untuk merasa nyaman karena Pengetahuan merasa nyaman. Anda belajar memberi karena Pengetahuan memberi. Anda sekarang terlibat dalam program pengembangan ini untuk melibatkan kembali Anda dalam hubungan dengan Pengetahuan Anda.

PADA SETIAP JAM HARI INI, ingatkan diri Anda untuk mendengarkan Pengetahuan dan luangkan waktu sejenak untuk melakukannya dalam apa pun keadaan Anda. Aktivitas pertama Anda dalam mendengarkan adalah keheningan. Latihlah ini lebih mendalam dalam dua latihan meditasi Anda hari ini, di mana Anda berlatih keheningan dan penerimaan karena Anda ingin mendengarkan Pengetahuan hari ini.

LATIHAN 115: *Dua periode latihan 30 menit.*
Latihan setiap jam.

Langkah 116
HARI INI SAYA AKAN BERSABAR DENGAN PENGETAHUAN.

BERSABARLAH DENGAN PENGETAHUAN AGAR Anda dapat mengikuti Pengetahuan. Pengetahuan jauh lebih hening daripada Anda. Pengetahuan jauh lebih kuasa daripada Anda. Pengetahuan jauh lebih pasti daripada Anda, dan semua tindakannya sangat mendalam dan bermakna. Adanya kontras antara Anda dan Pengetahuan hanyalah karena Anda hidup dalam diri yang telah Anda buat untuk diri sendiri, dan Anda untuk sementara telah kehilangan kontak dengan Pengetahuan. Namun Pengetahuan berdiam bersama Anda, karena Anda tidak akan pernah bisa meninggalkannya. Pengetahuan akan selalu ada untuk menebus Anda, untuk menyelamatkan Anda dan untuk memperoleh kembali Anda bagi dirinya sendiri, karena Pengetahuan adalah Jati Diri Anda. Jangan biarkan kepercayaan dan asumsi menyamar sebagai Pengetahuan. Izinkan pikiran Anda semakin diam dan hening saat Anda melakukan aktivitas hari ini.

ULANGI GAGASAN INI PADA SETIAP JAM dan dalam dua latihan meditasi mendalam Anda, izinkan diri Anda memasuki keheningan dan kepastian yang dimiliki Pengetahuan untuk Anda. Secara ini, pikiran Anda akan beresonansi dengan Pikiran alam semesta dan Anda akan mulai memperoleh kembali kemampuan purba dan memori purba Anda. Di sini gagasan tentang Keluarga Spiritual akan mulai bermakna bagi Anda, dan Anda akan menyadari bahwa Anda telah datang ke dalam dunia untuk melayani.

LATIHAN 116: *Dua periode latihan 30 menit.*
Latihan setiap jam.

Langkah 117

LEBIH BAIK SEDERHANA DARIPADA MISKIN.

KESEDERHANAAN MEMUNGKINKAN ANDA UNTUK memperoleh akses ke kehidupan dan menikmati kebajikannya di setiap saat. Kerumitan adalah keadaan pemisahan diri yang menyebabkan Anda tidak mampu menikmati kehidupan dan memahami peran Anda di dalamnya. Ini adalah sumber dari semua kemiskinan besar, karena tak ada pencapaian duniawi apa pun dan tak ada kepemilikan duniawi apa pun yang dapat menghalau rasa terisolasi dan kemelaratan yang menyertai pemisahan diri seperti ini.

KARENA ITU, HARI INI BERLATIHLAH KEHENINGAN LEBIH dalam dari sebelumnya agar Anda dapat mengalami kuasa Pengetahuan yang ada bersama Anda. Izinkan diri Anda menjadi sederhana, karena dalam kesederhanaan semua hal dapat diberikan kepada Anda. Jika Anda menganggap diri Anda rumit, atau masalah-masalah Anda rumit, itu adalah karena Anda melihat diri Anda dan masalah-masalah Anda tanpa Pengetahuan sehingga tersesat dalam evaluasi Anda. Di sini Anda membingungkan hal-hal yang bernilai lebih tinggi dengan hal-hal yang bernilai lebih rendah, hal-hal dengan prioritas lebih tinggi dengan hal-hal dengan prioritas lebih rendah. Kebenaran harus selalu membawa kesederhanaan, karena kesederhanaan membawa pemecahan dan pemahaman yang benar dan membangun kedamaian dan keyakinan diri dalam orang-orang yang dapat menerimanya.

BERLATIHLAH SECARA MENDALAM HARI INI. Ulangi gagasan hari ini pada setiap jam, dan dalam dua latihan meditasi mendalam, ingatkan diri Anda bahwa Pengetahuan bersama Anda dan kemudian masuklah ke dalam keheningan. Izinkan diri Anda menjadi sederhana dan yakinlah bahwa Pengetahuan akan memandu Anda dalam segala hal.

LATIHAN 117: *Dua periode latihan 30 menit.*
Latihan setiap jam.

Langkah 118

SAYA TIDAK AKAN MENGHINDARI DUNIA HARI INI.

TIDAK PERLU MENGHINDARI DUNIA KARENA DUNIA tidak dapat mendominasi Anda ketika Anda bersama Pengetahuan. Ketika Anda bersama Pengetahuan, Anda berada di sini untuk melayani dunia. Kemudian dunia tidak lagi menjadi penjara. Dunia bukan sumber ketidaknyamanan dan kekecewaan yang terus-menerus. Dunia menyediakan bagi Anda peluang untuk memberi dan peluang untuk membangun kembali pemahaman sejati Anda. Jangan mencari perlindungan dalam hal-hal spiritual, karena tujuan Anda adalah untuk memberi kepada dunia. Izinkan dunia seperti apa adanya, dan kutukan Anda terhadapnya tidak akan berbalik menghantui Anda. Karena tanpa kutukan, hanya ada kesempatan untuk memberi. Ini akan memanfaatkan Pengetahuan Anda, yang akan memberi dengan sendirinya, dan Anda akan menjadi sarana untuk pemberiannya.

PIKIRKAN HAL INI SEKARANG. Izinkan diri Anda dalam dua periode latihan Anda untuk mengalami hadirat Pengetahuan dalam hidup Anda. Jangan menuntut apa pun darinya. Jangan mempertanyakannya. Hanya izinkan diri Anda mengalaminya, karena dengan ini semua yang Anda cari akan kembali kepada Anda secara alami tanpa usaha Anda. Manfaatkan disiplin diri Anda hanya untuk mengarahkan pikiran Anda ke arah yang tepat. Setelah begitu terlibat, pikiran Anda akan kembali kepada Pengetahuan atas kemauannya sendiri. Karena itulah tujuannya, itulah cinta kasihnya, itulah pendamping sejatinya, dan itulah perkawinan sejatinya dalam kehidupan.

LATIHAN 118: *Dua periode latihan 30 menit.*

Langkah 119

TINJAU ULANG

Dalam Tinjau Ulang khusus ini, tinjaulah latihan dua minggu terakhir, dengan meninjau setiap instruksi dan mengingat setiap hari latihan. Cobalah untuk mengingat seberapa serius Anda memikirkan latihan setiap harinya dan seberapa baik Anda memanfaatkan latihan itu. Jangan berpikir Anda patut mengeluh mengenai persiapan ini bila Anda tidak memanfaatkannya semaksimal mungkin. Peran Anda di sini hanya untuk mengikuti langkah seperti yang diberikan dan tidak mengubahnya sesuai dengan preferensi Anda. Dengan cara ini, Anda menempatkan diri Anda dalam posisi untuk menerima, yang merupakan posisi yang sekarang Anda perlukan untuk diri Anda sendiri.

Dalam dua periode latihan panjang Anda hari ini, masing-masing diberikan untuk satu minggu latihan, tinjaulah kembali dua minggu terakhir ini. Cobalah bersikap sangat baik hati pada diri sendiri, tetapi sadarilah bila Anda gagal memenuhi persyaratan dan jangan menipu diri sendiri dalam hal ini. Dedikasikan kembali diri Anda untuk memperdalam latihan Anda dan tekad Anda, sambil mengingatkan diri sendiri akan kesederhanaan hidup Anda dan nilai sejati yang diberikan kepada Anda. Secara ini, Anda akan belajar cara baru untuk hidup. Anda akan belajar bagaimana menerima dan bagaimana memberi, dan hidup Anda akan terbebas dari kegelapan kerumitan. Karena kesederhanaan pasti selalu dari terang; pasti selalu dari kebaikan.

Karena itu, berikan diri Anda untuk Tinjau Ulang ini sehingga Anda dapat memahami bagaimana Anda belajar. Tinjauan-tinjauan ini akan mendemonstrasikan kepada Anda kemampuan belajar Anda sendiri dan kecenderungan belajar Anda sendiri. Mereka akan mengajarkan Anda hal-hal penting yang perlu Anda ketahui di masa depan ketika Anda akan mampu membantu orang lain belajar juga.

Latihan 119: *Dua periode latihan panjang.*

Langkah 120

SAYA AKAN MENGINGAT PENGETAHUAN SAYA HARI INI.

Ingatlah Pengetahuan Anda hari ini. Ingatlah bahwa Pengetahuan berdiam bersama Anda terlepas dari ke mana Anda pergi atau apa yang Anda lakukan. Ingatlah bahwa Pengetahuan diberikan kepada Anda untuk melayani Anda, untuk mengasuh Anda dan untuk meningkatkan Anda juga. Ingatlah bahwa Anda tidak perlu merasa jengkel dengan dunia karena Anda dapat menerima dunia apa adanya. Ingatlah bahwa Anda menerima dunia apa adanya agar Anda akan mampu memberi kepadanya, karena dunia sedang berkembang seperti Anda. Ingatlah bahwa Pengetahuan bersama Anda, dan Anda hanya perlu bersama Pengetahuan untuk menyadari dampak penuhnya.

Ingatkan diri Anda pada setiap jam hari ini bahwa Pengetahuan bersama Anda dan pikirkan hal ini sejenak. Jangan biarkan emosi yang mengamuk atau depresi berat membayangi latihan Anda, karena latihan Anda lebih agung daripada keadaan emosi Anda, yang berubah seperti angin dan awan tetapi tidak dapat menutupi alam semesta di atasnya.

Karena itu, sadarilah kecilnya keadaan emosi Anda dan keagungan Pengetahuan. Secara ini, Pengetahuan akan menyeimbangkan keadaan emosi Anda dan akan menyingkapkan kepada Anda sumber emosi Anda sendiri, yang merupakan sumber pengungkapan Anda di dunia. Inilah misteri kehidupan yang Anda sekarang belajar untuk jelajahi.

LATIHAN 120: *Latihan setiap jam.*

Langkah 121

HARI INI SAYA BEBAS UNTUK MEMBERI.

Anda bebas untuk memberi hari ini karena hidup Anda menjadi sederhana dan kebutuhan Anda terpenuhi. Ini membebaskan Anda untuk memberi, karena setelah Anda menerima, Anda hanya akan ingin memberi.

Anda akan melakukan latihan khusus dua kali hari ini di mana Anda memikirkan seseorang yang membutuhkan dan kemudian memberi mereka suatu kualitas yang ingin Anda terima sendiri. Kirimkan kualitas itu kepada individu tersebut. Kirimkan mereka cinta kasih atau kekuatan atau iman atau semangat atau tekad atau penyerahan diri atau penerimaan atau disiplin diri — apa pun yang mereka perlukan untuk mewujudkan pemecahan dalam hidup mereka. Anda bebas memberikan ini hari ini, karena keperluan Anda sendiri terpenuhi.

Karena itu, dalam masing-masing dua latihan Anda, dengan mata tertutup, ingatlah individu-individu dan berikan kepada mereka apa yang Anda tahu mereka perlukan. Jangan mencoba memecahkan masalah mereka untuk mereka. Jangan mencoba memperkuat hasil yang diinginkan, karena Anda biasanya tidak dapat mengetahui hasil yang tepat untuk orang lain. Tetapi Anda selalu dapat memberi kekuatan karakter dan memperkuat kemampuan pikiran mereka. Ini akan memberi Anda rasa tujuan Anda sendiri dan akan menegaskan kembali kualitas-kualitas ini dalam diri Anda sendiri, karena Anda harus memilikinya untuk memberinya, dan dalam memberinya Anda menyadari bahwa Anda sudah memilikinya.

Saat Anda berlatih hari ini, jangan meragukan bahwa apa yang Anda upayakan bagi orang lain akan diterima oleh mereka demi kepentingan mereka sendiri.

Latihan 121: *Dua periode latihan 30 menit.*

Langkah 122

SAYA MEMBERI TANPA KERUGIAN HARI INI.

Apa yang diminta untuk Anda berikan hanya dapat bertambah saat Anda memberikannya. Yang Anda berikan bukan hal fisik, meskipun hal-hal fisik dapat diberikan demi kebaikan. Ini bukan sesuatu yang dapat Anda ukur, karena Anda tidak tahu berapa besarnya. Anda memberikan kekuatan dan semangat.

Hari ini dalam dua periode latihan Anda, lanjutkan pemberian Anda kepada orang lain. Ini adalah bentuk doa aktif. Jangan berpikir bahwa kuasanya tidak diterima oleh mereka yang telah Anda konsentrasikan. Ingatlah hari ini untuk tidak mencoba menentukan hasil dari dilema mereka atau kebutuhan mereka, tetapi hanya mendorong dan memberdayakan mereka untuk maju dengan kemampuan mereka sendiri. Anda ingin menstimulasi Pengetahuan dalam diri mereka sebagaimana Pengetahuan sekarang distimulasi dalam diri Anda. Maka, pemberian ini tidak akan mengharapkan imbalan, karena Anda memberikan apa yang memungkinkan orang lain menjadi kuat dalam kehidupan mereka. Anda tidak berada dalam posisi untuk menilai hasilnya, karena hasil pemberian Anda tidak akan terungkap sampai nanti ketika anugerah telah diterima dan telah menemukan tempatnya pada si penerima. Karena itu, berilah dengan ikhlas tanpa pengharapan dan berilah untuk mengalami kuasa pemberian Anda hari ini.

Latihan 122: *Dua periode latihan 30 menit.*

Langkah 123

SAYA TIDAK AKAN MENGASIHANI DIRI SENDIRI HARI INI.

Bagaimana Anda bisa mengasihani diri sendiri ketika Pengetahuan ada bersama Anda? Mengasihani diri sendiri hanya dapat menegaskan kembali gagasan lama tentang diri Anda, yang tanpa kebenaran, tanpa harapan dan tanpa fondasi apapun yang berarti. Jangan mengasihani diri sendiri hari ini, karena Anda tidak menyedihkan. Jika hari ini sedih atau bingung, itu hanya karena Anda telah kehilangan kontak dengan Pengetahuan, yang Anda dapat berlatih hari ini untuk mendapatkannya kembali.

Saat Anda berlatih hari ini, waspadalah terhadap banyak bentuk halus dari rasa mengasihani diri sendiri yang Anda simpan dalam hati. Waspadalah terhadap banyak bentuk halus dari manipulasi orang lain ketika Anda berusaha membuat mereka menyukai atau menerima Anda sesuai dengan pandangan tentang diri Anda yang Anda coba klaim. Ketika Anda bersama Pengetahuan, Anda tidak perlu menyatakan diri sendiri; Anda tidak perlu menunjukkan diri sendiri; Anda tidak perlu mengendalikan orang lain untuk menyukai atau menerima Anda, karena Pengetahuan bersama Anda.

Karena itu, jangan mengasihani diri sendiri, karena Anda tidak menyedihkan. Hari ini jadilah siswa pemula Pengetahuan, karena itu sama sekali tidak menyedihkan. Tidak ada sudut pandang yang lebih besar yang dapat Anda bayangkan.

Maka, pada setiap jam ulangilah gagasan ini. Izinkan gagasan ini memasuki pikiran Anda dan pertimbangkan sejenak. Dalam dua periode latihan Anda, ulangi penegasan ini dan kemudian masuklah ke dalam keheningan. Tidak ada makhluk yang menyedihkan yang dapat masuk ke dalam kesunyian, karena kesunyian adalah pengalaman hubungan yang mendalam, dan keheningan adalah penerimaan cinta kasih yang mendalam. Siapakah yang bisa menyedihkan dalam keadaan seperti itu?

LATIHAN 123: *Dua periode latihan 30 menit.*
Latihan setiap jam.

Langkah 124

HARI INI SAYA TIDAK AKAN BERPURA-PURA BAHAGIA.

Anda tidak perlu berpura-pura bahagia, karena ini hanya akan menyelubungi rasa mengasihani diri sendiri, memperkuat kebingungan Anda dan memperdalam dilema Anda. Hari ini jadilah diri Anda sendiri, tetapi amatilah diri sendiri, dengan mengingat bahwa Pengetahuan bersama Anda saat Anda bimbang ke dan dari, menuju dan menjauh dari Pengetahuan itu sendiri. Karena Pengetahuan tidak bimbang, Pengetahuan merupakan sumber kepastian, konsistensi dan stabilitas bagi Anda. Karena Pengetahuan tidak takut pada dunia, Pengetahuan merupakan sumber keberanian bagi Anda. Anda tidak menyedihkan, jadi Anda tidak perlu berpura-pura.

Jangan berpura-pura bahagia hari ini, karena orang yang benar-benar puas dapat melontarkan ungkapan apa pun ke dunia, tetapi dalam ungkapan mereka akan ada kuasa Pengetahuan. Inilah yang paling penting. Pengetahuan bukanlah bentuk perilaku. Pengetahuan adalah pengalaman hidup yang intens. Karena itu, janganlah mencoba membujuk diri sendiri atau orang lain dengan demonstrasi tingkah laku, karena ini tidak perlu.

Ulangi pernyataan ini pada setiap jam dan rasakan kuasanya dan anugerah kebebasannya. Izinkan diri Anda menjadi persis apa adanya Anda hari ini. Dalam dua latihan meditasi mendalam Anda, izinkan diri Anda memasuki keheningan, karena ketika Anda tidak berusaha menjadi seseorang, Anda dapat mengalami kemewahan keheningan, yang merupakan kemewahan cinta kasih.

LATIHAN 124: *Dua periode latihan 30 menit.*
Latihan setiap jam.

Langkah 125

SAYA TIDAK PERLU MENJADI SESEORANG HARI INI.

Anda sudah menjadi seseorang, jadi mengapa mencoba menjadi seseorang? Lebih baik menjadi orang yang adalah diri Anda. Orang yang adalah diri Anda adalah kuasa Pengetahuan yang terkandung dalam sarana dari kodrat seorang individu. Hal ini sudah didirikan, dan kini sedang dalam pengembangan. Mengapa mencoba menjadi sesuatu hari ini ketika Anda sudah menjadi sesuatu? Mengapa tidak menjadi diri sendiri? Cari tahu apa diri Anda. Ini memerlukan keberanian besar, karena Anda harus mengambil risiko mengecewakan pandangan idealis Anda tentang diri sendiri dan dunia. Ini memerlukan dorongan karena Anda harus mengambil risiko melepaskan kebencian diri, yang merupakan cara Anda memisahkan diri dari kehidupan.

Karena itu, hari ini jadilah persis diri Anda sendiri. Ingatkan diri Anda pada setiap jam. Dan dalam dua latihan meditasi Anda hari ini, izinkan diri Anda hening dan menerima, karena Anda tidak berusaha menjadi seseorang hari ini.

LATIHAN 125: *Dua periode latihan 30 menit.*
Latihan setiap jam.

Langkah 126
TINJAU ULANG

Tinjau Ulang hari ini akan berkonsentrasi pada minggu terakhir latihan. Yang akan menekankan sekali lagi bahwa Anda sedang belajar cara belajar. Anda sedang belajar memahami bagaimana Anda belajar. Anda sedang belajar memahami kekuatan Anda dan kelemahan Anda. Anda sedang belajar memahami kecenderungan Anda — kualitas dalam diri Anda yang harus Anda kembangkan dan kualitas yang harus Anda tahan dan kendalikan dengan sadar. Anda sedang belajar untuk memerhatikan diri sendiri. Dengan demikian, Anda akhirnya belajar untuk bersikap objektif terhadap diri sendiri. Objektivitas ini terutama penting, karena mengizinkan Anda memanfaatkan apa yang ada untuk melayani Anda tanpa pengutukan Anda. Secara ini, layanan Anda terhadap diri sendiri menjadi segera dan efektif.

Jika Anda bisa belajar bersikap objektif terhadap diri sendiri, Anda bisa belajar bersikap objektif terhadap dunia. Ini akan mengizinkan Pengetahuan bersinar melalui Anda, karena Anda tidak akan mencoba membuat dunia menjadi seperti yang Anda inginkan, dan Anda tidak akan mencoba membuat diri sendiri menjadi seperti yang Anda inginkan. Ini adalah awal dari pemecahan sejati dan kebahagiaan sejati, tetapi bahkan lebih dari itu, ini adalah awal dari kontribusi sejati.

Dalam satu periode latihan panjang Anda hari ini tinjaulah kembali seminggu lalu, dengan mengingat hal-hal ini. Perkuat pengalaman Pengetahuan Anda hari ini dengan mendukung manifestasi keluarnya dan jangan meragukan kuasa dari persiapan ini untuk membawa Anda kepada Pengetahuan itu sendiri.

Latihan 126: *Satu periode latihan panjang.*

Langkah 127

HARI INI SAYA TIDAK AKAN MENCOBA MEMBALAS DENDAM KEPADA TUHAN.

Jangan mencoba membalas dendam kepada Tuhan dengan menjadi orang yang sengsara, karena Tuhan hanya mengenal Anda sebagai bagian dari Penciptaan. Jangan mencoba membalas dendam kepada Tuhan dengan membuat dunia melarat, karena Tuhan telah menciptakan dunia yang indah dan penuh peluang. Jangan mencoba membalas dendam kepada Tuhan dengan menolak untuk mencintai atau menerima diri sendiri, karena Tuhan masih mengenal Anda apa adanya. Jangan mencoba membalas dendam kepada Tuhan hari ini dengan merusak hubungan-hubungan Anda demi tujuan egois Anda sendiri, karena Tuhan memahami hubungan-hubungan Anda sebagaimana adanya dan memahami janji mereka yang lebih besar juga. Anda tidak bisa membalas dendam kepada Tuhan. Anda hanya bisa menyakiti diri sendiri.

Karena itu, terimalah bahwa Anda telah kalah dalam pertempuran melawan Tuhan. Dalam kekalahan Anda adalah kemenangan terbesar Anda, karena Tuhan tidak pernah kehilangan Anda, meskipun Anda telah kehilangan Tuhan untuk sementara dalam imajinasi Anda. Cinta Anda pada Tuhan begitu mendalam sehingga Anda masih takut akan hal ini, karena hal ini mewakili kuasa teragung yang dapat Anda miliki dalam diri Anda. Anda harus belajar tentang hal ini melalui pengalaman langsung. Karena itu, jangan mencoba membalas dendam kepada Tuhan hari ini dengan memperkuat gagasan tentang diri Anda sendiri hanya berdasarkan kesalahan dan asumsi, karena Pengetahuan bersama Anda. Anda adalah pemenang yang bahagia dalam kekalahan Anda sendiri.

Dalam dua periode latihan Anda hari ini, ulangi gagasan ini dan kemudian cobalah untuk memikirkannya. Latihan kita hari ini akan melibatkan pikiran dalam penjelajahan dan analisa. Ini adalah penerapan pikiran Anda yang berguna. Pikirkanlah pesan ini dan semua gagasan Anda yang mengelilinginya, dan Anda akan mulai memahami sistem kepercayaan Anda saat ini. Anda akan dapat memahami hal ini secara objektif. Kemudian, Anda akan dapat bekerja dengannya, karena pikiran terpaku dalam struktur tertentu sampai ia digunakan untuk tujuan lain. Jangan menerima struktur ini sebagai realitas Anda, karena manifestasi keluar dari pikiran Anda adalah struktur yang telah Anda paksakan padanya. Namun, keharmonisan batin dan sifat sebenarnya hanya ingin diungkapkan. Untuk memungkinkan ini terjadi Anda harus memiliki cukup struktur dalam pikiran untuk memungkinkan pikiran mengungkapkan dirinya di dunia fisik tanpa pengekangan atau distorsi. Maka, menuju hal inilah kita akan bekerja hari ini.

LATIHAN 127: *Dua periode latihan 30 menit.*

Langkah 128

GURU-GURU SAYA BERSAMA SAYA. SAYA TIDAK PERLU TAKUT.

Guru-Guru batin Anda bersama Anda, dan Anda tidak perlu takut. Jika Anda cukup yakin dalam Pengetahuan, berdasarkan pengalaman nyata, dan cukup yakin akan hadirat Guru-Guru Anda, berdasarkan pengalaman nyata, ini akan memberi Anda kepastian dan iman dalam kehidupan yang akan menetralkan semua rasa takut yang tidak perlu. Ini akan membuat pikiran Anda tenang.

Hanya kekhawatiran bahwa Pengetahuan Anda dilanggar yang akan berasal dari Pengetahuan, dan kemudian hanya untuk mengindikasikan bahwa Anda perlu mempertimbangkan kembali tindakan dan gagasan Anda. Pengetahuan memiliki prinsip mengoreksi diri. Itulah sebabnya Pengetahuan adalah Panduan Batin Anda. Jika Anda bertentangan dengan Pengetahuan Anda, Anda akan merasa tidak nyaman dengan diri sendiri, dan ini akan menimbulkan kecemasan. Banyak rasa takut yang Anda alami dari waktu ke waktu hanyalah masalah ciptaan Anda sendiri, imajinasi negatif Anda sendiri. Tapi kemudian, ada rasa takut yang lahir dari pelanggaran Pengetahuan. Ini lebih merupakan ketidaknyamanan daripada rasa takut, karena ini jarang disertai dengan gambaran apa pun, meskipun gagasan dapat muncul dalam pikiran Anda sebagai bentuk peringatan apabila Anda mencoba suatu perilaku atau jalur pemikiran yang berbahaya atau merusak.

Rasa takut yang lahir dari imajinasi negatif terdiri dari sebagian besar rasa takut yang Anda pikirkan sendiri. Anda harus belajar melawan hal ini, karena ini adalah penggunaan pikiran Anda yang tidak tepat. Di sini Anda menciptakan pengalaman untuk diri sendiri, mengalaminya dan kemudian menyebutnya realitas. Sementara itu, Anda belum hadir bersama kehidupan sama sekali. Anda semata-mata berada dalam fantasi dalam diri sendiri. Imajinasi negatif menguras Anda secara emosional, fisik dan mental. Hal ini dapat meningkat sedemikian tinggi sehingga dapat sepenuhnya mendominasi pemikiran Anda. Karena bagaimana lagi Anda dapat terpisah di alam semesta kecuali dalam pemikiran Anda sendiri? Sesungguhnya Anda tidak dapat terpisah dari Tuhan. Sesungguhnya Anda tidak dapat terpisah dari Pengetahuan. Anda hanya dapat bersembunyi dalam pemikiran Anda sendiri dan merangkainya untuk menciptakan identitas dan pengalaman terpisah bagi diri Anda sendiri yang, meskipun cukup demonstratif, pada kenyataannya sepenuhnya adalah ilusi.

DALAM DUA LATIHAN MEDITASI ANDA HARI INI, sekali lagi masuklah ke dalam keheningan. Hari ini tidak ada spekulasi atau aktivitas mental, karena pikiran akan sekali lagi beristirahat sehingga dapat mengalami realitasnya. Jangan biarkan rasa takut atau cemas menghalangi Anda. Ingat, ini hanyalah imajinasi negatif Anda. Hanya Pengetahuan yang dapat mengindikasikan bila Anda melakukan sesuatu yang tidak tepat, dan itu hanya akan terjadi di hadapan kejadian-kejadian langsung. Anda akan mengetahui bahwa ini sangat berbeda dari imajinasi negatif dan akan memerlukan respons yang berbeda dari Anda.

LATIHAN 128: *Dua periode latihan 30 menit.*

Langkah 129

GURU-GURU SAYA BERSAMA SAYA. SAYA AKAN BERSAMA MEREKA.

GURU-GURU ANDA BERSAMA ANDA. Mereka tidak berbicara kepada Anda kecuali pada kesempatan yang sangat langka, dan kemudian hanya apabila Anda mampu mendengar. Dari waktu ke waktu mereka akan mengirimkan pemikiran mereka ke dalam pikiran Anda, dan Anda akan mengalami hal ini sebagai percikan inspirasi Anda sendiri. Anda belum menyadari bagaimana pikiran Anda tergabung dengan semua pikiran lain, tetapi seiring waktu Anda akan mulai mengalami hal ini dalam konteks dunia Anda sendiri. Demonstrasi akan hal ini akan menjadi sangat jelas sehingga Anda akan bertanya-tanya bagaimana Anda bisa meragukannya.

GURU-GURU ANDA BERSAMA ANDA dan hari ini dalam dua periode latihan Anda yang lebih panjang, berlatihlah bersama mereka. Anda tidak perlu membuat gambaran tentang mereka untuk mengalami hal ini. Anda tidak perlu mendengar suara atau melihat wajah, karena hadirat mereka sudah cukup untuk memberi Anda pengalaman penuh bahwa Anda sesungguhnya bersama-sama. Jika Anda hening, bernapas dalam-dalam dan tidak menjalin fantasi — baik fantasi menyenangkan maupun fantasi menakutkan — Anda akan mulai mengalami apa yang sesungguhnya ada. Guru-Guru Anda sesungguhnya ada. Dan hari ini Anda bisa berlatih hadir bersama mereka.

LATIHAN 129: *Dua periode latihan 30 menit.*

Langkah 130

HUBUNGAN AKAN DATANG KEPADA SAYA KETIKA SAYA SIAP.

MENGAPA BERUSAHA KERAS UNTUK HUBUNGAN DI DUNIA ketika hubungan sejati akan datang kepada Anda ketika Anda siap? Untuk memahami ini, Anda harus sangat yakin pada kuasa Pengetahuan dalam diri Anda dan dalam orang lain. Saat kesadaran ini tumbuh, dasar untuk usaha keras dan pengejaran sia-sia Anda akan surut, memungkinkan kedamaian dan pencapaian sejati bagi Anda.

INDIVIDU-INDIVIDU AKAN DATANG KEPADA Anda melalui cara-cara misterius karena Anda sedang mengembangkan Pengetahuan. Seperti Anda memiliki hubungan satu sama lain pada tingkat pribadi, Anda juga memiliki hubungan pada tingkat Pengetahuan. Tingkat inilah yang akan mulai Anda alami, sedikit demi sedikit pada awalnya. Nantinya, apabila Anda mengikuti persiapan Anda dengan tepat, pengalaman ini akan tumbuh dan menjadi sangat mendalam bagi Anda.

ANDA TIDAK PERLU MENCARI HUBUNGAN. Anda hanya perlu memberikan diri Anda kepada persiapan Anda dan yakin bahwa orang-orang akan datang kepada Anda ketika Anda membutuhkan mereka. Ini akan mengharuskan Anda mengevaluasi kebutuhan Anda dibandingkan dengan keinginan Anda. Jika keinginan Anda tidak mewakili kebutuhan sejati Anda, maka Anda akan sangat membingungkan hidup Anda. Anda akan membebankan diri sendiri dan orang-orang dengan siapa Anda terlibat yang hanya bisa menindas mereka, dan Anda juga. Tanpa penindasan ini, orang-orang akan bebas datang kepada Anda sebagaimana Anda benar-benar membutuhkan mereka.

INGATKAN DIRI ANDA TENTANG HAL INI PADA SETIAP jam hari ini, dan dalam dua periode latihan Anda yang lebih panjang izinkan pikiran Anda memasuki penerimaan. Izinkan diri Anda merasakan hadirat Guru-Guru Anda. Jangan memperburuk diri Anda dengan hasrat untuk hubungan dan kebutuhan Anda untuk individu atau untuk apa yang mungkin mereka miliki. Yakinlah hari ini bahwa Pengetahuan akan menarik semua orang kepada Anda sebagaimana Anda benar-benar membutuhkan mereka.

LATIHAN 130: *Dua periode latihan 30 menit.*
Latihan setiap jam.

Langkah 131

HARI INI SAYA AKAN MENCARI PENGALAMAN TUJUAN SEJATI DALAM KEHIDUPAN.

CARILAH PENGALAMAN TUJUAN SEJATI. Ini memberikan fondasi untuk semua hubungan yang bermakna. Janganlah mencari hubungan di luar konteks ini, karena mereka akan tanpa fondasi dan, meskipun mungkin sangat memikat, akan terbukti sangat sulit bagi Anda. Apakah Anda mencari pernikahan, persahabatan besar atau seseorang untuk membantu Anda dalam pekerjaan Anda, ingatlah bahwa Pengetahuan akan menarik kepada Anda semua individu sebagaimana Anda benar-benar membutuhkan mereka.

KARENA ITU, HARI INI BERKONSENTRASILAH PADA TUJUAN dan bukan pada hubungan. Semakin besar pengalaman Anda akan tujuan, semakin besar pemahaman Anda akan hubungan. Meskipun Anda akan melihat bahwa orang-orang bergabung demi kesenangan dan stimulasi, ada komponen yang jauh lebih besar dalam pertemuan mereka. Hanya sedikit orang yang mengenali hal ini, tetapi ini diberikan kepada Anda untuk mengenalinya melalui latihan dan pengalaman. Anda boleh yakin bahwa jika Anda tidak mencoba menyesuaikan orang-orang dengan gagasan Anda sendiri tentang tujuan, Anda akan membuka diri terhadap pengalaman sejati akan tujuan itu sendiri. Sementara Anda mulai mengamati diri sendiri secara objektif, Anda akan mulai melihat manifestasi kehendak Anda sendiri dibanding dengan Pengetahuan, dan ini akan sangat esensial demi pembelajaran Anda.

HARI INI INGATKAN DIRI ANDA PADA SETIAP JAM niat Anda untuk mengenali tujuan Anda. Biarkan hari ini menjadi langkah ke arah itu — langkah yang akan menghemat waktu Anda bertahun-tahun, langkah yang akan memajukan Anda selamanya menuju cita-cita Anda akan Pengetahuan, karena Pengetahuan menarik Anda. Dalam dua periode latihan mendalam Anda, izinkan Pengetahuan menarik Anda. Rasakan daya tarik yang lebih besar dalam diri Anda, yang akan Anda rasakan secara alami apabila Anda tidak disibukkan dengan hal-hal kecil.

LATIHAN 131: *Dua periode latihan 30 menit.*
Latihan setiap jam.

Langkah 132

BIARKAN SAYA BELAJAR MENJADI BEBAS AGAR SAYA DAPAT BERGABUNG.

KEBEBASAN ANDA DARI MASA LALU — penilaian masa lalu Anda, asosiasi masa lalu, derita masa lalu, luka masa lalu, dan kesulitan masa lalu — memberi Anda kebebasan di masa kini. Ini bukan untuk memperkuat keterpisahan Anda atau menjadikannya lebih penuh, melainkan untuk memungkinkan Anda bergabung secara bermakna dalam hubungan. Jadikanlah ini pemahaman yang tersirat: Anda tidak dapat melakukan apa pun di dunia tanpa hubungan. Anda tidak dapat mencapai apa pun; Anda tidak dapat maju ke arah mana pun; Anda tidak dapat menyadari kebenaran apa pun; Anda tidak dapat menyumbangkan apa pun yang bernilai tanpa hubungan. Jadi seiring kebebasan Anda dari masa lalu bertambah, demikian juga janji kesertaan Anda di masa kini dan masa depan bertambah. Karena kebebasan dimaksudkan untuk memberdayakan Anda untuk bergabung.

INGATLAH GAGASAN INI PADA SETIAP JAM dan pertimbangkan sehubungan dengan semua pengalaman Anda hari ini. Dalam dua latihan meditasi Anda, izinkan daya tarik Pengetahuan menarik Anda lebih dalam dalam diri Anda. Izinkan diri Anda mengalami pengalaman kebebasan ini.

LATIHAN 132: *Dua periode latihan 30 menit.*
Latihan setiap jam.

Langkah 133

TINJAU ULANG

Hari ini kita akan meninjau ulang persiapan minggu lalu. Tinjaulah secara objektif tanpa mengutuk, sekali lagi menyadari kemajuan Anda dan keterbatasan Anda dan memperkuat tekad Anda. Karena hasrat Anda akan Pengetahuan itulah yang ingin kita kembangkan serta kapasitas Anda. Pemikiran yang benar, tindakan yang benar, dan motivasi sejatilah yang akan memajukan Anda secara alami ke arah yang seharusnya Anda tuju. Setiap langkah ke depan akan memberi Anda rasa tujuan, makna, dan arah yang lebih besar dalam kehidupan dan akan membebaskan Anda dari upaya menyelesaikan masalah-masalah yang tidak perlu diselesaikan dan dari upaya memahami hal-hal berdasarkan rasa takut dan kecemasan. Semakin nyaman Anda dengan kodrat Anda, semakin kodrat Anda dapat mengungkapkan keagungan yang telah Anda bawa bersama Anda. Dengan demikian, Anda akan menjadi cahaya bagi semua di sekitar Anda, dan Anda akan mengagumi peristiwa-peristiwa dalam kehidupan Anda sendiri, yang dengan sendirinya akan merupakan mukjizat.

Dalam periode latihan panjang Anda hari ini, lakukan tinjauan Anda dengan mendalam dan tulus. Jangan biarkan apa pun menghalangi Anda dari latihan Anda hari ini. Latihan Anda adalah pemberian Anda kepada Tuhan, karena Anda memberikan diri Anda dalam latihan Anda, dan Anda menerima anugerah Anda juga.

Latihan 133: *Satu periode latihan panjang.*

Langkah 134

SAYA TIDAK AKAN MENDEFINISIKAN TUJUAN SAYA UNTUK DIRI SAYA SENDIRI.

Anda tidak perlu mendefinisikan tujuan Anda ketika pada saatnya tujuan Anda semata-mata akan muncul dan diketahui oleh Anda. Janganlah hidup berdasarkan definisi. Hiduplah berdasarkan pengalaman dan pemahaman. Anda tidak perlu mendefinisikan tujuan Anda, dan jika Anda berusaha untuk melakukannya, ingatlah selalu bahwa itu hanya tindakan sementara. Jangan memberikannya banyak kredibilitas. Dengan cara ini, dunia tidak dapat membuat Anda marah, karena apakah yang dapat dilakukan dunia kepada Anda selain melemahkan definisi Anda tentang diri Anda sendiri? Jika Anda tidak hidup di atas definisi Anda, dunia tidak dapat menyakiti Anda, karena dunia tidak dapat menyentuh tempat Pengetahuan yang ada dalam diri Anda. Hanya Pengetahuan yang dapat menyentuh Pengetahuan. Hanya Pengetahuan dalam orang lain yang dapat menyentuh Pengetahuan dalam diri Anda. Hanya Pengetahuan dalam diri Anda yang dapat menyentuh Pengetahuan dalam orang lain.

Karena itu, janganlah mendefinisikan tujuan Anda hari ini. Jadilah tanpa definisi sehingga pengalaman akan tujuan dapat tumbuh. Dan seiring pertumbuhannya, pengalaman ini akan memberi Anda isi dari tujuan Anda, tanpa distorsi atau penipuan. Anda tidak akan perlu membelanya di dunia, melainkan hanya membawanya seperti permata di hati Anda.

Pada setiap jam ingatkan diri Anda untuk tidak mendefinisikan tujuan Anda, dan mulai memikirkan akibat melakukan hal itu terkait pengalaman masa lalu Anda sendiri. Dalam dua latihan meditasi Anda, izinkan diri Anda hening. Pada setiap menghembuskan napas, ucapkan kata RAHN. RAHN. RAHN. Anda hanya perlu mengucapkan kata RAHN saat menghembuskan napas dalam meditasi Anda. Jadikan ini fokus total Anda. Kata ini akan berfungsi untuk menstimulasi Pengetahuan Purba dalam diri Anda dan memberi Anda kekuatan yang paling Anda perlukan saat ini.

LATIHAN 134: *Dua periode latihan 30 menit.*
Latihan setiap jam.

Langkah 135

SAYA TIDAK AKAN MENDEFINISIKAN TAKDIR SAYA HARI INI.

Seperti tujuan Anda, takdir Anda tetap berada di luar definisi Anda. Anda hanya perlu mengambil langkah ke arahnya untuk merasakan hadirat Pengetahuan yang tumbuh dalam hidup Anda. Semakin dekat Anda dengan Pengetahuan, semakin Anda akan mengalaminya. Semakin Anda mengalaminya, Anda akan ingin semakin mendekat karena ini adalah daya tarik alami. Ini adalah cinta sejati, daya tarik suka dengan suka. Inilah yang memberi alam semesta seluruh maknanya. Inilah yang menyatukan kehidupan sepenuhnya. Jadilah bebas dari definisi hari ini, dan izinkan pikiran Anda membentuk formasi alaminya. Izinkan hati Anda mengikuti jalur alaminya. Izinkan Pengetahuan mengungkapkan dirinya melalui pikiran Anda, yang struktur keluarnya kini menjadi terbuka dan bebas.

Ingatkan diri Anda tentang latihan Anda pada setiap jam. Dalam dua meditasi mendalam Anda hari ini, lanjutkan latihan RAHN Anda, dengan mengucapkan kata RAHN pada setiap hembusan napas. Izinkan diri Anda merasakan hadirat hidup Anda sendiri, hadirat Guru-Guru Anda, dan kedalaman Pengetahuan Anda sendiri. Izinkan disiplin diri Anda dikerahkan secara bermakna hari ini, untuk melibatkan pikiran Anda secara ini. Karena ketika pikiran dibawa ke dekat tujuan sejatinya, pikiran akan merespons dengan sesuai dan semua hal akan mengikuti jalur alaminya. Kemudian Anda akan merasakan bahwa Rahmat ada bersama Anda.

Latihan 135: *Dua periode latihan 30 menit.*
Latihan setiap jam.

Langkah 136

TUJUAN SAYA ADALAH UNTUK MEMPEROLEH KEMBALI PENGETAHUAN SAYA DAN MENGIZINKANNYA MENGUNGKAPKAN DIRI DI DUNIA.

INI AKAN MENJAWAB PERTANYAAN-PERTANYAAN Anda terkait tujuan Anda. Saat Anda mengikuti tujuan ini, panggilan Anda dalam kehidupan — yang merupakan peran spesifik yang Anda akan diminta untuk jalankan — akan muncul secara alami langkah demi langkah. Hal ini tidak akan memerlukan definisi Anda. Hal ini akan semata-mata muncul, dan Anda akan memahaminya lebih mendalam dan lebih menyeluruh dengan setiap langkah, karena setiap langkah akan semakin memenuhinya.

PENGETAHUAN ANDA ADALAH TUJUAN ANDA. Ingatkan diri Anda akan hal ini pada setiap jam, dan bersyukurlah bahwa jawaban telah diberikan. Tetapi jawabannya bukan sekadar gagasan. Ini adalah peluang untuk persiapan, karena semua jawaban sejati untuk semua pertanyaan tulus adalah suatu bentuk persiapan. Persiapannyalah yang Anda perlukan dan bukan hanya jawaban saja. Pikiran Anda sudah penuh dengan jawaban, dan apakah yang telah mereka lakukan selain menambah beban pemikiran Anda? Maka, ikuti persiapan yang diberikan hari ini dan setiap hari dalam program kita sehingga Anda dapat menerima jawaban atas pertanyaan Anda. Tujuan Anda adalah untuk memperoleh kembali Pengetahuan Anda, dan itulah yang akan kita lakukan hari ini.

SEKALI LAGI, INGATKAN DIRI ANDA TENTANG penegasan Anda pada setiap jam. Pikirkanlah sepanjang hari sehingga dapat menjadi satu-satunya fokus pemahaman Anda hari ini. Dalam dua latihan meditasi Anda yang lebih panjang, lanjutkan mengulangi kata RAHN, yang akan menstimulasi Pengetahuan Purba dalam diri Anda. Anda tidak perlu memahami keampuhan latihan ini untuk menerima manfaat sepenuhnya. Untuk menerima manfaat sepenuhnya Anda hanya perlu berlatih seperti yang diberikan.

LATIHAN 136: *Dua periode latihan 30 menit.*
Latihan setiap jam.

Langkah 137

SAYA AKAN MENERIMA MISTERI HIDUP SAYA.

Hidup Anda adalah misteri. Asal usul Anda, tujuan Anda di sini, dan tempat Anda menuju ketika Anda pergi sangat misterius. Mereka hanya dapat dialami untuk dipahami. Bagaimanakah Anda bisa, pada saat ini, memahami misteri kehidupan Anda? Anda harus berada di akhir hidup Anda untuk memahami apa yang telah terjadi sejauh ini, dan Anda tidak berada di akhir hidup Anda di dunia. Anda harus melihat dunia dari Rumah Purba Anda untuk memahami makna sejati dunia. Anda berada di dunia sekarang, jadi Anda harus hadir untuk dunia. Namun, misteri ini dapat dialami dan harus dialami. Anda tidak dapat memahaminya pada saat ini, tetapi pada saat ini Anda dapat mengalaminya sepenuhnya. Dalam pengalaman ini, ini akan memberi Anda semua hal yang sekarang Anda perlukan untuk mengambil langkah penting yang menunggu Anda mengambilnya.

Karena itu, jangan membebani pikiran Anda dengan keharusan untuk memahami, karena Anda akan mencari apa yang tidak mungkin dan hanya akan membingungkan diri sendiri dan menambah beban pemikiran Anda. Melainkan, berikan diri Anda untuk mengalami misteri kehidupan Anda dengan takjub dan apresiasi bahwa dunia jauh lebih agung daripada apa yang telah dilaporkan oleh indra Anda sejauh ini dan bahwa hidup Anda jauh lebih agung daripada apa yang telah ditentukan oleh penilaian Anda.

Ulangi gagasan ini pada setiap jam dan berlatihlah meditasi RAHN Anda dua kali hari ini dengan sangat mendalam dan tulus. Izinkan latihan Anda hari ini untuk menegaskan kembali komitmen Anda terhadap Pengetahuan, karena Anda hanya perlu mengikuti langkah-langkah seperti yang diberikan.

Latihan 137: *Dua periode latihan 30 menit.*
Latihan setiap jam.

Langkah 138

SAYA HANYA PERLU MENGIKUTI LANGKAH SEPERTI YANG DIBERIKAN.

KEBENARAN INI SANGAT JELAS, JIKA ANDA memikirkan banyak hal yang telah Anda pelajari dengan hanya mengikuti langkah-langkah dalam persiapan. Tidak berpartisipasi dan berusaha memahami sungguh sia-sia, sungguh membuat frustrasi dan tanpa hasil yang menyenangkan atau memuaskan secara apa pun. Kami mempersiapkan Anda untuk berpartisipasi dalam kehidupan, bukan untuk menilainya, karena kehidupan akan lebih menjanjikan daripada apa pun yang dapat diungkapkan oleh penilaian Anda. Pemahaman Anda lahir dari partisipasi dan adalah hasil dari partisipasi. Maka, belajarlah untuk berpartisipasi dan kemudian memahami, karena ini adalah urutan sejati dari hal-hal.

HARI INI INGATLAH LATIHAN SETIAP JAM ANDA dan izinkan dua meditasi Anda dalam keheningan lebih mendalam. Jangan izinkan pikiran ketakutan, kecemasan, atau keraguan diri menghalangi Anda dari aktivitas Anda yang lebih besar. Kemampuan Anda untuk berlatih tanpa memandang keadaan emosi Anda mendemonstrasikan bahwa hadirat Pengetahuan ada dalam diri Anda, karena Pengetahuan melampaui semua keadaan emosi dan tidak terkekang olehnya. Jika Anda ingin melihat bintang, Anda harus melihat melampaui awan. Apakah rasa takut Anda selain awan yang melewati pikiran Anda? Mereka hanya mengubah karakter permukaan pikiran Anda, tetapi kedalaman pikiran Anda tetap tidak berubah selamanya.

LATIHAN 138: *Dua periode latihan 30 menit.*
Latihan setiap jam.

Langkah 139

SAYA TELAH DATANG KE DUNIA UNTUK MELAYANI.

ANDA TELAH DATANG KE DUNIA UNTUK MELAYANI, tetapi pertama-tama Anda harus menerima. Pertama-tama, Anda harus melepaskan apa yang telah Anda ajarkan pada diri sendiri sehingga Anda dapat memperoleh kembali apa yang telah Anda bawa bersama Anda. Persiapan ini penting demi keberhasilan Anda dan demi kebahagiaan Anda juga. Jangan berpikir bahwa hanya dengan pemahaman Anda akan dapat mengenali dan memberikan anugerah-anugerah sejati Anda. Partisipasi Anda adalah persiapan Anda, karena Anda sedang dipersiapkan untuk berpartisipasi dalam kehidupan. Dengan demikian, Kami semakin menarik Anda ke dalam misteri kehidupan dan manifestasi kehidupan. Secara ini, Anda akan mampu memperlakukan misteri ini sebagai misterius dengan takjub, dan Anda akan mampu memperlakukan manifestasi kehidupan secara praktis dan dengan objektif. Dengan ini, Anda akan mampu menjadi jembatan dari Rumah Purba Anda ke dunia wujud. Melalui jembatan ini, Kearifan Pengetahuan dapat mengungkapkan diri, dan Anda dapat menemukan pemenuhan terbesar Anda.

LATIHLAH MEDITASI RAHN ANDA DUA KALI HARI ini dengan sangat mendalam dan berkonsentrasi, dan ingatlah gagasan Anda pada setiap jam sehingga Anda dapat memanfaatkan semua kejadian hari ini demi Anda sendiri.

LATIHAN 139: *Dua periode latihan 30 menit.*
Latihan setiap jam.

Langkah 140
TINJAU ULANG

Hari ini Anda menyelesaikan dua puluh minggu latihan. Anda telah sampai sejauh ini, dan dari sini Anda akan melanjutkan dengan kekuatan dan kepastian yang lebih besar, karena Pengetahuan akan mulai memandu Anda dan semakin memotivasi Anda seiring Anda memerhatikannya. Anda ingin menjadi hamba dan Master sekaligus karena hamba ada dalam diri Anda dan Master ada dalam diri Anda. Anda secara pribadi bukan Master, tetapi Master ada dalam diri Anda. Anda secara pribadi adalah hamba, tetapi Anda berhubungan dengan Master, maka persatuan Anda lengkap. Dengan demikian, semua aspek diri Anda menemukan tempatnya yang tepat. Segala sesuatu tersusun dan selaras dengan satu tujuan dan satu sasaran. Hidup Anda bersahaja karena selaras dan seimbang. Pengetahuan akan mengindikasikan semua hal yang harus dilakukan— secara fisik, emosional dan mental — agar Anda membangun keseimbangan ini dan mempertahankannya dalam keadaan Anda saat ini. Jangan berpikir bahwa aspek penting apa pun akan diabaikan atau dibiarkan saja.

Selamat atas pencapaian Anda sejauh ini. Tinjaulah latihan enam hari terakhir dan perkirakan pemahaman Anda tentang kemajuan Anda dengan tepat. Izinkan diri Anda menjadi siswa pemula Pengetahuan sehingga Anda dapat menerima sebanyak-banyaknya. Anda akan melanjutkan dari sini dengan kepastian dan kecepatan yang lebih besar serta keterlibatan yang lebih besar juga seiring Anda belajar untuk memanfaatkan semua hal demi keuntungan Anda.

LATIHAN 140: *Satu periode latihan panjang.*

Langkah 141

SAYA AKAN YAKIN HARI INI.

Hari ini yakinlah bahwa Anda sedang dalam persiapan di jalan menuju Pengetahuan. Yakinlah hari ini bahwa Pengetahuan ada bersama Anda dan berdiam bersama Anda dan bahwa Anda sekarang belajar langkah demi langkah untuk menerima rahmatnya, kepastiannya, dan arahnya. Yakinlah hari ini bahwa Anda lahir dari cinta kasih Tuhan dan bahwa hidup Anda di dunia ini, kunjungan singkat ini di sini, hanyalah peluang untuk membangun kembali identitas sejati Anda di tempat di mana ia telah dilupakan. Yakinlah hari ini bahwa upaya yang Anda lakukan sekarang demi Anda sendiri akan membawa Anda ke tujuan agung yang Anda telah datang ke sini untuk cari karena persiapan ini berasal dari Rumah Purba Anda untuk melayani Anda saat Anda berada di dunia, karena Anda telah datang ke dunia untuk melayani.

Ulangi penegasan ini pada setiap jam dan pertimbangkan dengan mengingat semua hal yang terjadi hari ini. Dalam dua periode latihan Anda yang lebih panjang, ulangi pernyataan ini dan kemudian izinkan diri Anda memasuki kedamaian dan keheningan. Izinkan keyakinan Anda menghilangkan rasa takut, ragu, dan cemas. Dukunglah upaya Anda hari ini, karena ini memerlukan dukungan Anda demi suatu kepastian yang lebih besar yang kini Anda sedang belajar untuk menerima.

Latihan 141: *Dua periode latihan 30 menit.*
Latihan setiap jam.

Langkah 142

SAYA AKAN KONSISTEN HARI INI.

BERLATIHLAH SECARA KONSISTEN HARI ini terlepas dari apa yang terjadi di dalam atau di luar diri Anda. Konsistensi ini mewakili Kuasa yang Lebih Agung dalam diri Anda. Konsistensi ini akan memberi Anda kepastian dan stabilitas dalam menghadapi semua gangguan, dalam menghadapi semua peristiwa eksternal dan dalam menghadapi semua keadaan emosional dalam diri Anda. Konsistensi ini akan menstabilkan dan menyeimbangkan Anda dan seiring waktu akan menyusun semua hal ke urutan yang benar dalam diri Anda. Anda berlatih konsistensi agar Anda dapat mempelajarinya dan mengalaminya. Saat Anda melakukannya, hal ini akan memberi Anda pemberdayaan yang Anda perlukan untuk menjadi kontributor di dunia ini.

KARENA ITU, HARI INI BERLATIHLAH SECARA KONSISTEN. Berlatihlah pada setiap jam, mengingatkan diri Anda untuk konsisten. Dalam dua meditasi Anda, berlatihlah menjaga pikiran Anda tetap stabil dan terfokus, mengizinkannya menenangkan diri sehingga pikiran Anda dapat mengalami kodratnya sendiri. Jangan membendung apa yang terjadi dalam diri Anda. Jangan mengontrol apa yang terjadi di luar. Cukup menjaga konsistensi, dan semua hal akan menemukan keseimbangan dan hubungan yang tepat dengannya. Dengan demikian, Anda membawa Pengetahuan ke dalam dunia, karena Pengetahuan sepenuhnya konsisten. Ini akan membuat Anda menjadi orang yang memiliki hadirat dan kuasa agung. Orang lain akan mengalami konsistensi Anda seiring waktu sementara konsistensi Anda lebih sepenuhnya diterima oleh Anda dan lebih sepenuhnya berkembang. Mereka akan menemukan perlindungan dalam konsistensi Anda, dan ini akan mengingatkan mereka akan tujuan mereka juga, yang menunggu untuk ditemukan.

LATIHAN 142: *Dua periode latihan 30 menit.*
Latihan setiap jam.

Langkah 143

HARI INI SAYA AKAN HENING.

HENINGLAH HARI INI DALAM DUA LATIHAN MEDITASI Anda sehingga Anda dapat menerima hadirat Pengetahuan dalam diri Anda. Heninglah sejenak dalam latihan setiap jam Anda agar Anda dapat mengenali di mana Anda berada dan apa yang Anda lakukan. Dengan cara ini, Anda dapat mengakses aspek pikiran yang lebih besar agar dapat melayani Anda pada setiap jam agar Anda dapat membawanya ke dalam dunia. Heninglah hari ini agar Anda dapat mengamati dunia. Heninglah hari ini agar Anda dapat melihat dunia. Heninglah hari ini agar Anda dapat mendengar dunia. Laksanakan tugas sehari-hari Anda, tetapi dalam diri Anda tetaplah hening. Dengan cara ini, Pengetahuan akan muncul dengan sendirinya dan kemudian akan mulai memandu Anda seperti yang dimaksudkannya.

LATIHAN 143: *Dua periode latihan 30 menit.*
Latihan setiap jam.

Langkah 144
SAYA AKAN MENGHORMATI DIRI SAYA SENDIRI HARI INI.

Hormatilah diri Anda karena Warisan Anda, karena takdir Anda dan karena tujuan Anda. Hormatilah diri Anda karena kehidupan menghormati Anda. Hormatilah diri Anda karena Tuhan dihormati dalam Ciptaan Tuhan di dalam Anda. Ini mengalahkan semua evaluasi yang telah Anda buat pada diri Anda sendiri. Ini lebih besar daripada kritik apa pun yang telah Anda kenakan terhadap diri Anda sendiri. Ini lebih besar daripada rasa kebanggaan apa pun yang telah Anda gunakan untuk mengimbangi penderitaan Anda.

Dalam kesederhanaan dan kerendahan hati ingatkan diri Anda pada setiap jam untuk menghormati diri sendiri. Dalam dua latihan Anda yang lebih dalam hari ini, izinkan diri Anda mengalami hadirat Pengetahuan, karena ini menghormati Anda dan menghormati Pengetahuan juga. Hormatilah diri Anda hari ini agar Pengetahuan dapat dihormati, karena pada kenyataannya Anda adalah Pengetahuan. Ini adalah Jati Diri Anda, tetapi ini adalah Diri yang Anda baru sekarang mulai memperoleh kembali.

LATIHAN 144: *Dua periode latihan 30 menit.*
Latihan setiap jam.

Langkah 145
SAYA AKAN MENGHORMATI DUNIA HARI INI.

Hormatilah dunia hari ini, karena ini adalah tempat Anda telah datang untuk memperoleh kembali Pengetahuan dan memberikan anugerahnya. Dengan demikian, dunia dalam keindahannya dan dalam kesengsaraannya menyediakan lingkungan yang tepat bagi Anda untuk memenuhi tujuan Anda. Hormatilah dunia karena Tuhan ada di dunia menghormati dunia. Hormatilah dunia karena Pengetahuan ada di dunia menghormati dunia. Hormatilah dunia karena tanpa penilaian Anda, Anda akan menyadari bahwa ini adalah tempat penuh rahmat, tempat yang indah dan tempat yang memberkati Anda saat Anda belajar untuk memberkatinya.

Ulangi pelajaran Anda pada setiap jam. Dalam dua periode latihan panjang Anda, rasakan pengalaman mencintai dunia. Izinkan Pengetahuan memberikan rahmatnya. Anda tidak harus berusaha untuk mencintai di sini, tetapi semata-mata terbuka dan membiarkan Pengetahuan mengungkapkan kasih sayangnya yang besar.

Hormatilah dunia hari ini sehingga Anda dapat dihormati karena berada di dunia, karena dunia menghormati Anda saat Anda menghormati diri sendiri. Dunia diakui saat Anda mengakui diri sendiri. Dunia memerlukan cinta kasih Anda dan berkat Anda. Dunia memerlukan kerja bagus Anda juga. Secara ini, Anda dihormati, karena Anda telah datang ke sini untuk memberi.

LATIHAN 145: *Dua periode latihan 30 menit.*
Latihan setiap jam.

Langkah 146

SAYA AKAN MENGHORMATI GURU-GURU SAYA HARI INI.

GURU-GURU ANDA, YANG MISTERIUS dan hidup di luar indra penglihatan, berdiam bersama Anda saat Anda berada di dunia. Kini setelah Anda memulai langkah-langkah menuju perolehan kembali Pengetahuan, aktivitas mereka dalam kehidupan Anda akan semakin kuat dan lebih terbukti. Anda akan mulai memperhatikan hal ini, dan kebutuhan mereka agar Anda berkembang akan lebih besar, seperti kebutuhan Anda akan mereka akan lebih besar.

PADA SETIAP JAM DAN DALAM DUA LATIHAN Anda yang lebih panjang, ingatlah Guru-Guru Anda dan pikirkan mereka secara aktif. Maka, hormatilah Guru-Guru Anda, karena ini menyatakan bahwa hubungan purba Anda memang hidup dan hadir sekarang untuk memberi Anda harapan, kepastian dan pemberdayaan. Hormatilah Guru-Guru Anda agar Anda dapat mengalami kedalaman hubungan Anda dengan mereka. Dalam hubungan Anda dengan Guru-Guru Anda ada percikan memori yang mengingatkan Anda akan Rumah Purba Anda dan akan takdir sejati Anda. Hormatilah Guru-Guru Anda agar Anda dapat dihormati, karena kehormatan Andalah yang harus Anda peroleh kembali. Terlepas dari kesalahan apa pun yang telah Anda lakukan, kehormatan Andalah yang harus Anda peroleh kembali. Jika ini dilakukan dengan sungguh-sungguh, ini akan dilakukan dengan kerendahan hati dan kesederhanaan, karena saat Anda menghormati diri sendiri, Anda menghormati keagungan kehidupan, di mana Anda adalah bagian kecil tetapi tak terpisahkan.

LATIHAN 146: *Dua periode latihan 30 menit.*
Latihan setiap jam.

Langkah 147
TINJAU ULANG

Dalam Tinjau Ulang Anda minggu ini izinkan diri Anda menyadari pelajaran yang sedang disajikan kepada Anda. Berikan perhatian khusus untuk mengenali pemberdayaan yang ditawarkan kepada Anda saat Anda mengerahkan kehendak Anda demi kebaikan. Perhatikan juga persyaratan bahwa Anda menerima diri sendiri melampaui pemahaman Anda saat ini, bahwa Anda menghormati diri sendiri melampaui evaluasi Anda tentang diri Anda saat ini, dan bahwa Anda mengalami kehidupan melampaui pemikiran dan prasangka Anda sendiri. Kenali peluang yang sedang diberikan kepada Anda, dan sadari bahwa setiap momen yang Anda habiskan dalam penerapan yang tulus sangat meningkatkan kemajuan Anda dan menetapkan kemajuan permanen bagi Anda. Jika Anda memikirkan apa yang ingin Anda berikan kepada dunia, berikan kemajuan Anda. Dari sini semua hal baik yang Anda telah datang untuk berikan, sesuai dengan kodrat dan rancangan Anda, akan diberikan sepenuhnya. Karena itu, pemberian Anda bagi dunia sekarang adalah persiapan Anda sehingga Anda dapat belajar untuk memberi.

Dalam periode latihan panjang Anda, tinjaulah minggu terakhir — pelajaran Anda, latihan Anda, pengalaman Anda, pencapaian Anda, dan kesulitan Anda. Tinjaulah secara objektif dan tentukan bagaimana Anda dapat memberikan diri Anda kepada latihan Anda dengan lebih menyeluruh selanjutnya.

Latihan 147: *Satu periode latihan panjang.*

Langkah 148

LATIHAN SAYA ADALAH PEMBERIAN SAYA KEPADA TUHAN.

Latihan Anda adalah pemberian Anda kepada Tuhan, karena Tuhan menghendaki Anda menerima Pengetahuan agar Anda dapat memberikannya kepada dunia. Dengan demikian, Anda dihormati sebagai penerima dan sebagai sarana Pengetahuan, Tuhan dihormati sebagai sumber Pengetahuan, dan semua yang menerimanya akan dihormati juga. Ini adalah pemberian Anda sekarang — untuk menjalankan persiapan sejati yang Anda terlibat saat ini.

Karena itu, perlakukan setiap periode latihan hari ini sebagai bentuk pemberian. Pada setiap jam, berikan diri Anda dalam setiap keadaan di mana Anda berada. Dalam dua latihan meditasi mendalam Anda, berikan diri Anda sepenuhnya. Jangan datang memohon gagasan atau informasi, tetapi datanglah untuk menerima dan datanglah untuk memberi. Saat Anda memberi diri Anda, Anda akan menerima dan di sini Anda akan belajar hukum purba bahwa memberi adalah menerima. Ini harus sepenuhnya lahir dalam pengalaman Anda agar Anda dapat sepenuhnya memahami maknanya dan penerapannya di dunia.

Latihan Anda adalah pemberian Anda kepada Tuhan. Latihan Anda adalah pemberian Anda kepada diri Anda sendiri. Datanglah ke latihan Anda hari ini untuk memberi, karena dalam memberi Anda akan menyadari kedalaman sumber daya Anda sendiri.

Latihan 148: *Dua periode latihan 30 menit.*
Latihan setiap jam.

Langkah 149
LATIHAN SAYA ADALAH PEMBERIAN SAYA KEPADA DUNIA.

Anda memberi kepada dunia melalui perkembangan Anda sendiri pada saat ini, karena Anda sedang mempersiapkan untuk memberi anugerah yang lebih besar daripada apa pun yang pernah Anda berikan sebelumnya. Maka, setiap hari Anda melakukan latihan sesuai dengan setiap langkah yang diberikan, Anda memberikan anugerah kepada dunia. Mengapa demikian? Ini karena Anda mengakui nilai Anda dan kelayakan Anda. Anda mengakui Rumah Purba Anda dan Takdir Purba Anda. Anda mengakui mereka yang telah mengirim Anda dan mereka yang akan menerima Anda ketika Anda meninggalkan dunia ini. Semua ini diberikan kepada dunia setiap kali Anda berlatih dengan tulus, setiap hari, setiap jam. Ini adalah anugerah yang lebih besar bagi dunia yang belum dapat Anda pahami, tetapi lambat laun Anda akan melihat kebutuhan total yang dipenuhinya.

Karena itu, latihan Anda adalah pemberian kepada dunia, karena latihan Anda memberi apa yang Anda tegaskan dalam diri Anda sendiri. Apa yang Anda tegaskan dalam diri Anda, Anda tegaskan untuk semua individu, dalam semua keadaan, dalam semua dunia dan dalam semua dimensi. Dengan demikian, Anda menegaskan realitas Pengetahuan. Dengan demikian, Anda menegaskan Rumah Purba Anda saat Anda berada di sini.

Pada setiap jam, berilah kepada dunia melalui latihan Anda untuk memberi. Ingatkan diri Anda tentang hal ini. Dalam dua periode latihan Anda yang lebih panjang, berikan diri Anda sepenuhnya ke dalam keheningan dan kesunyian. Berikan dari hati Anda dan berikan dari pikiran Anda. Berikan semua yang Anda sadari dapat Anda berikan, karena ini adalah pemberian kepada dunia. Meskipun Anda belum dapat melihat hasilnya, yakinlah bahwa pemberian ini akan melampaui pikiran Anda sendiri dan akan menyentuh semua pikiran di alam semesta, karena dalam kenyataannya semua pikiran sesungguhnya tergabung.

LATIHAN 149: *Dua periode latihan 30 menit.*
Latihan setiap jam.

Langkah 150

HARI INI SAYA AKAN BELAJAR CARA BELAJAR.

Hari ini Anda belajar cara belajar. Anda belajar cara belajar karena Anda perlu belajar. Anda perlu belajar cara belajar agar pembelajaran Anda bisa efektif dan praktis, memiliki kedalaman dan konsistensi, dan menghasilkan kemajuan kukuh yang bisa Anda andalkan dalam semua keadaan di masa depan. Jangan berpikir bahwa Anda sudah memahami proses pembelajaran, karena Anda sedang belajar tentang hal ini sekarang seiring Anda memahami arti kemajuan, arti kegagalan, arti pemberian semangat, arti kehilangan semangat, arti antusias dan arti tidak antusias. Itulah sebabnya pada akhir setiap minggu Anda meninjau ulang latihan Anda agar Anda dapat memahami kemajuan Anda dan memahami mekanisme pembelajaran. Ini penting untuk Anda sadari, karena sampai Anda menyadarinya, Anda akan salah menafsirkan langkah Anda, Anda akan salah mengartikan tindakan Anda, Anda tidak akan mengerti bagaimana mengikuti suatu kurikulum dan Anda sendiri tidak akan pernah belajar cara mengajarkan suatu kurikulum.

Karena itu, hari ini Anda belajar cara belajar. Ini menempatkan Anda sebagai siswa pemula Pengetahuan, yang memberi Anda semua hak dan semua dorongan untuk mempelajari segala sesuatu yang diperlukan, tanpa praduga, tanpa kesombongan, tanpa penyangkalan dan tanpa kepalsuan apa pun. Saat Anda belajar cara belajar, Anda akan mengenali mekanisme pembelajaran. Ini akan memberi Anda Kearifan dan belas kasih dalam keterlibatan Anda dengan orang lain. Anda tidak bisa mengajari orang-orang dari idealisme, karena kemudian Anda menempatkan pada mereka beban dari harapan Anda sendiri. Anda meminta dari mereka apa yang bahkan tidak dapat disediakan oleh kehidupan. Namun kepastian pengalaman Anda dan Pengetahuan Anda, yang akan Anda berikan kepada orang lain, akan kukuh, dan mereka akan dapat menerimanya dan memanfaatkannya dengan cara mereka sendiri. Kemudian, Anda tidak akan menempatkan tuntutan pribadi apa pun pada mereka dalam pembelajaran mereka, tetapi akan mengizinkan Pengetahuan dalam diri Anda untuk memberi kepada Pengetahuan dalam diri mereka. Anda kemudian akan menjadi saksi terhadap instruksi dan terhadap pembelajaran juga.

Karena itu, hari ini jadilah saksi pembelajaran Anda sendiri dan belajarlah cara belajar. Pada setiap jam, ingatkan diri Anda bahwa Anda sedang belajar cara belajar. Dalam dua latihan meditasi Anda, izinkan diri Anda memasuki keheningan dan kedamaian. Amati diri sendiri saat Anda bergerak maju dan saat Anda menahan diri. Gunakan kehendak Anda demi Anda sendiri dengan belas kasih dan dengan tegas, dan jangan menilai kemajuan Anda karena Anda tidak berada dalam posisi untuk menilai, karena Anda sedang belajar cara belajar.

LATIHAN 150: *Dua periode latihan 30 menit.*
Latihan setiap jam.

Langkah 151

SAYA TIDAK AKAN MENGGUNAKAN RASA TAKUT UNTUK MENDUKUNG PENILAIAN SAYA.

Jangan menggunakan rasa takut untuk mendukung penilaian Anda tentang diri sendiri dan dunia, karena penilaian ini lahir dari ketidakpastian dan kecemasan Anda. Maka mereka tanpa fondasi Pengetahuan. Maka mereka tanpa makna dan nilai yang hanya dapat diberikan oleh Pengetahuan. Jangan mengandalkan penilaian Anda tentang diri sendiri dan dunia. Saat Anda menarik diri darinya, Anda akan menyadari bahwa sumber mereka adalah rasa takut, karena Anda hanya berusaha menghibur diri dengan penilaian Anda, untuk memberikan keamanan, stabilitas, dan identitas palsu yang Anda rasakan kurang. Karena itu, jadilah tanpa pengganti Kearifan dan Pengetahuan, dan izinkan Kearifan dan Pengetahuan muncul secara alami.

Pada setiap jam ulangi pernyataan Anda, dan pertimbangkanlah terkait semua hal yang terjadi hari ini. Dalam dua latihan Anda yang lebih dalam, pertimbangkan makna gagasan hari ini saat Anda memikirkannya dengan teliti. Terapkan pikiran Anda dalam kondisi kerja saat Anda mencoba menembus makna pelajaran hari ini. Janganlah terhibur oleh kesimpulan terlalu dini. Selidiki secara mendalam dengan pikiran Anda dalam periode latihan Anda. Gunakan pikiran Anda secara aktif. Pertimbangkan banyak hal dalam diri Anda sambil mempertahankan konsentrasi pada gagasan hari ini. Jika Anda melakukan ini, Anda akan memahami banyak hal tentang Kearifan dan ketidaktahuan, dan pemahaman Anda akan lahir dari belas kasih dan penghargaan diri yang sejati. Karena hanya dari tempat mencintai diri dapat Anda tawarkan koreksi kepada diri sendiri dan orang lain.

LATIHAN 151: *Dua periode latihan 30 menit.*
Latihan setiap jam.

Langkah 152

SAYA TIDAK AKAN MENGIKUTI RASA TAKUT DI DALAM DUNIA.

Umat manusia dikuasai oleh gelombang-gelombang rasa takut yang menarik orang-orang ke sana kemari, gelombang rasa takut yang mendominasi tindakan mereka, pemikiran mereka, kesimpulan mereka, kepercayaan mereka, dan asumsi mereka. Janganlah mengikuti gelombang-gelombang rasa takut yang bergerak di seluruh dunia. Melainkan tetaplah tegar dan hening dalam Pengetahuan. Izinkan diri Anda mengamati dunia dari titik keheningan dan kepastian ini. Jangan terpengaruh oleh gelombang-gelombang rasa takut. Secara ini, Anda akan dapat berkontribusi kepada dunia dan bukan menjadi korbannya saja. Anda berada di sini untuk memberi, bukan untuk menilai, dan dalam keheningan, Anda tanpa penilaian terhadap dunia. Maka kenalilah gelombang-gelombang rasa takut, tetapi jangan biarkan mereka menyentuh Anda, sebab dalam Pengetahuan mereka tidak dapat menyentuh Anda karena Pengetahuan melampaui semua rasa takut.

Ulangi gagasan Anda untuk hari ini pada setiap jam, dan pertimbangkanlah terkait semua hal yang Anda alami hari ini. Dalam dua periode latihan Anda yang lebih panjang, terapkan pikiran Anda secara aktif dalam upaya untuk memahami pelajaran hari ini. Sekali lagi, ini adalah bentuk penerapan mental. Kita tidak akan berlatih keheningan dan kesunyian mental hari ini melainkan penerapan mental agar Anda dapat belajar berpikir secara konstruktif. Karena ketika pikiran Anda tidak hening, pikiran Anda harus berpikir secara konstruktif. Pikiran Anda harus menyelidiki. Jangan mengandalkan kesimpulan awal. Jangan mengandalkan gagasan yang menghibur diri. Izinkan diri Anda rentan hari ini, karena Anda hanya rentan terhadap Pengetahuan. Namun, Pengetahuan akan melindungi Anda dari semua hal yang menyakiti di dunia ini dan akan memberikan kenyamanan dan stabilitas yang tidak akan pernah bisa diubah oleh dunia. Pelajarilah hal ini hari ini sehingga Anda dapat menjadi sumber Pengetahuan di dalam dunia sehingga Sumber Anda dapat mengungkapkan dirinya melalui Anda.

Latihan 152: *Dua periode latihan 30 menit.*
Latihan setiap jam.

Langkah 153
SUMBER SAYA INGIN MENGUNGKAPKAN DIRINYA MELALUI SAYA.

Anda telah diciptakan untuk menjadi pengungkapan dari Sumber Anda. Anda telah diciptakan untuk menjadi perluasan dari Sumber Anda. Anda telah diciptakan untuk menjadi bagian dari Sumber Anda. Hidup Anda adalah komunikasi, karena komunikasi adalah kehidupan. Komunikasi adalah perluasan dari Pengetahuan. Bukan sekadar berbagi gagasan kecil dari satu pikiran terpisah ke pikiran terpisah yang lain. Komunikasi jauh lebih besar, karena komunikasi menciptakan kehidupan dan memperluas kehidupan, dan di dalam ini ada semua sukacita dan pemenuhan. Di dalam ini ada kedalaman dari semua makna. Di sini kegelapan dan cahaya bercampur menjadi satu dan tidak terpisah lagi. Di sini semua yang berlawanan berbaur dan melebur menjadi satu. Ini adalah persatuan dari semua kehidupan.

Maka, izinkan diri Anda mengalami diri sendiri sebagai sarana komunikasi, dan ketahuilah bahwa apa yang benar-benar ingin Anda sampaikan akan sepenuhnya diungkapkan juga, karena diri Anda yang sejati adalah perluasan dari Diri yang merupakan kehidupan itu sendiri. Di sini, Anda akan sepenuhnya ditegaskan dan kehidupan akan ditegaskan di sekeliling Anda. Anugerah Anda akan diterima dan diintegrasikan oleh kehidupan, karena pemberian seperti ini hanya dapat menghasilkan hasil yang lebih besar, melampaui pemahaman umat manusia.

Ingatkan diri Anda pada setiap jam bahwa Anda dimaksudkan untuk mengungkapkan kehendak Sumber Anda. Dalam dua periode latihan Anda hari ini, izinkan diri Anda memasuki keheningan dan kedamaian sekali lagi. Izinkan diri Anda menjadi sarana terbuka di mana kehidupan dapat mengalir dengan bebas, di mana kehidupan dapat mengungkapkan dirinya hari ini.

LATIHAN 153: *Dua periode latihan 30 menit.*
Latihan setiap jam.

Langkah 154

TINJAU ULANG

Tinjaulah latihan minggu lalu. Tinjaulah semua instruksi yang telah diberikan serta latihan Anda juga. Pertimbangkan seberapa dalam Anda telah memasuki kedamaian. Pertimbangkan seberapa dalam Anda telah menggunakan pikiran Anda untuk menyelidiki. Ingatlah bahwa latihan Anda adalah bentuk pemberian. Karena itu, berikan diri Anda untuk meninjau latihan Anda. Lihat bagaimana pemberian Anda dapat menjadi lebih lengkap dan mendalam sehingga Anda dapat menerima pahala yang semakin besar, bagi Anda dan bagi dunia.

Dalam satu periode latihan panjang Anda hari ini, tinjaulah seminggu latihan yang baru saja selesai. Ingatlah untuk tidak menilai diri sendiri. Ingatlah untuk menjadi saksi pembelajaran Anda. Ingatlah bahwa latihan Anda adalah bentuk pemberian.

Latihan 154: *Satu periode latihan panjang.*

Langkah 155

DUNIA MEMBERKATI SAYA SAAT SAYA MENERIMA.

ANDA SEKARANG BELAJAR MENERIMA. Dunia memberkati Anda saat Anda belajar menerima, karena Pengetahuan akan mengalir ke dalam diri Anda saat Anda menjadi wadah terbuka untuk Pengetahuan. Dan Anda akan menarik apa yang merupakan kehidupan ke dalam diri Anda, karena kehidupan selalu tertarik kepada mereka yang memberi.

PAHAMILAH INI SECARA MENDALAM HARI ini saat Anda mengingatkan diri pada setiap jam bahwa kehidupan memberi kepada Anda saat Anda hening. Dalam dua latihan meditasi Anda, masuki keheningan sekali lagi dan rasakan kehidupan ditarik ke dalam diri Anda. Ini adalah daya tarik alami. Seiring pemberian dan keheningan Anda meningkat, Anda akan merasakan kehidupan ditarik ke dalam diri Anda, karena Anda seiring waktu akan menjadi sumber makanan bagi kehidupan.

LATIHAN 155: *Dua periode latihan 30 menit.*
Latihan setiap jam.

Langkah 156

SAYA TIDAK AKAN MENGKHAWATIRKAN DIRI SAYA HARI INI.

KEKHAWATIRAN DIRI ADALAH BENTUK KEBIASAAN BERPIKIR, yang lahir dari imajinasi negatif dan kesalahan yang belum diperbaiki. Ini memperkuat rasa kegagalan Anda, sehingga memengaruhi kurangnya keyakinan diri dan penghargaan diri Anda. Maka, pelajaran kita hari ini adalah memperkuat apa yang asli dalam diri Anda. Jika Anda bersama Pengetahuan, Pengetahuan akan mengurus semua hal yang memerlukan perhatian Anda. Jangan berpikir bahwa hal apa pun demi kepentingan Anda akan dibiarkan tanpa penanganan. Semua kebutuhan yang bersifat spiritual yang lebih besar dan yang bersifat paling duniawi pun akan dipenuhi dan dipahami oleh Anda, karena tidak ada kelalaian dalam Pengetahuan. Anda yang terbiasa dengan kelalaian, yang belum menggunakan pikiran Anda secara tepat di masa lalu, yang belum mampu melihat atau mendengar dunia, sekarang dapat merasa nyaman, karena Anda tidak perlu mengkhawatirkan diri Anda hari ini.

UNTUK INI, ANDA HARUS MEMPERLUAS IMAN Anda dan keyakinan Anda bahwa Pengetahuan akan mengurus Anda. Ini seiring waktu akan mengizinkan Anda menerima anugerah Pengetahuan, yang akan menghalau semua keraguan dan kebingungan. Anda harus mempersiapkan untuk pengalaman ini. Di sini, Anda harus memperluas iman dan keyakinan Anda. Percaya dirilah hari ini. Kenali hal-hal yang memerlukan perhatian Anda, meskipun hal tersebut bersifat sehari-hari, dan tanganilah dengan baik, karena Pengetahuan tidak berusaha membawa Anda keluar dari dunia tetapi membawa Anda ke dalam dunia, karena Anda telah datang ke sini untuk memberi.

PERKUATLAH PEMAHAMAN ANDA TENTANG GAGASAN HARI ini dengan mengulanginya pada setiap jam dan memberikannya pertimbangan sejati sejenak. Perkuatlah latihan Anda hari ini dengan menggunakannya dalam latihan Anda yang lebih dalam di mana Anda memasuki keheningan dan kesunyian. Anda hanya dapat memasuki keheningan dan kesunyian jika Anda tidak mengkhawatirkan diri sendiri. Maka, komitmen Anda untuk memberikan diri Anda kepada latihan Anda adalah penegasan dari keamanan dan kepastian yang berdiam bersama Anda.

LATIHAN 156: *Dua periode latihan 30 menit.*
Latihan setiap jam.

Langkah 157

SAYA TIDAK SENDIRIAN DI ALAM SEMESTA.

ANDA TIDAK SENDIRIAN DI ALAM SEMESTA karena Anda adalah bagian dari alam semesta. Anda tidak sendirian di alam semesta karena pikiran Anda terhubung dengan semua pikiran. Anda tidak sendirian di alam semesta karena alam semesta bersama Anda. Anda sekarang belajar untuk bersama alam semesta agar hubungan Anda dengan kehidupan dapat sepenuhnya diperoleh kembali dan agar hal ini dapat mengungkapkan diri di dunia Anda. Dunia memberikan contoh buruk dalam hal ini, karena umat manusia telah kehilangan hubungannya dengan kehidupan dan kini mencari mati-matian di ranah imajinasi dan fantasi untuk menemukan apa yang telah hilang. Maka, berbahagialah hari ini bahwa sarana untuk memperoleh kembali kehidupan telah diberikan kepada Anda sehingga Anda dapat memberikan diri kepada latihan Anda dan takdir Anda. Dengan cara ini, Anda ditegaskan. Anda tidak sendirian di alam semesta. Kedalaman gagasan ini jauh lebih besar dari apa yang tampak pada awalnya. Ini adalah pernyataan dengan kebenaran absolut, tetapi ini harus dialami untuk dipahami.

KARENA ITU, PADA SETIAP JAM INGATKAN DIRI Anda akan pernyataan ini. Upayakan untuk merasakannya dalam keadaan apa pun Anda berada. Dalam dua latihan meditasi Anda yang lebih panjang, upayakan untuk mengalami kesertaan penuh Anda dalam kehidupan. Anda tidak perlu memikirkan gagasan atau melihat gambaran, melainkan hanya merasakan hadirat kehidupan di mana Anda adalah bagian darinya. Anda berada di dalam kehidupan. Anda terbenam di dalam kehidupan. Kehidupan merangkul Anda. Melampaui gambaran apa pun yang mungkin disajikan dunia, melampaui tindakan apa pun yang mungkin didemonstrasikan dunia, Anda berada dalam rangkulan belas kasih kehidupan.

LATIHAN 157: *Dua periode latihan 30 menit.*
Latihan setiap jam.

Langkah 158

SAYA KAYA SEHINGGA SAYA BISA MEMBERI.

Hanya kaum kaya yang bisa memberi, karena mereka tidak melarat. Hanya kaum kaya yang bisa memberi, karena mereka tidak nyaman dengan kepemilikan kecuali apabila diberikan. Hanya kaum kaya yang bisa memberi, karena mereka tidak dapat memahami kepemilikan mereka sampai hal itu diberikan. Hanya kaum kaya yang bisa memberi, karena mereka ingin mengalami rasa syukur sebagai satu-satunya imbalan mereka.

Anda kaya dan Anda bisa memberi. Anda sudah memiliki kekayaan Pengetahuan, dan ini adalah anugerah terbesar mungkin. Tindakan lain apa pun, bantuan lain apa pun, benda lain apa pun yang merupakan hadiah, hanya bermakna sejauh hal itu diilhami dengan Pengetahuan. Ini adalah esensi tak terlihat dari semua anugerah sejati dan semua pemberian sejati. Anda memiliki segudang besar esensi ini, yang Anda harus belajar menerima. Anda kaya melampaui kesadaran Anda sendiri. Meskipun apabila Anda miskin secara finansial, meskipun apabila Anda pikir Anda sendirian, Anda kaya. Pemberian Anda akan mendemonstrasikan hal ini hari ini. Pemberian Anda akan mendemonstrasikan sumber, kedalaman dan makna dari kekayaan Anda dan akan mengilhami semua pemberian Anda dengan esensi dari memberi itu sendiri. Anda akan mengetahui seiring waktu bahwa Anda akan memberi tanpa berusaha dan bahwa hidup Anda sendiri akan menjadi anugerah. Kemudian, hidup Anda akan mendemonstrasikan kekayaan yang dimiliki setiap orang tetapi yang mereka belum belajar menerima.

Ulangi gagasan ini pada setiap jam, dan dalam dua latihan meditasi Anda yang lebih panjang, alamilah kekayaan Anda sendiri. Alami hadirat dan kedalaman Pengetahuan. Jadilah penerima Pengetahuan dan berikan diri Anda kepada Pengetahuan, karena dalam memberikan diri Anda untuk latihan Anda, Anda menegaskan kekayaan Anda sendiri, yang hanya perlu ditegaskan untuk sepenuhnya disadari.

LATIHAN 158: *Dua periode latihan 30 menit.*
Latihan setiap jam.

Langkah 159

KAUM MISKIN TIDAK BISA MEMBERI. SAYA TIDAK MISKIN.

KAUM MISKIN TIDAK BISA MEMBERI, KARENA MEREKA MELARAT. Mereka diharuskan untuk menerima. Anda tidak melarat, karena anugerah Pengetahuan ada pada Anda. Dengan demikian, Anda berada dalam posisi untuk memberi, dan dalam pemberian Anda, Anda akan menyadari nilai Anda dan semua rasa kemelaratan akan meninggalkan Anda. Yakinlah bahwa Pengetahuan akan menyediakan semua hal materi yang benar-benar Anda perlukan. Meskipun mungkin tidak memberikan apa yang Anda inginkan, Pengetahuan akan memberikan apa yang Anda perlukan dan dalam jumlah yang tepat. Dengan demikian, Anda akan memiliki apa yang Anda perlukan untuk berkontribusi sesuai dengan kodrat Anda dan panggilan Anda di dunia. Namun Anda tidak akan terbebani dengan apa yang hanya bisa membebani Anda. Anda akan memiliki persis apa yang Anda perlukan, dan dunia tidak akan membebani Anda dengan kekurangannya atau kebanyakannya. Dengan demikian, semuanya akan seimbang dengan sempurna. Pengetahuan akan memberikan kepada Anda apa yang Anda perlukan, dan apa yang Anda perlukan adalah apa yang sesungguhnya Anda inginkan. Anda belum dapat menaksir keperluan Anda, karena Anda tersesat dalam apa yang Anda inginkan. Tetapi keperluan Anda akan mengungkapkan diri melalui Pengetahuan, dan seiring waktu Anda akan memahami sifat dari keperluan dan bagaimana hal itu dapat dipenuhi.

ANDA TIDAK MISKIN, karena anugerah Pengetahuan ada bersama Anda. Ulangilah pernyataan hari ini pada setiap jam dan pertimbangkan terkait pengamatan Anda terhadap orang lain. Dalam periode latihan Anda yang lebih dalam, izinkan diri Anda mengalami kekayaan Pengetahuan yang kini Anda miliki.

LATIHAN 159: *Dua periode latihan 30 menit.*
Latihan setiap jam.

Langkah 160

DUNIA MISKIN, TAPI SAYA TIDAK.

Dunia miskin, tapi Anda tidak miskin. Terlepas dari keadaan Anda, hal ini benar karena Anda sedang memperoleh kembali kekayaan Pengetahuan. Maka, pahamilah arti pemiskinan. Maka, pahamilah arti kekayaan. Jangan berpikir bahwa mereka yang memiliki lebih banyak objek daripada Anda secara apa pun lebih kaya dari Anda, karena tanpa Pengetahuan mereka miskin dan akan memperoleh harta benda hanya untuk menutupi kesengsaraan dan ketidakpastian mereka. Dengan demikian, pemiskinan mereka diperparah oleh perolehan mereka.

Dunia miskin, tapi Anda tidak, karena Anda telah membawa Pengetahuan bersama Anda ke dalam dunia di mana Pengetahuan telah dilupakan dan ditolak. Dengan demikian, dalam memperoleh kembali kekayaan Anda sendiri, dunia akan memperoleh kembali kekayaannya juga, karena Anda akan menstimulasi Pengetahuan dalam semua orang, dan kekayaan mereka akan mulai mengungkapkan diri dalam hadirat Anda dan dalam hadirat Pengetahuan yang memandu Anda.

Karena itu, jangan meminta apa pun dari dunia selain beberapa hal materi yang Anda butuhkan untuk memenuhi fungsi Anda. Ini adalah permintaan kecil mengingat apa yang Anda telah datang untuk berikan. Dan jika tuntutan Anda tidak melebihi apa yang Anda perlukan, dunia akan dengan senang hati memberikannya kepada Anda dengan imbalan hadiah yang lebih besar yang Anda miliki.

Pertimbangkanlah gagasan hari ini pada setiap jam. Jangan biarkan satu jam pun berlalu tanpa pengakuan ini. Perkuat tekad Anda untuk menggunakan setiap latihan dalam semua keadaan hari ini sehingga hidup Anda dapat bermakna dalam semua peristiwanya. Dalam dua periode latihan Anda yang lebih panjang hari ini, masuklah ke dalam keheningan dan kedamaian untuk belajar lebih banyak tentang kekayaan yang Anda miliki.

Latihan 160: *Dua periode latihan 30 menit.*
Latihan setiap jam.

Langkah 161
TINJAU ULANG

Dalam Tinjau Ulang Anda hari ini, pertimbangkanlah setiap pelajaran dan setiap latihan setiap hari dalam seminggu terakhir. Pelajari lebih lanjut tentang proses belajar. Sadarilah bahwa untuk mempelajari hal ini Anda tidak boleh melihat hidup Anda dengan pengutukan, karena Anda sedang belajar cara belajar. Sadarilah bahwa kekayaan tampak jelas dalam hidup Anda karena latihan yang Anda lakukan, yang tidak dapat Anda lakukan jika Anda tanpa Pengetahuan. Anda melakukan persiapan ini karena Pengetahuan, dan setiap hari Anda berkomitmen pada latihan Anda karena Pengetahuan. Setiap hari Anda menyelesaikan latihan Anda karena Pengetahuan. Dengan demikian, tanpa penyangkalan atau campur tangan Anda, Pengetahuan sendiri akan memandu Anda dalam persiapan Anda dan akan muncul saat Anda mengambil setiap langkah. Betapa mudahnya keberhasilan dengan cara ini. Betapa sederhananya menerima tanpa penolakan atau sikap bersikeras dari pihak Anda. Karena tanpa imajinasi, hidup tampak jelas. Keindahannya jelas. Rahmatnya jelas. Tujuannya jelas. Kerja yang diperlukannya jelas. Pahalanya jelas. Bahkan kesulitan dunia ini tampak jelas. Semuanya menjadi jelas saat pikiran Anda menjadi hening dan jernih.

Karena itu, dalam satu periode latihan panjang tinjaulah latihan minggu ini. Berikan perhatian penuh Anda. Berikan diri Anda pada latihan Anda dan ketahuilah bahwa Pengetahuan dalam diri Anda memotivasi Anda.

Latihan 161: *Satu periode latihan panjang.*

Langkah 162

SAYA TIDAK AKAN TAKUT HARI INI.

Hari ini jangan biarkan rasa takut menguasai pikiran Anda. Jangan biarkan kebiasaan imajinasi negatif menawan perhatian dan emosi Anda. Terlibatlah dengan kehidupan sebagaimana adanya, yang dapat Anda ketahui tanpa mengutuk. Rasa takut adalah seperti penyakit yang datang dan menguasai Anda. Tetapi Anda tidak perlu menyerah pada rasa takut karena sumber Anda dan akar Anda tertanam dalam-dalam di dalam Pengetahuan, dan Anda sekarang semakin kuat dalam Pengetahuan.

Ingatkan diri Anda pada setiap jam untuk tidak membiarkan rasa takut menguasai Anda. Ketika Anda mulai merasakan pengaruhnya, secara apa pun hal ini memengaruhi Anda, tariklah diri Anda darinya dan nyatakan kesetiaan Anda pada Pengetahuan. Berikan keyakinan Anda pada Pengetahuan. Dalam dua periode latihan Anda yang lebih dalam hari ini, berikan diri Anda pada Pengetahuan. Berikan pikiran Anda dan hati Anda agar Anda dapat dikuatkan dalam kepastian di mana rasa takut tidak pernah bisa masuk. Keberanian Anda di masa depan tidak boleh lahir dari kepura-puraan, tetapi lahir dari kepastian Anda dalam Pengetahuan. Dengan cara ini, Anda akan menjadi perlindungan kedamaian dan sumber kekayaan bagi orang lain. Beginilah seharusnya Anda. Inilah sebabnya Anda telah datang ke dalam dunia.

LATIHAN 162: *Dua periode latihan 30 menit.*
Latihan setiap jam.

Langkah 163

SAYA AKAN MERASAKAN PENGETAHUAN HARI INI.

Rasakanlah kualitas Pengetahuan yang abadi, yang selalu tersedia bagi Anda melampaui pemikiran dan keasyikan diri Anda. Pada setiap jam, rasakan Pengetahuan hari ini. Ulangi gagasan untuk hari ini dan luangkan waktu sejenak untuk merasakan hadiratnya. Hadirat Pengetahuan adalah sesuatu yang dapat Anda bawa ke mana pun Anda pergi, dalam setiap pertemuan, dalam setiap keadaan. Hal ini cocok di mana-mana. Di sini, Anda akan mampu melihat setiap keadaan dan peristiwa. Anda akan mampu mendengar. Anda akan mampu memberi. Anda akan mampu memahami. Stabilitas ini adalah sesuatu yang sangat diperlukan dunia, dan Anda yang kaya dengan Pengetahuan memiliki hal ini untuk diberikan.

Rasakan Pengetahuan hari ini dalam periode latihan Anda yang lebih dalam. Berikan diri Anda untuk hal ini, karena ini adalah pemberian Anda kepada Tuhan dan kepada dunia. Jadikanlah hari ini hari penguatan dan hari konfirmasi. Jangan biarkan kegagalan kecil apa pun hari ini menghalangi Anda dari tugas Anda yang lebih besar. Sadarilah bahwa semua kemunduran hanya dapat menghentikan Anda dalam kemajuan Anda, dan Anda hanya perlu melangkah maju untuk melanjutkan. Maka, respons terhadap kegagalan apa pun, besar maupun kecil, hanyalah keputusan untuk melanjutkan. Karena Anda hanya perlu mengikuti langkah-langkah yang diberikan di sini untuk mencapai hasil dari persiapan untuk Anda ini. Betapa sederhananya jalan menuju Pengetahuan. Betapa jelas caranya apabila Anda mengikuti ketentuannya langkah demi langkah.

LATIHAN 163: *Dua periode latihan 30 menit.*
Latihan setiap jam.

Langkah 164

HARI INI SAYA AKAN MENGHORMATI APA YANG SAYA KETAHUI.

Hormatilah apa yang Anda ketahui hari ini. Berpeganglah pada apa yang Anda ketahui. Izinkan Pengetahuan Anda untuk memandu Anda secara spesifik. Jangan mencoba menggunakan Pengetahuan untuk memenuhi diri sendiri, karena secara ini Anda hanya akan menggunakan apa yang Anda pikir adalah Pengetahuan dan sekali lagi Anda akan menenun ilusi untuk diri sendiri yang akan menjerat Anda dan menguras Anda dari kehidupan, antusiasme dan kepastian. Biarkan Pengetahuan menggerakkan Anda hari ini. Lanjutkan kegiatan normal Anda. Ikuti semua prosedur kehidupan yang menjadi tugas Anda, tetapi biarkan Pengetahuan berdiam bersama Anda sehingga Pengetahuan dapat melimpahkan anugerah misteriusnya ke mana pun Anda pergi dan memberi Anda arah konkret ketika memang diperlukan.

Ulangi pernyataan ini pada setiap jam dan pertimbangkan sehubungan dengan keadaan langsung Anda. Dalam periode latihan Anda yang lebih dalam hari ini, sekali lagi berikan diri Anda pada keheningan dan kedamaian. Hormati Pengetahuan hari ini dengan memberikan diri Anda kepada Pengetahuan dan dengan mematuhi Pengetahuan.

LATIHAN 164: *Dua periode latihan 30 menit.*
  Latihan setiap jam.

Langkah 165
TUGAS SAYA KECIL. MISI SAYA AGUNG.

TUGAS ANDA DI DUNIA KECIL. Yang dimaksudkan untuk menjamin perbekalan yang Anda perlukan secara fisik dan untuk mempertahankan aliansi dengan orang lain yang bermanfaat demi kesejahteraan Anda dan demi kesejahteraan mereka juga. Tugas-tugas ini penting, tetapi misi Anda lebih agung. Jangan mengurangi kemampuan Anda untuk menerima misi Anda dengan gagal dalam tugas-tugas Anda. Ini hanyalah bentuk penghindaran diri. Laksanakan tugas Anda secara spesifik hari ini sehubungan dengan pekerjaan Anda dan keterlibatan Anda dengan orang lain. Jangan membingungkannya dengan misi Anda, yang merupakan sesuatu yang jauh lebih agung yang baru sekarang mulai Anda terima dan alami. Dengan demikian, tugas-tugas Anda akan memberikan fondasi bagi Anda saat Anda melakukan persiapan untuk memperoleh kembali dan menyumbangkan Pengetahuan.

INGATLAH BAHWA SEMUA KEBINGUNGAN adalah merancukan tingkat yang berbeda-beda. Jangan merancukan misi dengan tugas. Ini sangat penting untuk Anda bedakan. Tugas-tugas Anda di dunia adalah spesifik, tetapi misi Anda jauh lebih agung. Saat misi Anda mulai mengungkapkan diri dalam diri Anda yang sedang belajar untuk menerimanya, ia akan menciptakan pengaruh yang lebih spesifik pada tugas-tugas Anda juga. Ini bertahap dan sepenuhnya alami bagi Anda. Ini hanya mengharuskan agar Anda disiplin diri, konsisten dan cukup yakin untuk mengikuti langkahnya.

KARENA ITU, LAKSANAKAN TUGAS ANDA HARI ini agar Anda dapat menjadi siswa pemula Pengetahuan. Ingatkan diri Anda tentang latihan Anda pada setiap jam, dan dalam dua periode latihan Anda yang lebih panjang, libatkan pikiran Anda secara aktif dalam mempertimbangkan gagasan hari ini. Makna sejatinya tidak dangkal, dan Anda harus menyelidikinya untuk memahami nilai sepenuhnya. Jangan merasa puas dengan kesimpulan terlalu dini. Jangan berdiri di luar Pengetahuan dan mencoba menilainya untuk diri sendiri. Masuklah ke dalamnya agar Anda dapat menjadi siswa hari ini, karena Anda sekarang adalah siswa Pengetahuan. Anda sekarang memberikan diri Anda kepada dunia dalam persiapan Anda.

LATIHAN 165: *Dua periode latihan 30 menit.*
Latihan setiap jam.

Langkah 166
MISI SAYA AGUNG. KARENA ITU, SAYA BEBAS MELAKUKAN HAL-HAL KECIL.

HANYA DALAM GAGASAN MULUK ANDA, yang merupakan kedok rasa takut, kecemasan, dan keputusasaan, maka Anda akan menghindari hal-hal kecil yang harus Anda lakukan di dunia. Sekali lagi, jangan merancukan keagungan misi Anda dengan kecilnya tugas Anda. Keagungan mengungkapkan diri dalam hal terkecil, dalam tindakan terkecil, dalam pemikiran paling sekilas, dalam sikap paling sederhana, dan dalam keadaan yang paling sehari-hari. Maka, pertahankan tindakan kecil Anda di dunia agar Pengetahuan seiring waktu dapat mengungkapkan diri melalui tindakan tersebut. Tindakan di dunia kecil dibandingkan dengan keagungan Pengetahuan. Sebelum persiapan Anda, dunia dianggap besar dan Pengetahuan kecil, tetapi Anda sekarang belajar bahwa yang benar adalah sebaliknya — bahwa Pengetahuan itu agung dan dunia itu kecil. Ini juga berarti bahwa aktivitas Anda di dunia kecil, tetapi itu merupakan sarana di mana Pengetahuan dapat mengungkapkan diri melaluinya.

KARENA ITU, BERSENANG HATILAH MELAKUKAN HAL-HAL kecil di dunia. Bersikaplah sederhana dan rendah hati di dunia agar keagungan dapat mengalir melalui Anda tanpa halangan.

LATIHAN INI AKAN MEMERLUKAN PENGULANGAN pada setiap jam dan pertimbangan mendalam dalam dua periode latihan Anda yang lebih panjang, di mana Anda akan melibatkan pikiran Anda secara aktif dalam memahami makna gagasan hari ini. Gunakan pikiran Anda untuk menyelidiki. Izinkan diri Anda mempertimbangkan hal-hal ini. Jangan mengandalkan kesimpulan melainkan lanjutkan eksplorasi Anda. Ini adalah penggunaan pikiran Anda yang tepat yang akan menuntun Anda menuju pemahaman yang lebih besar. Di sini pikiran bukan sekadar menganyam visi dan ilusi untuk menjauhkan diri dari kecemasannya sendiri. Di sini pikiran memeriksa isinya sendiri. Di sini pikiran bekerja demi Pengetahuan, seperti yang seharusnya.

LATIHAN 166: *Dua periode latihan 30 menit.*
   Latihan setiap jam.

Langkah 167

DENGAN PENGETAHUAN SAYA BEBAS DI DUNIA.

DENGAN PENGETAHUAN ANDA BEBAS DI DUNIA. Anda bebas untuk bergabung. Anda bebas untuk pergi. Anda bebas untuk membuat kesepakatan. Anda bebas untuk menyelesaikan dan mengubah kesepakatan. Anda bebas untuk menyerahkan diri. Anda bebas untuk melepaskan diri. Dalam Pengetahuan Anda bebas.

AGAR ANDA MEMAHAMI MAKNA SEJATI INI dan menyadari nilai langsungnya bagi Anda dalam keadaan Anda saat ini, Anda harus memahami bahwa Anda tidak bisa menggunakan Pengetahuan untuk memenuhi diri sendiri. Itu harus menjadi pemahaman yang tersirat. Jangan pernah melupakan ini, karena jika Anda berpikir Anda menggunakan Pengetahuan untuk memenuhi diri sendiri, Anda akan salah menafsirkan Pengetahuan dan tidak akan mengalaminya. Anda hanya akan berusaha memperkuat ilusi Anda dan upaya Anda untuk melarikan diri. Ini hanya bisa menggelapkan awan yang sekarang menutupi Anda. Ini hanya bisa mengecewakan Anda sebagai bentuk stimulasi sementara dan menambah rasa terisolasi dan kesengsaraan Anda.

DALAM PENGETAHUAN ANDA BEBAS. Tidak ada kekangan sekarang, karena Pengetahuan semata-mata akan memberi kepada Anda di mana Anda seharusnya diberikan dan mengungkapkan dirinya melalui Anda di mana seharusnya diungkapkan. Ini akan membebaskan Anda dari semua partisipasi dan keterlibatan yang tidak pantas dan akan membawa Anda kepada individu-individu yang menanti Anda. Ini akan membawa Anda kepada situasi yang paling bermanfaat bagi Anda dan bermanfaat bagi orang lain yang terlibat. Di sini Pengetahuan adalah pemandu. Di sini Anda adalah penerima. Di sini Anda adalah kontributor. Tidak ada kebebasan yang lebih besar daripada ini, karena di sini Anda bebas.

INGATKAN DIRI ANDA TENTANG GAGASAN INI PADA SETIAP JAM, dan dalam dua latihan meditasi Anda yang lebih dalam, sekali lagi masuklah ke dalam keheningan dan kesunyian. Sekali lagi izinkan pikiran Anda untuk diam, karena di sini Anda bebas. Persiapkan diri Anda untuk latihan Anda dengan mengulang gagasan ini dan mendedikasikan diri untuk latihan Anda. Tanpa dominasi Anda, pikiran Anda akan bebas dan akan mengalami kedalamannya sendiri dalam Pengetahuan.

LATIHAN 167: *Dua periode latihan 30 menit.*
Latihan setiap jam.

Langkah 168

TINJAU ULANG

Tinjaulah minggu yang telah berlalu. Tinjaulah setiap pelajaran seperti yang diberikan dan setiap latihan yang Anda alami. Tinjaulah seluruh minggu agar Anda dapat memperkuat pembelajaran yang Anda lakukan sekarang. Ingatlah bahwa Anda sedang belajar cara belajar. Ingatlah bahwa Anda adalah siswa pemula Pengetahuan. Ingatlah bahwa evaluasi Anda, jika tidak lahir dari Pengetahuan, tidak akan membantu. Tanpa evaluasi ini, akan tampak jelas bagaimana memperkuat keterlibatan Anda, bagaimana memperkuat persiapan Anda, dan bagaimana membuat penyesuaian dalam kehidupan luar Anda untuk mendukung Anda dalam upaya Anda. Ini dapat dilakukan tanpa mengutuk diri. Ini dapat dilakukan karena diperlukan, dan Anda mampu merespons apa yang diperlukan tanpa menghukum diri sendiri atau dunia. Persiapan ini diperlukan, karena ini mewakili kehendak Anda.

Dalam periode latihan panjang Anda hari ini, tinjaulah minggu ini dengan tulus dan mendalam. Berikan perhatian penuh Anda agar Anda dapat menerima anugerah yang sekarang sedang Anda persiapkan untuk menerimanya.

Latihan 168: *Satu periode latihan panjang.*

Langkah 169

DUNIA ADA DALAM DIRI SAYA. INI SAYA TAHU.

Dunia ada dalam diri Anda. Anda dapat merasakannya. Melalui Pengetahuan, Anda dapat merasakan hadirat semua hubungan. Ini adalah pengalaman akan Tuhan. Inilah sebabnya hubungan bermakna Anda dengan individu lain begitu menjanjikan, karena dalam persatuan murni dengan individu lain Anda dapat mulai mengalami persatuan dengan semua kehidupan. Inilah sebabnya mengapa Anda benar-benar mencari hubungan. Inilah motivasi sejati Anda dalam berhubungan — untuk mengalami persatuan dan untuk mengungkapkan tujuan Anda. Orang-orang berpikir bahwa hubungan mereka adalah untuk memenuhi fantasi mereka dan untuk membentengi diri mereka terhadap kecemasan mereka sendiri. Pemikiran ini harus ditinggalkan sehingga tujuan sejati dari berhubungan dapat tersingkap dan dipahami. Dengan demikian, meninggalkan hal-hal terjadi terlebih dahulu dalam proses belajar. Di sini, Anda belajar cara belajar. Di sini, Anda belajar cara menerima.

BERLATIHLAH PADA SETIAP JAM HARI INI, dengan mengingat gagasan Anda. Hari ini dalam meditasi Anda yang lebih dalam, sekali lagi gunakan kata RAHN untuk membawa Anda lebih dalam ke kedalaman Pengetahuan. Ulangi gagasan ini di awal latihan Anda dan kemudian, setiap kali menghembuskan napas, ulangi kata RAHN dengan pelan pada diri sendiri. Izinkan hal ini memusatkan pikiran Anda. Izinkan hal ini menghubungkan Anda dengan kedalaman Pengetahuan. Di sini Anda masuk lebih dalam dari yang telah Anda lakukan sebelumnya. Di sini, Anda akan menemukan semua yang Anda cari, dan tidak akan ada kebingungan tentang dunia.

LATIHAN 169: *Dua periode latihan 30 menit.*
Latihan setiap jam.

Langkah 170
SAYA MENGIKUTI RITUS PURBA PERSIAPAN HARI INI.

PERSIAPAN YANG ANDA JALANKAN INI ASAL USULNYA adalah purba. Yang telah digunakan selama berabad-abad, di dunia ini dan di dunia lain juga. Yang hanya diadaptasi dalam bahasanya dan relevansinya dengan masa Anda saat ini, namun yang mempersiapkan pikiran dengan cara yang telah selalu digunakan untuk mempersiapkan pikiran dalam Tata Cara Pengetahuan, karena Pengetahuan tidak berubah dan persiapannya hanya disesuaikan dengan peristiwa-peristiwa saat ini, dan pemahaman saat ini agar bisa relevan bagi si penerima. Namun mekanisme sejatinya untuk persiapan tidak berubah.

ANDA SEDANG MENJALANKAN RITUS PURBA DALAM memperoleh kembali Pengetahuan. Yang lahir dari Kehendak Agung alam semesta, persiapan ini telah dibangun untuk kemajuan siswa Pengetahuan. Anda sekarang bekerja bersama-sama dengan banyak individu lain, baik di dunia ini maupun di dunia lain juga. Karena Pengetahuan sedang diajarkan di semua dunia di mana ada kehidupan berakal. Dengan demikian, upaya Anda didukung dan disemarakkan oleh upaya mereka yang mempersiapkan diri bersama Anda. Di sini, Anda mewakili komunitas pelajar. Maka, jangan berpikir bahwa upaya Anda bersifat tunggal. Maka, jangan berpikir bahwa Anda sendirian di dunia yang berusaha memperoleh kembali Pengetahuan. Maka, jangan berpikir bahwa Anda bukan bagian dari komunitas pelajar. Ini akan semakin jelas bagi Anda seiring waktu saat Anda mulai mengenali mereka yang mempersiapkan diri bersama Anda. Ini akan semakin jelas seiring waktu saat pengalaman Anda akan hadirat Guru-Guru Anda semakin mendalam. Ini akan semakin jelas seiring waktu saat hasil dari Pengetahuan Anda menjadi jelas bahkan bagi Anda. Ini akan semakin jelas seiring waktu saat Anda mempertimbangkan hidup Anda sebagai bagian dari Komunitas Besar dunia-dunia.

INGATKAN DIRI ANDA TENTANG LATIHAN ANDA pada setiap jam. Dalam latihan Anda yang lebih dalam dalam keheningan, terimalah manfaat dari semua yang berlatih bersama Anda. Ingatkan diri Anda bahwa Anda tidak sendirian dan bahwa pahala mereka diberikan kepada Anda seperti pahala Anda diberikan kepada mereka. Dengan demikian, Anda berbagi dalam pencapaian Anda bersama. Kuasa dari usaha Anda sangat didukung oleh ikhtiar dan pemberian individu lain sehingga jauh melebihi kemampuan Anda sendiri. Ketika ini disadari, ini akan memberi Anda segala macam semangat dan akan selamanya menghalau gagasan bahwa Anda tidak memadai untuk tugas-tugas yang diberikan kepada Anda. Karena pemberian Anda dilengkapi oleh pemberian individu lain, dan ini mewakili Kehendak Tuhan di alam semesta.

LATIHAN 170: *Dua periode latihan 30 menit.*
Latihan setiap jam.

Langkah 171
PEMBERIAN SAYA ADALAH PENEGASAN KEKAYAAN SAYA.

Pemberian Anda adalah penegasan kekayaan Anda karena Anda memberi dari kekayaan Anda sendiri. Bukan pemberian benda yang Kami bicarakan di sini, karena Anda dapat memberikan semua harta benda Anda dan kemudian tidak ada yang tersisa. Tetapi ketika Anda memberi Pengetahuan, Pengetahuan bertambah. Dan ketika Anda mengilhami pemberian benda Anda dengan Pengetahuan, Pengetahuan bertambah. Itulah sebabnya ketika Anda menerima Pengetahuan, Anda akan ingin memberikannya karena ini adalah ungkapan alami dari penerimaan Anda sendiri.

Bagaimanakah Anda dapat menghabiskan Pengetahuan ketika Pengetahuan adalah Kuasa dan Kehendak alam semesta? Betapa kecil sarana Anda, betapa agung substansi yang mengungkapkan dirinya melalui Anda. Betapa agung hubungan Anda dengan kehidupan, dan kemudian betapa agungnya Anda yang bersama kehidupan. Tidak ada kesombongan di sini. Tidak ada membusungkan diri di sini, karena Anda menyadari bahwa Anda kecil dan agung sekaligus, dan Anda mengakui sumber kekecilan Anda dan sumber keagungan Anda. Anda mengakui nilai kekecilan Anda dan nilai keagungan Anda. Maka Anda mengakui semua kehidupan dan tidak ada yang luput dari evaluasi besar Anda mengenai Anda sendiri, yang lahir dari cinta kasih dan pemahaman sejati. Maka ini adalah pemahaman yang harus Anda kembangkan seiring waktu, sekali lagi menyadari bahwa upaya Anda untuk melakukannya disemarakkan oleh upaya orang lain, yang juga adalah siswa Pengetahuan di dunia Anda. Bahkan siswa di dunia lain juga menyemarakkan upaya Anda, karena dalam Pengetahuan tidak ada waktu dan jarak. Dengan demikian, Anda memiliki dukungan besar yang tersedia bagi Anda sekarang, dan di sini Anda menyadari hubungan sejati Anda dengan kehidupan.

Berlatihlah pada setiap jam dan dalam meditasi Anda yang lebih dalam, izinkan kata RAHN membawa Anda ke dalam Pengetahuan. Dengan diam dan hening, saat Anda tenggelam ke kedalaman Pengetahuan, terimalah kedamaian dan konfirmasi yang merupakan hak Anda.

Latihan 171: *Dua periode latihan 30 menit.*
Latihan setiap jam.

Langkah 172

SAYA HARUS MEMPEROLEH KEMBALI PENGETAHUAN SAYA.

ANDA HARUS MEMPEROLEH KEMBALI PENGETAHUAN ANDA. Ini bukan sekadar preferensi yang bersaing dengan preferensi lain. Kenyataan bahwa ini adalah persyaratan dalam kehidupan memberikannya kebutuhan dan kepentingan yang benar-benar layak. Jangan berpikir bahwa kebebasan Anda secara apa pun terhalang oleh kebutuhan ini, karena kebebasan Anda adalah hasil dari kebutuhan ini dan akan lahir dari kebutuhan ini. Di sini Anda memasuki dunia dengan arah yang vital daripada pilihan santai. Di sini Anda terlibat secara serius dalam kehidupan daripada menjadi pengamat jauh yang hanya bisa menyaksikan gagasan-gagasan Anda sendiri.

MAKA, KEBUTUHAN AKAN PENGETAHUAN adalah pentingnya hal ini bagi Anda dan bagi dunia Anda. Maka, terimalah kebutuhan, karena ini membebaskan Anda dari kejengkelan dan kelumpuhan akibat ambivalensi. Ini menyelamatkan Anda dari pilihan tanpa arti dan mengarahkan Anda pada apa yang benar-benar vital demi kesejahteraan Anda dan demi kesejahteraan dunia. Pengetahuan adalah kebutuhan. Hidup Anda adalah kebutuhan. Kepentingannya bukan hanya bagi Anda saja, tetapi bagi dunia juga.

JIKA ANDA DAPAT SUNGGUH MEMAHAMI INI, ini akan membatalkan semua rasa tidak berharga atau kelambanan yang mungkin masih Anda miliki. Karena jika hidup Anda adalah kebutuhan, maka hidup Anda memiliki tujuan, makna, dan arah. Jika hidup Anda adalah kebutuhan, maka semua kehidupan lain adalah kebutuhan juga. Di sini, Anda tidak ingin menyakiti siapa pun melainkan akan berusaha untuk menegaskan Pengetahuan dalam diri semua orang. Maka, kebutuhan ini mengandung kekuatan dan arah yang Anda perlukan dan memberi Anda rahmat dan kedalaman yang harus Anda terima untuk diri sendiri. Kehidupan yang dibutuhkan adalah kehidupan yang bermakna. Pengetahuan adalah kebutuhan. Berikan diri Anda pada kebutuhan Anda, dan Anda akan merasa bahwa Anda sendiri adalah kebutuhan. Ini akan menghilangkan rasa tidak berharga dan rasa bersalah Anda dan membawa Anda kembali ke dalam hubungan dengan kehidupan.

BERLATIHLAH LAGI PADA SETIAP JAM, dan dalam dua latihan meditasi Anda izinkan kata RAHN membawa Anda lebih dalam ke dalam hadirat

Pengetahuan itu sendiri. Kuasa dari kata ini, kata yang tidak dikenal dalam bahasa Anda sendiri, akan beresonansi dengan Pengetahuan Anda dan akan menstimulasinya. Dengan demikian, caranya misterius, tetapi hasilnya nyata.

Latihan 172: *Dua periode latihan 30 menit.*
Latihan setiap jam.

Langkah 173

HARI INI SAYA AKAN MELAKUKAN APA YANG DIPERLUKAN.

MELAKUKAN APA YANG DIPERLUKAN AKAN MELIBATKAN Anda dengan vitalitas dalam kehidupan, karena kehidupan di dunia, dalam segala bentuknya, terlibat dengan apa yang diperlukan. Ini pada awalnya tampak mengekang bagi manusia, karena mereka terbiasa hidup dalam fantasi, di mana segala sesuatu bersifat pilihan dan tidak ada yang benar-benar diperlukan.

NAMUN, KETIKA SESUATU BENAR-BENAR DIPERLUKAN DALAM HIDUP, bahkan bila keadaan sangat gawat, maka orang-orang mampu membebaskan diri sejenak dari fantasi mereka dan merasakan tujuan, makna, dan arah. Kemudian ini adalah anugerah bagi umat manusia, tetapi orang-orang biasanya memberikan diri mereka anugerah ini hanya dalam keadaan yang sangat gawat.

DALAM KEADAAN YANG LEBIH BAHAGIA, Anda sekarang harus belajar menerima hal ini dan menyambut keperluan sebagai rahmat penyelamat dalam hidup Anda, karena Anda ingin diperlukan, Anda ingin disertakan, Anda ingin penting dan Anda ingin menjadi bagian esensial dari komunitas. Ini semua adalah keperluan. Ini bukan sekadar preferensi di pihak Anda. Ini tidak bisa lahir dari pilihan santai tetapi dari keyakinan mendalam, karena pemberian Anda yang lebih besar harus lahir dari keyakinan mendalam agar agung dan lengkap. Jika tidak, begitu melihat kesulitan atau kekecewaan, Anda akan tersingkir dan akan masuk kembali ke dalam fantasi dan ilusi.

MAKA, SAMBUTLAH KEPERLUAN HARI INI. Lakukan tugas-tugas kecil tanpa keluhan, karena mereka kecil. Ikuti prosedur Anda hari ini dalam persiapan, karena ini adalah keperluan dan ini agung. Jangan merancukan apa yang agung dengan apa yang kecil, karena apa yang kecil hanyalah untuk mengungkapkan apa yang agung. Jangan mencoba membuat yang kecil menjadi agung atau atau yang agung menjadi kecil. Pahami hubungan sejati mereka satu sama lain, karena dalam diri Anda ada keduanya yang agung dan yang kecil. Dalam diri Anda, yang agung mengungkapkan diri melalui yang kecil.

KARENA ITU, JALANKAN KEGIATAN DUNIAWI ANDA HARI INI. Lakukan apa yang diperlukan hari ini. Ingatkan diri Anda pada setiap jam tentang gagasan kita untuk hari ini, dan berikan diri Anda pada latihan Anda agar hari Anda dapat menjadi hari pemberian dan penerimaan. Dalam latihan meditasi Anda yang lebih dalam, masuklah ke dalam keheningan dengan menggunakan kata RAHN untuk membawa Anda jauh ke dalam meditasi. Lakukan ini karena diperlukan. Lakukan ini dengan keperluan dan Anda akan merasakan kuasa kehendak Anda sendiri.

LATIHAN 173: *Dua periode latihan 30 menit.*
Latihan setiap jam.

Langkah 174

HIDUP SAYA DIBUTUHKAN.

Hidup Anda dibutuhkan. Hidup Anda bukan suatu kecelakaan biologis. Bukan hanya keadaan kebetulan bahwa Anda tiba di dunia ini. Hidup Anda dibutuhkan. Jika saja Anda dapat mengingat apa yang Anda lalui untuk masuk ke dunia ini dan persiapan yang diperlukan — baik di dalam dunia ini maupun di luar — agar Anda muncul di sini, maka Anda akan menyadari pentingnya keberadaan Anda di sini dan pentingnya Pengetahuan yang Anda bawa dalam diri Anda. Hidup Anda dibutuhkan. Tidak ada bentuk kesombongan di sini. Ini hanyalah pengakuan akan kebenaran. Dalam evaluasi Anda tentang diri Anda sendiri, hidup Anda menyedihkan atau megah. Namun kebutuhan akan hidup Anda tidak ada kaitannya dengan evaluasi Anda, meskipun evaluasi Anda dapat mendekatkan Anda atau menjauhkan Anda dari satu pengakuan sejati ini.

HIDUP ANDA DIBUTUHKAN. Pahamilah ini dan ini akan menghalau rasa penghakiman dan pengutukan diri Anda. Pahamilah ini dan ini akan membawa kerendahan hati ke dalam gagasan memuliakan diri Anda. Pahamilah ini dan rencana Anda seiring waktu dapat disesuaikan dengan Pengetahuan itu sendiri, karena hidup Anda dibutuhkan.

ULANGI PERNYATAAN INI PADA SETIAP JAM dan pertimbangkan terlepas dari emosi Anda, keadaan Anda, dan pemikiran apa pun yang kuat di dalam pikiran Anda, karena Pengetahuan lebih agung daripada pemikiran dan dimaksudkan untuk memerintah pemikiran. Dalam dua latihan meditasi Anda, izinkan kata RAHN membawa Anda jauh ke dalam latihan. Rasakan kebutuhan akan hidup Anda sendiri — nilainya dan pentingnya. Ini adalah sesuatu yang dapat Anda alami secara langsung. Ini tidak meminta evaluasi Anda. Ini tidak meminta Anda menganggap diri Anda lebih tinggi dari orang lain. Ini hanyalah pengalaman mendalam akan realitas, karena hidup Anda dibutuhkan. Hidup Anda dibutuhkan oleh Anda. Hidup Anda dibutuhkan oleh dunia Anda. Hidup Anda dibutuhkan oleh kehidupan itu sendiri.

LATIHAN 174: *Dua periode latihan 30 menit.*
Latihan setiap jam.

Langkah 175

TINJAU ULANG

Dalam Tinjau Ulang Anda tentang latihan minggu ini, sekali lagi sadarilah nilai dalam memberikan diri Anda untuk berlatih. Maka, memberikan diri Anda untuk berlatih adalah langkah pertama dalam memahami makna sejati dari memberi dan makna sejati dari tujuan di dunia.

Dalam satu periode latihan Anda yang lebih panjang, tinjaulah minggu yang baru saja berlalu. Tinjaulah keterlibatan Anda dengan latihan setiap harinya dan pertimbangkan makna dari gagasan setiap hari. Berikan ini perhatian penuh Anda selama periode latihan panjang Anda hari ini, dan sadarilah ketika Anda menyaksikan perkembangan Anda sendiri bahwa Anda sedang mempersiapkan diri untuk memberi kepada orang lain.

Latihan 175: *Satu periode latihan panjang.*

Langkah 176

SAYA AKAN MENGIKUTI PENGETAHUAN HARI INI.

PADA SETIAP JAM HARI INI ALAMILAH DIRI Anda mengikuti Pengetahuan. Ambil keputusan kecil tentang hal-hal kecil sebagaimana diperlukan, tetapi jangan mengambil keputusan besar tanpa Pengetahuan. Anda memiliki pikiran pribadi untuk mengambil keputusan kecil yang tidak penting. Tetapi keputusan yang lebih besar harus diambil dengan Pengetahuan.

IKUTILAH PENGETAHUAN HARI INI PADA SETIAP JAM. Izinkan kedamaiannya dan kepastiannya berdiam bersama Anda. Izinkan arah keseluruhannya dicamkan oleh Anda. Izinkan keampuhannya memengaruhi Anda. Izinkan Pengetahuan memberikan dirinya kepada Anda sebagaimana Anda sekarang belajar untuk memberikan diri Anda kepadanya.

DALAM DUA LATIHAN MEDITASI ANDA YANG lebih panjang hari ini, dengan menggunakan kata RAHN, masuklah jauh ke dalam Pengetahuan. Masuklah jauh ke dalam hadirat kehidupan. Masuklah jauh ke dalam pengalaman ini. Lanjutkan mengarahkan pikiran Anda menuju pencapaian ini. Lanjutkan menyisihkan apa pun yang memengaruhi Anda atau menghalangi Anda. Dengan cara ini, Anda melatih pikiran dan mempersiapkannya juga untuk apa yang paling alami baginya untuk terjadi.

IKUTILAH PENGETAHUAN HARI INI. Jika Pengetahuan mengindikasikan sesuatu dan Anda sangat yakin tentang hal ini, ikutilah dan perhatikan. Lihat apa yang terjadi dan cobalah belajar membedakan Pengetahuan dari impuls Anda, keinginan Anda, rasa takut Anda, dan penghindaran Anda. Ini harus dipelajari melalui pengalaman. Dengan cara ini, Pengetahuan dan segala sesuatu yang berpura-pura sebagai Pengetahuan akan dipisahkan melalui kontras. Ini akan memberi Anda kepastian yang lebih besar dan kepercayaan diri yang lebih besar, yang akan Anda perlukan di masa-masa yang akan datang.

LATIHAN 176: *Dua periode latihan 30 menit.*
Latihan setiap jam.

Langkah 177

SAYA AKAN BELAJAR MENJADI JUJUR HARI INI.

ADA KEJUJURAN YANG LEBIH BESAR YANG MENUNGGU untuk Anda temukan. Ada kejujuran yang lebih besar yang harus Anda manfaatkan demi Anda sendiri. Tidak cukup hanya mengetahui bagaimana perasaan Anda. Persyaratan yang lebih besar adalah merasakan apa yang Anda ketahui. Ini adalah kejujuran yang lebih besar dan kejujuran yang selaras dengan kehidupan itu sendiri, kejujuran yang mencerminkan kemajuan sejati semua makhluk di dunia. Ini bukan sekadar mengungkapkan dan menuntut bahwa niat pribadi Anda dilaksanakan. Melainkan, ini menuntut agar kebutuhan hidup dalam diri Anda dapat mengungkapkan diri dengan cara yang tulus bagi kehidupan itu sendiri. Bentuk dan cara pengungkapan ini akan terkandung dalam pesan-pesan yang perlu Anda sampaikan kepada orang lain ketika saatnya tiba untuk hal itu terjadi.

MAKA, BELAJARLAH MERASAKAN APA YANG Anda ketahui. Ini adalah kejujuran yang lebih besar. Ini memerlukan keterbukaan dan pengendalian diri. Ini memerlukan inspeksi diri. Ini memerlukan objektivitas mengenai hidup Anda. Ini memerlukan keheningan dan kedamaian serta kemampuan untuk melibatkan pikiran Anda secara aktif dalam eksplorasi. Dengan demikian, semua yang telah Anda pelajari sejauh ini disumbangkan dan dimanfaatkan dalam latihan hari ini.

INGATKAN DIRI ANDA PADA SETIAP JAM TENTANG latihan hari ini dan pertimbangkan secara serius di saat di mana Anda berada. Dalam latihan yang lebih panjang hari ini, sekali lagi masukilah keheningan dan libatkan pikiran Anda dalam aktivitas yang bermakna ini. Pikiran harus dibawa ke dekat Rumah Purbanya agar menemukan kenyamanan dan kedamaian. Ini memerlukan disiplin diri pada awalnya, tetapi setelah terlibat, proses ini terjadi sendiri secara alami.

BELAJARLAH MENJADI LEBIH JUJUR HARI INI. Belajarlah mencamkan tingkat kejujuran yang lebih besar, tingkat kejujuran yang tulus yang menegaskan kodrat Anda dan tidak mengkhianati tujuan tertinggi Anda.

LATIHAN 177: *Dua periode latihan 30 menit.*
Latihan setiap jam.

Langkah 178

SAYA AKAN MENGINGAT MEREKA YANG TELAH MEMBERI KEPADA SAYA HARI INI.

INI ADALAH HARI KHUSUS UNTUK MENGAKUI ADANYA hubungan-hubungan sejati dalam hidup Anda. Ini adalah hari khusus untuk mengakui anugerah-anugerah yang telah diberikan kepada Anda. Ini adalah hari yang dimaksudkan untuk bersyukur.

MAKA, PADA SETIAP JAM ULANGI PERNYATAAN INI dan luangkan waktu sejenak untuk mengingat mereka yang telah memberi kepada Anda. Coba pikirkan baik-baik individu-individu yang telah memberikan manfaat kepada Anda, baik dengan menunjukkan kearifan mereka maupun kesalahan mereka. Pikirkan mereka yang telah mengilustrasikan cara yang harus diikuti dan cara yang jangan diikuti. Saat Anda menyelidiki lebih jauh tentang hal ini dalam dua periode latihan Anda yang lebih panjang hari ini, cobalah berpikir lebih teliti dan izinkan setiap individu yang terpikir untuk menjadi subjek penyelidikan Anda. Ini adalah waktu latihan aktif dalam periode meditasi Anda.

DALAM PERIODE LATIHAN ANDA YANG LEBIH PANJANG, ulangi pernyataan ini di awal latihan dan izinkan individu-individu untuk datang kepada Anda. Belajarlah untuk mengenali kontribusi mereka terhadap perolehan kembali Pengetahuan. Belajarlah untuk mengenali kontribusi mereka terhadap kesejahteraan fisik dan emosional Anda. Belajarlah untuk mengenali bagaimana mereka telah melayani Anda. Secara ini, seluruh konsep Anda tentang memberi dan menerima dan tentang layanan di dunia dapat diperluas dan dikembangkan. Ini akan memberi Anda visi sejati tentang dunia sehingga Anda dapat belajar untuk berbelas kasih dengan diri sendiri dan dengan orang lain.

MAKA, INI ADALAH HARI PENEGASAN dan hari bersyukur. Izinkan latihan Anda bermakna dan efektif sehingga Anda dapat menerima pahalanya.

LATIHAN 178: *Dua periode latihan 30 menit.*
Latihan setiap jam.

Langkah 179

HARI INI SAYA AKAN BERTERIMA KASIH KEPADA DUNIA UNTUK MENGAJARI SAYA APA YANG SEJATI.

DUNIA DALAM KEMEGAHANNYA DAN KEBODOHANNYA mengajarkan Anda apa yang harus dihargai dan mengenali apa yang sejati. Kontras harus jelas dalam pembelajaran agar Anda dapat membedakan hal-hal ini. Untuk membedakan hal sejati dari hal palsu dan hal bermakna dari hal tidak bermakna, harus ada kontras dalam pembelajaran. Anda harus merasakan hal tidak bermakna untuk mengetahui sifat dan isi sesungguhnya, dan Anda harus merasakan hal bermakna untuk mengetahui sifat dan isi sesungguhnya. Dunia terus menerus memberi Anda peluang untuk melakukan keduanya.

SAAT INI KEBUTUHAN ANDA ADALAH UNTUK semakin merasakan apa yang sejati, dan itulah sebabnya Kami menekankannya dalam latihan harian Anda sekarang. Anda sudah sangat mengumbar diri dengan apa yang palsu sehingga telah mendominasi pikiran dan perhatian Anda. Sekarang Kami memberi Anda apa yang sejati, tetapi Anda juga harus belajar untuk mengambil manfaat dari apa yang telah diberikan oleh hal palsu kepada Anda. Maka Anda tidak lagi perlu menyelidiki hal palsu. Apa yang palsu sudah menyajikan diri kepada Anda. Sekarang Anda belajar mengenali penyajiannya dan memanfaatkan apa yang dapat ditawarkannya kepada Anda. Satu-satunya manfaat yang dapat ditawarkan hal palsu kepada Anda adalah belajar mengenali kekurangan substansinya sehingga Anda dapat berhasrat untuk mengetahui apa yang sejati dan memiliki kapasitas yang lebih besar untuk menerimanya.

MAKA, BERTERIMA KASIHLAH KEPADA DUNIA HARI ini untuk mendukung Anda, untuk kemegahannya dan untuk kebodohannya, untuk saat-saat inspirasinya dan untuk tampilan ilusinya yang besar. Dunia yang Anda lihat sejauh ini sebagian besar terdiri dari fantasi individu, tetapi ada dunia yang lebih besar untuk Anda lihat, dunia yang benar-benar ada, dunia yang akan membangkitkan dalam diri Anda Pengetahuan, apresiasi dan penerapan diri sejati juga. Karena adalah tujuan Anda untuk melayani evolusi dunia ini, sebagaimana adalah tujuan dunia untuk melayani evolusi Anda.

DALAM DUA PERIODE LATIHAN ANDA YANG LEBIH PANJANG hari ini, selidiki gagasan ini secara aktif dengan pikiran Anda. Terapkan pikiran Anda untuk memahami bagaimana dunia telah mendukung Anda.

Pikirkan baik-baik hal ini. Ini bukan penyelidikan dangkal. Ini adalah penyelidikan yang harus Anda lakukan dengan kebutuhan dan dengan keseriusan, karena ini akan menentukan pengalaman Anda dalam kehidupan, baik di masa kini dan di masa mendatang.

PADA SETIAP JAM, INGATLAH PERNYATAAN kita untuk hari ini dan ingatlah ini saat Anda mengamati dunia. Jangan biarkan hari ini terbuang sia-sia untuk Anda. Hari ini adalah hari pengakuan, hari bersyukur dan hari kearifan.

LATIHAN 179: *Dua periode latihan 30 menit.*
Latihan setiap jam.

Langkah 180

SAYA MENGELUH KARENA SAYA KURANG PENGETAHUAN.

KETIKA ANDA MENGELUH TENTANG KEHIDUPAN, Anda sedang meminta Pengetahuan. Pengetahuan memiliki pernyataannya sendiri tentang kehidupan, tetapi ini sangat berbeda dari keluh-kesah yang Anda dengar dalam diri Anda dan di sekeliling Anda. Karena itu, saat Anda mendekati Pengetahuan hari ini, kenalilah sifat dari keluhan — bagaimana hal itu menegaskan kelemahan Anda dan dominasi dunia atas Anda dan betapa berbedanya dengan apa yang Anda pelajari sekarang. Anda sedang belajar sekarang untuk menemukan keagungan Anda dan dominasi Anda atas dunia. Anda berada dalam hubungan dengan dunia. Jadikanlah hubungan ini sehat dan bermakna. Biarkan kontribusi dunia diberikan kepada Anda. Biarkan kontribusi Anda diberikan kepada dunia.

KARENA ITU, BERTERIMA KASIHLAH SEKALI LAGI KEPADA dunia hari ini untuk apa yang telah diberikannya kepada Anda. Dalam latihan meditasi Anda yang lebih dalam hari ini, masukilah keheningan dan kesunyian. Gunakan kata RAHN untuk membantu Anda memasukinya secara mendalam. Gunakan kata RAHN untuk mengorientasikan pikiran dan pemikiran Anda sehingga pikiran Anda dapat menyatu dengan bunyi satu kata purba ini.

INI ADALAH HARI KONTRIBUSI PENTING. Janganlah mengeluh tentang hari ini. Kenalilah bahwa segala sesuatu yang terjadi adalah peluang bagi Anda untuk menerapkan latihan Anda dan untuk mengembangkan kemampuan sejati pikiran Anda. Keluhan Anda hanya akan menjadi penolakan terhadap kontribusi dunia kepada Anda. Karena itu, janganlah menolaknya. Jangan mengeluh tentang dunia hari ini agar Anda dapat menerima anugerahnya.

LATIHAN 180: *Dua periode latihan 30 menit.*

Langkah 181

HARI INI SAYA MENERIMA CINTA KASIH PENGETAHUAN.

Pengetahuan memiliki benih cinta kasih sejati, bukan cinta yang hanya perasaan belaka, bukan cinta yang merupakan bentuk kemabukan seputar hasrat mendesak yang lahir dari rasa takut. Pengetahuan adalah benih cinta kasih sejati, bukan cinta yang ingin menaklukkan, memiliki dan mendominasi, melainkan cinta yang ingin melayani, memberdayakan dan membebaskan orang lain. Jadilah penerima cinta ini hari ini agar hal ini dapat mengalir melalui Anda ke dunia, karena tanpa penolakan Anda itu pasti akan dilakukannya.

Pada setiap jam, ulangi pernyataan ini dan rasakan dampak penuhnya, terlepas dari keadaan yang Anda hadapi. Izinkan setiap keadaan mendukung latihan Anda, dan Anda akan mengetahui bahwa latihan Anda akan memiliki pengaruh yang semakin kuat pada kehidupan luar Anda. Dalam dua latihan Anda yang lebih dalam hari ini, masuklah ke dalam hadirat Pengetahuan dan terimalah cinta kasihnya. Tegaskan kelayakan Anda dan penerimaan Anda. Lepaskan prasangka Anda tentang diri Anda dan dunia, dan izinkan diri Anda memiliki pengalaman yang akan mendemonstrasikan kebenaran melampaui asumsi apa pun. Inilah latihan Anda hari ini. Inilah anugerah Anda untuk diri Anda sendiri, untuk dunia Anda dan untuk Pencipta Anda sehingga Anda dapat menerima anugerah cinta kasih.

Latihan 181: *Dua periode latihan 30 menit.*
Latihan setiap jam.

Langkah 182

TINJAU ULANG

Hari ini menandakan titik belok penting dalam persiapan Anda. Hari ini menandakan selesainya tahap pertama persiapan Anda dan awal dari tahap baru. Tinjaulah seminggu terakhir dalam satu periode latihan panjang dan kemudian luangkan waktu untuk memikirkan seberapa jauh Anda telah datang dan seberapa jauh Anda harus melangkah. Kenalilah kuasa dan kekuatan Anda yang semakin besar. Pikirkan kehidupan luar Anda dan kenali seberapa banyak yang harus dicapai di situ, baik demi Anda sendiri maupun demi kesejahteraan orang lain. Kenali seberapa sedikit yang Anda ketahui dan seberapa banyak yang tersedia untuk Anda. Jangan biarkan keraguan diri apa pun menghalangi Anda dalam upaya Anda, karena Anda hanya perlu berpartisipasi untuk menerima anugerah terbesar yang dapat diberikan oleh kehidupan.

Tinjaulah seminggu terakhir dan pikirkan sekarang apa yang telah terjadi dalam persiapan Anda sejauh ini. Amati perkembangan yang telah terjadi dalam diri Anda selama beberapa bulan terakhir ini — meningkatnya rasa kehadiran, meningkatnya rasa kepastian batin, meningkatnya rasa kuasa batin. Izinkan kenyataan bahwa kehidupan luar Anda mulai terbuka. Hal-hal tertentu yang kaku sebelumnya kini telah dilonggarkan agar dapat disusun kembali demi Anda sendiri. Izinkan kehidupan luar Anda disusun kembali, di mana Anda sekarang tidak berusaha mendominasinya demi perlindungan pribadi Anda. Saat kepastian yang lebih besar muncul dalam diri Anda, keadaan luar harus disusun kembali demi Anda sendiri. Dengan demikian, Anda menjadi sumber perubahan dan bukan penerimanya saja.

Kenali seberapa jauh Anda telah datang, tetapi ingatlah bahwa Anda adalah siswa pemula Pengetahuan. Izinkan ini menjadi titik awal Anda sehingga Anda dapat berasumsi sedikit dan menerima banyak. Dari titik acuan besar ini, Anda akan mampu melihat melampaui prasangka dan pengutukan umat manusia. Anda akan mampu melihat melampaui sudut pandang pribadi dan memiliki visi tentang dunia bahwa dunia sangat perlu menerima.

Latihan 182: *Satu periode latihan panjang.*

Langkah-Langkah Menuju Pengetahuan

BAGIAN KEDUA

Di bagian kedua program persiapan kita, kita akan melakukan penjelajahan arena-arena baru, untuk lebih jauh mengembangkan pengalaman Pengetahuan Anda dan untuk mempersiapkan Anda menjadi kontributor Pengetahuan di dunia. Di hari-hari yang akan datang kita akan menjelajahi hal-hal yang Anda ketahui dan hal-hal yang tidak Anda ketahui, hal-hal yang pernah Anda kenali sebelumnya dan hal-hal yang belum pernah Anda lihat sebelumnya. Misteri kehidupan Anda memanggil Anda karena dari misteri datang semua hal yang bernilai nyata di dunia.

Karena itu, di langkah-langkah yang akan datang, berikan diri Anda dengan dedikasi yang meningkat. Hilangkan rasa ragu Anda. Izinkan diri Anda melanjutkan dengan kepastian yang lebih besar. Hanya partisipasi Anda yang diminta, karena ketika Anda menstimulasi Pengetahuan, Pengetahuan akan muncul dengan sendirinya. Pengetahuan akan muncul dengan sendirinya ketika kondisi mental dan fisik hidup Anda telah dipersiapkan dan disesuaikan dengan baik.

Mari kita lanjutkan sekarang dengan langkah persiapan Anda berikutnya.

Langkah 183

SAYA MENCARI PENGALAMAN BUKAN JAWABAN.

CARILAH PENGALAMAN HARI INI, karena pengalaman akan menjawab semua pertanyaan dan membuat pertanyaan tidak diperlukan. Carilah pengalaman hari ini agar dapat membawa Anda kepada pengalaman yang semakin besar. Lebih baik Anda mengajukan pertanyaan Pengetahuan dan kemudian menerima pengalaman yang dapat diberikan Pengetahuan kepada Anda. Anda terbiasa menerima begitu sedikit sebagai respons atas pertanyaan Anda. Jawaban adalah sesuatu yang sangat kecil. Jawaban sejati harus berupa ajakan untuk berpartisipasi dalam persiapan yang lebih besar, dalam persiapan yang tidak Anda persiapkan untuk diri sendiri tetapi yang telah dipersiapkan untuk Anda. Karena itu, janganlah mencari hal-hal kecil yang memberi Anda kelegaan atau kenyamanan sesaat. Carilah apa yang menjadi fondasi hidup Anda, yang dapat memberikan kehidupan kepada Anda tidak seperti apa pun sebelumnya.

HARI INI, DALAM DUA LATIHAN ANDA YANG LEBIH DALAM, jadilah reseptif terhadap pengalaman ini. Anda boleh menggunakan kata RAHN jika Anda rasakan membantu, tetapi masuklah jauh ke dalam pengalaman Pengetahuan. Jangan mencari jawaban. Gagasan akan datang kepada Anda pada waktunya sendiri dan dengan caranya sendiri. Anda boleh yakin akan hal itu. Saat pikiran Anda dipersiapkan, pikiran Anda akan menjadi benar-benar reseptif dan benar-benar mampu melaksanakan apa yang diterimanya. Inilah pengakuan yang Anda perlukan. Ini harus lahir dari pengalaman yang besar.

PADA SETIAP JAM INGATKAN DIRI ANDA TENTANG LATIHAN ANDA, dan sadari bahwa yang Anda cari adalah pengalaman asli dan bukan jawaban saja. Pikiran Anda penuh dengan jawaban, dan mereka belum menjawab pertanyaan-pertanyaan Anda sejauh ini.

LATIHAN 183: *Dua periode latihan 30 menit.*
Latihan setiap jam.

Langkah 184

PERTANYAAN SAYA LEBIH BESAR DARI YANG SAYA SADARI SEBELUMNYA.

APA YANG SESUNGGUHNYA ANDA MINTA jauh lebih besar daripada apa yang telah Anda pikirkan sebelumnya. Meskipun pertanyaan Anda mungkin muncul dari keadaan langsung, Anda meminta jauh lebih besar daripada pemecahan langsung untuk hal-hal langsung. Pemecahan langsung akan diberikan, tetapi dari Sumber yang Lebih Agung. Sumber yang Lebih Agung inilah yang Anda cari, karena Anda berusaha menyadari kodrat Anda di sini, dan Anda berusaha mencari persiapan yang akan memungkinkan Anda menyumbangkan anugerah Anda sehingga pekerjaan Anda di dunia bisa rampung. Karena itu, pahamilah bahwa Anda berada di sini untuk melayani. Anda berada di sini untuk memberi. Dan dalam melakukannya, Anda akan menemukan pemenuhan Anda. Ini akan menghasilkan kebahagiaan bagi Anda.

DALAM DUA PERIODE LATIHAN ANDA YANG LEBIH panjang hari ini, sekali lagi masuklah ke dalam keheningan dan kesunyian, dengan mengingat bahwa keheningan mengolah pikiran untuk menerima. Dalam keheningan Anda menemukan bahwa hal-hal sudah diketahui yang telah Anda abaikan sejauh ini. Dari periode-periode latihan ini pikiran Anda akan menjadi lebih murni dan memiliki kedalaman yang lebih dalam, konsentrasi yang lebih besar, dan fokus yang lebih besar dalam semua aspek kehidupan Anda.

APA YANG ANDA CARI HARI ini adalah sesuatu yang lebih besar dari yang pernah Anda pertimbangkan sebelumnya. Anda sedang mencari tahu arti Pengetahuan Anda melalui demonstrasinya.

LATIHAN 184: *Dua periode latihan 30 menit.*

Langkah 185

SAYA TELAH DATANG KE DUNIA DEMI SUATU TUJUAN.

SEKALI LAGI KAMI MENEGASKAN KEBENARAN AGUNG INI, yang di dalam Pengetahuan Anda, Anda akan tahu bahwa ini benar. Terlepas dari tahap perkembangan pribadi Anda saat ini, realitas tujuan Anda dalam kehidupan tetap sejati. Karena itu, dari waktu ke waktu Kami mengulangi pelajaran tertentu yang penting demi kesejahteraan dan perkembangan Anda. Kami memberikan kata-kata yang berbeda dari waktu ke waktu sehingga Anda dapat memiliki pengalaman yang semakin besar darinya. Dengan cara ini, kata-kata ini dapat menemukan jalannya ke dalam hati Anda sehingga hati Anda dapat menemukan jalannya ke dalam kesadaran Anda.

ANDA BERADA DI SINI UNTUK MELAYANI. Anda berada di sini untuk memberi. Anda berada di sini karena Anda kaya dengan Pengetahuan. Terlepas dari keadaan Anda dalam kehidupan, rasa miskin Anda sendiri akan terhalau selamanya saat Pengetahuan muncul dalam diri Anda, karena tidak bisa ada rasa kekurangan ketika Pengetahuan dialami dan diungkapkan. Ini adalah janji dari program persiapan ini. Ini adalah janji kehidupan Anda. Ini adalah takdir Anda dan misi Anda di sini. Dari ini, panggilan spesifik Anda di dunia akan diberikan kepada Anda. Hal ini akan sangat spesifik terhadap aktivitas dan perilaku Anda. Sebelum hal ini dapat terjadi, pikiran Anda harus diolah, dan hidup Anda harus disusun ulang dan diseimbangkan secara murni sehingga dapat mencerminkan Pengetahuan Anda dan bukan hanya rasa takut dan keinginan Anda saja. Kehidupan yang lebih agung harus datang dari Sumber yang Lebih Agung dalam diri Anda. Kehidupan yang lebih agung dimungkinkan bagi Anda sekarang.

ANDA BERADA DI SINI UNTUK MELAYANI, tetapi untuk melayani Anda harus menerima. Dalam periode latihan Anda yang lebih panjang hari ini, berlatihlah penerimaan. Masuklah lebih mendalam dalam latihan keheningan Anda. Kembangkan latihan ini. Anda sekarang belajar keterampilan khusus yang akan membantu Anda melakukannya. Ketika kehendak Anda dialami, metodenya akan mengikuti secara alami. Kami hanya memberikan metodologi yang diperlukan untuk mengarahkan pikiran Anda ke arah yang tepat. Dari sini Anda dapat mengolah latihan Anda untuk memenuhi kebutuhan Anda tanpa melanggar instruksi yang diberikan dalam kursus ini.

KARENA ITU, IKUTI PETUNJUK YANG DIBERIKAN dan lakukan penyesuaian kecil seperlunya. Ketika Anda belajar untuk bekerja dengan kodrat Anda, Anda akan belajar memanfaatkannya demi Anda sendiri. Berlatihlah setiap jam agar latihan Anda dapat ikut bersama Anda ke mana saja dan agar segala sesuatu yang terjadi pada Anda hari ini dapat menjadi bagian dari latihan Anda.

LATIHAN 185: *Dua periode latihan 30 menit.*
Latihan setiap jam.

Langkah 186

SAYA LAHIR DARI WARISAN PURBA.

ANDA LAHIR DARI WARISAN PURBA. Ini akan muncul dalam pikiran Anda secara alami, meskipun melampaui kata-kata dan melampaui deskripsi. Pada intinya ini adalah pengalaman murni akan kehidupan dan kesertaan. Apa yang diingat dalam pengalaman ini adalah hubungan-hubungan yang telah Anda bina sejauh ini dalam evolusi Anda hingga saat ini. Hanya perolehan kembali hubungan yang dapat diteruskan melampaui kehidupan Anda di dunia ini. Individu-individu yang telah Anda peroleh kembali untuk diri sendiri sebagai Keluarga Spiritual Anda sekarang ada sebagai Keluarga Spiritual Anda. Mereka membentuk badan Pengetahuan dan kesertaan dalam kehidupan yang berkembang yang kini mampu Anda alami.

ANDA BERADA DI SINI UNTUK MELAYANI KELUARGA SPIRITUAL Anda, kelompok belajar kecil Anda yang telah bekerja bersama melalui berbagai zaman dan keadaan untuk membina dan memajukan anggotanya sehingga kelompok Anda dapat bergabung dengan kelompok lain, dan seterusnya. Seperti sungai-sungai kecil yang bergabung bersama menjadi badan air mengalir yang semakin membesar, Anda mengikuti aliran pasti Anda menuju sumber kehidupan Anda. Ini adalah jalur alami, jalur asli, jalur yang melampaui semua spekulasi dan filsafat, melampaui semua rasa takut dan ambisi umat manusia. Ini adalah jalur segalanya — selamanya misterius, melampaui pemahaman Anda namun sepenuhnya tersedia untuk melayani Anda dalam situasi langsung dalam kehidupan Anda. Demikian agung misteri kehidupan Anda, dan demikian penerapannya bahkan dalam detail terkecil dalam kehidupan Anda. Dengan demikian, hidup Anda di sini lengkap.

ANDA LAHIR DARI WARISAN AGUNG. Dengan demikian, keagungan bersama Anda karena hubungan-hubungan Anda. Terimalah Warisan ini dalam keheningan dalam dua latihan meditasi mendalam Anda hari ini dan akui hal ini pada setiap jam. Izinkan hari ini untuk mendemonstrasikan baik realitas maupun penolakan akan kebenaran agung ini, karena saat Anda melihat dunia dalam penolakannya berupaya menjalankan pengganti Pengetahuan, Anda akan belajar untuk menghargai Pengetahuan dan menyadari bahwa Pengetahuan sudah ada di sini.

LATIHAN 186: *Dua periode latihan 30 menit.*
Latihan setiap jam.

Langkah 187

SAYA ADALAH WARGA KOMUNITAS BESAR DUNIA-DUNIA.

ANDA BUKAN HANYA SEORANG MANUSIA di dunia yang satu ini. Anda adalah warga Komunitas Besar dunia-dunia. Ini adalah alam semesta fisik yang Anda kenali melalui indra Anda. Yang jauh lebih besar dari yang dapat Anda pahami sekarang. Cakupan hubungannya jauh lebih besar dari yang bahkan dapat Anda bayangkan, karena realitas selalu lebih besar daripada imajinasi.

ANDA ADALAH WARGA DARI ALAM SEMESTA fisik yang lebih besar. Ini tidak hanya mengakui Garis Keturunan dan Warisan Anda, tetapi juga tujuan hidup Anda pada saat ini, karena dunia umat manusia sedang tumbuh ke dalam kehidupan Komunitas Besar dunia-dunia. Hal ini diketahui oleh Anda, meskipun kepercayaan Anda mungkin belum memperhitungkannya.

HARI INI, PADA SETIAP JAM, tegaskan kewargaan Anda dalam Komunitas Besar dunia-dunia, karena ini menegaskan kehidupan yang lebih besar yang kini mulai Anda temukan. Dalam dua latihan meditasi Anda, sekali lagi masukilah keheningan dan kesunyian. Pengalaman keheningan yang meningkat ini akan memungkinkan Anda untuk memahami semua hal, karena pikiran Anda diciptakan untuk mengasimilasi Pengetahuan, dan ini adalah bagaimana pemahaman terjadi. Akumulasi gagasan dan akumulasi teori bukan merupakan Pengetahuan maupun pemahaman, karena pemahaman lahir dari afinitas dan pengalaman sejati. Di sini, hal ini tidak ada yang menyamai di dunia dan dengan demikian dapat melayani dunia yang Anda ketahui.

LATIHAN 187: *Dua periode latihan 30 menit.*
 Latihan setiap jam.

Langkah 188

HIDUP SAYA DI DUNIA INI LEBIH PENTING DARI YANG SAYA SADARI SEBELUMNYA.

Apakah ini gagasan yang muluk? Tidak. Apakah gagasan ini melanggar kebutuhan Anda akan kerendahan hati? Tidak. Anda berada di sini demi suatu tujuan yang lebih agung dari yang telah Anda bayangkan, karena imajinasi Anda tidak mengandung makna dari tujuan hidup Anda. Dalam kehidupan hanya ada tujuan dan semua hal yang menjadi pengganti dari tujuan ini, yang lahir dari imajinasi menakutkan. Anda berada di sini untuk menjalani suatu kehidupan yang lebih agung dari yang Anda sadari, dan keagungan inilah yang Anda bawa dalam diri Anda. Yang dapat diungkapkan dalam gaya hidup paling sederhana dan dalam aktivitas paling sederhana. Aktivitas itu agung karena esensi yang mereka sampaikan, bukan karena stimulasi yang dapat ditimbulkannya pada orang lain.

Pahamilah perbedaan ini dengan sangat cermat, dan Anda akan mulai belajar membedakan hal agung dari hal kecil dan belajar bagaimana hal kecil dapat melayani hal agung. Ini akan mengintegrasikan semua aspek dari diri Anda, karena sebagian dari diri Anda agung dan sebagian dari diri Anda kecil. Pikiran pribadi Anda dan tubuh fisik Anda kecil dan dimaksudkan untuk melayani keagungan Pengetahuan. Ini mengintegrasikan Anda. Inilah yang mengintegrasikan kehidupan juga. Tidak ada ketidaksetaraan di sini, karena semuanya bekerja bersama demi melayani suatu tujuan yang lebih agung, yang Anda telah datang untuk layani.

Dalam periode latihan Anda yang lebih panjang hari ini, libatkan pikiran Anda secara aktif dalam upaya untuk memahami hal-hal ini. Pemahaman Anda akan lahir dari penyelidikan Anda, bukan sekadar dari gagasan yang Anda rasakan menghibur diri atau menyenangkan secara pribadi. Gunakan pikiran Anda untuk menyelidiki. Dengan mata tertutup, pikirkanlah hal-hal ini. Berkonsentrasilah dengan sangat cermat, dan ketika konsentrasi Anda berakhir, lepaskan semua gagasan dan masuklah ke dalam keheningan dan kesunyian. Dengan demikian, pikiran secara sengaja terlibat, dan kemudian dibawa ke dalam keheningan. Ini adalah dua fungsi pikiran, yang akan Anda latih hari ini.

Ingatkan diri Anda akan latihan Anda pada setiap jam dan gunakan hari ini untuk perkembangan Anda, yang merupakan pemberian Anda kepada dunia.

Latihan 188: Dua periode latihan 30 menit.
 Latihan setiap jam.

Langkah 189

KELUARGA SPIRITUAL SAYA ADA DI SEMUA TEMPAT.

KELUARGA SPIRITUAL ANDA LEBIH AGUNG DARI YANG Anda sadari. Keluarga Spiritual Anda ada di banyak dunia. Pengaruhnya ada di mana-mana. Itulah sebabnya sangat tidak ada artinya untuk menganggap diri Anda sendirian ketika Anda adalah bagian dari sesuatu yang begitu agung yang melayani tujuan teragung. Anda harus melepaskan pengutukan diri Anda dan rasa kecil Anda untuk mengetahui hal ini, karena Anda telah mengidentifikasi dengan perilaku Anda di dunia, yang kecil. Anda telah mengidentifikasi dengan pikiran pribadi Anda dan tubuh fisik Anda, yang kecil. Namun, kini Anda mulai menyadari hubungan Anda dengan kehidupan itu sendiri melalui Pengetahuan, yang agung. Ini dilakukan tanpa menghukum pikiran pribadi atau tubuh fisik, karena mereka menjadi berguna dan menyenangkan saat mereka belajar untuk melayani tujuan yang lebih agung. Kemudian tubuh memiliki kesehatan dan pikiran pribadi dimanfaatkan, memberi mereka makna yang sekarang tidak mereka miliki.

KEBUTUHAN FISIK ANDA ADALAH KESEHATAN, tetapi kesehatan Anda adalah untuk melayani tujuan yang lebih agung. Anda perlu menggunakan pikiran pribadi Anda dengan tepat, yang akan memberinya makna dan nilai, karena pikiran pribadi hanya ingin diikutsertakan dalam apa yang bermakna. Apa yang memungkinkan pikiran pribadi Anda dan tubuh fisik Anda menemukan tempatnya yang tepat dalam kehidupan Anda adalah Pengetahuan, yang memberikan tujuan, makna, dan arah bagi Anda.

INI BERLAKU DI SEMUA DUNIA. Ini berlaku di seluruh alam semesta fisik di mana Anda adalah seorang warga. Perluas pandangan Anda tentang diri Anda agar Anda dapat belajar bersikap objektif tentang dunia Anda. Jangan sekadar melemparkan nilai, asumsi, dan cita-cita manusia pada dunia Anda, karena ini membutakan Anda terhadap tujuan dan evolusi dunia dan membuatnya jauh lebih sulit bagi Anda untuk menghargai bahwa Anda adalah seorang warga dari suatu kehidupan yang lebih agung.

HARI INI, DALAM DUA LATIHAN ANDA YANG LEBIH PANJANG, libatkan pikiran Anda dalam penyelidikan aktif tentang gagasan ini. Habiskan lima belas menit pertama untuk terlibat dalam penyelidikan ini dalam kedua periode latihan Anda yang lebih panjang. Cobalah selidiki dengan serius makna gagasan hari ini. Kemudian ketika penyelidikan Anda selesai, izinkan pikiran Anda kembali memasuki keheningan. Sadari perbedaan antara keterlibatan mental aktif dengan keheningan mental. Pahami bahwa keduanya penting dan saling melengkapi. Pada setiap jam, ulangi gagasan ini dan pertimbangkan saat Anda mengamati dunia di sekitar Anda.

LATIHAN 189: *Dua periode latihan 30 menit.*
Latihan setiap jam.

Langkah 190

DUNIA SEDANG MUNCUL KE DALAM KOMUNITAS BESAR DUNIA-DUNIA DAN ITULAH SEBABNYA SAYA TELAH DATANG.

ANDA TELAH DATANG KE DUNIA PADA TITIK belok besar, titik belok yang hanya sebagian saja akan Anda lihat dalam masa hidup Anda sendiri. Ini adalah titik belok di mana dunia Anda mengalami kontak dengan dunia-dunia di sekitarnya. Ini adalah evolusi alami umat manusia, sebagaimana ini adalah evolusi alami semua kehidupan berakal di semua dunia. Dunia Anda sedang mencari Komunitas Besar. Ini akan mengharuskan komunitas internal dunia Anda sendiri menjadi bersatu. Ini juga merupakan bagian dari evolusi semua kehidupan berakal di semua dunia. Anda telah datang ke sini untuk melayani hal ini. Ada banyak tingkat pelayanan dan banyak hal yang perlu disumbangkan pada tingkat pribadi, komunitas, dan dunia. Anda adalah bagian dari pergerakan besar kehidupan ini, karena Anda tidak berada di sini demi tujuan Anda sendiri saja. Anda berada di sini untuk melayani dunia, dan dengan demikian Anda dilayani sebagai imbalannya.

HARI INI DALAM DUA PERIODE LATIHAN ANDA YANG lebih panjang, selidikilah gagasan untuk hari ini. Berikan pemikiran serius, dengan mengamati gagasan yang selaras dengannya dan gagasan yang tidak menyetujuinya. Periksalah perasaan Anda baik yang menyetujui maupun yang tidak menyetujui gagasan ini. Periksalah preferensi Anda, prasangka Anda, kepercayaan Anda, harapan Anda, rasa takut Anda, dan lain sebagainya. Ini merupakan paruh pertama masing-masing periode latihan. Di paruh kedua, masukilah keheningan dan kesunyian, dengan menggunakan kata RAHN jika Anda rasakan berguna. Ingatlah bahwa kedua aktivitas mental ini diperlukan dan saling melengkapi, seperti yang akan Anda pelajari di masa mendatang. Pada setiap jam, ulangi gagasan untuk hari ini. Izinkankan hal ini memberikan apa yang Anda perlukan untuk melihat dunia dengan cara baru.

LATIHAN 190: *Dua periode latihan 30 menit.*
Latihan setiap jam.

Langkah 191
PENGETAHUAN SAYA LEBIH AGUNG DARI KEMANUSIAAN SAYA.

PENGETAHUAN ANDA LAHIR DARI KEHIDUPAN UNIVERSAL. Yang jauh melebihi kemanusiaan Anda tetapi memberi kemanusiaan Anda makna sejati. Kehidupan yang lebih agung ingin mengungkapkan diri di dunia Anda, di zaman Anda dan dalam keadaan yang benar-benar ada sekarang. Maka, yang agung mengungkapkan diri melalui yang kecil, dan yang kecil mengalami dirinya sebagai yang agung. Ini adalah cara semua kehidupan. Kemanusiaan Anda tidak bermakna kecuali apabila melayani suatu konteks yang lebih agung dan merupakan bagian dari Realitas yang Lebih Agung. Tanpa ini, kemanusiaan Anda lebih merupakan bentuk perbudakan — pengekangan, pembatasan dan pemaksaan pada kodrat Anda daripada penegasan akan kodrat Anda.

PENGETAHUAN ANDA LEBIH AGUNG DARIPADA KEMANUSIAAN ANDA. Maka, kemanusiaan Anda dapat memiliki makna, karena memiliki sesuatu untuk dilayani. Tanpa pelayanan, kemanusiaan Anda hanyalah pengekangan, yang membatasi Anda dan memenjarakan Anda. Tetapi kemanusiaan Anda dimaksudkan untuk melayani suatu Realitas yang Lebih Agung yang Anda bawa dalam diri Anda saat ini. Realitas ini ada pada Anda, tetapi Anda bukan pemiliknya. Anda tidak dapat menggunakannya demi pemenuhan pribadi Anda. Anda hanya dapat menerimanya dan mengizinkannya mengungkapkan diri. Pengetahuan Anda akan mengungkapkan diri melalui kemanusiaan Anda, dan akan memberi Anda pengalaman yang lebih agung tentang diri Anda.

DALAM PERIODE LATIHAN ANDA YANG LEBIH PANJANG hari ini, izinkan diri Anda memasuki keheningan sekali lagi, dan pada setiap jam ulangi gagasan ini agar Anda dapat mempertimbangkan makna sesungguhnya. Jangan menerima asumsi belaka atau kesimpulan terlalu dini, karena gagasan hari ini akan memerlukan keterlibatan mendalam Anda. Hidup memiliki kedalaman. Anda harus menembusnya. Anda harus masuk ke dalamnya. Anda harus menerimanya dan bertanya di dalamnya. Kemudian Anda akan kembali terlibat dalam hubungan alami Anda dengan kehidupan.

LATIHAN 191: *Dua periode latihan 30 menit.*
Latihan setiap jam.

Langkah 192

SAYA TIDAK AKAN MENGABAIKAN HAL-HAL KECIL HARI INI.

JANGAN MENGABAIKAN HAL-HAL KECIL HARI ini yang perlu Anda lakukan. Melakukan hal-hal kecil sama sekali tidak berarti bahwa Anda kecil. Jika Anda tidak mengidentifikasi dengan perilaku dan aktivitas Anda, Anda dapat mengizinkan keagungan Anda ada pada saat Anda melakukannya. Seseorang yang agung dapat melakukan hal-hal kecil tanpa mengeluh. Seseorang yang bersama Pengetahuan dapat melakukan aktivitas duniawi tanpa merasa aib. Aktivitas hanyalah aktivitas. Itu tidak merupakan kodrat atau diri sejati Anda. Kodrat atau diri sejati Anda adalah sumber kehidupan Anda, yang akan mengungkapkan diri melalui aktivitas kecil Anda saat Anda belajar menerimanya dan melihatnya dalam perspektif yang tepat.

JANGAN MENGABAIKAN HAL-HAL KECIL. Uruslah hal-hal kecil agar hidup Anda di dunia bisa stabil dan bisa berkembang dengan baik. Hari ini, dalam latihan Anda yang lebih dalam, sekali lagi masukilah keagungan dan kedalaman Pengetahuan. Karena Anda telah menangani hal-hal kecil, Anda sekarang dapat menghabiskan waktu ini untuk pengabdian dan memberi. Dengan cara ini, kehidupan luar Anda dikelola dengan tepat, dan kehidupan batin Anda ditangani juga, karena Anda adalah perantara antara kehidupan agung dan kehidupan di dunia. Dengan demikian, Anda menangani hal kecil dan Anda menerima hal agung. Inilah fungsi sejati Anda, karena Anda berada di sini untuk memberikan Pengetahuan kepada dunia.

SEPERTI SEBELUMNYA, ULANGI LATIHAN ANDA PADA SETIAP JAM. Bawalah bersama Anda. Janganlah lupa.

LATIHAN 192: *Dua periode latihan 30 menit.*
Latihan setiap jam.

Langkah 193

SAYA AKAN MENDENGARKAN ORANG LAIN TANPA MENGHAKIMI HARI INI.

Dengarkan orang lain tanpa menghakimi hari ini. Pengetahuan akan mengindikasikan jika apa yang mereka katakan itu bernilai atau tidak. Pengetahuan akan melakukan hal ini tanpa bentuk kecaman apa pun, tanpa pembandingan apa pun dan tanpa evaluasi apa pun dari pihak Anda. Pengetahuan tertarik pada Pengetahuan, dan tidak tertarik pada apa yang bukan Pengetahuan. Karena itu, Anda dapat menemukan cara yang benar tanpa memberikan penghakiman atau kebencian kepada dunia. Ini adalah sistem Panduan Batin Anda yang melayani Anda. Yang akan menuntun Anda ke mana Anda perlu berada dan akan menuntun Anda untuk berkontribusi di mana kontribusi Anda dapat mempunyai nilai terbesar. Jika Anda mendengarkan orang lain tanpa menghakimi, Anda akan mendengar Pengetahuan dan panggilan untuk Pengetahuan. Anda akan melihat di mana Pengetahuan ada dan di mana Pengetahuan telah ditolak. Hal ini alami. Anda tidak perlu menghakimi orang untuk menentukan ini. Hal ini semata-mata diketahui.

Dengarkan orang lain sehingga Anda dapat mengalami diri Anda mendengarkan, karena bukan tugas Anda untuk menghakimi dunia atau menentukan di mana dan bagaimana anugerah Anda harus diberikan. Tugas Anda adalah untuk mengalami diri Anda dalam kehidupan dan mengizinkan Pengetahuan muncul, karena Pengetahuan akan memberikan diri kapan dan di mana hal itu tepat. Ini memungkinkan Anda untuk memiliki kedamaian, karena Anda tidak berusaha mengendalikan dunia.

Izinkan latihan Anda mendalam. Berlatihlah pada setiap jam seperti sebelumnya. Dengarkan orang lain hari ini sehingga Anda dapat mengalami diri Anda dalam berhubungan dengan mereka, sehingga pesan sejati mereka kepada Anda dapat diberikan dan dipahami. Ini akan sekaligus menegaskan bagi Anda hadirat Pengetahuan dan kebutuhan akan Pengetahuan di dunia.

Latihan 193: *Latihan setiap jam.*

Langkah 194

SAYA AKAN PERGI KE MANA SAYA DIPERLUKAN HARI INI.

Izinkan diri Anda pergi ke mana Anda diperlukan, ke mana Anda harus pergi. Perlunya tindakan ini akan memberi nilai dan makna pada aktivitas Anda dan akan menegaskan kelayakan Anda dalam semua keterlibatan Anda hari ini. Pergilah ke mana Anda diperlukan, ke mana Anda harus pergi. Pahami motivasi sesungguhnya untuk hal ini dan bedakan dari rasa bersalah atau kewajiban apa pun kepada orang lain. Jangan menaruh tuntutan palsu pada diri sendiri. Jangan mengizinkan orang lain menaruh tuntutan palsu pada Anda di luar tugas-tugas sederhana Anda hari ini. Pergilah ke mana Anda benar-benar diperlukan.

Ingatkan diri Anda tentang hal ini pada setiap jam, karena maknanya harus ditembus untuk dialami. Jika Anda terbiasa dengan rasa bersalah dan kewajiban, gagasan hari ini akan tampak menambah kesulitan Anda. Namun, gagasan hari ini sesungguhnya merupakan penegasan Pengetahuan dalam diri Anda, memberikan kesempatan bagi Pengetahuan untuk memandu Anda dan mendemonstrasikan nilainya kepada Anda. Ini tidak ada hubungannya dengan ketergantungan, karena Anda harus bebas dari hal-hal palsu untuk mengikuti apa yang sejati. Ini adalah nilai dari semua kebebasan.

Dalam periode latihan Anda yang lebih panjang, masuklah jauh ke dalam Pengetahuan. Dan ketika Anda berada di dunia, pertahankan gagasan ini tetap hidup. Izinkan diri Anda merasakan hadirat yang lebih dalam di dalam diri Anda saat Anda berada di dunia penuh hal duniawi, saat Anda berada di dunia penuh pertimbangan kecil. Keagungan berada di sini untuk melayani hal kecil. Ingatlah.

LATIHAN 194: *Dua periode latihan 30 menit.*
Latihan setiap jam.

Langkah 195

PENGETAHUAN LEBIH KUASA DARI YANG SAYA SADARI.

PENGETAHUAN LEBIH KUASA DARI YANG ANDA SADARI. Juga lebih mengagumkan dari yang Anda sadari. Anda masih takut padanya karena kuasanya yang agung. Anda ragu-ragu apakah hal ini akan mendominasi Anda atau mengendalikan Anda, ragu-ragu ke mana hal ini akan membawa Anda dan apa yang akan harus Anda lakukan, dan ragu-ragu akan hasil dari semua ini. Namun, ketika Anda menjauh dari Pengetahuan, Anda kembali memasuki kebingungan dan dunia imajinasi. Ketika Anda mendekati Pengetahuan, Anda memasuki kepastian, konfirmasi, dan dunia realitas dan tujuan. Bagaimanakah Anda dapat mengetahui Pengetahuan dari kejauhan? Bagaimanakah Anda dapat menentukan maknanya tanpa menerima anugerahnya?

DEKATILAH PENGETAHUAN HARI INI. Izinkan Pengetahuan dengan sunyi berdiam dalam diri Anda, sebagaimana Anda belajar untuk dengan sunyi berdiam bersamanya. Tidak ada yang lebih pokok bagi pengalaman alami Anda selain pengalaman Pengetahuan. Bergembiralah bahwa hal ini lebih agung dari yang Anda sadari, karena evaluasi Anda selama ini kecil. Bergembiralah bahwa Anda belum dapat memahaminya, karena pemahaman Anda hanya akan membatasinya dan membatasi kegunaannya bagi Anda. Izinkan apa yang agung bersama Anda sehingga keagungan Anda dapat didemonstrasikan dan dialami hari ini.

BAWALAH GAGASAN INI BERSAMA ANDA DAN LATIHLAH pada setiap jam. Ingatlah sepanjang hari. Dalam dua periode latihan Anda yang lebih panjang, izinkan diri Anda mengalami kedalaman Pengetahuan. Rasakan kuasa Pengetahuan. Perkuat tekad Anda untuk melakukannya. Dedikasikan disiplin diri Anda, karena di sini disiplin diri digunakan dengan bijak. Pengetahuan lebih agung dari yang Anda sadari. Karena itu, Anda harus belajar menerima keagungannya.

LATIHAN 195: *Dua periode latihan 30 menit.*
Latihan setiap jam.

Langkah 196
TINJAU ULANG

Hari ini tinjaulah dua minggu terakhir persiapan. Baca petunjuk setiap hari dan kemudian tinjau pengalaman berlatih Anda untuk hari itu. Mulailah dengan hari pertama dalam periode dua minggu ini, dan ikuti setiap hari langkah demi langkah. Anda sekarang akan mulai meninjau persiapan Anda dalam interval dua minggu. Ini diberikan untuk Anda lakukan sekarang karena persepsi dan pemahaman Anda mulai bertunas dan tumbuh.

Ingatlah masing-masing hari. Cobalah mengingat kembali latihan dan pengalaman Anda. Pelajarannya sendiri akan mengingatkan kembali pengalaman ini bagi Anda jika Anda lupa. Cobalah melihat perkembangan pembelajaran sehingga Anda dapat memahami cara belajar. Cobalah melihat apa yang mengonfirmasi Pengetahuan dan apa yang menolak Pengetahuan dalam diri Anda sehingga Anda dapat belajar untuk bekerja dengan kecenderungan ini.

Menjadi siswa Pengetahuan sejati akan memerlukan disiplin diri yang lebih besar, konsistensi penerapan yang lebih besar, dan penerimaan rasa layak yang lebih besar daripada apa pun yang telah Anda usahakan sejauh ini. Mengikuti mempersiapkan Anda untuk menjadi seorang pemimpin, karena semua pemimpin besar adalah pengikut besar. Jika sumber kepemimpinan Anda mewakili kebaikan dan kebenaran, maka Anda tentu harus belajar untuk mengikutinya. Dan untuk mengikutinya, Anda harus belajar cara belajar mengenainya, cara menerimanya, dan cara memberikannya.

Jadikan waktu tinjau ulang panjang Anda hari ini, yang bisa lebih dari dua jam keterlibatan, menjadi tinjau ulang dua minggu terakhir, dengan mengingat semua hal ini. Jadilah objektif tentang hidup Anda. Tidak ada pengecaman yang diperlukan di sini, karena Anda sedang belajar cara belajar, Anda sedang belajar mengikuti, dan Anda sedang belajar mempekerjakan Pengetahuan, sebagaimana Pengetahuan tentu akan mempekerjakan Anda. Di sini, Pengetahuan dan Anda bersatu dalam perkawinan sejati dan dalam keselarasan sejati. Kemudian Pengetahuan semakin kuasa, dan Anda semakin kuasa. Tidak ada ketidaksetaraan di sini, dan semua hal menemukan pengungkapan alami mereka.

Gunakan Tinjau Ulang ini untuk memajukan dan memperdalam pemahaman Anda tentang persiapan Anda, dengan mengingat bahwa pemahaman selalu datang kemudian. Ini adalah kebenaran agung dalam Tata Cara Pengetahuan.

Latihan 196: *Satu periode latihan panjang.*

Langkah 197

PENGETAHUAN HARUS DIALAMI UNTUK DISADARI.

"Hari ini saya tidak akan berpikir bahwa saya dapat memahami Pengetahuan dengan akal saya atau bahwa saya dapat mengartikan keagungan kehidupan. Saya tidak akan berpikir hari ini bahwa hanya dengan gagasan atau asumsi saja saya dapat sepenuhnya mengakses Pengetahuan itu sendiri. Dengan menyadari ini, saya akan memahami apa yang diminta dari saya dan apa yang harus saya berikan kepada latihan saya, karena saya harus memberikan diri saya sendiri."

ANDA HARUS MEMBERIKAN DIRI ANDA SENDIRI. Anda tidak bisa hanya memikirkan gagasan dan berharap itu akan menjawab kebutuhan terbesar Anda. Dengan menyadari ini hari ini, ulangi latihan Anda pada setiap jam dan dalam meditasi Anda yang lebih dalam berikan diri Anda sepenuhnya kepada pengalaman Pengetahuan. Masukilah keheningan. Izinkan diri Anda sepenuhnya terlibat. Secara ini Anda akan melatih kuasa pikiran Anda demi Anda sendiri. Kemudian Anda akan menyadari bahwa Anda memiliki kuasa untuk menghalau gangguan; Anda memiliki kuasa untuk menghalau rasa takut; Anda memiliki kuasa untuk menghalau rintangan karena kehendak Anda adalah untuk mengetahui Pengetahuan.

LATIHAN 197: *Dua periode latihan 30 menit.*
Latihan setiap jam.

Langkah 198

HARI INI SAYA AKAN KUAT.

JADILAH KUAT HARI INI. Ikuti rencana yang diberikan kepada Anda. Jangan menahan diri atau mengubah instruksi secara apa pun. Tidak ada jalan pintas di sini; hanya ada cara langsung. Anda diberi langkah-langkahnya. Ikutilah. Jadilah kuat hari ini. Hanya gagasan Anda tentang diri sendiri yang berbicara tentang kelemahan. Hanya evaluasi Anda tentang diri sendiri yang mengatakan bahwa Anda menyedihkan, tidak mampu atau tidak memadai. Anda harus yakin pada kekuatan Anda dan melatih keyakinan ini untuk menyadari kekuatan Anda.

PADA SETIAP JAM ULANGI PERNYATAAN INI dan cobalah untuk mengalaminya dalam keadaan apa pun Anda berada. Dalam dua periode latihan Anda yang lebih dalam hari ini, gunakan kekuatan Anda untuk terlibat dalam keheningan sepenuhnya. Izinkan pikiran Anda terbebas dari belenggu konsepnya sendiri. Izinkan tubuh Anda terbebas dari pikiran yang tersiksa. Di sini, pikiran Anda dan tubuh Anda akan menyesuaikan diri ke dalam fungsi alaminya, dan segalanya akan tersusun secara tepat dalam diri Anda. Kemudian Pengetahuan akan menemukan pengungkapan melalui pikiran Anda dan melalui tubuh Anda. Dari ini Anda akan mampu membawa ke dalam dunia apa yang lebih agung dari dunia, dan hidup Anda akan dikonfirmasi sebagai hasilnya.

LATIHAN 198: *Dua periode latihan 30 menit.*
Latihan setiap jam.

Langkah 199

DUNIA YANG SAYA LIHAT SEDANG MUNCUL KE DALAM KOMUNITAS BESAR DUNIA-DUNIA.

TANPA KETERBATASAN SUDUT PANDANG manusia belaka, Anda akan mampu melihat evolusi dunia Anda dalam konteks yang lebih besar. Melihat dunia tanpa distorsi keinginan dan rasa takut pribadi Anda, Anda akan mampu mengamati pergerakannya yang lebih besar dan mencamkan arah keseluruhannya. Maka, adalah penting bahwa Anda menyadari arah dunia Anda karena ini adalah konteks yang memberi makna pada tujuan Anda dan pada panggilan spesifik Anda saat Anda berada di dunia ini. Karena Anda telah datang untuk melayani dunia dalam evolusinya saat ini, dan anugerah Anda dimaksudkan untuk melayani dunia dalam kehidupannya yang akan datang.

DUNIA ANDA SEDANG MEMPERSIAPKAN UNTUK memasuki suatu Komunitas Besar. Bukti ini ada dimana-mana jika saja Anda menengok. Tanpa kepercayaan atau penolakan, hal-hal dapat dengan mudah dikenali. Di sini, demonstrasi kehidupan jelas dan tidak perlu dilihat dari kerumitan. Apa yang membuat kehidupan rumit adalah bahwa orang-orang menginginkan kehidupan menjadi apa yang bukan kehidupan, mereka menginginkan diri mereka menjadi apa yang bukan diri mereka, dan mereka menginginkan takdir mereka menjadi apa yang bukan takdir mereka. Kemudian mereka berusaha memperoleh dari kehidupan apa yang mengonfirmasi idealisme mereka sendiri, dan karena kehidupan tidak dapat mengonfirmasinya, semua menjadi tertekan, berkonflik dan rumit. Mekanisme kehidupan mungkin rumit dalam detailnya yang kecil, namun makna kehidupan secara langsung jelas bagi siapa pun yang melihat tanpa distorsi penilaian atau preferensi.

KENALILAH BAHWA DUNIA ANDA SEDANG MEMPERSIAPKAN untuk muncul ke dalam Komunitas Besar. Lakukan hal ini tanpa membumbui pengakuan ini dengan imajinasi Anda sendiri. Anda tidak perlu memberi bentuk pada masa depan. Hanya memahami arah dunia Anda saat ini. Di sini, makna dari kemampuan inheren Anda dan penerapannya nanti akan semakin terbukti bagi Anda.

PADA SETIAP JAM ULANGI PERNYATAAN INI dan pertimbangkan dengan serius, karena ini adalah fondasi mutlak kehidupan Anda dan Anda perlu memahaminya. Ini bukan sekadar kepercayaan; ini adalah evolusi dunia.

Dalam dua latihan meditasi Anda yang lebih dalam hari ini, libatkan pikiran Anda secara aktif dalam mempertimbangkan gagasan ini. Lihatlah kepercayaan Anda sendiri yang menyetujui atau menentang gagasan ini. Lihatlah perasaan Anda sendiri tentang hal ini. Periksalah diri Anda secara objektif saat Anda mencoba untuk terlibat dengan gagasan yang kuat ini. Ini adalah waktu untuk keterlibatan mental. Manfaatkan periode latihan Anda dengan dedikasi penuh dan libatkan diri Anda sepenuhnya. Izinkan pikiran Anda menembus kedangkalan gagasan permukaannya sendiri.

Dalam Pengetahuan semua menjadi hening dan sunyi. Semua menjadi diketahui. Di sini Anda mulai membedakan antara mengetahui dan berpikir. Anda menyadari bagaimana berpikir hanya dapat melayani dalam persiapan untuk Pengetahuan, namun Pengetahuan jauh melebihi cakupan dan jangkauan pemikiran individu apa pun. Di sini Anda akan memahami bagaimana pikiran dapat melayani kodrat spiritual Anda. Di sini Anda akan memahami evolusi dunia.

Latihan 199: *Dua periode latihan 30 menit.*
Latihan setiap jam.

Langkah 200

Pikiran saya terlalu kecil untuk memuat Pengetahuan.

Pikiran Anda terlalu kecil, karena Pengetahuan lebih agung. Kepercayaan Anda terlalu sempit, karena Pengetahuan lebih agung. Karena itu, perlakukan Pengetahuan dengan misteri dan jangan mencoba menciptakan bentuk untuknya, karena Pengetahuan lebih agung daripada ini dan akan melampaui harapan Anda. Maka, izinkan Pengetahuan menjadi misterius agar dapat memberikan anugerahnya kepada Anda tanpa hambatan. Izinkan pemikiran dan gagasan Anda diterapkan pada dunia visual yang Anda lihat, karena di sini pemikiran Anda dapat berkembang dengan cara yang bermanfaat saat Anda memahami mekanisme kehidupan fisik Anda dan keterlibatan Anda dengan orang lain. Namun, izinkan Pengetahuan berada di luar penerapan mekanis pikiran Anda agar dapat mengalir ke dalam setiap situasi, memberkatinya dan memberinya tujuan, makna, dan arah.

Ingatkan diri Anda tentang gagasan ini pada setiap jam dan pertimbangkan dengan serius dalam situasi apa pun Anda berada. Dalam dua latihan meditasi Anda hari ini, izinkan diri Anda sekali lagi memasuki keheningan, dengan menggunakan latihan RAHN apabila Anda rasakan membantu. Izinkan diri Anda melampaui gagasan-gagasan. Izinkan diri Anda melampaui pola kebiasaan berpikir. Izinkan pikiran Anda menjadi dirinya sendiri, karena pikiran Anda diciptakan untuk melayani Pengetahuan.

Latihan 200: *Dua periode latihan 30 menit.*
Latihan setiap jam.

Langkah 201

PIKIRAN SAYA DICIPTAKAN UNTUK MELAYANI PENGETAHUAN.

DENGAN MEMAHAMI INI, ANDA AKAN MENYADARI NILAI pikiran Anda, dan Anda tidak akan mencelanya. Dengan menyadari ini, Anda akan memahami nilai tubuh Anda, dan Anda tidak akan mencelanya. Karena pikiran Anda dan tubuh Anda hanyalah sarana untuk mengungkapkan Pengetahuan. Di sini, Anda menjadi penerima Pengetahuan. Di sini, Anda mengingat Warisan agung Anda. Di sini, Anda terhibur oleh kepastian takdir agung Anda.

TIDAK ADA ILUSI DI SINI. Tidak ada penipuan diri di sini. Di sini semua hal menemukan susunannya yang tepat. Di sini Anda memahami proporsi sejati dari semua hal. Di sini Anda memahami nilai pikiran Anda, dan Anda tidak akan mau memberinya tugas yang tidak mampu dilakukannya. Maka, pikiran Anda akan diterapkan secara konstruktif dan tidak akan terbebani dengan upaya yang mustahil. Dengan menyadari ini, Anda akan melihat bahwa tubuh Anda diciptakan untuk melayani pikiran Anda, dan Anda akan memahami nilai tubuh Anda dan penerapannya yang besar sebagai alat untuk komunikasi. Di sini, Anda akan menerima keterbatasannya, karena tubuh Anda harus terbatas. Anda juga akan menghargai mekanismenya. Anda akan menghargai semua pertemuan yang Anda alami dengan individu lain di dunia ini. Kemudian Anda akan merasa senang bahwa Anda memiliki pikiran dan tubuh sehingga Anda dapat mengomunikasikan kuasa dan esensi Pengetahuan.

ULANGI GAGASAN ANDA UNTUK HARI ini pada setiap jam dan pertimbangkanlah. Dalam dua latihan meditasi Anda yang lebih dalam, izinkan pikiran Anda menjadi hening agar dapat belajar untuk melayani. Anda harus mempelajari kembali apa yang alami bagi Anda, karena Anda telah belajar apa yang tidak alami, yang sekarang harus ditinggalkan. Sebagai gantinya apa yang alami akan distimulasi, karena ketika apa yang alami distimulasi, hal tersebut diungkapkan. Kemudian pikiran kembali terlibat dengan fungsi sejatinya, dan semua hal menemukan nilai sejatinya.

LATIHAN 201: *Dua periode latihan 30 menit.*
Latihan setiap jam.

Langkah 202

Saya memerhatikan Komunitas Besar hari ini.

Anda dapat memerhatikan Komunitas Besar, karena Anda hidup di tengah-tengah Komunitas Besar. Karena Anda berada di permukaan dunia, sibuk dengan upaya manusia dan terbatas oleh ruang dan waktu, tidak berarti Anda tidak dapat memerhatikan kemegahan Komunitas Besar. Anda dapat memerhatikan hal ini dengan melihat langit di atas dan dengan melihat dunia di bawah. Anda dapat menyadari hal ini dengan memahami hubungan umat manusia dengan alam semesta secara keseluruhan dan dengan menyadari bahwa umat manusia hanyalah satu lagi ras yang berevolusi untuk mengembangkan kecerdasannya dan Pengetahuannya agar dapat mengalami keterlibatan sejati saat muncul ke dalam Komunitas Besar. Melihat secara ini memberi Anda perspektif yang lebih besar. Melihat secara ini mengizinkan Anda memahami sifat perubahan di dunia. Melihat secara ini memungkinkan Anda memiliki rasa belas kasih untuk diri sendiri dan untuk orang lain, karena belas kasih lahir dari Pengetahuan. Pengetahuan tidak mencela apa yang terjadi melainkan mencoba memengaruhinya demi kebaikan.

Pada setiap jam pertimbangkan nilai gagasan hari ini. Lihatlah ke dunia dan pandang diri Anda sebagai saksi Komunitas Besar. Pikirkan dunia Anda sebagai salah satu dari sangat banyak dunia yang berada dalam tahap evolusi yang serupa. Jangan menyiksa pikiran Anda dengan mencoba memberi bentuk pada apa yang berada di luar jangkauan persepsi Anda. Izinkan diri Anda hidup di alam semesta yang besar dan misterius yang baru kini mulai Anda pahami.

Dalam dua meditasi Anda yang lebih dalam, izinkan diri Anda menerapkan pikiran Anda secara aktif dalam mempertimbangkan gagasan ini. Cobalah melihat kehidupan Anda dari luar perspektif manusia belaka, karena dari perspektif manusia belaka Anda hanya akan melihat kehidupan manusia, dunia manusia, dan alam semesta manusia. Anda tidak hidup di alam semesta manusia. Anda tidak hidup di dunia manusia. Anda tidak menjalani kehidupan manusia belaka. Pahamilah bahwa kemanusiaan Anda di sini tidak ditolak tetapi diberikan kesertaan yang lebih besar dalam kehidupan yang lebih besar. Maka, kemanusiaan Anda menjadi sumber dan sarana pengungkapan daripada keterbatasan yang Anda paksakan pada diri sendiri. Izinkan periode latihan Anda yang lebih dalam menjadi sangat aktif. Gunakan pikiran Anda secara konstruktif. Gunakan pikiran Anda secara objektif. Lihatlah gagasan-gagasan Anda. Jangan mudah goyah olehnya. Lihatlah kepercayaan Anda. Jangan hanya mengikuti atau menolaknya. Pelajari objektifitas ini, dan Anda akan belajar melihat dengan Pengetahuan, karena Pengetahuan melihat semua hal mental dan fisik dengan keseimbangan.

LATIHAN 202: *Dua periode latihan 30 menit.*
Latihan setiap jam.

Langkah 203

KOMUNITAS BESAR MEMENGARUHI DUNIA YANG SAYA LIHAT.

Jika Anda dapat menerima bahwa dunia Anda adalah bagian dari suatu Komunitas Besar, yang sangat jelas apabila Anda menengok, maka Anda harus menerima bahwa dunia sedang dipengaruhi oleh Komunitas Besar, karena dunia adalah bagian dari suatu Komunitas Besar dan tidak dapat terlepas darinya. Bagaimana Komunitas Besar memengaruhi dunia Anda berada di luar kemampuan Anda saat ini untuk memahami. Tetapi memahami bahwa dunia sedang dipengaruhi mengizinkan Anda untuk melihatnya dari perspektif yang lebih besar, yang dari sudut pandang manusia belaka tidak akan mampu Anda capai, karena sudut pandang manusia belaka tidak mengizinkan adanya kehidupan berakal lainnya. Kemustahilan sudut pandang ini menjadi sangat terbukti ketika Anda mulai melihat alam semesta secara objektif. Ini akan menginspirasi Anda dengan rasa takjub, perhatian dan kewaspadaan yang lebih besar juga. Ini sangat penting karena dunia sedang dipengaruhi oleh Komunitas Besar, dan Anda adalah bagian dari dunia yang sedang dipengaruhi.

Karena dunia fisik tempat Anda tinggal dipengaruhi oleh kekuatan fisik yang lebih besar di luar jangkauan visual Anda, maka dunia secara mental dipengaruhi oleh kehidupan berakal yang terlibat dengan dunia Anda. Kehidupan berakal ini mewakili kekuatan demi kebaikan dan kekuatan demi ketidaktahuan juga. Di sini, Anda harus memahami suatu kebenaran fundamental: Pikiran yang lebih lemah dipengaruhi oleh pikiran yang lebih kuat. Ini berlaku di dunia Anda dan di semua dunia. Di luar alam fisik, ini tidak berlaku, tetapi dalam kehidupan fisik inilah yang terjadi. Itulah sebabnya Anda sekarang terlibat dalam membuat pikiran Anda kuat dan belajar merespons Pengetahuan, yang mewakili kekuatan demi kebaikan di mana-mana di alam semesta. Seiring Anda semakin kuat, Anda mulai semakin mengerti dan memahami. Dengan demikian, pikiran Anda harus dilatih dalam Pengetahuan untuk menjadi lebih kuat sehingga dapat melayani tujuan yang sejati.

Hari ini, pada setiap jam, ulangi gagasan untuk hari ini dan dalam dua periode latihan Anda yang lebih dalam, cobalah untuk berkonsentrasi pada kata-kata yang Kami berikan kepada Anda di sini. Gunakan pikiran Anda secara aktif. Jangan izinkankan pikiran Anda melantur dan berlindung dalam hal-hal tanpa arti atau kecil. Pikirkan kebesaran gagasan-gagasan ini, tetapi jangan mempertimbangkannya dengan rasa takut, karena rasa takut tidak diperlukan. Yang diperlukan adalah objektivitas sehingga Anda dapat memahami kebesaran dunia Anda, alam semesta Anda, dan peluang Anda di dalamnya.

LATIHAN 203: *Dua periode latihan 30 menit.*
Latihan setiap jam.

Langkah 204

SAYA AKAN DAMAI HARI INI.

Damailah hari ini. Jangan biarkan imajinasi negatif Anda membayangkan gambaran kehilangan dan kehancuran. Jangan biarkan kecemasan Anda melanda konsentrasi Anda pada Pengetahuan. Untuk secara objektif mempertimbangkan dunia Anda dan Komunitas Besar di mana Anda tinggal seharusnya tidak menimbulkan rasa takut tetapi rasa hormat — menghormati kuasa dari masa di mana Anda hidup dan pentingnya untuk masa depan, menghormati munculnya kemampuan Anda sendiri dan kegunaannya di dunia yang Anda rasakan, menghormati keagungan alam semesta fisik dan menghormati kuasa Pengetahuan yang bahkan lebih agung daripada alam semesta yang Anda rasakan.

Ingatkan diri Anda untuk damai pada setiap jam. Gunakan kekuatan Anda dan pengabdian Anda untuk ini. Berikan diri Anda pada ini. Dalam latihan meditasi Anda yang lebih dalam, dengan menggunakan kata RAHN jika perlu, izinkan pikiran Anda menjadi hening sehingga dapat masuk ke dalam keagungan Pengetahuan, yang dimaksudkan untuk dilayani. Damailah hari ini, karena Pengetahuan ada bersama Anda. Rasakan damai hari ini, karena Anda sedang belajar untuk bersama Pengetahuan.

LATIHAN 204: *Dua periode latihan 30 menit.*
Latihan setiap jam.

Langkah 205
SAYA TIDAK AKAN MENGHAKIMI DUNIA HARI INI.

Jangan biarkan pikiran Anda mencela dirinya sendiri dengan memproyeksikan kesalahan pada dunia. Dengan menyalahkan, dunia disalahpahami, dan pikiran Anda menjadi beban daripada aset bagi Anda. Gagasan hari ini memerlukan latihan, disiplin, dan penerapan, karena pikiran Anda dan semua pikiran di dunia telah disalahpahami, disalahgunakan, dan salah arah. Jadi, Anda sekarang belajar menggunakan pikiran secara positif dengan memberinya fungsi sejati dalam pelayanan kepada Pengetahuan.

Jangan menyalahkan dunia hari ini. Jangan menghakimi dunia hari ini. Izinkan pikiran Anda hening saat yang Anda melihat dunia. Pengetahuan tentang dunia muncul secara bertahap. Muncul secara alami. Gagasan dapat membicarakannya, tetapi gagasan tidak dapat mengandungnya. Pengetahuan mewakili pergeseran keseluruhan dalam sudut pandang Anda, perubahan keseluruhan dalam pengalaman Anda, pergeseran keseluruhan dalam penekanan Anda, dan transformasi keseluruhan dari sistem penilaian Anda. Inilah bukti Pengetahuan.

Jangan menyalahkan dunia hari ini. Dunia tidak bersalah, karena dunia hanya menunjukkan bahwa Pengetahuan tidak ditaati. Apa lagi yang dapat dilakukannya selain berbuat kesalahan dan kebodohan? Apa lagi yang dapat dilakukannya selain menyia-nyiakan sumber dayanya yang besar? Umat manusia hanya dapat berbuat kesalahan tanpa Pengetahuan. Hanya dapat menciptakan fantasi. Hanya dapat terlibat dalam kerugian. Karena itu, dunia tidak patut dikutuk. Dunia patut mendapatkan penerapan Pengetahuan.

Berlatihlah pada setiap jam untuk tidak menyalahkan dunia. Jangan biarkan jam-jam berlalu tanpa keterlibatan Anda. Berikan hari ini untuk melayani dunia secara ini, karena tanpa kutukan Anda, cinta kasih Anda untuk dunia akan muncul secara alami dan diungkapkan. Dalam dua periode latihan Anda yang lebih dalam, izinkan pikiran Anda memasuki keheningan. Tanpa menyalahkan dan menghakimi, keheningan dapat diakses karena ini alami. Tanpa pembebanan kutukan Anda, pikiran Anda diizinkan untuk hening. Dalam keheningan tidak ada menyalahkan atau penghakiman. Dalam keheningan cinta kasih akan mengalir dari Anda ke segala penjuru dan akan terus berlanjut jauh melampaui apa yang dapat Anda rasakan melalui indra Anda.

LATIHAN 205: *Dua periode latihan 30 menit.*
Latihan setiap jam.

Langkah 206

CINTA KASIH MENGALIR DARI SAYA SEKARANG.

Cinta kasih mengalir dari Anda, dan hari ini Anda dapat mencoba mengalaminya dan melepaskan hal-hal yang menghalanginya. Tanpa penghakiman, tanpa ilusi, tanpa fantasi dan tanpa pembatasan dari sudut pandang manusia belaka, Anda akan melihat bahwa cinta kasih mengalir dari Anda. Anda akan melihat bahwa semua frustrasi dalam hidup Anda adalah ketidakmampuan Anda untuk mengalami dan mengungkapkan cinta kasih ini yang ingin mengalir dari Anda. Terlepas dari keadaan di mana rasa frustrasi Anda muncul, ini selalu adalah karena Anda tidak dapat mengungkapkan cinta kasih. Evaluasi Anda tentang kesulitan dan dilema tentu dapat menyembunyikan fakta ini tetapi tidak dapat menyangkal keberadaannya.

Pada setiap jam izinkan cinta kasih mengalir dari Anda, dengan menyadari bahwa Anda tidak perlu terlibat dalam bentuk perilaku apa pun, karena cinta kasih akan muncul secara alami dari Anda seperti aroma dari bunga. Dalam latihan Anda yang lebih dalam, izinkan pikiran Anda menjadi hening agar cinta kasih dapat mengalir dari Anda. Di sini, Anda akan menyadari fungsi alami pikiran Anda dan keagungan Pengetahuan, yang ada dalam diri Anda tetapi bukan milik Anda.

Jangan biarkan gagasan apa pun yang mencela diri atau keraguan diri menghalangi Anda dari kesempatan ini hari ini. Tanpa campur tangan Anda, cinta kasih akan mengalir secara alami dari Anda. Anda tidak perlu berpura-pura. Anda tidak perlu belajar bentuk perilaku apa pun agar hal ini terjadi. Perilaku Anda seiring waktu akan mewakili apa yang mengalir dari Anda secara alami. Izinkan cinta kasih mengalir dari Anda secara alami hari ini.

LATIHAN 206: *Dua periode latihan 30 menit.*
  Latihan setiap jam.

Langkah 207

SAYA MEMAAFKAN MEREKA YANG SAYA PIKIR TELAH MENYAKITI SAYA.

PERNYATAAN INI MEWAKILI NIAT ANDA UNTUK memiliki Pengetahuan, karena sikap tidak memaafkan hanyalah menggunakan penyalahan terhadap situasi yang tidak dapat Anda pahami atau menerapkan Pengetahuan. Semua kegagalan Anda adalah milik Anda sendiri dalam hal ini. Ini pada awalnya mungkin terlihat seperti beban penyalahan, sampai Anda menyadari peluang lebih besar yang diberikannya kepada Anda. Karena jika semua kegagalan adalah milik Anda, maka Anda akan menyadari bahwa semua koreksi diberikan kepada Anda untuk diterapkan. Kegagalan orang lain bukanlah milik Anda, tetapi kutukan Anda terhadapnya adalah kegagalan Anda sendiri. Karena itu, kegagalan apa pun yang menimbulkan sikap tidak memaafkan dalam diri Anda adalah kegagalan Anda, karena kegagalan orang lain tidak perlu menimbulkan sikap tidak memaafkan dalam diri Anda atau penyalahan dalam bentuk apa pun. Nyatanya, kegagalan orang lain akan menimbulkan belas kasih Anda dan penerapan Pengetahuan di masa depan dan tidak perlu membangkitkan penyalahan atau ketidakbahagiaan dalam diri Anda.

PENGETAHUAN TIDAK TERKEJUT MELIHAT DUNIA. Pengetahuan tidak cemas. Pengetahuan tidak berkecil hati. Pengetahuan tidak merasa terhina. Pengetahuan menyadari kecilnya dunia dan kesalahan dunia. Pengetahuan menyadari ini karena Pengetahuan hanya tahu dirinya sendiri, dan semua yang bukan Pengetahuan hanyalah peluang untuk Pengetahuan diterapkan kembali. Dengan demikian, sikap tidak memaafkan Anda hanyalah peluang bagi Anda untuk menerapkan kembali Pengetahuan.

ULANGI GAGASAN HARI INI PADA SETIAP JAM dan jangan meremehkan nilainya bagi Anda yang sekarang berusaha untuk tidak terbebani oleh kesedihan dan kesengsaraan. Dalam dua periode latihan Anda yang lebih dalam, pikirkan individu, satu per satu, pada siapa Anda merasa tidak memaafkan — individu yang Anda kenal secara pribadi dan individu yang pernah Anda dengar atau pikirkan, individu yang telah dikaitkan dengan kegagalan. Mereka akan terpikir ketika Anda memanggil mereka, karena mereka semua menunggu untuk dimaafkan oleh Anda. Izinkan mereka sekarang muncul satu per satu. Saat mereka muncul, maafkan diri Anda sendiri karena gagal menerapkan Pengetahuan Anda. Ingatkan mereka saat mereka muncul di hadapan Anda bahwa Anda sekarang belajar untuk menerapkan Pengetahuan dan bahwa Anda tidak akan menderita demi mereka dan oleh karena itu, mereka tidak perlu menderita demi Anda. Maka, komitmen untuk memaafkan adalah komitmen untuk menyadari Pengetahuan dan untuk menerapkan Pengetahuan, karena Pengetahuan menghalau sikap tidak memaafkan seperti cahaya menghalau kegelapan. Karena yang ada hanyalah Pengetahuan dan kebutuhan akan Pengetahuan. Hanya itulah yang dapat Anda ketahui di alam semesta.

KARENA ITU, DUA PERIODE LATIHAN ANDA DIDEDIKASIKAN untuk menghadapi orang-orang yang telah Anda tuduh dan memaafkan diri Anda sendiri karena gagal menerapkan Pengetahuan dalam pemahaman Anda tentang mereka dan keterlibatan dengan mereka. Lakukan ini tanpa bentuk rasa bersalah atau mencela diri apa pun, karena bagaimana mungkin Anda tidak gagal jika Pengetahuan tidak tersedia bagi Anda atau jika Anda tidak tersedia bagi Pengetahuan. Maka, terimalah keterbatasan lampau Anda dan dedikasikan diri sekarang untuk memahami dunia secara baru, tanpa menyalahkan dan dengan keagungan Pengetahuan.

LATIHAN 207: *Dua periode latihan 30 menit.*
Latihan setiap jam.

Langkah 208

SEMUA HAL YANG BENAR-BENAR SAYA HARGAI AKAN DIUNGKAPKAN DARI PENGETAHUAN.

SEMUA HAL YANG PALING BERHARGA DALAM kehidupan manusia — cinta, kesabaran, pengabdian, toleransi, pengampunan, pencapaian sejati, keberanian dan iman — semua secara alami muncul dari Pengetahuan, karena Pengetahuan adalah sumbernya. Hal-hal tersebut hanyalah pengungkapan keluar dari pikiran yang melayani Pengetahuan. Maka, hal-hal tersebut tidak perlu dipaksakan pada diri sendiri melalui disiplin diri yang sulit. Hal-hal tersebut muncul secara alami, karena pikiran yang melayani Pengetahuan hanya dapat menunjukkan keagungannya sendiri dan kemampuannya sendiri. Yang memerlukan disiplin diri adalah mengarahkan kembali fokus Anda, mengarahkan kembali pengabdian Anda, dan mengarahkan kembali pelayanan Anda. Anda melayani Pengetahuan atau Anda melayani pengganti Pengetahuan, karena dalam semua hal Anda harus melayani.

PADA SETIAP JAM ULANGI GAGASAN INI pada diri sendiri sehingga Anda dapat mempertimbangkannya sepanjang hari. Dalam dua periode latihan Anda yang lebih dalam, libatkan pikiran Anda secara aktif untuk mempertimbangkan kedalaman gagasan ini. Anda harus berpikir secara konstruktif di sini. Jangan hanya menjalin gambaran untuk diri sendiri yang menurut Anda menyenangkan. Jangan hanya membuat penilaian yang menurut Anda kasar terhadap diri sendiri atau orang lain. Belajarlah lagi melalui latihan untuk menjadi objektif dalam menerapkan pikiran Anda. Izinkan pikiran Anda memperdalam keterlibatannya. Jangan merasa puas dengan jawaban sederhana yang Anda rasakan menghibur.

PIKIRKAN CONTOH DARI APA YANG TELAH KAMI bicarakan hari ini, karena ada contoh yang dapat Anda kenali. Semua hal yang benar-benar Anda hargai akan muncul dari Pengetahuan, karena Pengetahuan adalah sumbernya.

LATIHAN 208: *Dua periode latihan 30 menit.*
Latihan setiap jam.

Langkah 209

SAYA TIDAK AKAN KEJAM PADA DIRI SAYA SENDIRI HARI INI.

JANGANLAH KEJAM PADA DIRI SENDIRI DENGAN mencoba memakai mahkota duri Anda, yang mewakili sistem kepercayaan dan asumsi Anda. Jangan memproyeksikan pada diri sendiri beban penyalahan dan tidak memaafkan. Jangan mencoba memaksakan pikiran Anda untuk menunjukkan kualitas yang Anda junjung tinggi, karena hal-hal itu akan muncul secara alami dari Pengetahuan.

MELAINKAN, MASUKLAH KE DALAM KEHENINGAN dalam dua periode latihan Anda yang lebih dalam, dengan sekali lagi menyadari bahwa semua hal yang paling Anda hargai akan secara alami ditunjukkan melalui Pengetahuan. Semua hal yang Anda rasa menjijikkan secara alami akan memudar. Pikiran yang begitu terbebaskan dapat mengaruniai anugerah terbesar mungkin kepada dunia.

MAKA, PERTIMBANGKANLAH INI PADA SETIAP JAM saat Anda mencoba menerapkan gagasan hari ini pada semua yang Anda lihat, dengar, dan lakukan. Jangan kejam pada diri sendiri hari ini, karena tidak ada pembenaran untuk itu. Izinkan diri Anda diberkati agar Anda dapat memberkati dunia. Izinkan diri Anda memberkati dunia agar Anda sendiri dapat diberkati.

LATIHAN 209: *Dua periode latihan 30 menit.*
Latihan setiap jam.

Langkah 210

TINJAU ULANG

Hari ini tinjaulah dua minggu terakhir persiapan, dengan membaca setiap pelajaran seperti yang diberikan dan mengingat latihan Anda untuk hari itu. Dalam periode latihan panjang Anda hari ini sekali lagi mulailah mengevaluasi perkembangan peristiwa-peristiwa dan semua latihan Anda. Mulailah melihat bahwa ada hubungan antara bagaimana Anda menerapkan pikiran Anda dan apa yang Anda alami sebagai hasilnya. Amatilah hidup Anda secara objektif, tanpa merasa bersalah atau menyalahkan, sehingga Anda dapat memahami bagaimana hidup Anda sesungguhnya muncul.

Periode latihan panjang Anda hari ini akan melihat Anda melibatkan pikiran Anda secara aktif demi pikiran Anda sendiri. Anda sedang belajar menjadi objektif tentang kemajuan Anda sendiri sebagai seorang siswa. Anda sedang belajar menjadi objektif tentang sifat pembelajaran itu sendiri. Anda sedang belajar menjadi objektif agar Anda dapat melihat. Maka, izinkan Tinjau Ulang ini memberi Anda perspektif yang lebih besar tentang kerja Pengetahuan di dunia dan hadirat Pengetahuan dalam hidup Anda.

Latihan 210: *Satu periode latihan panjang.*

Langkah 211

SAYA MEMILIKI TEMAN-TEMAN BESAR DI LUAR DUNIA INI.

Anda memiliki teman-teman besar di luar dunia ini. Itulah sebabnya umat manusia berusaha memasuki Komunitas Besar karena Komunitas Besar mewakili cakupan yang lebih luas dari hubungan-hubungan sejatinya. Anda memiliki teman-teman sejati di luar dunia karena Anda tidak sendirian di dunia dan Anda tidak sendirian di Komunitas Besar dunia-dunia. Anda memiliki teman-teman di luar dunia ini karena Keluarga Spiritual Anda memiliki perwakilan di mana-mana. Anda memiliki teman-teman di luar dunia ini karena Anda bekerja tidak hanya pada evolusi dunia Anda tetapi juga pada evolusi alam semesta. Di luar imajinasi Anda, di luar kemampuan konseptual Anda, hal ini dipastikan benar.

Maka, rasakanlah keagungan alam semesta di mana Anda tinggal. Maka, rasakanlah kesempatan yang Anda miliki untuk melayani Komunitas Besar di mana dunia Anda adalah bagian darinya. Anda melayani teman-teman besar Anda di dunia dan teman-teman Anda di luar, karena kerja Pengetahuan berlangsung di mana-mana. Ini adalah daya tarik Tuhan. Ini adalah penerapan kebaikan. Ini adalah kekuatan yang menebus semua pikiran yang terpisah dan memberikan tujuan, makna dan arah kepada alam semesta. Terlepas dari mekanisme kehidupan fisik, nilainya ditentukan oleh asal usulnya dan takdirnya, yang keduanya berada di luar pemahaman Anda. Dengan menyadari bahwa Pengetahuan adalah sarana yang mendorong dunia ke arah sejatinya, Anda kemudian dapat menghargai dan menerima apa yang memberi hidup Anda tujuan, makna, dan arah.

Pada setiap jam hari ini pertimbangkan bahwa Anda memiliki teman-teman di luar dunia ini, baik di dunia lain maupun di luar kasatmata. Pertimbangkan bahwa Anda memiliki asosiasi yang lebih agung ini. Dalam dua periode latihan Anda yang lebih dalam hari ini, izinkan pikiran Anda memasuki keheningan sehingga hal-hal seperti ini dapat dialami. Jangan memikirkannya dalam imajinasi Anda, melainkan izinkan pikiran Anda menjadi hening agar dapat melimpahkan Pengetahuan ke dalam kesadaran dan pengalaman Anda. Anda memiliki teman-teman di luar dunia ini, dan mereka berlatih bersama Anda hari ini.

LATIHAN 211: *Dua periode latihan 30 menit.*
Latihan setiap jam.

Langkah 212

SAYA MENDAPATKAN KEKUATAN DARI SEMUA YANG BERLATIH DENGAN SAYA.

*A*NDA MENDAPATKAN KEKUATAN DARI SEMUA YANG berlatih dengan Anda, karena setiap pikiran yang berusaha melibatkan diri dengan Pengetahuan memperkuat semua pikiran lain dalam melakukannya juga. Di sini, Anda memberikan pengaruh Anda pada dunia. Di sini, semua orang lain yang berusaha melayani suatu tujuan sejati memberikan pengaruh mereka kepada Anda. Ini menetralkan kekuatan-kekuatan ketidaktahuan di dunia. Ini menetralkan kekuatan-kekuatan destruktif di dunia. Ini memberikan pengaruhnya pada semua pikiran untuk mulai bangkit.

MAKA, TERIMALAH KEYAKINAN DARI GAGASAN HARI INI, karena ini akan memberi Anda keyakinan ketika Anda menyadari bahwa penerapan Anda sendiri sangat dilengkapi oleh penerapan orang lain. Ini akan melampaui rasa kekurangan apa pun yang mungkin Anda miliki. Ini akan membantu Anda mengatasi rasa ambivalensi apa pun mengenai persiapan sejati, karena semua pikiran lain yang terlibat dalam memperoleh kembali Pengetahuan tersedia untuk membantu Anda di sini dan sekarang.

DENGAN DEMIKIAN, KEAGUNGAN ADA BERSAMA ANDA, keagungan Pengetahuan dan keagungan semua yang berusaha memperoleh kembali Pengetahuan. Bersama mereka Anda berbagi suatu tujuan sejati, karena tujuan sejati Anda adalah menjaga Pengetahuan tetap hidup di dunia. Dari Pengetahuan segala hal baik, apakah itu bersifat spiritual atau materi, dianugerahkan kepada ras yang ditujukannya.

PADA SETIAP JAM ULANGI GAGASAN HARI INI, dan dalam periode latihan Anda yang lebih dalam cobalah untuk menerima pengaruh dari semua yang berusaha memperoleh kembali Pengetahuan. Izinkan anugerah mereka memasuki pikiran Anda agar Anda dapat mengalami apresiasi sejati terhadap kehidupan dan mulai memahami makna dan kemanjuran upaya Anda sendiri sebagai siswa Pengetahuan.

LATIHAN 212: *Dua periode latihan 30 menit.*
Latihan setiap jam.

Langkah 213

SAYA TIDAK MEMAHAMI DUNIA.

Anda tidak memahami dunia. Anda hanya menilai dunia dan kemudian mencoba memahami penilaian Anda. Dunia akan mengungkapkan diri kepada Anda ketika Anda melihat tanpa pengekangan dan pembatasan ini. Di sini, Anda akan mengetahui bahwa kepercayaan Anda dapat berguna dalam memungkinkan Anda untuk mengambil setiap langkah berikutnya dalam kehidupan. Kepercayaan Anda tidak perlu membatasi persepsi Anda tentang alam semesta. Anda tidak bisa berada di dunia tanpa kepercayaan atau asumsi. Namun, kepercayaan dan asumsi Anda dimaksudkan sebagai alat untuk melayani pikiran Anda, untuk memberinya struktur sementara dan untuk memungkinkannya melibatkan kemampuan alaminya secara positif.

Anda tidak memahami dunia hari ini. Berbahagialah bahwa memang demikian, karena pengutukan Anda tidak berdasar. Anda tidak memahami dunia hari ini. Ini memberi Anda peluang untuk menyaksikan dunia.

Pada setiap jam, ulangi gagasan ini saat Anda mengamati dunia. Ingatkan diri Anda bahwa Anda tidak memahami apa yang Anda lihat, jadi Anda bebas untuk melihat lagi. Jika Anda tidak bebas untuk melihat, itu hanya berarti bahwa Anda berusaha untuk membenarkan penilaian Anda. Ini bukan melihat. Ini hanya menghibur fantasi Anda sendiri. Dalam dua periode latihan Anda yang lebih dalam hari ini, izinkan pikiran Anda memasuki keheningan, karena tanpa beban dari upaya membenarkan fantasi Anda, pikiran Anda secara alami akan mencari tempat sejatinya dalam melayani Pengetahuan. Anda tidak memahami dunia hari ini, jadi Anda tidak memahami diri Anda sendiri.

LATIHAN 213: *Dua periode latihan 30 menit.*
Latihan setiap jam.

Langkah 214

SAYA TIDAK MEMAHAMI DIRI SAYA SENDIRI.

INI BUKAN PERNYATAAN KEGAGALAN ATAU KETERBATASAN. Ini hanya pernyataan untuk membebaskan Anda dari hambatan Anda sendiri. Bagaimana mungkin Anda memahami diri sendiri jika Pengetahuan tidak mengungkapkan semua hal kepada Anda? Bagaimana mungkin Anda memahami dunia ketika Pengetahuan tidak mengungkapkan dunia kepada Anda? Ini adalah pengalaman murni, melampaui semua konsep dan kepercayaan, karena konsep dan kepercayaan hanya dapat mengikuti pengalaman dan berusaha menyediakan struktur di mana pengalaman tersebut dapat muncul kembali. Tidak mungkin kepercayaan, asumsi, atau gagasan meniru Pengetahuan itu sendiri.

TENTU SAJA ANDA TIDAK MEMAHAMI DIRI SENDIRI atau dunia, karena Anda hanya memahami gagasan-gagasan Anda, dan hal itu tidak abadi. Maka, hal itu tidak dapat memberikan fondasi yang kukuh di mana Anda harus belajar berdiri. Dengan demikian, hal itu hanya bisa gagal dan menipu Anda jika Anda mengandalkannya daripada Pengetahuan untuk mengungkapkan diri Anda dan dunia kepada Anda.

PADA SETIAP JAM INGATKAN DIRI Anda bahwa Anda tidak memahami diri sendiri. Bebaskan diri Anda dari beban membenarkan penilaian Anda sendiri. Lihatlah diri Anda dalam latihan meditasi Anda yang lebih dalam dan ingatkan diri Anda bahwa Anda tidak memahami diri Anda sendiri. Sekarang Anda bebas untuk memasuki keheningan, karena Anda tidak berusaha menggunakan pengalaman Anda untuk membenarkan fantasi Anda tentang diri sendiri. Di sini pikiran Anda terbebas untuk menjadi dirinya sendiri, dan Anda terbebas untuk menghargai diri Anda sendiri.

LATIHAN 214: *Dua periode latihan 30 menit.*
Latihan setiap jam.

Langkah 215

GURU-GURU SAYA BERSAMA SAYA. SAYA TIDAK SENDIRIAN.

Guru-Guru Anda bersama Anda, di latar belakang. Mereka sangat berhati-hati untuk tidak mengulurkan pengaruh mereka pada Anda terlalu kuat, karena Anda belum mampu menerimanya dan menggunakannya demi Anda sendiri. Maka, sadarilah bahwa Anda menjalani kehidupan dengan bantuan besar, karena Guru-Guru Anda bersama Anda untuk membantu Anda menyadari dan mengembangkan Pengetahuan.

Pertama, mereka harus membantu Anda menyadari keperluan Anda akan Pengetahuan, karena keperluan Anda akan Pengetahuan harus sepenuhnya mapan sebelum Anda dapat terlibat dalam memperoleh kembali Pengetahuan. Anda harus menyadari bahwa tanpa Pengetahuan hidup adalah sia-sia, karena Anda tanpa tujuan, makna dan arah. Kemudian hanya kesalahan Anda yang dapat mengajari Anda, dan hanya kesalahan Anda yang dapat mendukung sikap tak memaafkan Anda.

Dengan menyadari kegagalan gagasan Anda sendiri sebagai pengganti Pengetahuan, Anda kemudian dapat beralih ke Pengetahuan dan menjadi penerima yang berbahagia dari anugerah sejatinya. Di sini semua hal yang benar-benar Anda cari akan dipenuhi secara bermakna. Di sini Anda akan memiliki fondasi sejati dalam kehidupan. Di sini Surga dan Bumi akan menyatu dalam diri Anda dan semua keterpisahan akan berakhir. Di sini Anda dapat menerima keterbatasan keberadaan fisik Anda dan keagungan kehidupan spiritual Anda. Maka, beralih ke Pengetahuan merupakan manfaat terbesar bagi Anda.

Ingatkan diri Anda tentang gagasan ini pada setiap jam, dan dalam dua latihan Anda yang lebih dalam hari ini, masukilah keheningan, dengan menggunakan kata RAHN jika itu membantu Anda. Berbahagialah hari ini bahwa Anda dapat menerima apa yang membebaskan Anda.

LATIHAN 215: *Dua periode latihan 30 menit.*
Latihan setiap jam.

Langkah 216

ADA HADIRAT SPIRITUAL DALAM HIDUP SAYA.

Hadirat Spiritual dalam hidup Anda selalu bersama Anda, selalu tersedia untuk Anda dan selalu mengingatkan Anda untuk melihat melampaui penilaian Anda sendiri. Hadirat Spiritual dalam hidup Anda selamanya menyediakan bagi Anda dukungan, bantuan dan panduan yang diperlukan untuk meminimalkan penerapan pikiran Anda yang salah dan untuk memperkuat penerapan pikiran Anda yang benar agar mengizinkan Pengetahuan muncul dalam diri Anda.

Anda sekarang belajar untuk menerima dan menghargai Hadirat Spiritual ini, dan seiring waktu Anda akan menyadari betapa pentingnya hal ini bagi Anda dan bagi dunia. Ini akan membangkitkan keagungan dan kerendahan hati sekaligus dalam diri Anda, karena Anda akan menyadari bahwa Anda bukanlah sumber keagungan Anda, melainkan sarana untuk pengungkapannya. Ini akan menjaga Anda tetap dalam proporsi dan hubungan sejati dengan apa yang Anda layani. Dalam hubungan, Anda menerima semua manfaat dari apa yang Anda klaim sebagai milik Anda. Namun, dengan Pengetahuan Anda tidak akan membesar-besarkan diri sendiri karena Anda akan menyadari keterbatasan Anda dan kedalaman kebutuhan Anda akan Pengetahuan. Dengan pemahaman ini, Anda akan menyadari dan menerima sumber dari kehidupan. Dengan ini, Anda akan menyadari bahwa Anda berada di dunia untuk melayani Pengetahuan dan bahwa dunia dimaksudkan untuk menjadi penerima Pengetahuan.

ADA HADIRAT SPIRITUAL DALAM HIDUP ANDA. Rasakan hal ini pada setiap jam saat Anda mengulangi gagasan hari ini. Dalam dua periode latihan Anda yang lebih dalam masuklah jauh ke dalam Hadirat ini, karena Hadirat ini pasti bersama Anda dan ingin memberikan dirinya kepada Anda hari ini.

LATIHAN 216: *Dua periode latihan 30 menit.*
Latihan setiap jam.

Langkah 217

SAYA MEMBERIKAN DIRI SAYA KEPADA PENGETAHUAN HARI INI.

Berikan diri Anda kepada Pengetahuan hari ini dengan menjalankan latihan hari ini penuh komitmen dan dedikasi sejati, dengan tidak membiarkan gagasan palsu atau yang membatasi diri mengganggu pencarian tulus Anda. Secara ini, Anda memberikan diri kepada Pengetahuan dengan mengizinkan Pengetahuan memberikan dirinya kepada Anda. Maka, betapa kecilnya apa yang diminta dari Anda dan betapa besarnya pahala Anda. Karena setiap saat yang Anda habiskan dalam mengalami keheningan atau melibatkan pikiran Anda secara bermakna, Pengetahuan semakin kuat dan semakin hadir dalam diri Anda. Anda mungkin bertanya, "Apakah pemberian saya kepada dunia?" Pemberian Anda adalah apa yang Anda terima di sini hari ini. Berikan diri Anda kepada Pengetahuan sehingga Pengetahuan dapat memberikan dirinya kepada Anda.

Ingatlah gagasan hari ini pada setiap jam dan masuklah ke dalam Pengetahuan dalam dua periode latihan Anda yang lebih dalam. Sepanjang semua latihan Anda hari ini, demonstrasikan niat Anda untuk memberikan diri Anda kepada Pengetahuan, yang akan memerlukan keheningan dan penerimaan diri.

LATIHAN 217: *Dua periode latihan 30 menit.*
Latihan setiap jam.

Langkah 218

SAYA AKAN MENYIMPAN PENGETAHUAN DALAM DIRI SAYA HARI INI.

Bersama dengan Pengetahuan datang Kearifan tentang bagaimana menggunakan Pengetahuan di dunia. Dengan demikian, Pengetahuan adalah sumber pemahaman Anda dan Kearifan adalah belajar bagaimana menerapkannya secara bermakna dan konstruktif di dunia. Anda belum arif, jadi simpanlah Pengetahuan dalam diri Anda hari ini. Izinkan Pengetahuan memperkuat dirinya sendiri. Izinkan Pengetahuan tumbuh. Pengetahuan akan memberikan dirinya secara alami, tanpa Anda berusaha memaksakan pengungkapannya. Seiring waktu, Anda akan belajar menjadi arif, baik melalui demonstrasi Pengetahuan maupun melalui kesalahan Anda sendiri. Anda sudah melakukan cukup banyak kesalahan untuk mendemonstrasikan semua yang Kami katakan kepada Anda.

Simpanlah Pengetahuan dalam diri Anda hari ini agar Pengetahuan dapat tumbuh kuat dalam diri Anda. Izinkan diri Anda mengulurkan hadiratnya hanya kepada satu atau dua individu yang Anda kenali dapat menghargainya, karena kesadaran Anda akan Pengetahuan masih merupakan tunas yang rapuh dalam diri Anda dan belum bisa menahan perubahan-perubahan dunia ini. Yang belum tumbuh cukup kuat dalam pemahaman Anda sendiri untuk menangkal amukan ketakutan dan kebencian yang melanda seluruh dunia. Pengetahuan dapat menahan hal-hal ini tanpa kesulitan, tetapi Anda yang sedang belajar menjadi penerima dan sarana untuk Pengetahuan belum cukup kuat.

Izinkan Pengetahuan disimpan dalam diri Anda hari ini agar dapat tumbuh. Ingatkan diri Anda tentang hal ini pada setiap jam saat Anda membawa permata ini dalam hati Anda. Dalam periode latihan Anda yang lebih dalam, yang merupakan saat-saat kebebasan dari pembatasan bagi Anda, izinkan diri Anda kembali ke cinta kasih agung Anda sehingga Anda dapat masuk ke dalam hubungan sejati dengan Pengetahuan. Seiring waktu, semua pembatasan dalam mengungkapkan Pengetahuan akan terangkat saat Anda belajar menerapkan komunikasinya secara arif di dunia. Tetapi untuk sekarang, simpanlah Pengetahuan dalam hati Anda agar Pengetahuan dapat tumbuh semakin kuat.

Latihan 218: *Dua periode latihan 30 menit.*
Latihan setiap jam.

Langkah 219

SAYA TIDAK AKAN MEMBIARKAN AMBISI MENIPU SAYA HARI INI.

Seiring Pengetahuan sekarang mulai bertunas dalam diri Anda, jangan izinkan ambisi Anda sendiri menipu Anda. Ambisi Anda lahir dari kebutuhan pribadi Anda akan pengakuan dan kepastian. Ini adalah upaya mengimbangi rasa takut dengan mengendalikan opini orang lain. Ambisi Anda di sini merusak, tetapi seperti semua kemampuan pikiran lainnya yang sekarang disalahgunakan, seiring waktu hal ini dapat melayani keagungan Pengetahuan. Anda belum mencapai keadaan ini; oleh karena itu, jangan mencoba melakukan apa pun dengan Pengetahuan Anda, karena bukan bagi Anda untuk menggunakan Pengetahuan melainkan untuk menerima Pengetahuan. Dalam Anda menerima Pengetahuan, Anda akan menemukan Pengetahuan sebagai layanan dan kegunaan terbesar bagi Anda.

Jangan biarkan ambisi menarik Anda ke mana Anda tidak bisa pergi. Jangan membiarkannya menyalahgunakan vitalitas dan energi Anda. Belajarlah menjadi sabar dan tenang dengan Pengetahuan, karena Pengetahuan memiliki tujuan dan arahnya sendiri dalam kehidupan, yang sekarang Anda sedang belajar untuk ikuti.

Sepanjang hari ini dalam latihan setiap jam Anda dan juga dalam meditasi Anda yang lebih dalam, izinkan diri Anda tanpa ambisi, karena Anda tidak tahu apa yang harus dilakukan dengan Pengetahuan. Dalam meditasi Anda yang lebih panjang, izinkan ini membebaskan Anda agar Anda dapat memasuki keheningan dan meninggalkan dunia hal-hal fisik.

LATIHAN 219: *Dua periode latihan 30 menit.*
Latihan setiap jam.

Langkah 220

SAYA AKAN MENAHAN DIRI HARI INI AGAR KEAGUNGAN DAPAT TUMBUH DALAM DIRI SAYA.

TAHANLAH DIRI TERKAIT KEMAMPUAN-KEMAMPUAN YANG Anda kenali berbahaya atau melemahkan perolehan kembali Pengetahuan. Cegahlah diri Anda dengan sengaja agar Pengetahuan dapat tumbuh dalam diri Anda. Ini bukan pembatasan yang Anda kenakan pada diri sendiri. Melainkan, ini adalah penggunaan pikiran dan kekuatan Anda yang bermakna untuk mengembangkan kesadaran akan Kuasa Agung dalam diri Anda dan untuk mengizinkannya muncul, memandu dan mengarahkan Anda.

DALAM PELAJARAN HARI INI, SEPERTI DALAM PELAJARAN sebelumnya, Anda sedang belajar mengenali sumber Pengetahuan dan sarana Pengetahuan dan tidak mengelirukan keduanya. Belajarlah menahan diri hari ini agar Pengetahuan dapat tumbuh dalam diri Anda. Jangan berpikir bahwa menahan diri semata-mata mengacu pada perilaku masa lalu di mana Anda membatasi apa yang asli dalam diri Anda. Tidak, fokus Anda hari ini adalah belajar bentuk penahanan diri yang disengaja yang mewakili pengungkapan kuasa dan disiplin diri Anda. Kuasa dan disiplin diri Anda sekarang harus dilatih untuk menjadi kuat, karena pikiran dan tubuh Anda adalah sarana Pengetahuan, dan sebagai sarana, mereka harus dikembangkan dan diperkuat.

DALAM LATIHAN ANDA YANG LEBIH DALAM HARI INI, seperti dalam latihan setiap jam Anda, tahanlah bentuk-bentuk pemikiran dan perilaku yang mengkhianati Pengetahuan Anda sehingga Anda dapat memasuki Pengetahuan dalam keheningan dan kedamaian. Dengan penahanan diri ini, kebebasan akan ditemukan, karena kebebasan ditemukan di luar dunia ini dan dibawa ke dalam dunia ini, karena kebebasan adalah anugerah Pengetahuan.

LATIHAN 220: *Dua periode latihan 30 menit.*
Latihan setiap jam.

Langkah 221

SAYA BEBAS UNTUK MERASA BINGUNG HARI INI.

Jangan melihat rasa bingung Anda sebagai kegagalan. Jangan melihat rasa bingung Anda sebagai sesuatu yang membahayakan Anda atau meremehkan Anda. Rasa bingung di sini hanyalah tanda bahwa Anda menyadari keterbatasan gagasan dan asumsi Anda sendiri. Anda harus melepaskan hal-hal ini agar Pengetahuan dapat menjadi jelas bagi Anda, karena dalam menghadapi semua keputusan penting yang memerlukan perhatian Anda hari ini, Pengetahuan sudah memberikan jawaban. Ini bukan jawaban yang dapat Anda temukan di antara banyak jawaban yang Anda berikan kepada diri sendiri atau yang Anda asumsikan diberikan oleh orang lain kepada Anda.

Karena itu, biarkan semua pengganti Pengetahuan memudar dari Anda. Izinkan diri Anda merasa bingung, karena dalam rasa bingung asli Anda, Pengetahuan dapat muncul secara alami. Maka, ini mewakili kebebasan Anda karena dalam kebebasan, Anda bebas untuk merasa bingung.

Ingatkan diri Anda tentang gagasan ini pada setiap jam, dan jangan merasa puas dengan penjelasan atau asumsi sederhana tentang maknanya yang besar bagi Anda. Anda harus mempertimbangkannya secara mendalam dan menyadari bahwa pemahaman sejatinya bagi Anda akan terungkap seiring waktu. Hari ini izinkan diri Anda merasa bingung, karena Anda memang bingung, dan Anda harus selalu mulai dari mana Anda berada. Pengetahuan bersama Anda. Anda bebas untuk merasa bingung. Dalam periode latihan Anda yang lebih panjang hari ini, masuklah ke dalam keheningan apakah Anda bingung atau tidak, karena keheningan, rahmat dan kedamaian selalu tersedia bagi Anda.

LATIHAN 221: *Dua periode latihan 30 menit.*
Latihan setiap jam.

Langkah 222

DUNIA MERASA BINGUNG. SAYA TIDAK AKAN MENILAINYA.

SATU-SATUNYA PENILAIAN YANG DAPAT ANDA buat terhadap dunia adalah bahwa dunia merasa bingung. Penilaian ini tidak memerlukan amarah, kesedihan, kehilangan, kebencian, permusuhan atau dendam. Ini tidak memerlukan serangan dalam bentuk apa pun. Dunia merasa bingung. Janganlah menilainya. Bagaimana mungkin dunia bisa pasti ketika dunia tanpa Pengetahuan? Anda dapat mengamati hidup Anda sejauh ini dan menyadari sejauh mana kebingungan Anda sendiri. Bagaimana mungkin tidak ketika Anda tanpa Pengetahuan? Pengetahuan bersama Anda sekarang, seperti sebelumnya. Anda mulai memperoleh kembali Pengetahuan sehingga kepastiannya dapat semakin mengungkapkan diri melalui Anda. Ini adalah anugerah agung yang sekarang Anda sedang belajar untuk menerima. Ini adalah anugerah yang dunia akan belajar menerima melalui Anda.

SETIAP JAM SAAT ANDA MENGAMATI DUNIA dan semua aktivitasnya, jangan menilainya, karena dunia hanyalah bingung. Jika Anda dalam kesusahan hari ini, jangan menilai diri Anda sendiri, karena Anda hanyalah bingung. Dalam periode latihan Anda yang lebih dalam hari ini, izinkan diri Anda memasuki keheningan. Anda memasuki keheningan hanya dengan keinginan untuk memasuki keheningan. Ini adalah anugerah yang Anda izinkan untuk diri sendiri. Untuk melakukannya, Anda memberikan diri untuk menerima anugerah ini. Di sini tidak ada pemberi dan pengirim anugerah, karena anugerah ini bergema antara Anda dan Sumber Anda. Pengetahuan dan sarananya hanya saling menegaskan satu sama lain.

DUNIA MERASA BINGUNG. Dunia tanpa Pengetahuan. Namun Anda adalah anugerah bagi dunia, karena Anda sedang belajar menerima Pengetahuan hari ini.

LATIHAN 222: *Dua periode latihan 30 menit.*
Latihan setiap jam.

Langkah 223

SAYA AKAN MENERIMA PENGETAHUAN HARI INI.

PADA SETIAP JAM TERIMALAH PENGETAHUAN. Dalam dua periode latihan Anda yang lebih dalam, terimalah Pengetahuan. Berikan diri Anda untuk menerima Pengetahuan. Ini adalah latihan Anda untuk hari ini. Segala sesuatu yang lain hanyalah bentuk kebingungan. Tidak ada peristiwa dalam kehidupan luar Anda yang perlu menggantikan latihan Anda hari ini, karena Pengetahuan memberkati semua hal di dalam dan di luar Anda. Pengetahuan menghalau apa yang tidak diperlukan dan dengan sengaja melibatkan Anda dengan apa yang diperlukan dan yang memiliki potensi sejati bagi Anda.

MAKA, KEMBALILAH KEPADA PENGETAHUAN, terlepas dari keadaan kehidupan luar Anda. Terimalah Pengetahuan agar Anda dapat memiliki kepastian di dunia dan agar Anda dapat memahami makna dan nilai Anda sendiri.

LATIHAN 223: *Dua periode latihan 30 menit.*
Latihan setiap jam.

Langkah 224
TINJAU ULANG

Hari ini berlatihlah objektivitas dengan meninjau kembali dua minggu terakhir latihan. Sekali lagi, bacalah setiap pelajaran untuk hari itu dan ingat kembali latihan Anda untuk hari itu. Mulailah dengan latihan pertama dari periode dua minggu ini, dan kemudian ikuti setiap hari langkah demi langkah. Perkuat kemampuan Anda untuk mengamati kemajuan Anda secara objektif. Lihatlah apa yang terjadi pada hari-hari ketika Anda kuat dengan latihan dan pada hari-hari ketika Anda lemah. Bayangkan sejenak ketika Anda melakukan ini bahwa Anda sedang melihat melalui mata Guru-Guru Anda yang mengawasi hidup Anda jauh dari atas. Mereka tanpa kecaman. Mereka hanya memerhatikan kekuatan dan kelemahan Anda, memperkuat kekuatan Anda dan meminimalkan efek dari kelemahan Anda. Saat Anda belajar melihat hidup Anda secara objektif, Anda akan belajar melihat hidup Anda melalui mata Guru-Guru Anda. Ini adalah melihat dengan Pengetahuan. Ini adalah melihat tanpa menghakimi. Mengingat hal ini, pikiran menjadi sarana untuk Pengetahuan, dan Pengetahuan akan menganugerahkan kepada Anda semua gagasan dan aktivitas yang benar-benar bermanfaat bagi Anda.

Izinkan periode latihan Tinjau Ulang Anda hari ini untuk terlibat demi Anda sendiri. Gunakan pikiran Anda dengan sengaja dan jangan membiarkannya melantur. Hentikan kebiasaan berpikir tanpa tujuan. Hentikan kebiasaan menyibukkan diri dengan hal-hal bodoh dan tidak berarti. Izinkan Tinjau Ulang Anda hari ini untuk mendemonstrasikan kepada Anda bahwa Anda adalah siswa sejati Pengetahuan.

Latihan 224: *Satu periode latihan panjang.*

Langkah 225

HARI INI SAYA AKAN SERIUS DAN RIANG SEKALIGUS.

Tidak ada kontradiksi dalam pesan hari ini untuk Anda jika dipahami. Menganggap serius hidup Anda berarti menerima rahmat sejatinya, yang akan membuat Anda sangat bahagia. Karena itu, Anda harus sangat serius dengan diri sendiri karena Anda sekarang belajar untuk menjadi sarana Pengetahuan, dan Anda boleh sangat bahagia dan riang bahwa Pengetahuan bersama Anda. Maka, ini adalah penerapan sejati dari pikiran Anda, karena Anda riang dengan apa yang riang, dan Anda serius dengan apa yang serius. Pikiran yang serius ke arah luarnya dan riang dalam kegembiraan batinnya akan menjadi pikiran yang sepenuhnya terintegrasi. Ini akan menjadi pikiran di mana Surga dan Bumi bersentuhan.

Rahmat yang akan Anda terima hari ini akan menimbulkan kebahagiaan dan apresiasi sejati, namun penerapan yang diminta akan memerlukan keterlibatan serius Anda, dedikasi tulus anda, dan penerapan asli dari kecakapan mental dan fisik Anda. Di sini kekuatan Anda mewakili kebahagiaan Anda, dan kebahagiaan Anda diperkuat oleh penerapan kemampuan sejati Anda.

Pikirkanlah ini pada setiap jam saat Anda mengulangi gagasan Anda untuk hari ini. Saat Anda mencoba latihan meditasi Anda yang lebih dalam, secara serius libatkan pikiran Anda agar pikiran Anda dapat mengalami keriangan dan sukacita besar dari Pengetahuan. Di sini, Anda akan melihat bahwa makna gagasan hari ini sepenuhnya seragam. Di sini, Anda tidak akan mengelirukan apa yang bahagia dengan apa yang serius. Ini akan memberi Anda pemahaman yang lebih besar tentang dunia.

LATIHAN 225: *Dua periode latihan 30 menit.*
Latihan setiap jam.

Langkah 226

PENGETAHUAN BERSAMA SAYA. SAYA TIDAK AKAN TAKUT.

PENGETAHUAN BERSAMA ANDA dan ketika Anda bersama Pengetahuan, Anda tidak akan takut. Seiring waktu, rasa takut akan semakin eksternal terhadap pengalaman sejati Anda saat Anda belajar mematuhi Pengetahuan. Nilai gagasan hari ini harus dikenali mengingat fakta bahwa pikiran Anda terbiasa terlibat dengan rasa takut sedemikian rupa sehingga tampaknya membuat perolehan kembali Pengetahuan dan penerapan Pengetahuan sangat sulit bagi Anda. Ini tampak sulit hanya karena pikiran Anda begitu terbiasa terlibat dengan rasa takut di masa lalu. Kebiasaan dapat dihentikan. Kebiasaan baru dalam berpikir dan berperilaku dapat ditanamkan dan diperkuat. Ini hanyalah hasil dari menerapkan pikiran Anda. Ini adalah hasil dari latihan.

HARI INI BERLATIHLAH MEMATUHI PENGETAHUAN, yang akan membatalkan semua kebiasaan yang telah melawan Anda dan dunia. Berada dalam kehidupan adalah latihan dan selalu merupakan bentuk pelayanan. Hari ini berlatihlah kebenaran dan layanilah kebenaran, dan di sini semua kesalahan dilemahkan. Fondasinya disingkirkan, dan sebagai gantinya Anda akan mulai belajar cara baru untuk berada di dunia, cara baru untuk melibatkan diri dengan dunia, dan Anda akan memiliki struktur yang lebih besar untuk menerapkan kecakapan mental dan fisik Anda.

PADA SETIAP JAM PATUHILAH PENGETAHUAN. Halau rasa takut dan ingatkan diri Anda bahwa Pengetahuan bersama Anda. Ingatkan diri Anda bahwa Guru-Guru Anda bersama Anda. Ingatkan diri Anda bahwa siswa-siswa di mana-mana yang terlibat dalam memperoleh kembali Pengetahuan ada bersama Anda. Di sini, dunia akan menjadi kecil dan Anda akan menjadi agung. Dalam latihan Anda yang lebih dalam, izinkan diri Anda kebebasan untuk mengalami Pengetahuan. Masuki kedalaman dan keheningan agung dari pikiran, saat pikiran membenamkan diri ke dalam hadirat cinta kasih.

LATIHAN 226: *Dua periode latihan 30 menit.*
Latihan setiap jam.

Langkah 227

SAYA TIDAK AKAN BERPIKIR BAHWA SAYA TAHU HARI INI.

SISWA PEMULA SELALU BERPIKIR BAHWA MEREKA mengetahui hal-hal yang tidak mereka ketahui, dan mereka selalu berpikir bahwa mereka tidak mengetahui hal-hal yang mereka ketahui. Ini memerlukan banyak pemilahan. Ini perlu menemukan apa yang benar dan apa yang salah dan, melalui kontras ini, belajar memisahkan keduanya. Seiring waktu, Anda akan menyadari perbedaan antara yang benar dan yang salah dan tidak akan tertipu oleh kepura-puraan yang dapat dibuat oleh apa yang salah dalam meniru apa yang benar.

INGATKAN DIRI ANDA PADA SETIAP JAM HARI INI untuk tidak berpikir bahwa Anda tahu. Berpikir bahwa Anda tahu hanyalah bentuk substitusi. Anda tahu atau Anda tidak tahu. Pemikiran Anda di sini hanya mendukung atau menyangkal apa yang Anda ketahui. Tetapi berpikir bahwa Anda tahu adalah berpikir tanpa Pengetahuan, yang selalu ceroboh dan menimbulkan kebingungan dan keraguan diri.

DALAM PERIODE LATIHAN ANDA YANG LEBIH DALAM HARI INI, jangan tertipu dengan berpikir bahwa Anda tahu. Sekali lagi kembalilah ke pengalaman murni Pengetahuan itu sendiri. Dalam keheningan dan kedamaian, berikan diri Anda sepenuhnya untuk latihan Anda hari ini. Pengetahuan adalah pengalaman. Pengetahuan akan menghasilkan gagasan-gagasannya sendiri. Pengetahuan akan menstimulasi dan mendukung bentuk perilaku dan bentuk penerapan diri yang benar-benar mendukung kodrat sejati Anda. Jangan merasa puas dengan hal-hal yang menurut Anda Anda ketahui, karena ini hanyalah bentuk penyangkalan yang akan membuat Anda miskin sekali lagi.

LATIHAN 227: *Dua periode latihan 30 menit.*
Latihan setiap jam.

Langkah 228

SAYA TIDAK AKAN MISKIN HARI INI.

Anda tidak perlu miskin, karena kemiskinan bukanlah warisan Anda maupun takdir sejati Anda. Janganlah miskin hari ini, karena Pengetahuan adalah kekayaan agung, dan begitu diizinkan untuk muncul dalam pikiran apa pun, Pengetahuan mulai membangkitkan hadiratnya secara alami di dunia. Pengetahuan mulai menyeimbangkan dan menyelaraskan pikiran yang merupakan sarananya, dan mulai memberi secara spesifik kepada individu-individu tertentu dengan cara-cara spesifik. Ini adalah genius yang menyertai Anda. Bagaimana mungkin Anda miskin dengan anugerah seperti ini? Hanya gagasan dan bentuk perilaku mencela diri sendiri Anda yang dapat menimbulkan kemiskinan.

Karena itu, hari ini mulailah melihat lebih dalam pada hal-hal yang merupakan bentuk hambatan bagi Anda. Pikirkanlah ini pada setiap jam. Dalam dua periode latihan Anda yang lebih dalam, libatkan pikiran Anda secara aktif dalam upaya untuk mengenali bentuk-bentuk spesifik dari penipuan diri dan penghambatan diri. Lakukan ini tanpa kecaman, tetapi dengan objektivitas yang diperlukan untuk melihat diri Anda dengan jelas. Jangan cemas bahwa ada banyak bentuk penipuan diri yang halus. Itu hanyalah variasi kecil pada tema yang sangat sederhana. Tampak kerumitan dan jumlahnya tidak penting selain Anda mengenalinya. Itu semua lahir dari rasa takut dan upaya untuk mengimbangi rasa takut dengan terlibat dalam ilusi dan dengan berusaha melibatkan orang lain dalam mendukung ilusi. Semua gagasan tanpa Pengetahuan melayani tujuan ini, baik secara langsung maupun tidak langsung. Namun, tujuan sejati adalah kekuatan besar di balik gagasan-gagasan untuk pelayanan sejati, seperti itu adalah kekuatan besar di balik semua bentuk tindakan dan perilaku untuk pelayanan sejati.

Hari ini kita akan melihat hambatan-hambatan, tetapi tidak dengan rasa malu, rasa bersalah, atau rasa cemas. Melihat hanya untuk memperkuat hadirat dan penerapan Pengetahuan dan hanya untuk mempersiapkan diri Anda menjadi sarana Pengetahuan yang lebih besar di dunia. Itulah maksud latihan hari ini. Karena itu, berlatihlah dengan niat sejati. Anda lebih agung daripada kesalahan-kesalahan yang Anda rasakan, dan hal-hal itu tidak bisa menipu Anda jika Anda melihatnya secara objektif.

LATIHAN 228: *Dua periode latihan 30 menit.*
Latihan setiap jam.

Langkah 229

SAYA TIDAK AKAN MENYALAHKAN ORANG LAIN UNTUK DERITA SAYA.

GAGASAN HARI INI MEWAKILI PERALIHAN PEMAHAMAN yang sangat besar. Namun, ini harus lahir dari Pengetahuan untuk memiliki kemanjuran sejati. Maknanya tidak langsung jelas, karena Anda akan segera mengetahui bahwa ada banyak keadaan di mana orang lain tampaknya sepenuhnya bertanggung jawab atas derita Anda. Akan sangat sulit, mengingat kebiasaan berpikir Anda dan asumsi-asumsi yang Anda jalani, untuk menyangkal bahwa orang lain memang penyebab derita Anda. Namun, ini bukan bagaimana Pengetahuan memandang Anda, dan Anda harus belajar untuk tidak memandang diri Anda secara ini.

DERITA SELALU MERUPAKAN KEPUTUSAN YANG Anda buat sebagai respons terhadap rangsangan apa pun di lingkungan Anda. Tubuh akan mengalami derita fisik jika sangat dirangsang, tetapi itu hanyalah respons indra. Itu bukan derita sejati yang menyakiti Anda. Derita yang menyakiti Anda adalah mahkota duri dari gagasan dan asumsi Anda sendiri, kekhawatiran dan kesalahan informasi Anda sendiri, dan sikap tidak memaafkan Anda sendiri terhadap diri sendiri dan dunia. Ini menghasilkan derita baik dalam pikiran Anda maupun pada tubuh Anda juga. Derita inilah yang ingin Kami ringankan hari ini.

KARENA ITU, PERTIMBANGKANLAH GAGASAN HARI ini sebagai bentuk pengobatan terhadap derita. Jika orang lain adalah penyebab derita Anda, Anda tidak memiliki pengobatan selain menyerang atau mengubah orang lain itu. Bahkan upaya Anda untuk mengubah mereka demi kebaikan akan menjadi bentuk serangan, karena di bawah altruisme Anda akan ada kebencian dan sakit hati. Karena itu, tidak ada pengobatan untuk derita jika penyebabnya di luar Anda. Tetapi ada pengobatan untuk semua derita karena Pengetahuan ada bersama Anda.

KARENA ITU, SEMUA DERITA HARUS DIKENALI sebagai hasil dari keputusan Anda sendiri. Harus dikenali sebagai hasil dari interpretasi Anda sendiri. Anda mungkin merasa telah dianiaya oleh orang lain atau oleh dunia. Perasaan ini benar-benar hadir dalam pikiran Anda, jadi tidak perlu disangkal, tetapi Anda harus melihat melampauinya ke sumbernya dan ke mekanisme kemunculannya. Maka, untuk melakukan ini Anda harus menggunakan kecakapan Anda sendiri. Ini akan memberi Anda kekuatan besar. Anda akan mampu melakukannya karena Pengetahuan ada bersama Anda dan karena dengan Pengetahuan Anda dapat melakukan semua hal yang diminta Pengetahuan untuk Anda lakukan.

TANPA PENGUTUKAN, DUNIA MERASA BEGITU LEGA sehingga dapat mulai memulihkan dirinya sendiri. Karena itu, pada setiap jam ulangilah gagasan ini dan pertimbangkan maknanya. Masuklah jauh ke dalamnya untuk menemukan apa yang sesungguhnya dikandungnya bagi Anda. Dalam periode latihan Anda yang lebih panjang, masukilah keheningan dan kedamaian, karena tanpa pengutukan terhadap dunia dan terhadap diri Anda sendiri, pikiran sudah merasa damai.

LATIHAN 229: *Dua periode latihan 30 menit.*
Latihan setiap jam.

Langkah 230

PENDERITAAN SAYA LAHIR DARI RASA BINGUNG.

PENDERITAAN ANDA LAHIR DARI RASA BINGUNG. Izinkan diri Anda merasa bingung agar Anda dapat mengenali jalur sejati perolehan kembali. Apakah gagasan ini membingungkan Anda? Gagasan ini mungkin membingungkan karena orang-orang tidak mau menerima kebingungan mereka. Mereka akan berbohong tentang hal ini, dengan mengatakan bahwa mereka yakin ketika mereka bingung, melemparkan kesalahan pada orang lain untuk membebaskan diri sendiri atau melemparkan kesalahan pada diri sendiri untuk membebaskan orang lain. Semua ini mewakili rasa bingung.

KETIKA ANDA MENYADARI BAHWA ANDA BINGUNG, maka Anda dapat mengklaim cara untuk mendapatkan kembali kepastian Anda. Jika Anda tidak menerima bahwa Anda bingung, Anda akan memaksakan pengganti kepastian pada diri sendiri dan dunia dan dengan demikian menyingkirkan diri dari kemungkinan untuk menerima kepastian Anda. Inilah sebabnya Anda harus menyadari bahwa kebingungan Anda adalah sumber penderitaan Anda, dan Anda harus mengizinkan diri Anda merasa bingung untuk mengenali kesulitan Anda yang sebenarnya. Dengan mengenali kesulitan Anda yang sebenarnya, Anda akan melihat kebutuhan besar akan Pengetahuan, dan ini akan menghasilkan dedikasi dan penerapan diri dalam diri Anda yang perlu bagi Anda untuk menerima apa yang merupakan warisan Anda.

HARI INI ULANGILAH GAGASAN INI PADA SETIAP JAM dan jangan lupa untuk melakukannya. Dalam dua periode latihan Anda yang lebih panjang, libatkan pikiran Anda secara aktif dalam upaya memahami kedalaman dan makna gagasan hari ini. Kenali secara objektif semua perasaan dan pemikiran yang mendukungnya dan semua perasaan dan pemikiran yang menentangnya. Secara cermat kenalilah keberatan apa pun yang mungkin Anda miliki terhadap gagasan hari ini. Kemudian kenalilah kuasa dari gagasan ini dalam pikiran Anda sendiri. Ini akan memberi Anda pengakuan pada gagasan hari ini serta makna sejatinya. Ini juga akan membantu Anda menyadari secara objektif konstruksi pikiran Anda saat ini. Ini semua adalah bagian dari pendidikan Anda sebagai siswa Pengetahuan. Berikan diri Anda untuk mempertimbangkan gagasan hari ini dan jangan berpuas diri dengan jawaban dan penjelasan sederhana, karena gagasan hari ini mengandung anugerah yang belum Anda alami.

Latihan 230: *Dua periode latihan 30 menit.*
Latihan setiap jam.

Langkah 231

SAYA MEMILIKI PANGGILAN DI DUNIA INI.

ANDA MEMILIKI PANGGILAN DI DUNIA INI. Ini bukan apa yang Anda pikirkan. Ini akan muncul dari Pengetahuan Anda begitu Pengetahuan diizinkan muncul dalam pikiran Anda. Anda memiliki panggilan di dunia ini karena Anda telah datang ke sini untuk melakukan beberapa hal yang sangat spesifik. Tujuan Anda di dunia ini adalah untuk memperoleh kembali Pengetahuan Anda dan untuk mengizinkan Pengetahuan Anda mengungkapkan diri. Itu adalah pernyataan yang sangat sederhana tentang tujuan Anda, tetapi itu adalah pernyataan yang mengandung kedalaman besar dan banyak hal yang harus dipenuhi seiring waktu.

ANDA MEMILIKI PANGGILAN DI DUNIA ini karena Anda telah dikirim ke sini untuk melakukan sesuatu. Demi alasan inilah pikiran Anda adalah seperti adanya dan Anda memiliki kodrat spesifik yang berbeda dari orang lain. Seiring panggilan Anda muncul, Anda akan menyadari mengapa Anda berpikir dan bertindak seperti yang Anda lakukan, dan semua ini akan disusun ke dalam keseimbangan dan keselarasan sejati. Ini akan menghapus semua alasan Anda untuk mengutuk diri sendiri, karena kodrat Anda mewakili kegunaan yang belum Anda sadari. Dengan kata lain, Anda telah diciptakan khusus untuk sesuatu yang belum Anda pahami. Sebelum ini, Anda akan menolak kodrat Anda, dengan berpikir bahwa ini adalah keterbatasan Anda. Seiring waktu, Anda akan menyadari bahwa ini merupakan sumber daya tak ternilai untuk pencapaian, karena Anda memiliki panggilan di dunia.

PADA SETIAP JAM INGATKAN DIRI ANDA TENTANG hal ini dan ingatkan diri Anda bahwa Anda belum mengetahui apa panggilan Anda. Tanpa praduga, Anda akan berada dalam posisi untuk menemukan kebenaran. Dalam periode latihan Anda yang lebih dalam hari ini masukilah keheningan dan kesunyian sekali lagi, dengan menggunakan kata RAHN jika Anda rasakan membantu. Ini adalah hari persiapan bagi Anda untuk menyadari panggilan sejati Anda di dunia. Ini adalah hari yang diberikan kepada Pengetahuan dan hari yang dijauhkan dari asumsi palsu dan penipuan diri. Hari yang diberikan kepada Pengetahuan semakin mendekatkan Anda untuk mengenali panggilan Anda, yang akan muncul secara alami tanpa praduga Anda begitu Anda dan orang-orang dengan siapa Anda harus terlibat sudah siap.

LATIHAN 231: *Dua periode latihan 30 menit.*
Latihan setiap jam.

Langkah 232

Panggilan Hidup Saya Memerlukan Perkembangan Orang Lain.

Agar panggilan Anda muncul dalam hidup Anda, bukan hanya perkembangan Anda sendiri yang esensial, tetapi juga perkembangan orang lain dengan siapa Anda akan terlibat secara langsung. Karena tujuan hidup Anda menyangkut keterlibatan Anda dengan orang lain, ini bukan pengejaran tunggal. Ini bukan pemenuhan individu. Pada kenyataannya, tidak ada individu yang sepenuhnya terpisah dari individu lain karena individualitas memiliki makna hanya dalam hal mengungkapkan apa yang mengikat dan menggabungkan semua kehidupan.

Karena itu, hari ini kembangkanlah kearifan dan pemahaman bahwa pencapaian sejati Anda bergantung pada pencapaian orang lain juga. Jangan berpikir bahwa Anda tahu siapa semua orang lain ini, karena Anda belum bertemu dengan semuanya. Sebagian ada di dunia ini, dan sebagian ada di luar dunia. Mereka mungkin tidak berada di lingkungan pribadi Anda sama sekali.

Lalu, bagaimana Anda dapat melanjutkan ketika pencapaian Anda sebagian bergantung pada orang lain? Anda melanjutkan dengan memberikan diri Anda untuk persiapan Anda. Kuasa dalam melakukan ini akan memperkuat mereka yang dengannya Anda akan terlibat dalam panggilan hidup Anda. Karena penerapan Anda saling memperkuat satu sama lain, Anda sudah menjalin hubungan; Anda sudah saling memengaruhi. Semakin dekat Anda ke titik di mana Pengetahuan muncul, semakin dekat mereka akan datang juga. Semakin Anda menahan diri, semakin Anda menahan mereka. Anda tidak dapat melihat mekanismenya ketika Anda berada di dunia, karena Anda harus berada di luar dunia untuk melihat bagaimana cara kerjanya. Tetapi Anda dapat memahami gagasan bahwa semua pikiran saling memengaruhi, terutama pikiran yang dimaksudkan untuk terlibat secara khusus satu sama lain dalam kehidupan.

Karena itu, kemajuan Anda bergantung pada upaya Anda sendiri dan upaya orang lain. Namun, upaya orang lain dilengkapi dan diperkuat oleh upaya Anda sendiri. Karena itu, pencapaian Anda sangat perlu untuk Anda capai, dan juga pencapaian Anda akan menggabungkan Anda dengan kehidupan dan akan memperdalam kandungan dan pengalaman dalam berhubungan melampaui apa yang sebelumnya mampu Anda alami.

DALAM PERINGATAN SETIAP JAM ANDA dan dalam meditasi Anda yang lebih panjang dalam keheningan hari ini, izinkan upaya Anda melengkapi upaya orang lain, yang akan melengkapi upaya Anda. Maka, izinkan gabungan dedikasi bersama Anda menjadi sumber kekuatan yang akan Anda alami hari ini dan yang akan dialami oleh mereka yang belum Anda jumpai dalam kehidupan ini.

LATIHAN 232: *Dua periode latihan 30 menit.*
Latihan setiap jam.

Langkah 233

SAYA ADALAH BAGIAN DARI SUATU KEKUATAN YANG LEBIH AGUNG DEMI KEBAIKAN DI DUNIA.

PERNYATAAN INI SEPENUHNYA BENAR, meskipun dari sudut pandang yang terpisah mungkin sangat sulit untuk dipahami. Tidak diharapkan bahwa Anda akan memahami gagasan hari ini, tetapi ini diberikan kepada Anda untuk mengalami kuasa dan potensinya, karena sebagai representatif kebenaran hal ini dapat membawa Anda pada kebenaran, yaitu pengalaman Pengetahuan. Ini adalah kemungkinan terbesar untuk setiap gagasan — bahwa hal itu bisa menjadi pintu masuk menuju Pengetahuan.

MAKA, GAGASAN INI HARUS DIDEKATI DENGAN TEPAT. Anda harus menyadari keterbatasan sudut pandang yang terpisah dan tidak berusaha menilai gagasan hari ini. Anda tidak dapat menilainya. Anda hanya dapat meresponsnya atau menyangkalnya karena kebenarannya lebih agung daripada interpretasi Anda saat ini. Menyadari keterbatasan Anda saat ini dalam hal ini memberi Anda akses kepada keagungan, karena tanpa melindungi apa yang melemahkan Anda, Anda dapat menemukan jalan Anda menuju apa yang memperkuat Anda dan memberi Anda tujuan, makna, dan arah.

ANDA ADALAH BAGIAN DARI SUATU KEKUATAN yang Lebih Agung demi kebaikan, karena kekuatan ini tergabung dan diarahkan oleh Pengetahuan. Pengetahuan di sini melampaui apa yang dapat dimiliki individu mana pun. Karena itu, tidak ada pengetahuan "Anda" dan pengetahuan "saya"; hanya ada Pengetahuan. Hanya ada interpretasi Anda dan interpretasi saya, dan di sini bisa ada perbedaan, tetapi Pengetahuan adalah Pengetahuan. Yang menyatukan orang-orang; yang memisahkan orang-orang. Jika hal ini benar-benar dipahami dari keheningan dan objektivitas, arah sejatinya dapat dicamkan dan diikuti.

AMBILLAH KEKUATAN HARI INI SAAT ANDA mengulangi gagasan ini pada setiap jam. Ketahuilah bahwa semua upaya Anda demi Pengetahuan dilengkapi oleh mereka yang berlatih bersama Anda — mereka yang dapat Anda lihat dan mereka yang tidak dapat Anda lihat. Dalam latihan Anda yang lebih dalam izinkan disiplin diri Anda, yang mempersiapkan Anda untuk memasuki keheningan dan kedamaian, untuk dilengkapi juga.

Maka, pencapaian Anda hari ini akan melengkapi upaya semua orang yang berlatih, mereka yang belajar meninggalkan apa yang palsu dan mereka yang belajar apa yang sejati bersama Anda.

LATIHAN 233: *Dua periode latihan 30 menit.*
Latihan setiap jam.

Langkah 234

PENGETAHUAN MELAYANI UMAT MANUSIA DALAM SEGALA CARA.

PENGETAHUAN MENGAKTIFKAN SEMUA KEMAMPUAN MENTAL dan fisik demi kebaikan. Pengetahuan mengarahkan segala macam pencarian individu yang demi kepentingan umat manusia. Dalam bidang seni, bidang ilmu pengetahuan, dalam semua ikhtiar, dalam isyarat paling sederhana dan tindakan terbesar, Pengetahuan mendemonstrasikan kehidupan yang lebih agung dan memperkuat semua kualitas tertinggi dalam individu-individu yang terlibat dengannya.

KARENA PENGETAHUAN ITU AGUNG, Anda tidak perlu mengaitkannya hanya dengan hal-hal agung, karena pengungkapan Pengetahuan dapat menembus bahkan kata terkecil dan isyarat paling kecil. Dengan demikian, hal-hal tersebut juga dapat memiliki dampak terbesar pada orang lain. Kuasa Pengetahuan dalam satu individu adalah untuk mengaktifkan kuasa Pengetahuan pada individu lain dan dengan demikian menstimulasi dan mendukung regenerasi kehidupan dalam pikiran yang hidup dalam fantasi terpisah. Di dalam dunia, Anda tidak dapat melihat potensi keseluruhan dari ini, tetapi Anda dapat mengalaminya dalam hidup Anda sendiri dan melihatnya didemonstrasikan dalam konteks hubungan di mana Anda sekarang terlibat.

JANGAN BERPIKIR ANDA TAHU. Anda tahu atau Anda tidak tahu. Ingatlah ini, karena kesempatan untuk menipu diri sendiri masih ada pada Anda karena Anda belum bersedia menghadapi diri Anda sepenuhnya, takut bahwa apa yang akan Anda temukan akan mengecilkan hati atau menghancurkan Anda. Namun, ketika Anda sepenuhnya menghadapi diri Anda sendiri, yang akan Anda temukan hanyalah Pengetahuan.

DALAM PERIODE LATIHAN ANDA YANG LEBIH DALAM hari ini izinkan diri Anda memasuki keheningan sekali lagi, dengan menggunakan metode-metode yang telah Anda pelajari sejauh ini. Jangan mengizinkan apa pun mengalihkan Anda dari tujuan Anda. Anda adalah bagian dari suatu Kekuatan yang Lebih Agung, dan Kekuatan yang Lebih Agung ini mendukung Anda.

LATIHAN 234: *Dua periode latihan 30 menit.*

Langkah 235

KUASA PENGETAHUAN MULAI TERBUKTI BAGI SAYA.

PERLU WAKTU BAGI ANDA UNTUK MENGENALI kuasa Pengetahuan, karena ini jauh lebih agung daripada apa pun yang pernah Anda bayangkan. Namun ini jauh lebih sederhana dan lebih halus daripada apa yang masih dapat Anda pahami. Hal ini dapat dilihat dalam kepolosan mata seorang anak kecil; hal ini dapat dibayangkan dalam kebesaran pergerakan galaksi-galaksi. Dalam isyarat paling sederhana atau tindakan terbesar, hal ini dapat memanifestasikan dirinya.

IZINKAN DIRI ANDA MENERIMA BAHWA Anda baru mulai menyadari hadirat Pengetahuan dalam hidup Anda dan dalam semua kehidupan. Ini ditentukan oleh kapasitas Anda untuk Pengetahuan yang, beserta hasrat Anda untuk Pengetahuan, sedang Anda kembangkan sekarang. Itulah sebabnya hari demi hari Anda berlatih keheningan dan kedamaian dan hanya menyela latihan-latihan ini dengan melatih keterlibatan aktif pikiran Anda untuk tujuan-tujuan besar. Di sini Anda membangun kapasitas Anda beserta hasrat Anda, karena setiap hari Anda harus berlatih karena hasrat untuk Pengetahuan, dan setiap latihan membangun kemampuan Anda untuk mengalami Pengetahuan.

ANDA MULAI MENGENALI hadirat Pengetahuan, kuasa Pengetahuan, dan bukti adanya Pengetahuan. Ingatkan diri Anda akan hal ini pada setiap jam dan janganlah lupa. Sekali lagi, di kedalaman periode latihan Anda yang lebih panjang, berikan diri Anda sepenuhnya untuk memasuki keheningan dan kedamaian, karena ini akan melepaskan semua sikap menyalahkan dan tidak memaafkan dalam diri Anda dan akan menunjukkan kepada Anda kuasa Pengetahuan, yang sekarang Anda sedang belajar untuk terima.

LATIHAN 235: *Dua periode latihan 30 menit.*
Latihan setiap jam.

Langkah 236

DENGAN PENGETAHUAN SAYA AKAN TAHU APA YANG HARUS DILAKUKAN.

Dengan Pengetahuan Anda akan tahu apa yang harus dilakukan, dan kepastian Anda akan begitu kuat sehingga Anda akan sulit meragukannya atau membantahnya. Di sini Anda harus siap untuk bertindak dan bertindak dengan berani. Jika kekhawatiran utama Anda adalah melindungi gagasan Anda dan tubuh fisik Anda, maka Anda akan takut pada Pengetahuan, takut hal ini akan menuntun Anda untuk melakukan sesuatu yang akan berbahaya atau menyakiti Anda. Pengetahuan hanya dapat didemonstrasikan. Kebaikannya harus dialami. Pengetahuan hanya dapat dialami dengan menerima hadiratnya dan menjalankan arahannya.

Dengan Pengetahuan Anda akan tahu apa yang harus dilakukan, dan kepastian Anda akan jauh melebihi semua kepura-puraan yang telah Anda buat tentang kepastian sejauh ini. Keraguan diri mungkin berlanjut di hadapan Pengetahuan, tetapi Pengetahuan jauh lebih agung karena seluruh keberadaan Anda akan terlibat dalam aktivitas ini. Hanya kecilnya keraguan diri Anda, yang lahir dari kepercayaan palsu Anda sendiri, yang dapat membantahnya. Namun, bantahannya menyedihkan dan tidak memuaskan dan tanpa kedalaman dan keyakinan.

Pengetahuan akan bergerak dalam diri Anda pada waktu-waktu tertentu, karena dalam keheningan Pengetahuan mengamati semua hal sampai Pengetahuan siap bertindak, dan ketika Pengetahuan bertindak, Pengetahuan bertindak! Dengan demikian, Anda akan belajar dengan Pengetahuan untuk merasa damai di dunia, namun ketika Anda bertindak, Anda akan bertindak dengan kemanjuran sejati dan dengan hasil yang besar. Secara ini, Anda bisa menjadi seseorang yang bertindak dan berkontemplasi sekaligus, karena kontemplasi Anda akan mendalam dan bermakna, dan tindakan Anda akan mendalam dan bermakna juga.

Dengan Pengetahuan Anda akan tahu apa yang harus dilakukan. Jangan berpikir bahwa Anda tahu apa yang harus dilakukan kecuali bila Anda bersama Pengetahuan dan Pengetahuan mengindikasikan kepada Anda untuk melakukan sesuatu dengan kuasa besar. Jangan melakukan upaya-upaya kecil untuk menyelesaikan masalah Anda, karena tanpa Pengetahuan upaya Anda akan tidak berarti dan akan memperkuat frustrasi Anda.

Pada setiap jam, ulangi gagasan hari ini dan pertimbangkanlah. Di kedalaman latihan Anda yang lebih panjang, gunakan keterampilan yang telah Anda kembangkan sejauh ini untuk melibatkan diri dengan keheningan. Jika Pengetahuan hening, Anda boleh hening juga. Dengan demikian, ketika Pengetahuan merangsang tindakan, Anda akan mampu bertindak, dan dalam melakukannya, pemecahan yang Anda bawa akan lebih besar daripada apa pun yang dapat Anda bayangkan.

Latihan 236: *Dua periode latihan 30 menit.*
Latihan setiap jam.

Langkah 237
SAYA BARU MULAI MEMAHAMI MAKNA HIDUP SAYA.

ANDA BARU MULAI MEMAHAMI MAKNA hidup Anda. Ini akan secara alami muncul dalam pemahaman Anda tanpa upaya Anda untuk merumuskannya. Makna dan tujuan hidup Anda semata-mata akan muncul dan diungkapkan hari ini dan besok dan di hari-hari mendatang, karena Pengetahuan begitu sederhana dan fundamental. Dengan demikian, akal Anda dapat digunakan untuk berurusan dengan kebutuhan fisik hidup Anda, seluk-beluk hidup Anda, dan mekanisme hidup Anda, karena ini adalah penerapan dari akal. Namun, keagungan Pengetahuan memberikan tujuan, makna, dan arah, yang tidak dapat diberikan oleh akal. Karena itu, akal adalah kemampuan yang memiliki fungsi sejati di sini, karena akal melayani keagungan Pengetahuan.

ANDA BARU MULAI MEMAHAMI MAKNA Pengetahuan dan sifat Pengetahuan. Jangan berpikir bahwa kesimpulan Anda sejauh ini mencukupi kebutuhan Anda, karena Anda adalah siswa pemula Pengetahuan dan sebagai siswa pemula, Anda tidak akan membuat kesalahan dengan mengandalkan asumsi Anda saja. Karena siswa pemula membuat sedikit asumsi dan bersemangat untuk mempelajari semua yang diperlukan oleh mereka. Jadilah siswa pemula hari ini. Kenalilah betapa sedikit yang Anda ketahui dan betapa banyak yang harus Anda pelajari. Anda memiliki seumur hidup untuk mempelajari ini, namun seumur hidup Anda harus diaktifkan dan diperkuat melampaui apa yang telah Anda sadari sejauh ini. Seiring waktu, keagungan yang Anda bawa akan mengungkapkan diri melalui Anda dalam tindakan besar maupun kecil.

HARI INI, DALAM PERIODE LATIHAN ANDA YANG lebih dalam di mana Anda memasuki keheningan, izinkan kesadaran Anda akan Pengetahuan semakin dibina. Rawatlah latihan Anda seperti tukang kebun yang sabar yang tidak menuntut agar semua tanaman berbuah hari ini, tetapi yang memahami musim pertumbuhan dan perubahan. Izinkan diri Anda memiliki pemahaman ini, karena seiring waktu Anda akan memahami secara objektif bagaimana manusia berkembang dan tumbuh dan apa yang mereka bawa dalam diri mereka. Ketika Anda meninggalkan dunia ini, jika Anda berhasil dalam membina Pengetahuan dan mengizinkannya memberikan semua anugerahnya ke dunia, Anda kemudian akan mampu menjadi salah satu Guru bagi orang-orang yang masih tertinggal. Secara ini, Anda akan memenuhi pembelajaran Anda di dunia dengan mengkontribusikan semua yang Anda peroleh di dunia kepada orang lain. Di sini, anugerah Anda terpenuhi dan anugerah mereka dimajukan.

ANDA BARU MULAI MEMAHAMI KATA-KATA INI. Hari ini perkuat pengalaman Pengetahuan Anda sehingga pemahaman akan kata-kata ini bisa semakin mendalam dalam diri Anda. Pada setiap jam ulangi gagasan hari ini sehingga semua kegiatan Anda dan semua keterlibatan Anda, di lingkungan apa pun Anda berada, kondusif terhadap latihan Anda. Karena tidak ada peristiwa atau interaksi yang Pengetahuan tidak dapat berkati dan selaraskan.

LATIHAN 237: *Dua periode latihan 30 menit.*
Latihan setiap jam.

Langkah 238

TINJAU ULANG

Kita akan memulai Tinjau Ulang dua minggu Anda dengan doa ini:

"Saya dikirim ke dunia untuk melayani Keluarga Spiritual saya yang melayani dunia ini dan semua dunia di alam semesta fisik. Saya adalah bagian dari suatu Kekuatan yang Lebih Agung demi kebaikan, dan saya adalah siswa pemula Pengetahuan. Saya bersyukur atas anugerah yang telah diberikan, yang sekarang mulai saya pahami. Dalam kepatuhan dan pengabdian penuh, saya akan melanjutkan latihan saya hari ini sehingga saya dapat menghargai nilai dari hidup saya sendiri."

Mengikuti doa ini mulailah tinjau ulang panjang Anda. Mulailah dengan pelajaran pertama dari periode dua minggu ini, tinjaulah instruksinya dan latihan Anda, lalu lanjutkan hari demi hari. Setelah Anda menyelesaikan Tinjau Ulang Anda, sekali lagi ulangi doa untuk hari ini dan kemudian habiskan beberapa menit dengan diam. Dalam periode keheningan ini mulailah merasakan kuasa dari apa yang Anda jalankan. Kuasa Pengetahuan dan rahmat yang dilimpahkan kepada dunia adalah apa yang akan Anda belajar untuk terima dan ungkapkan di hari-hari dan minggu-minggu mendatang.

Latihan 238: *Satu periode latihan panjang.*

Langkah 239

KEBEBASAN ADALAH MILIK SAYA HARI INI.

KEBEBASAN ADALAH MILIK ANDA YANG HIDUP DENGAN PENGETAHUAN. Kebebasan adalah milik Anda yang tidak perlu membebani diri dengan tekanan yang tidak semestinya dari pemikiran dan spekulasi yang tidak perlu. Kebebasan adalah milik Anda yang dapat mendedikasikan diri kepada satu tujuan Anda dan kepada tugas-tugas spesifik Anda yang muncul dari tujuan ini. Kebebasan apakah yang lebih besar selain kebebasan untuk menggunakan Pengetahuan Anda dan untuk memenuhi takdirnya di dunia? Tidak ada hal lain yang dapat disebut kebebasan, karena hal lain hanyalah kebebasan untuk berada dalam kekacauan dan untuk merosot ke dalam kesengsaraan.

ANDA BEBAS HARI INI UNTUK MENGIZINKAN PENGETAHUAN berdiam bersama Anda. Hari ini dalam latihan setiap jam Anda dan dalam dua meditasi Anda yang lebih dalam, ingatlah bahwa Anda bebas. Ketika Anda memiliki kebebasan untuk bersama Pengetahuan dalam dua periode meditasi Anda, izinkan diri Anda memasuki keheningan dan jangan biarkan perasaan, gagasan atau pemikiran apa pun menghalangi Anda dari mengalami kebebasan besar yang Anda miliki untuk melepaskan diri dari dunia ke dalam Pengetahuan.

WAKTU-WAKTU LATIHAN INI SANGAT PENTING DEMI kesejahteraan Anda secara keseluruhan. Hasil dari keterlibatan ini akan memberi Anda akses yang lebih besar ke Pengetahuan dalam semua upaya ke luar Anda saat Anda belajar untuk berdiam dalam kedamaian dengan Pengetahuan dan saat Anda belajar untuk mengikuti Pengetahuan ketika Pengetahuan menjalankan Kearifannya di dunia. Anda bebas hari ini untuk bersama Pengetahuan, karena hari ini Anda bebas.

LATIHAN 239: *Dua periode latihan 30 menit.*
Latihan setiap jam.

Langkah 240

GAGASAN-GAGASAN KECIL TIDAK DAPAT MEMENUHI KEBUTUHAN SAYA AKAN PENGETAHUAN.

GAGASAN BESAR, GAMBARAN FANTASTIS, atau sistem kepercayaan yang gemilang tidak dapat memenuhi kebutuhan Anda akan Pengetahuan. Gagasan saja dapat menunjukkan jalan, tetapi tidak dapat membawa Anda dalam perjalanannya. Hal tersebut mungkin berbicara tentang hal-hal besar yang menanti Anda, tetapi tidak dapat membawa Anda ke sana, karena Pengetahuan harus menjadi pemandu Anda menuju takdir Anda dan pemenuhan Anda. Dengan gagasan Anda berdiri di awal, menunjukkan jalan bagi orang lain, tetapi Anda sendiri tidak bisa pergi.

KETIKA ANDA MELAKUKAN PERJALANAN DENGAN PENGETAHUAN, Pengetahuan akan mengembangkan diri melalui gagasan. Pengetahuan akan mengembangkan diri melalui tindakan, melalui gerakan isyarat dan melalui semua sarana komunikasi di dunia ini. Karena itu, jangan merasa puas hanya dengan gagasan saja. Jangan berpikir bahwa dengan berspekulasi pada gagasan maka Anda memahami sifat dari Pengetahuan serta penerapan sejatinya di dunia. Hal-hal ini dapat dialami dan diamati, namun individu yang mengalami dan mengamatinya harus tergerak di inti keberadaan mereka.

KARENA ITU, JANGAN MERASA PUAS DENGAN hal-hal kecil sebagai pengganti keagungan keberadaan sejati Anda dan tujuan Anda di dunia. Kembalilah kepada Pengetahuan, dan bersyukurlah pada gagasan-gagasan yang telah menunjukkan Anda ke arah ini. Tetapi sadarilah bahwa kuasa yang dapat menggerakkan Anda, kuasa yang memberi Anda kekuatan untuk mempersiapkan dan berpartisipasi, lahir dari Kearifan dan Pengetahuan agung yang Anda bawa. Dibutuhkan Pengetahuan untuk mengikuti Pengetahuan. Dibutuhkan Pengetahuan untuk mempersiapkan Pengetahuan. Dengan demikian, Pengetahuan dilatih bahkan ketika Anda mendekatinya.

MAKA, JANGANLAH BERDIAM DI AWAL PERJALANAN Anda hanya dengan gagasan. Jangan menerima hal-hal kecil sebagai pengganti keagungan fungsi Anda. Ingatkan diri Anda tentang hal ini pada setiap jam dan dalam latihan meditasi Anda yang lebih dalam, sekali lagi masuki keheningan dan kedamaian. Datanglah ke latihan Anda tanpa pertanyaan. Datanglah ke latihan Anda tanpa permohonan. Ingatkan diri Anda bahwa dalam Pengetahuan semua hal akan diberikan, semua hal akan diterima dan semua hal akan diterapkan sesuai kebutuhan. Saat pikiran Anda semakin sederhana dan terbuka, pikiran Anda akan menjadi sarana bagi Pengetahuan untuk mengungkapkan dirinya di dunia.

LATIHAN 240: *Dua periode latihan 30 menit.*
               Latihan setiap jam.

Langkah 241

AMARAH SAYA TIDAK DAPAT DIBENARKAN.

*A*MARAH TIDAK DAPAT DIBENARKAN, KARENA amarah saja hanyalah respons Anda terhadap kegagalan Anda untuk menerapkan Pengetahuan. Ini membangkitkan amarah pada sumbernya. Tetapi ini tidak perlu terjadi, karena amarah adalah respons. Sebagai respons, hal ini dapat membangkitkan amarah pada orang lain dan merangsang respons ganas secara internal dan eksternal di mana pun hal ini diterapkan. Namun, Pengetahuan akan mengarahkan amarah sehingga tidak memiliki kualitas yang merusak, karena apa yang ingin Anda ungkapkan adalah apa yang memperkuat Pengetahuan pada orang lain. Kekuatan dari keyakinan Anda, dan bukan hasrat Anda untuk menyakiti diri sendiri atau orang lain, adalah apa yang merupakan khasiat sejati dari emosi yang merupakan inti dari amarah. Dengan demikian, dapat dikatakan bahwa amarah Anda adalah komunikasi sejati yang telah terdistorsi oleh proyeksi kesalahan dan ketakutan Anda sendiri. Begitu distorsi ini dihapus, komunikasi sejati yang merupakan benih dari semua amarah dapat diungkapkan. Ini hanya dapat menghasilkan kebaikan.

MAKA, AMARAH TIDAK DAPAT DIBENARKAN, karena ini adalah salah penafsiran dari komunikasi sejati. Amarah Anda tidak dapat dibenarkan karena amarah lahir dari kebingungan. Namun, kebingungan memerlukan persiapan dan penerapan sejati Pengetahuan. Karena itu, orang yang berdosa tidak dihukum tetapi diperhatikan. Orang jahat tidak dikirim ke neraka tetapi dipersiapkan untuk Surga. Inilah sifat sejati dari tujuan Tuhan di dunia. Itulah sebabnya Tuhan tidak mungkin marah, karena Tuhan tidak tersinggung. Tuhan hanyalah menerapkan Tuhan pada situasi di mana Tuhan untuk sementara telah dilupakan.

DALAM LINGKUP YANG LEBIH BESAR, bahkan keterpisahan semua pikiran individu adalah kejadian yang sangat sementara. Anda belum dapat berpikir pada tingkat ini dan belum akan bisa melakukannya untuk waktu yang lama, karena Anda harus menjalani berbagai tahap perkembangan yang mengintegrasikan pikiran Anda ke dalam pengalaman yang semakin besar akan hubungan dan kehidupan. Tetapi saat Anda melanjutkan dan saat Anda mengambil setiap langkah vital yang memperluas cakrawala Anda, Anda akan mulai memahami bahwa amarah tidak dapat dibenarkan. Ini hanya mewakili kegagalan dalam menerapkan Pengetahuan dalam situasi tertentu. Yang memerlukan pemulihan bukan kutukan. Di sini

Anda akan menyadari bahwa amarah Anda adalah sesuatu yang harus dipahami. Bukan ditolak, karena jika Anda menolak amarah, Anda juga menolak benih amarah, yang merupakan komunikasi sejati. Karena itu, Kami ingin membersihkan apa yang telah merusak komunikasi sejati Anda sehingga komunikasi sejati Anda dapat bersinar keluar, karena komunikasi sejati selalu datang dari Pengetahuan.

PIKIRKANLAH GAGASAN INI PADA SETIAP JAM. Dalam periode latihan Anda yang lebih dalam, libatkan pikiran Anda secara aktif dalam mengamati setiap hal yang membuat Anda marah, dari hal-hal sangat kecil yang spesifik sampai hal-hal umum yang mengecewakan atau mengecilkan hati Anda. Ingatkan diri Anda saat Anda meninjau kembali inventaris amarah Anda bahwa amarah Anda tidak dapat dibenarkan. Ingatkan diri Anda bahwa ini memerlukan penerapan Pengetahuan dan bahwa dalam setiap pengalaman atau perasaan marah yang Anda miliki, ada benih yang sejati. Karena itu, amarah Anda tidak perlu ditolak tetapi dibersihkan, karena dalam membersihkan amarah Anda, Anda akan dapat mengomunikasikan apa yang ingin Anda komunikasikan dari awal di mana Anda pada mulanya gagal. Maka pengungkapan diri Anda akan tuntas, dan amarah tidak akan ada lagi.

LATIHAN 241: *Dua periode latihan 30 menit.*
                    Latihan setiap jam.

Langkah 242

ANUGERAH TERBESAR SAYA UNTUK DUNIA ADALAH PENGETAHUAN SAYA.

INI ADALAH ANUGERAH TERBESAR ANDA. Ini adalah anugerah yang mengilhami semua pemberian lainnya dan memberinya makna. Ini adalah anugerah yang memberi nilai pada semua pengungkapan manusia, semua upaya manusia, dan semua penemuan manusia yang dimaksudkan untuk mendukung kesejahteraan umat manusia dalam evolusinya. Pengetahuan bukanlah sesuatu yang dapat Anda ukur dan berikan, seolah-olah Anda memasukkannya ke dalam paket atau menggambarkannya dengan gagasan-gagasan Anda. Ini adalah hadirat dan kualitas hidup yang merupakan hakikat kehidupan. Ini memberikan makna pada semua pemberian dan kontribusi.

INI ADALAH ANUGERAH TERBESAR ANDA, yang sekarang Anda belajar untuk terima. Saat Anda menerimanya, hal ini akan memberikan dirinya sendiri secara alami, karena Anda tidak dapat menyimpan Pengetahuan untuk diri sendiri. Sekali muncul, Pengetahuan mulai mengungkapkan diri ke segala arah dan secara spesifik ke arah tertentu dan keterlibatan tertentu dengan orang-orang tertentu sesuai dengan rancangan dan Kearifannya. Dengan demikian, jika Anda menerima Pengetahuan, hal ini harus diberikan. Pengetahuan akan memberikan dirinya sendiri, dan Anda akan ingin memberikannya karena Anda memiliki kekayaan, dan kekayaan hanya dapat ditingkatkan dengan memberi. Dengan demikian, pada intinya, hidup adalah tentang memberikan Pengetahuan. Di mana pun pemberian ini tidak dapat terlaksana, terjadi segala macam bentuk penipuan, kekecewaan, dan keputusasaan. Tetapi ketika pemberian diaktifkan kembali dalam keadaan-keadaan ini, kualitas penolakan ini akan terhalau, dan Pengetahuan akan sekali lagi mulai mengungkapkan diri dengan cara yang sangat spesifik.

KARENA ITU, PADA SETIAP JAM ingatkan diri Anda akan kebenaran agung ini, dan dalam meditasi Anda yang lebih dalam izinkan diri Anda mengalami Pengetahuan. Izinkan diri Anda menerimanya. Berikan diri Anda pada penerapan pikiran dan tubuh Anda ini. Di sini, Pengetahuan akan memberikan dirinya sendiri, dan Anda akan terpenuhi karena Anda telah memberikan kehidupan anugerah terbesar yang dapat diberikan.

LATIHAN 242: *Dua periode latihan 30 menit.*
Latihan setiap jam.

Langkah 243

SAYA TIDAK PERLU ISTIMEWA UNTUK MEMBERI.

UPAYA MENJADI ISTIMEWA MENDASARI semua ambisi manusia. Semua ambisi manusia yang tidak lahir dari Pengetahuan lahir dari upaya untuk mengimbangi kekecewaan berat dan kecemasan besar dari keterpisahan. Upaya menjadi istimewa adalah upaya untuk memperkuat keterpisahan. Yang merupakan upaya membuat diri Anda lebih hebat dengan mengorbankan orang lain. Ini selalu menyangkal kehidupan dan Pengetahuan dan selalu mengarah pada kebingungan, frustrasi, dan keputusasaan yang lebih besar.

ANDA DIBEBASKAN HARI INI DARI UPAYA UNTUK menjadikan diri Anda istimewa, karena secara ini Anda akan menemukan kelegaan sejati yang telah Anda cari dalam semua usaha lampau Anda. Apa yang istimewa dalam diri Anda adalah bentuk unik pengungkapan Anda akan apa yang inheren dalam semua kehidupan. Kemudian apa yang menggabungkan kehidupan dan merupakan kehidupan ditegaskan. Individualitas Anda juga ditegaskan, tetapi tidak dengan mengesampingkan nilai dari pengungkapan kehidupan lainnya. Di sini Anda tidak istimewa. Anda hanyalah Anda. Anda lebih agung daripada seorang individu karena Anda adalah bagian dari kehidupan, namun Anda adalah seorang individu karena Anda mengungkapkan kehidupan secara individu. Di sini semua konflik dan kebingungan berakhir. Apa yang terbatas mengungkapkan apa yang tidak terbatas, dan apa yang unik mengungkapkan apa yang inheren dan intrinsik. Ini adalah pemecahan yang Anda cari, karena sesungguhnya Anda tidak ingin istimewa. Anda hanya ingin kehidupan individu Anda memiliki tujuan, makna, dan arah.

PADA SETIAP JAM PIKIRKANLAH HAL INI setelah Anda mengulangi gagasan untuk hari ini. Dalam latihan Anda yang lebih dalam, sekali lagi masuklah ke dalam keheningan dan kedamaian. Jangan memohon jawaban karena Anda tidak perlu melakukan ini dalam latihan meditasi Anda. Waktu Anda sekarang adalah untuk berlatih menerima Pengetahuan, di mana individualitas Anda dihormati dan dikonfirmasi untuk tujuan sejatinya dan di mana keistimewaan Anda, yang selama ini hanya merupakan beban yang berat dan mustahil bagi Anda, perlahan-lahan diangkat dari bahu Anda. Jangan berusaha menjadi istimewa hari ini, karena itu bukan tujuan hidup Anda. Kemudian semua rasa takut tentang kematian dan kehancuran akan meninggalkan Anda. Kemudian semua penghakiman dan pembandingan dengan orang lain akan meninggalkan Anda. Kemudian Anda akan mampu menghormati kehidupan dan menghormati hubungan-hubungan Anda, yang merupakan ungkapan dari semua yang akan diajarkan pelajaran hari ini kepada Anda.

LATIHAN 243: *Dua periode latihan 30 menit.*
Latihan setiap jam.

Langkah 244

SAYA DIHORMATI KETIKA ORANG LAIN KUAT.

Ketika Anda kuat, orang lain dihormati. Ketika mereka kuat, Anda dihormati. Secara ini, Pengetahuan menegaskan dirinya di dunia, di mana Pengetahuan telah dilupakan. Pengetahuan hanya perlu ditegaskan melalui pengalaman dan pengungkapan untuk diberikan kepada orang lain. Ajaran terbesar Anda dalam kehidupan ini adalah kontribusi hidup Anda seperti yang didemonstrasikan kepada orang lain. Sungguh, ini adalah anugerah terbesar Anda kepada diri sendiri, karena ketika hidup Anda didemonstrasikan nilainya kepada Anda, estimasi Anda tentang diri Anda sendiri akan ditebus, dan Anda akan memahami nilai sejati Anda sebanding dengan kehidupan itu sendiri.

Karena itu, ketika orang lain kuat, Anda dihormati. Secara ini, Anda tidak akan berusaha mengecilkan orang lain untuk menguatkan diri sendiri. Anda tidak akan berusaha menegaskan keunggulan Anda berdasarkan kerugian orang lain. Secara ini, tidak ada rasa bersalah dalam pencapaian Anda, karena tidak ada yang dikhianati saat Anda berusaha memperoleh pengalaman dan kemajuan dalam kehidupan.

Pelajaran hari ini sangat dalam dan akan memerlukan banyak pertimbangan. Pada setiap jam ulangi gagasan untuk hari ini dan berikan pertimbangan serius dalam setiap keadaan di mana Anda berada. Dalam latihan Anda yang lebih dalam hari ini, masukilah keheningan dan kesunyian. Izinkan diri Anda anugerah ini karena gagasan untuk hari ini sangat sederhana dan sangat benar. Ini sama sekali tidak rumit, meskipun akan memerlukan pertimbangan serius, karena Anda terlalu terbiasa memikirkan hanya hal-hal bernilai dangkal. Sepanjang latihan kita bersama di hari-hari, minggu-minggu dan bulan-bulan ini, Anda belajar melibatkan pikiran Anda untuk mengenali apa yang nyata dan jelas, namun belum jelas bagi Anda yang telah menghibur diri dengan hal-hal dangkal.

Karena itu, hari ini biarkan waktu ini diberikan kepada Pengetahuan. Biarkan waktu ini diberikan kepada apa yang memperkuat Anda dan semua individu lain di alam semesta. Ketika orang lain kuat, Anda dihormati. Di sini, semua keterpisahan berakhir, dan pemberian sejati menjadi jelas.

LATIHAN 244: *Dua periode latihan 30 menit.*
Latihan setiap jam.

Langkah 245
KETIKA ORANG LAIN GAGAL, SAYA DIINGATKAN AKAN PERLUNYA PENGETAHUAN.

KETIKA ORANG LAIN GAGAL, BIARKAN INI mengingatkan Anda tentang kebutuhan Anda akan Pengetahuan. Jangan biarkan kebutuhan Anda akan Pengetahuan diremehkan. Dengan demikian, Anda tidak perlu merespons dengan kutukan atau penghakiman terhadap mereka yang gagal, tetapi sadarilah kebutuhan besar mereka dan kebutuhan besar Anda. Maka, ini hanya akan mengonfirmasi kedalaman yang sekarang Anda harus mempersiapkan diri. Karena Anda mempersiapkan diri tidak hanya demi kemajuan dan pemenuhan Anda sendiri, tetapi demi kemajuan dan pemenuhan umat manusia. Ini bukan klaim atau pernyataan kosong. Ini adalah kebenaran mutlak. Karena setiap langkah yang Anda ambil menuju Pengetahuan, Anda memberikan pencapaian Anda kepada dunia, dan Anda mengurangi beban semua orang yang berjuang dengan fantasi dan rasa kegagalan mereka sendiri.

MAKA, HIDUP ANDA MENJADI AJARAN ANDA, karena ini adalah kehidupan Pengetahuan. Yang mendemonstrasikan hadirat Pengetahuan di dunia, yang merupakan hadirat Tuhan. Ini terjadi sebagai hasil dari pelayanan Anda sebagai sarana maju demi Pengetahuan. Dalam kemajuan Anda, semua kemampuan manusia ditingkatkan, semua kekurangan manusia dihalau dan apa yang paling sejati dan asli dalam kehidupan individual manusia di dunia dimuliakan. Dan apa yang melampaui semua kehidupan manusia, tetapi yang mengandung kehidupan manusia, juga ditegaskan. Karena itu, kegagalan orang lain adalah panggilan untuk keterlibatan Anda dengan Pengetahuan. Ini adalah panggilan untuk kemajuan dan penguatan Anda karena Anda telah datang ke dunia untuk memberi.

INGATKAN DIRI ANDA TENTANG HAL INI pada setiap jam dan dalam dua periode latihan Anda yang lebih panjang, libatkan pikiran Anda secara aktif dalam memahami gagasan ini. Pikirkan setiap individu yang Anda pikir telah gagal dan sadari arti pelajaran hari ini dengan mengingat individu tersebut melayani Anda. Sadari perlunya Pengetahuan dalam hidup mereka dan dalam hidup Anda. Mereka melakukan kesalahan untuk memicu komitmen Anda pada Pengetahuan. Mereka melayani Anda dalam hal ini, dan ini memanggil rasa bersyukur Anda bukan kutukan Anda. Mereka mengajarkan Anda untuk menghargai apa yang berharga dan melepaskan apa yang tidak berarti. Jangan berpikir bahwa mereka tidak menghemat waktu Anda. Mereka menghemat waktu Anda. Mereka mendemonstrasikan apa yang perlu Anda pelajari dan terima. Karena itu, komitlah diri Anda pada kesejahteraan mereka karena mengajarkan Anda untuk menghargai Pengetahuan. Saat Anda menghargai Pengetahuan, hasil dari penghargaan Anda akan diberikan kembali kepada mereka, dan mereka akan diperkuat dan dihormati oleh pencapaian Anda.

LATIHAN 245: *Dua periode latihan 30 menit.*
Latihan setiap jam.

Langkah 246
Tidak ada pembenaran untuk gagal mendapatkan kembali Pengetahuan.

TIDAK ADA PEMBENARAN UNTUK KESALAHAN. Tidak ada pembenaran untuk menyangkal Pengetahuan. Tidak ada pembenaran sama sekali. Jangan berusaha membenarkan kesalahan Anda dengan memproyeksikan kesalahan pada diri sendiri atau dengan menuduh kehidupan tidak memberikan apa yang Anda butuhkan. Jangan membenarkan kesalahan Anda dengan mengklaim adalah tanggung jawab masa kecil Anda, orang tua Anda atau pengasuhan Anda dalam menentukan situasi Anda saat ini. Kesalahan tidak dapat dibenarkan. Apa pun yang tidak dapat dibenarkan dapat dilepaskan, karena tidak memiliki arti dan nilai sejati.

MAKA, HARI INI ADALAH SUATU BENTUK KEBEBASAN, ungkapan kebebasan bagi Anda yang masih, karena kebiasaan dan rasa puas diri, berusaha membenarkan kesalahan Anda dengan menempatkan kesalahan dan tanggung jawab. Ini sia-sia, karena hari ini Anda hanya diminta untuk datang ke Pengetahuan dan memberikan diri Anda dalam pendekatan Anda kepada Pengetahuan. Anda hanya dapat membenarkan kesalahan sebagai alasan untuk tidak datang ke Pengetahuan, dan karena tidak ada pembenaran untuk kesalahan, tidak ada pembenaran bagi Anda untuk tidak datang ke Pengetahuan. Tanpa pembenaran ini, Anda dibenarkan, karena Anda adalah ungkapan Pengetahuan. Itulah takdir dan tujuan Anda di dunia. Jika kesalahan tidak dapat dibenarkan, kebenaran mendapatkan semua pembenaran.

IZINKAN DIRI ANDA MENGULANGI GAGASAN INI PADA SETIAP JAM. Dekatilah dalam periode latihan Anda yang lebih panjang dalam keheningan dan penerimaan. Bersyukurlah hari ini bahwa kesalahan-kesalahan Anda telah diampuni. Bersyukurlah hari ini bahwa kutukan tidak dibenarkan. Bersyukurlah hari ini bahwa Anda memiliki kesempatan untuk datang ke Pengetahuan, yang akan menegaskan apa yang paling sejati dan agung dalam diri Anda. Bersyukurlah hari ini bahwa tidak ada pembenaran dalam menyangkal hal ini, karena tanpa rasa bersalah dan menyalahkan Anda hanya dapat menerima apa yang ditawarkan kehidupan kepada Anda.

BIARKAN INI MENJADI HARI UNTUK MERAYAKAN KEBEBASAN ANDA. Biarkan ini menjadi hari untuk menegaskan bahwa Anda tidak bersalah, karena Anda adalah siswa Pengetahuan. Biarlah ini menjadi hari untuk menegaskan bahwa semua masalah dunia dapat diselesaikan tanpa kutukan, karena tanpa kutukan semua masalah di dunia akan diselesaikan.

LATIHAN 246: *Dua periode latihan 30 menit.*
　　　　　　 Latihan setiap jam.

Langkah 247
SAYA AKAN MENDENGARKAN GURU-GURU BATIN SAYA HARI INI.

Dengarkan Guru-Guru Batin Anda, karena mereka memiliki nasihat bijak untuk Anda. Terimalah nasihat mereka dan bekerjalah dengannya, dengan menyadari bahwa hanya dengan mengikuti nasihat maka Anda akan memahami maknanya dan nilainya.

Luangkan waktu pada setiap jam untuk mengingatkan diri Anda bahwa Guru-Guru Batin Anda ada bersama Anda. Nantikan dua kali meditasi hari ini di mana Anda akan terbebas dari kewajiban dan keterlibatan eksternal untuk menghabiskan waktu bersama Guru-Guru Batin Anda. Mereka akan berbicara kepada Anda hari ini dan membantu Anda belajar mendengarkan dan membedakan suara mereka dari suara-suara lain yang mengganggu pikiran Anda. Mereka mewakili satu suara sejati yang akan berbicara kepada roh Anda. Mereka bukan substitusi yang Anda ciptakan agar Anda tetap terstimulasi dalam ketakutan. Karena itu, ulurkan kepercayaan Anda kepada mereka seperti mereka telah mengulurkan kepercayaan mereka kepada Anda, karena mereka mempercayakan Anda dengan Pengetahuan di dunia — bentuk kepercayaan dan pengakuan yang lebih besar yang tak dapat Anda bayangkan. Agar Anda menjadi sarana Pengetahuan di dunia, Anda harus menjadi saksi akan keagungan asal usul dan warisan Anda serta keagungan penilaian Tuhan tentang Anda.

Karena itu, dalam dua latihan Anda yang lebih dalam hari ini, dalam keheningan dan kesunyian, putarlah pendengaran Anda ke dalam. Dengarkan dengan seksama. Izinkan diri Anda menjadi reseptif dan Anda akan tahu bahwa Guru-Guru Anda berdiri di latar belakang, mengamati Anda, mengasihi Anda dan mendukung Anda. Dan mereka akan berbicara kepada Anda hari ini tentang hal-hal di luar dunia dan hal-hal di dalam dunia. Mereka akan mengingatkan Anda tentang tujuan Anda dan fungsi Anda saat Anda belajar mendengarkan hari ini.

Latihan 247: *Dua periode latihan 30 menit.*
Latihan setiap jam.

Langkah 248

SAYA AKAN MENGANDALKAN KEARIFAN ALAM SEMESTA UNTUK MENGINSTRUKSIKAN SAYA.

ANDALKAN KEARIFAN ALAM SEMESTA. Jangan hanya mengandalkan diri Anda sendiri, karena sendirian Anda tidak tahu apa-apa. Sendirian, tidak ada Pengetahuan dan tidak ada hubungan. Andalkan Kearifan alam semesta, yang tersedia bagi Anda dalam Pengetahuan Anda, yang distimulasi oleh hadirat Guru-Guru Anda. Jangan berpikir bahwa sendirian Anda dapat melakukan apa-apa, karena sendirian Anda tidak dapat melakukan apa-apa. Tetapi bersama dengan kehidupan, semua hal yang dimaksudkan demi pemenuhan Anda dan kontribusi terbesar Anda ditunjukkan dan begitu dijanjikan.

KARENA ITU, INGATKAN DIRI ANDA TENTANG gagasan ini pada setiap jam dan dalam latihan meditasi Anda, sekali lagi carilah perlindungan Pengetahuan dalam keheningan dan kesunyian. Izinkan Kearifan alam semesta mengungkapkan diri kepada Anda yang sedang belajar menerima Kearifan ini dalam keterbukaan dan dalam kerendahan hati.

IZINKAN HARI INI MENJADI HARI MENDENGARKAN, hari perenungan dan hari penerimaan. Jangan menjadi mangsa dari kebiasaan menilai atau keasyikan diri, melainkan izinkan hari ini menjadi hari akses sejati ke kehidupan sehingga kehidupan dapat memberi kepada Anda yang adalah pelayannya.

LATIHAN 248: *Dua periode latihan 30 menit.*
Latihan setiap jam.

Langkah 249

SENDIRIAN SAYA TIDAK DAPAT MELAKUKAN APA-APA.

Sendirian Anda tidak dapat melakukan apa-apa, karena tidak ada sesuatu pun dalam kehidupan yang dilakukan sendirian. Ini sangat jelas jika saja Anda mengamati aktivitas di sekitar Anda. Tidak ada yang melakukan apa pun sendirian. Ini sangat benar; ini tidak dapat dimungkiri jika Anda mengamati dunia dengan jujur. Bahkan jika Anda sendirian di puncak gunung tanpa seorang pun, Anda tidak akan sendirian, karena Guru-Guru Anda akan bersama Anda, dan semua yang akan Anda capai di sana akan merupakan upaya bersama, seperti semua yang Anda capai dengan orang lain adalah upaya bersama. Ini menegaskan sifat intrinsik dari hubungan dan memberikan bukti penuh pada fakta bahwa tidak ada yang dapat dilakukan sendirian. Di sini, Anda harus belajar menghargai hubungan-hubungan Anda, karena itu adalah sarana untuk pencapaian di semua bidang dan di semua jalur pengungkapan.

Karena itu, Kami menekankan nilai hubungan-hubungan Anda kepada Anda yang kini berusaha memperoleh kembali Pengetahuan. Hubungan-hubungan ini harus diilhami dengan Pengetahuan yang sedang Anda peroleh kembali. Kemudian hubungan tersebut akan memiliki stabilitas, kemanjuran serta rahmat yang dikandung Pengetahuan untuk Anda. Karena hanya hubungan berdasarkan Pengetahuan yang dapat membawa Kearifan yang akan dikerahkan Pengetahuan di dalam dunia. Hubungan berdasarkan keterpikatan pribadi atau fantasi pribadi tidak memiliki fondasi untuk membawa Pengetahuan dan akan gagal mendadak di hadapan tuntutan dan persyaratan kehidupan sejati.

Karena itu, saat Anda memperoleh kembali Pengetahuan, Anda juga belajar pelajaran tentang hubungan. Ingatkan diri Anda tentang hal ini pada setiap jam dan saksikan kejelasan pelajaran hari ini dalam konteks apa pun Anda berada. Jika Anda mengamati, Anda akan melihat bahwa tidak ada yang dapat dilakukan sendirian — pada level apa pun, secara apa pun. Tidak ada yang dapat dilakukan sendirian. Tidak ada kreativitas individu. Tidak ada kontribusi individu. Tidak ada ciptaan individu. Satu-satunya hal yang dapat dibuat sendirian adalah fantasi, dan di sini banyak hal telah dihasilkan. Tetapi bahkan ini juga dibagikan dan diperkuat saat setiap individu memperkuatnya dalam imajinasinya sendiri. Dengan demikian, bahkan khayalan pun dibagikan dan dibenarkan melalui hubungan. Tidak ada yang dapat dilakukan sendirian. Bahkan khayalan pun tidak dapat dilakukan sendirian. Ini tidak dapat dihindari. Namun, kenyataan bahwa kehidupan tidak dapat dihindari adalah janji sejati dari penebusan Anda, karena di sini kehidupan akan menebus Anda, dan semua yang telah Anda bawa ke dalam dunia akan diaktifkan dan dikontribusikan.

Dalam periode latihan Anda yang lebih dalam hari ini, bawalah diri Anda kepada Pengetahuan dan bawalah diri Anda kepada Guru-Guru Anda dalam keheningan dan kerendahan hati. Sadari bahwa Anda tidak dapat melakukan apa-apa sendirian. Bahkan upaya Anda untuk mendisiplinkan pikiran Anda dan mempersiapkan diri untuk meditasi adalah sesuatu yang Anda berbagi dengan orang lain yang berlatih dan dengan Guru-Guru Anda juga. Semua Kuasa Tuhan dapat diungkapkan melalui Anda, karena tidak ada yang dapat dilakukan sendirian.

Latihan 249: *Dua periode latihan 30 menit.*
Latihan setiap jam.

Langkah 250

SAYA TIDAK AKAN MEMISAHKAN DIRI HARI INI.

*A*NDA HANYA BISA SENDIRIAN DALAM FANTASI, dan fantasi tidak akan menghasilkan apa pun yang berharga, permanen, atau bermakna bagi Anda. Jangan mengkhianati Pengetahuan Anda hari ini dengan memisahkan diri. Jangan menghukum diri sendiri untuk kesalahan yang tanpa substansi dan yang sesungguhnya hanyalah ungkapan dari kebingungan. Tidak ada pembenaran untuk kesalahan, dan tidak ada pembenaran untuk memisahkan diri. Anda adalah bagian dari kehidupan dan Anda harus mengandalkan hubungan Anda dengan orang lain dan dengan kehidupan secara keseluruhan untuk mencapai apa pun, bahkan untuk bertahan hidup.

SAAT ANDA MEMIKIRKAN HAL INI, rasa bersyukur secara alami akan muncul dalam diri Anda, dan Anda akan menyadari bahwa tanah yang Anda pijak dan semua yang Anda lihat dan sentuh yang bermanfaat dan berguna adalah hasil dari memberi dan bekerja sama. Kemudian, rasa bersyukur Anda akan menimbulkan cinta kasih secara alami, dan dari cinta kasih Anda Anda akan mulai memahami bagaimana semua hal dicapai di alam semesta. Ini akan memberi Anda kekuatan dan kepastian tentang apa yang Anda sendiri harus belajar untuk lakukan.

PADA SETIAP JAM INGATLAH HAL INI, dan dalam meditasi Anda yang lebih dalam izinkan diri Anda untuk menerima. Jangan memisahkan diri dari Pengetahuan, yang menunggu untuk memberkati Anda dalam latihan meditasi Anda. Ini adalah saat Anda datang ke altar Tuhan untuk mempersembahkan diri Anda, dan di sini Tuhan mempersembahkan Tuhan kepada Anda yang sedang belajar menerima Pengetahuan.

LATIHAN 250: *Dua periode latihan 30 menit.*
Latihan setiap jam.

Langkah 251

Jika saya mematuhi Pengetahuan, tidak akan ada kebingungan dalam hubungan saya.

Jika Pengetahuan tidak bingung, bagaimana mungkin Anda yang mematuhi Pengetahuan bisa bingung? Namun, mematuhi Pengetahuan berarti bahwa Anda tidak berusaha menyelesaikan hal-hal, memahami hal-hal, mengendalikan atau memengaruhi hal-hal tanpa Pengetahuan. Anda tidak berusaha memenuhi keistimewaan Anda dengan menggunakan orang lain untuk meningkatkannya. Anda tidak berusaha mendukung kesalahan Anda dengan melemparkan kesalahan pada orang lain.

Dengan Pengetahuan tidak ada kebingungan dalam berhubungan. Anda tahu Anda harus bersama siapa dan tidak boleh bersama siapa, dan tidak ada menyalahkan di sini. Anda tahu di mana harus mengabdikan diri dan di mana tidak mengabdikan diri, dan tidak ada pengecaman di sini. Anda memilih ini daripada itu, bukan benar daripada salah. Anda pergi ke sini bukan ke sana karena ke sinilah Anda harus pergi. Betapa sederhananya ini dan betapa sungguh efektif. Ini menegaskan Pengetahuan dalam semua individu, dan tidak ada yang dikecam. Di sini gerbang neraka dibuka dan semua bebas untuk kembali ke Pengetahuan, karena gerbang neraka sudah terbuka, dan Pengetahuan memanggil semua yang tinggal di sana untuk kembali kepada Tuhan. Karena apakah neraka itu selain hidup tanpa Tuhan dan hidup tanpa Pengetahuan? Itu adalah kehidupan yang dibayangkan, itu saja.

Karena itu, terimalah panggilan Pengetahuan, yang merupakan panggilan Tuhan bagi Anda untuk terbangun dan berpartisipasi dengan kehidupan. Anda tidak dapat melakukan apa-apa sendirian, dan hubungan-hubungan Anda akan jelas ketika Anda mematuhi Pengetahuan. Ingatlah ini pada setiap jam dan dalam dua periode latihan Anda yang lebih panjang hari ini, dedikasikan diri Anda untuk secara aktif melihat setiap keterlibatan hubungan utama yang pernah Anda miliki. Kenali di dalamnya rasa frustrasi dan bingung, harapan besar dan kekecewaan besar, sakit hati atas kesalahan, perasaan gagal dan melemparkan kesalahan. Kemudian, sadarilah bahwa dengan Pengetahuan semua ini tidak perlu, karena dengan Pengetahuan makna dan tujuan dari setiap hubungan dikenali dari awal keterlibatan Anda dan ditegaskan di akhirnya.

Sadarilah dalam hubungan-hubungan Anda saat ini bahwa dengan Pengetahuan segala sesuatu akan menjadi jelas, dan Anda dapat melanjutkan tanpa rasa bersalah atau menyalahkan dan tanpa keharusan atau kebutuhan. Dengan Pengetahuan Anda dapat mengikuti apa yang persis bermanfaat bagi Anda dan bagi orang yang Anda cintai, karena semua hubungan dihormati dan diberkati melalui Pengetahuan, dan semua individu menemukan tempat yang layak satu sama lain. Di sini, setiap orang dihormati dan Pengetahuannya dikonfirmasi. Jadikanlah ini pemahaman Anda hari ini.

Latihan 251: *Dua periode latihan 30 menit.*
Latihan setiap jam.

Langkah 252
TINJAU ULANG

Jadikanlah tinjau ulang Anda untuk setiap pelajaran dalam dua minggu terakhir ini menjadi konfirmasi hadirat Pengetahuan dalam hidup Anda. Tinjaulah setiap pelajaran dan latihan. Tinjau secara objektif sejauh mana keterlibatan Anda dan kenali peluang-peluang untuk memberikan diri Anda secara lebih menyeluruh dan lebih lengkap. Sadari betapa sia-sia penolakan Anda dan betapa besar janji pahala Anda, mengingat partisipasi Anda dalam kehidupan. Anda akan menyadari ini saat Anda meninjau kembali latihan Anda, karena latihan Anda mendemonstrasikan ambivalensi Anda terhadap Pengetahuan dan hadirat Pengetahuan itu sendiri.

Anda akan belajar seiring waktu bahwa ketika Anda semakin dekat dengan Pengetahuan, semua hal yang bermakna dan berharga akan ditegaskan, dan ketika Anda menjauh dari Pengetahuan, Anda akan memasuki kegelapan imajinasi Anda sendiri. Maka, ini akan meyakinkan Anda tentang di mana Anda perlu menerapkan diri. Ini akan meyakinkan Anda tentang hadirat agung yang ada bersama Anda untuk membantu Anda. Ini akan meyakinkan Anda bahwa Anda termasuk dalam kehidupan dan bahwa Guru-Guru Anda ada bersama Anda. Kendala atau kekurangan apa pun yang dapat Anda kenali atau bayangkan dapat dengan mudah diatasi dengan Pengetahuan. Hasrat Anda untuk Pengetahuan dan kapasitas Anda untuk Pengetahuan adalah apa yang perlu diperkuat. Dan setelah ini dilakukan, Pengetahuan akan mengungkapkan dirinya dan Anda akan menjadi penerima anugerah terbesar dari kehidupan.

Dalam tinjau ulang Anda yang lebih panjang hari ini, izinkan diri Anda menjalankan latihan Anda dengan sangat mendalam dan tulus. Izinkan hari ini untuk menegaskan kesiswaan Anda. Izinkan hari ini untuk menegaskan bahwa Anda telah diselamatkan.

Latihan 252: *Satu periode latihan panjang.*

Langkah 253

SEMUA HAL YANG BENAR-BENAR SAYA PERLUKAN AKAN DISEDIAKAN UNTUK SAYA.

ANDA HARUS MEMBERIKAN KEYAKINAN penuh Anda kepada pernyataan ini, meskipun masa lalu Anda telah merupakan catatan keputusasaan dan kekecewaan. Namun, bahkan di sini pun Anda dapat menyadari bahwa hal-hal yang benar-benar Anda perlukan demi kemajuan Pengetahuan dan demi kemajuan kemampuan mental dan fisik sejati Anda telah disediakan untuk Anda.

SEMUA HAL YANG BENAR-BENAR ANDA PERLUKAN AKAN DISEDIAKAN. Ketika Anda menginginkan hal-hal yang sebenarnya tidak Anda perlukan, kesadaran Anda tentang hal ini menjadi bingung, dan ini membawa Anda ke dalam spekulasi gelap dan kekecewaan berat. Apa yang Anda perlukan akan membuat Anda bahagia; apa yang tidak Anda perlukan akan membuat Anda bingung. Ini sangat sederhana, sangat mudah dan sangat langsung. Pengetahuan selalu begitu. Pengetahuan menegaskan apa yang esensial. Di sini pendekatan Anda terhadap kehidupan menjadi sederhana dan langsung. Dengan demikian, Anda mengalami kehidupan sebagai sederhana dan langsung.

JIKA ANDA MENDEKATI KEHIDUPAN SECARA LICIK, kehidupan akan tampak licik bagi Anda. Jika Anda mendekati kehidupan dengan kesederhanaan dan kejujuran, kehidupan akan tampak sederhana dan jujur bagi Anda. Pengetahuan akan menunjukkan apa yang benar-benar diperlukan dan apa yang tidak relevan, hal-hal yang harus Anda bawa dan hal-hal yang hanya merupakan bagasi tambahan yang akan membebani Anda. Jika Anda menginginkan apa yang tidak diperlukan dan mengabdikan diri untuknya, Anda akan kehilangan kontak dengan apa yang nyata dan asli, dan hidup Anda akan menjadi bingung dan tidak bahagia.

UCAPKAN KATA-KATA INI PADA SETIAP JAM DAN PERTIMBANGKANLAH. Kehidupan di sekitar Anda akan mendemonstrasikan bahwa hal ini benar. Dalam latihan meditasi Anda yang lebih dalam, masukilah keheningan sekali lagi. Arahkan upaya Anda demi Anda sendiri, dan pikiran Anda akan merespons perintah Anda. Hasrat Anda demi Pengetahuanlah yang akan memungkinkan semua hal datang kepada Anda. Keyakinan dalam hidup ini akan memberi Anda kepastian untuk melanjutkan. Keyakinan dalam hidup ini akan memberi Anda kepastian bahwa hidup Anda sangat dihargai di dunia. Keyakinan dalam hidup ini akan menegaskan apa yang memandu kehidupan itu sendiri, karena di dalam kehidupan ada Pengetahuan dan ada fantasi, tetapi kehidupan itu sendiri adalah Pengetahuan.

LATIHAN 253: *Dua periode latihan 30 menit.*
Latihan setiap jam.

Langkah 254

SAYA PERCAYA PADA GURU-GURU SAYA YANG BERDIAM BERSAMA SAYA.

PERCAYALAH PADA GURU-GURU ANDA, karena mereka sepenuhnya dapat dipercaya. Mereka berada di sini untuk menginisiasi Pengetahuan dalam diri Anda, untuk mengingatkan Anda akan asal usul Anda dan takdir Anda, dan untuk memandu Anda dalam hal-hal besar maupun kecil. Percayalah pada Guru-Guru Anda. Mereka tidak akan menggantikan Pengetahuan Anda melainkan akan mundur ketika Pengetahuan muncul dalam diri Anda. Percayalah pada Guru-Guru Anda, karena mereka sudah mencapai apa yang sedang Anda upayakan sekarang, dan mereka mengajarkannya kepada Anda sekarang sehingga mereka dapat memenuhi takdir mereka di dunia. Percayalah pada Guru-Guru Anda, karena mereka tidak memiliki cita-cita atau ambisi selain Pengetahuan. Dengan demikian, pendekatan mereka kepada Anda sepenuhnya seragam dan jujur — tanpa penipuan, kebingungan, atau konflik pikiran.

SAAT ANDA BELAJAR MENERIMA GURU-GURU ANDA, Anda akan belajar menerima pendekatan mereka terhadap kehidupan. Di sini, mereka akan memberi Anda keselarasan, keseimbangan, kuasa dan arah. Anda tidak dapat merespons kejujuran secara tidak jujur. Anda harus belajar merespons kejujuran dengan kejujuran. Anda harus belajar merespons arah dengan hasrat untuk arah. Anda harus belajar merespons komitmen dengan komitmen. Dengan demikian, dalam respons Anda terhadap Guru-Guru Anda, Anda belajar bagaimana merespons. Anda belajar menghargai apa yang berharga, dan Anda belajar melepaskan atau mengabaikan apa yang sia-sia.

SAAT ANDA PERCAYA PADA GURU-GURU ANDA, Anda akan percaya pada diri sendiri. Ingatlah ini pada setiap jam. Dalam dua waktu perlindungan dan kebahagiaan besar Anda, dalam meditasi, kembalilah kepada Guru-Guru Anda yang sekarang Anda percayai. Dalam keheningan dan kesunyian mereka akan berdiam bersama Anda, dan Anda dapat berendam di kedalaman cinta kasih mereka. Anda dapat mengalami kasih sayang universal mereka dan menerima rahmat mereka, yang hanya akan menstimulasi Pengetahuan Anda, karena hanya Pengetahuan Anda yang akan distimulasi.

LATIHAN 254: *Dua periode latihan 30 menit.*
Latihan setiap jam.

Langkah 255

KESALAHAN DUNIA INI TIDAK AKAN MENGHALANGI SAYA.

JANGAN BIARKAN KEBINGUNGAN MENGHALANGI ANDA, karena semua kesalahan lahir dari kebingungan. Ingatlah bahwa ketika individu tanpa Pengetahuan, mereka hanya dapat melakukan kesalahan dan mengungkapkan kebingungan mereka. Mereka hanya dapat melatih kebingungan, dan mereka hanya dapat melayani kebingungan. Maka, ini akan mengajarkan Anda untuk menghargai apa yang berharga dan mengenali apa yang sia-sia. Ini akan mengajarkan Anda bahwa Anda selalu melayani apa yang Anda hargai; Anda selalu memperkuat apa yang Anda hargai; Anda selalu melatih apa yang Anda hargai.

SEKARANG ANDA BELAJAR MENGHARGAI PENGETAHUAN. Anda belajar melatih Pengetahuan. Anda belajar mengenali Pengetahuan. Dan Anda belajar melayani Pengetahuan. Ini adalah demonstrasi yang Anda perlukan. Jangan biarkan kebingungan dunia menghalangi Anda, karena itu mengingatkan Anda akan kebutuhan besar Anda. Bagaimanakah kesalahan dunia dapat menghalangi Anda ketika itu seharusnya mendorong Anda? Jika dilihat dengan benar, itu hanya akan mendorong Anda untuk lebih sepenuhnya memberikan diri Anda pada persiapan Anda sekarang. Persiapan di mana Anda terlibat ini menjanjikan pengaktifan Pengetahuan dalam diri Anda. Anda hanya perlu mengikuti langkah-langkahnya.

ANDA TIDAK AKAN MENEMUKAN PERLINDUNGAN DI DUNIA. Anda sudah mencobanya, dan itu telah mengecewakan Anda berulang kali, sebagaimana itu akan mengecewakan Anda berulang kali jika Anda mengejarnya lebih lanjut. Andalah yang harus memberi kepada dunia karena Andalah yang memiliki Pengetahuan.

KARENA ITU, TERIMALAH PENGETAHUAN HARI ini dalam latihan setiap jam Anda dan dalam periode latihan Anda yang lebih dalam. Jangan biarkan kesalahan dunia menghalangi Anda. Biarkan kesalahan dunia mendorong Anda dan menginspirasi Anda menuju Pengetahuan, karena ini adalah bagian dari anugerah dunia untuk Anda. Bagian lain dari anugerah dunia adalah untuk menjadi arena di mana Anda mengizinkan Pengetahuan mengkontribusikan dirinya melalui Anda. Di sini dunia diberkati dan Anda diberkati. Kemudian Anda akan bersyukur atas kesalahan dunia dan atas pencapaian dunia, karena yang satu menstimulasi Pengetahuan dan yang satunya memenuhi Pengetahuan. Karena itu, hari ini belajarlah untuk berpikir dengan benar agar pikiran Anda dapat menjadi pelayan yang berguna bagi Pengetahuan dan agar semua aspek diri Anda dapat dihormati.

LATIHAN 255: *Dua periode latihan 30 menit.*
Latihan setiap jam.

Langkah 256

Dunia sedang muncul ke dalam Komunitas Besar dunia-dunia.

Ini adalah pernyataan kebenaran tentang evolusi dunia Anda. Ini memberi makna dan arah pada pemahaman Anda tentang partisipasi Anda dan kontribusi Anda di dunia. Ini tidak dimaksudkan untuk menakut-nakuti Anda atau menciptakan ketidakpastian atau kecemasan karena dengan Pengetahuan ketidakpastian dan kecemasan tidak penting. Dengan Pengetahuan tidak ada ketidakpastian, karena keheningan Pengetahuan adalah kepastian Anda, suara Pengetahuan adalah kepastian Anda dan pergerakan Pengetahuan adalah kepastian Anda. Semua kemampuan dan kecakapan mental dan fisik Anda dapat berfungsi untuk mengungkapkan ini di jalur apa pun yang ditakdirkan untuk Anda layani.

Pernyataan bahwa dunia sedang muncul ke dalam Komunitas Besar dunia-dunia adalah penegasan dari tujuan Anda karena persepsi Anda, pemahaman Anda, dan apresiasi Anda terhadap dunia harus tumbuh. Pemahaman Anda tentang kesulitan dan peluang dunia harus tumbuh. Dengan memiliki visi kecil tentang dunia tidak mungkin Anda memahami arti dari Pengetahuan Anda sendiri. Anda harus berpikir dalam konteks yang lebih besar. Anda tidak bisa hanya memikirkan diri sendiri — keinginan Anda dan ketakutan Anda — karena Anda adalah bagian dari kehidupan yang lebih besar yang Anda telah datang untuk layani. Dunia yang Anda layani sekarang dan akan belajar untuk layani di masa mendatang sedang muncul ke dalam Komunitas Besar dunia-dunia.

Ulangi gagasan ini pada setiap jam dan pikirkanlah saat Anda melihat dunia di sekitar Anda. Dalam latihan Anda yang lebih dalam, libatkan pikiran Anda secara aktif dalam upaya memahami pelajaran hari ini. Latihan hari ini tidak berfokus pada keheningan tetapi pada pemahaman. Di sini pikiran digunakan secara bermakna, karena pikiran harus digunakan secara bermakna atau tidak sama sekali. Izinkan diri Anda mempertimbangkan semua gagasan Anda tentang pelajaran hari ini. Beri perhatian Anda dalam memahami keberatan Anda, kepercayaan Anda, ketakutan Anda dan preferensi Anda. Ketika hal-hal ini telah dikenali, Anda akan berada dalam posisi untuk mengetahui. Pengetahuan akan distimulasi oleh pelajaran hari ini, karena pelajaran hari ini adalah untuk menstimulasi Pengetahuan.

LATIHAN 256: *Dua periode latihan 30 menit.*
Latihan setiap jam.

Langkah 257

KEHIDUPAN LEBIH AGUNG DARI YANG PERNAH SAYA SADARI.

KEHIDUPAN LEBIH AGUNG DARI YANG PERNAH Anda sadari dan tentu lebih agung dari yang pernah Anda bayangkan. Keagungannya lahir dari fakta bahwa Anda hidup dalam suatu Komunitas Besar dunia-dunia. Keagungannya lahir dari fakta bahwa Pengetahuan adalah aspek esensial dari diri Anda yang Anda bawa dalam diri Anda. Keagungan kehidupan ditegaskan dengan hadirat Guru-Guru Anda dan hadirat semua yang mempersiapkan untuk memperoleh kembali Pengetahuan bersama Anda.

JADI, ANDA MEMILIKI TUJUAN YANG LEBIH agung di alam semesta yang lebih agung. Jadi, Anda dapat melihat dunia Anda dalam konteksnya yang tepat. Jadi, Anda dapat melihat diri Anda dalam konteks Anda yang tepat, karena Anda akan memerankan bagian kecil dalam evolusi dunia yang lebih agung, dan bagian Anda akan penting. Yang akan berada dalam lingkup dan jangkauan Anda untuk dicapai. Sesuatu yang kecil yang dilakukan untuk sesuatu yang agung berarti bahwa kontribusi terkecil mengandung keagungan dari apa yang dilayani. Ini menebus Anda untuk diri sendiri; ini menebus Anda untuk kehidupan. Ini menyingkirkan semua kegelapan dan menghalau semua imajinasi negatif, karena Anda melayani kehidupan yang lebih agung.

DALAM LATIHAN ANDA YANG LEBIH PANJANG libatkan diri Anda dalam upaya memahami makna gagasan hari ini. Gunakan pikiran Anda secara bermakna. Gunakan secara aktif dan objektif, karena inilah guna pikiran Anda.

LATIHAN 257: *Dua periode latihan 30 menit.*

Langkah 258

SIAPAKAH TEMAN-TEMAN SAYA HARI INI?

TEMAN-TEMAN ANDA HARI INI ADALAH SEMUA yang sedang memperoleh kembali Pengetahuan dan semua yang telah memperoleh kembali Pengetahuan. Teman-teman Anda besok adalah semua yang akan memperoleh kembali Pengetahuan. Karena itu, semua orang adalah teman Anda atau akan menjadi teman Anda. Ini hanya masalah waktu, dan waktu hanya bisa terasa lama bagi mereka yang tinggal di dalamnya tanpa tujuan. Tetapi bagi mereka yang tinggal di dalam waktu dengan tujuan, waktu bergerak pesat dan membawa hasil yang luar biasa ini.

SIAPAKAH TEMAN-TEMAN ANDA HARI INI? Semua orang adalah teman Anda atau akan menjadi teman Anda. Karena itu, mengapa punya musuh? Mengapa menyebut orang lain yang bertentangan dengan Anda musuh, karena mereka akan menjadi teman Anda. Pengetahuan akan menyatukan Anda. Anda sedang memperoleh kembali Pengetahuan, jadi Anda sedang membuka jalan untuk hal ini.

SIAPAKAH TEMAN-TEMAN ANDA HARI INI? Guru-Guru Anda dan Keluarga Spiritual Anda serta semua yang memperoleh kembali Pengetahuan. Jadi, lingkup pertemanan Anda sangat besar. Ada banyak jalan dalam memperoleh kembali Pengetahuan, tetapi esensi pembelajaran selalu adalah menjadi terlibat dengan Pengetahuan itu sendiri dan mengizinkan Pengetahuan mengungkapkan diri melalui Anda. Jadi, alam semesta penuh dengan teman-teman Anda — sebagian mungkin Anda kenali dan sebagian mungkin tidak dapat Anda kenali, sebagian akan dapat terlibat dengan Anda dan sebagian tidak akan dapat terlibat dengan Anda, sebagian akan dapat mencapai hal-hal bersama Anda dan yang lainnya tidak akan dapat mencapai hal-hal bersama Anda. Ini semua adalah masalah waktu.

ULANGI GAGASAN INI PADA SETIAP JAM. Saksikan sebagai rambu realitas bagi Anda. Dalam latihan Anda yang lebih dalam, masuklah ke dalam keheningan dan kesunyian sehingga Anda dapat mengalami kedalaman hubungan Anda dengan teman-teman sejati Anda. Hidup Anda penuh dengan cinta kasih. Penuh dengan hasil dari semua orang yang memperoleh kembali Pengetahuan sekarang. Hasrat Anda akan Pengetahuan dimotivasi oleh semua orang yang masih menolak untuk memperoleh kembali Pengetahuan, karena mereka di masa depan akan menjadi teman Anda juga. Dari sudut pandang ini, Anda akan mengenali bahwa bahkan mereka yang akan menjadi teman Anda di masa depan sesungguhnya adalah teman Anda hari ini, karena mereka sedang melayani Anda, dan mereka sedang meminta Anda melayani mereka melalui pencapaian Anda dengan Pengetahuan.

LATIHAN 258: *Dua periode latihan 30 menit.*
Latihan setiap jam.

Langkah 259

SAYA TELAH DATANG UNTUK MENGAJAR DI DUNIA.

Anda telah datang untuk mengajar. Semua yang telah Anda lakukan adalah mengajar semenjak Anda tiba di sini. Pemikiran dan perilaku Anda adalah sarana untuk mengajar. Bahkan sebagai anak kecil Anda mengajar dan menyenangkan dan membuat frustrasi orang-orang yang mencintai Anda. Sepanjang semua tahap kehidupan Anda Anda telah mengajar, karena mengajar adalah fungsi alami dari mendemonstrasikan kehidupan. Jadi, Anda secara alami memiliki fungsi mengajar. Meskipun jika Anda tidak melakukannya dalam arti formal apa pun dengan orang-orang, hidup Anda adalah demonstrasi dan, oleh karena itu, adalah suatu bentuk pengajaran.

Itulah sebabnya saat hidup Anda bersekutu dengan Pengetahuan dan mengungkapkan Pengetahuan, hidup Anda akan menjadi ajaran itu sendiri. Kemudian di jalur apa pun Anda diarahkan untuk memilih pengungkapan diri Anda, yang akan asli sesuai dengan kodrat Anda, Anda akan dapat mengungkapkan ajaran Anda dalam gerak-gerik besar maupun kecil, dengan kata-kata dan tanpa kata-kata dan dalam pencapaian di setiap kesempatan dan perjalanan hidup karena Anda telah datang ke dunia untuk mengajar. Dunia hanya dapat mengajarkan Anda bahwa Anda perlu mengajarkan kebenaran. Itulah ajaran dunia kepada Anda. Dunia mengajarkan Anda tentang kebutuhan besar akan Pengetahuan, dan mengajarkan Anda tentang hadirat Pengetahuan. Jadi, dunia melayani dan mendukung fungsi sejati Anda, seperti Anda melayani dan mendukung fungsi sejati kehidupan.

Ingatlah gagasan ini pada setiap jam. Dalam dua latihan meditasi Anda yang lebih dalam berikan diri Anda untuk memikirkan hal ini dengan sangat, sangat cermat. Ini adalah latihan keterlibatan mental sekarang. Pikirkan makna gagasan hari ini. Sadarilah bahwa Anda selalu mengajar melalui demonstrasi. Pikirkan apa yang ingin Anda ajarkan dengan hidup Anda dan pikirkan apa yang ingin Anda perkuat dengan hidup Anda. Pikirkan apa yang ingin Anda berikan dan pikirkan apa yang telah dunia berikan kepada Anda untuk menstimulasi hasrat sejati ini. Semua hal ini akan menimbulkan pemikiran yang benar dan tindakan yang benar, dan melalui pemikiran yang benar dan tindakan yang benar

Pengetahuan akan mengalir dengan mudah melalui Anda untuk memberkati kehidupan di sekitar Anda dan untuk membawa tujuan, makna dan arah kepada hubungan-hubungan Anda.

LATIHAN 259: *Dua periode latihan 30 menit.*
Latihan setiap jam.

Langkah 260

SAYA ADALAH TEMAN DUNIA HARI INI.

Anda adalah teman dunia hari ini, dan ketika Anda mengalami ini Anda akan mengalami dunia sebagai teman Anda, karena dunia hanya dapat mencerminkan maksud Anda saat Anda mengungkapkan dan mengalaminya. Di sini Anda akan mengalami sebuah dunia baru dengan Pengetahuan, dunia yang belum Anda pertimbangkan sebelumnya, dunia yang hanya Anda alami sesaat sebelumnya.

Jadilah teman dunia hari ini, karena Anda telah datang untuk menjadi teman dunia. Dunia sangat membutuhkan. Dunia mendemonstrasikan kebingungan dan kesalahan besar, namun Anda telah datang untuk menjadi teman dunia karena dunia memerlukan pertemanan Anda. Di sini, Anda menerima pahala yang lebih besar daripada apa pun yang dapat Anda jaminkan untuk diri sendiri saja, karena apa pun yang Anda jaminkan untuk diri sendiri saja harus Anda ambil dari kehidupan. Namun, apa pun yang Anda berikan dan terima sebagai teman dunia, kehidupan memberi kepada Anda, dan tidak kehilangan dalam pertukarannya. Kemudian tidak ada rasa bersalah dalam pemberian Anda dan penerimaan Anda. Di sini keterlibatan Anda sehat dan bersih. Dengan Pengetahuan hal ini terbukti dan didemonstrasikan hari demi hari sampai Anda akhirnya belajar bahwa hal ini sejati tanpa kecuali.

Pada setiap jam jadilah teman bagi dunia. Kenalilah bahwa semua amarah berasal dari kebingungan dan bahwa Pengetahuan muncul sekarang untuk menyelesaikan semua kebingungan. Hasilnya, hidup Anda sekarang terlibat dengan penyelesaian sejati dan bukan dengan menambah kesulitan dunia. Hidup Anda adalah tentang penyelesaian dan bukan kesulitan. Jadilah teman bagi dunia. Dalam dua periode latihan Anda yang lebih dalam dalam keheningan, berikan diri Anda untuk menjadi teman bagi dunia, karena ini akan meringankan kebingungan dunia. Saat Anda belajar untuk memberikan ini dengan Kearifan dan kebijakan, Anda akan mengizinkan dunia menjadi teman bagi Anda, karena dunia ingin menjadi teman Anda juga.

Latihan 260: *Dua periode latihan 30 menit.*
Latihan setiap jam.

Langkah 261

SAYA HARUS BELAJAR MEMBERI DENGAN BIJAK.

Jika Anda memberi tanpa ambisi pribadi, Anda akan memberi sesuai dengan Pengetahuan, dan pemberian Anda akan spesifik dan diberikan sedemikian rupa sehingga akan memberdayakan Anda dan mereka yang dapat menerima pemberian Anda. Ini adalah Pengetahuan memandu Anda. Jika Anda mencoba memberi demi mengangkat diri sendiri, jika Anda mencoba memberi demi meyakinkan diri sendiri atau jika Anda mencoba memberi demi meringankan perasaan bersalah atau ketidakmampuan yang berkepanjangan, Anda tidak akan memberi dengan bijak. Maka, pemberian Anda akan salah ditempatkan dan akan menghasilkan konflik dan keputusasaan yang semakin meningkat bagi Anda.

Kehidupan tidak melakukan apa pun tanpa tujuan. Segalanya memenuhi suatu tujuan. Karena itu, pemberian Anda harus dilakukan dengan bijak, dan kebijakan Anda adalah sesuatu yang harus Anda pelajari langkah demi langkah, hari demi hari. Ini adalah Kearifan yang berfungsi di dunia. Dengan Pengetahuan Anda harus belajar Kearifan ini; jika tidak, Anda tidak akan mampu memberikan anugerah sejati Anda secara efektif dan akan salah menafsirkan hasilnya. Pengetahuan akan memberi Anda apa yang harus diberikan dengan sungguh-sungguh dan akan mengarahkan Anda untuk memberi dengan sungguh-sungguh. Jika Anda tidak ikut campur dalam hal ini atau memberikan beban tambahan pada pemberian Anda, pemberian Anda akan sepenuhnya efektif dan akan mengakui baik si pemberi dan si penerima.

Ingatlah ini pada setiap jam. Latihlah kebijakan. Ada orang-orang yang tidak boleh Anda beri secara langsung. Ada orang-orang yang harus Anda beri secara langsung. Ada situasi yang tidak boleh Anda masuki. Ada situasi yang harus Anda masuki. Ada masalah yang tidak boleh Anda libatkan diri. Ada masalah yang harus Anda libatkan diri. Bagaimanakah Anda secara pribadi dapat membedakan di mana anugerah Anda harus ditempatkan? Hanya Pengetahuan yang dapat membedakannya, dan Anda hanya dapat membedakannya dengan Pengetahuan. Karena itu, percayalah pada kecenderungan terdalam Anda hari ini. Jangan biarkan tekanan yang lahir dari rasa bersalah atau takut memandu Anda atau memotivasi Anda dalam hasrat Anda untuk memberi. Berlatihlah hari ini untuk belajar kebijakan. Berlatihlah hari ini untuk menyelaraskan diri dengan Pengetahuan.

Dalam periode latihan Anda yang lebih panjang libatkan diri Anda sekali lagi dalam usaha memahami pelajaran hari ini. Jangan merasa senang dengan asumsi-asumsi palsu. Pertimbangkan semua pemikiran dan perasaan yang mendukung atau menentang gagasan hari ini. Mulailah mengamati ambisi Anda sendiri. Mulailah mengamati bagaimana hal tersebut lahir dari ketakutan Anda. Mulailah memahami betapa sederhananya mengikuti Pengetahuan. Dengan kesederhanaan muncul kuasa. Anda harus belajar kebijakan. Mempelajari hal ini akan memakan waktu. Di sini, Anda belajar memanfaatkan semua pengalaman demi kebaikan, karena tidak ada pengalaman yang harus dikecam. Pengalaman tersebut harus selalu digunakan untuk pembelajaran dan persiapan. Secara ini, Anda tidak akan membenarkan kesalahan, tetapi menggunakannya demi pengembangan Anda sendiri dan demi kemajuan dunia.

Latihan 261: *Dua periode latihan 30 menit.*
Latihan setiap jam.

Langkah 262

BAGAIMANA SAYA BISA MENILAI DIRI SENDIRI KETIKA SAYA TIDAK TAHU SIAPA DIRI SAYA?

Jika Anda tidak tahu siapa diri Anda, Anda hanya bisa menilai apa yang Anda pikir tentang diri Anda. Pemikiran Anda tentang diri Anda sendiri sebagian besar didasarkan pada harapan dan kekecewaan Anda. Sangat sulit untuk mengamati diri sendiri dari dalam pikiran pribadi Anda, karena pikiran pribadi Anda terdiri dari pemikiran pribadi Anda, yang tidak lahir dari Pengetahuan. Untuk mengamati diri Anda dengan Pengetahuan, Anda harus berhubungan dengan Pengetahuan. Ini akan membawa Anda untuk mengalami diri sendiri dengan cara yang sama sekali baru. Pengalaman ini harus diulang dan diungkapkan berulang kali, dalam sangat banyak situasi. Kemudian Anda akan mulai mendapatkan rasa dan pengalaman nyata tentang siapa diri Anda. Rasa dan pengalaman ini tidak akan lahir dari pengecaman dan sikap tidak memaafkan, karena hanya gagasan Anda tentang diri Anda sendiri yang dapat dikecewakan. Kehidupan akan mengecewakan Anda secara ini, karena kehidupan hanya dapat memenuhi Anda sesuai dengan kodrat sejati dan Jati Diri Anda. Menyadari hal ini berarti Anda telah menyadari nilai dan makna kehidupan dan kesertaan Anda di dalamnya. Ini memerlukan kebijakan. Ini memerlukan Kearifan. Ini memerlukan persiapan langkah demi langkah. Ini memerlukan kesabaran dan toleransi. Ini memerlukan Anda belajar menggunakan pengalaman Anda demi kebaikan bukan demi keburukan.

Karena itu, pengecaman Anda terhadap diri sendiri tidak berdasar. Itu hanya didasarkan pada asumsi. Ingatlah hal ini pada setiap jam dan pertimbangkan mengingat semua peristiwa hari ini, yang akan mengajarkan Anda makna pelajaran hari ini. Dalam dua periode latihan Anda yang lebih panjang, sekali lagi libatkan pikiran Anda secara aktif dalam upaya memahami makna pelajaran hari ini.

Saat Anda menembus penilaian terhadap diri Anda sendiri, sadarilah bahwa itu lahir dari ketakutan Anda dan didasarkan pada asumsi. Jika Anda menyadari bahwa Anda tidak tahu siapa diri Anda dan Anda sepenuhnya bingung tentang hal ini, maka Anda akan menempatkan diri Anda dalam posisi untuk menjadi siswa Pengetahuan sejati. Anda akan menempatkan diri Anda dalam posisi untuk mempelajari semua hal daripada berusaha membela asumsi-asumsi Anda. Ini mewakili kesiswaan

Anda. Fungsi Anda dalam kehidupan sekarang adalah untuk menjadi siswa Pengetahuan. Gunakan pikiran Anda dengan sengaja hari ini. Gunakan pikiran Anda secara objektif. Gunakan pikiran Anda untuk menyadari apa yang tidak Anda ketahui dan semua yang perlu Anda ketahui. Gunakan pikiran Anda untuk menghargai dan memanfaatkan langkah-langkah yang diberikan kepada Anda sekarang agar Anda dapat memperoleh kembali Pengetahuan di dunia.

L{\sc atihan} 262: *Dua periode latihan 30 menit.*
Latihan setiap jam.

Langkah 263

DENGAN PENGETAHUAN SEMUA HAL MENJADI JELAS.

MENGAPA HARUS TERLIBAT DALAM SPEKULASI TAMBAHAN? Mengapa harus memproyeksikan kesalahan atau penilaian lebih lanjut? Mengapa harus membuat hidup Anda lebih rumit dan lebih membuat frustrasi ketika semua hal menjadi jelas dengan Pengetahuan? Mengapa harus lebih merumitkan pikiran Anda? Mengapa harus menyandang semakin banyak kualitas pada diri sendiri? Mengapa harus menciptakan tingkat-tingkat pemikiran dan keberadaan baru ketika dengan Pengetahuan semua hal menjadi jelas? Mengapa harus memproyeksikan semakin banyak perbedaan pada dunia? Mengapa harus membuat dunia tampak begitu rumit dan sia-sia ketika dengan Pengetahuan semua hal menjadi jelas?

ANDA HANYA PERLU BELAJAR UNTUK BERSAMA PENGETAHUAN untuk melihat apa yang dilihat Pengetahuan, untuk melakukan apa yang dilakukan Pengetahuan dan untuk memiliki kedamaian Pengetahuan, rahmat Pengetahuan, kesertaan Pengetahuan, hubungan-hubungan Pengetahuan dan semua yang dikandung Pengetahuan, yang tidak mungkin ditiru dunia.

DALAM DUA LATIHAN ANDA YANG LEBIH dalam kembalilah untuk bersama Pengetahuan, dalam kerendahan hati dan kesederhanaan, dalam keheningan dan dalam kesunyian. Hiruplah Pengetahuan. Izinkan Pengetahuan memasuki dan mengisi tubuh Anda. Izinkan diri Anda terbenam dalam Pengetahuan dan semua hal akan menjadi jelas, karena dengan Pengetahuan semua hal menjadi jelas dan semua pertanyaan lenyap.

LATIHAN 263: *Dua periode latihan 30 menit.*

Langkah 264

SAYA AKAN BELAJAR TENTANG KEBEBASAN HARI INI.

Hari ini Anda akan mendapat kesempatan untuk belajar lebih lanjut tentang kebebasan. Langkah yang Anda ambil hari ini akan sangat penting dalam memberi Anda sudut pandang baru tentang kebebasan, tentang perbudakan, tentang pemecahan masalah dan tentang sifat kemajuan sejati.

Hari ini pikirkanlah pelajaran Anda pada setiap jam dan pikirkan apakah kebebasan itu. Dalam periode latihan Anda yang lebih panjang, curahkan pikiran Anda untuk berpikir tentang kebebasan. Ini adalah titik fokus yang sangat penting hari ini. Terutama dalam meditasi Anda yang lebih panjang, curahkan pikiran Anda sepenuhnya untuk meninjau kembali gagasan Anda tentang kebebasan. Menurut Anda apakah yang dimaksud dengan kebebasan? Menurut Anda apakah yang mencegah orang-orang menjadi bebas? Apakah yang menghasilkan kebebasan yang langgeng dan terjamin? Bagaimanakah hal ini dapat dicapai? Apakah yang akan mendukungnya di masa depan? Setelah Anda menghabiskan sekitar tiga puluh menit memikirkan semua ini dalam masing-masing latihan, masuklah ke dalam keheningan dan kesunyian. Bukalah diri Anda untuk mengizinkan Pengetahuan berbicara kepada Anda. Berdiamlah bersama Guru-Guru Anda di sana. Setelah Anda kehabisan gagasan, masuklah ke dalam keheningan dan penerimaan.

Sangat penting bahwa Anda menyadari gagasan Anda sendiri tentang kebebasan karena sampai hal ini dikenali dan disesuaikan, hal ini akan terus memengaruhi Anda. Hal ini akan terus mendominasi pemikiran Anda dan dengan demikian perilaku Anda. Kebebasan yang lebih besar sekarang tersedia untuk Anda, tetapi Anda harus belajar bagaimana mendekatinya. Hari ini Anda akan belajar lebih lanjut tentang kebebasan — apa yang Anda pikir tentang kebebasan dan apa sesungguhnya kebebasan itu.

Latihan 264: *Dua periode latihan 40 menit.*
Latihan setiap jam.

Langkah 265

ADA KEBEBASAN YANG LEBIH BESAR MENUNGGU SAYA.

Pengetahuan akan menghendaki Anda untuk bebas dari masa lalu dan bebas dari kecemasan mengenai masa depan. Pengetahuan akan menghendaki Anda untuk hadir dengan kehidupan. Pengetahuan akan menghendaki Anda untuk terbuka dan jujur. Pengetahuan akan menghendaki Anda untuk memiliki keyakinan dan penerapan diri yang konsisten. Pengetahuan akan menghendaki Anda untuk tidak berkonflik. Pengetahuan akan menghendaki Anda untuk memiliki cinta kasih dan rasa hormat besar untuk diri sendiri dan penghargaan besar untuk dunia. Pengetahuan akan menghendaki Anda untuk mampu mengalami Keluarga Spiritual Anda dan mengenali tempat sejati Anda di alam semesta.

Pengetahuan menghendaki ini dari Anda agar Anda sepenuhnya mengulurkan diri untuk menerimanya. Secara ini, Anda menjadi bebas dalam belajar untuk menjadi bebas. Anda dipandu oleh Pengetahuan dengan belajar untuk dipandu oleh Pengetahuan. Di sini Anda mencapai tujuannya dengan mengambil langkah-langkahnya. Tidak ada formula ajaib di mana tiba-tiba Anda menjadi bebas. Tidak ada sistem kepercayaan ajaib yang, sekali dianut, membebaskan Anda dari pengekangan masa lalu Anda dan kekhawatiran akan masa depan Anda. Anda belajar kebebasan sejati ini melalui penerapan, langkah demi langkah. Dengan demikian, saat Anda belajar untuk memperoleh kembali Pengetahuan, Pengetahuan memperoleh kembali Anda. Dan saat Anda belajar apa itu kebebasan, Anda sesungguhnya menjadi bebas.

Bagian Anda sangat kecil dan bagian Kami sangat besar. Anda hanya perlu mengikuti langkah-langkahnya dan menggunakannya. Langkah-langkah yang diberikan akan menjamin hasilnya. Kebebasan yang lebih besar menunggu Anda dan saat Anda mendekatinya, Anda menerima kebebasan itu dan mendapatkan manfaat dari semua kualitas kebebasan itu dan mendemonstrasikan semua aspek dari kebebasan itu. Demikian sifat dari Rencana sempurna yang berada di luar pemahaman manusia. Begitu sempurna sehingga Anda tidak dapat menghancurkannya jika Anda mengikutinya dengan setia. Ini memulihkan Anda dan mengembalikan kepada Anda keyakinan diri, kepercayaan diri, cinta diri dan pemahaman tentang diri Anda di dunia.

Pikirkanlah gagasan ini setiap jam hari ini, dan dalam waktu meditasi mendalam Anda masukilah keheningan dan kebebasan. Merupakan kebebasan besar untuk memiliki kesempatan ini untuk membenamkan diri Anda dalam Pengetahuan, membenamkan diri Anda dalam hadirat dan membenamkan diri Anda dalam substansi sebenarnya dari hubungan sejati di alam semesta. Ketika Anda mendekatinya, Anda akan mengetahui bahwa ini adalah kebebasan Anda, dan Anda akan mengetahui bahwa Anda menjadi bebas untuk menerimanya. Karena itu, hari ini Anda akan mengambil satu langkah besar untuk menyadari bahwa masa depan yang lebih besar menunggu Anda. Langkah besar ini akan semakin membebaskan Anda dari kekhawatiran, kecemasan, penderitaan, dan kekecewaan masa lalu Anda. Ini akan menunjukkan kepada Anda bahwa kebebasan yang lebih besar menunggu Anda.

Latihan 265: *Dua periode latihan 30 menit.*
Latihan setiap jam.

Langkah 266
TINJAU ULANG

Hari ini seperti sebelumnya tinjaulah dua minggu terakhir persiapan. Manfaatkan kesempatan ini dalam periode latihan panjang Anda hari ini untuk meninjau semua yang telah terjadi dalam dua minggu terakhir ini terkait arahan yang diberikan dalam persiapan ini, pengalaman Anda dalam latihan dan hasil keseluruhannya dalam hidup Anda. Lakukan Tinjau Ulang ini dengan seobjektif mungkin, terutama terkait hasilnya dalam hidup Anda, yang banyak di antaranya masih belum dapat Anda evaluasi secara objektif.

Banyak hal akan berubah saat Anda maju dalam pembelajaran Anda. Beberapa hal akan menjauh dari Anda; hal-hal lain akan mulai dibangun. Masalah-masalah duniawi akan mendesak Anda yang memerlukan keterlibatan dan penerapan Anda. Hal-hal lain yang Anda pikir merupakan masalah akan semakin menjauh dan tidak perlu Anda khawatirkan. Dengan demikian, kehidupan lahir Anda menyesuaikan diri sehingga Anda dapat mengenali di mana Anda harus menerapkan diri sekarang. Kemudian kehidupan batin dan kehidupan lahir Anda dapat mencerminkan satu sama lain. Ini sangat penting. Anda mulai belajar cara belajar, dan Anda melihat dunia berubah sebagai hasilnya. Kualitas pengalaman Anda akan berubah seiring waktu sehingga semua hal, baik yang umum maupun yang luar biasa, akan dilihat dari sudut pandang yang berbeda dari sebelumnya. Anda kemudian dapat belajar untuk memanfaatkan semua peluang dan dengan demikian belajar menghargai kehidupan, bahkan dalam kekecewaannya.

Latihlah ini dalam Tinjau Ulang hari ini. Sangat telitilah dalam penyelidikan Anda. Mulai dengan pelajaran pertama dalam periode dua minggu ini dan ikuti hari demi hari. Kenali apa yang terjadi dalam hidup Anda setiap hari. Cobalah mengingat. Cobalah berkonsentrasi di sini. Secara ini, Anda akan merasakan pergerakan hidup Anda sendiri. Dalam mengenali pergerakan ini selama periode waktu tertentu dan melihat bagaimana tahapan kehidupan Anda berkembang, Anda akan menyadari bahwa Anda dengan teguh berada di jalan menuju Pengetahuan. Anda kemudian akan melihat bahwa akan semakin sedikit hal di belakang Anda yang akan menahan Anda dan bahwa masa depan akan terbuka dengan sendirinya untuk semakin mengakomodasi Anda. Ini adalah kemurahan hati kehidupan menunduk di hadapan Anda yang sedang menjadi siswa Pengetahuan.

LATIHAN 266: *Satu periode latihan panjang.*

Langkah 267
ADA SOLUSI SEDERHANA UNTUK SEMUA MASALAH DI HADAPAN SAYA HARI INI.

SEMUA MASALAH YANG ANDA HADAPI SECARA individu memiliki jawaban yang sangat sederhana. Bagaimanakah Anda akan menemukan jawaban ini? Akankah Anda menemukannya dengan berjuang dengan diri sendiri? Akankah Anda menemukannya dengan mencoba semua kemungkinan pemecahan yang dapat Anda pikirkan? Akankah Anda menemukannya dengan mengkhawatirkannya dan meresahkannya? Akankah Anda menemukannya dengan menolaknya dan mencari stimulasi yang menyenangkan sebagai gantinya? Akankah Anda menemukannya dengan tenggelam dalam depresi dan berpikir bahwa hidup begitu sulit bagi Anda sehingga Anda tidak dapat memenuhi tuntutan keadaan Anda sendiri?

ADA JAWABAN SEDERHANA UNTUK MASALAH YANG Anda hadapi hari ini. Yang dapat ditemukan dalam Pengetahuan. Namun, untuk menemukan Pengetahuan, Anda harus menjadi hening dan jeli dan belajar melepaskan diri dari rasa takut dan cemas. Sebagian besar hidup Anda akan terlibat dalam pemecahan masalah, dan dalam belajar bagaimana melakukannya secara efektif, bertanggung jawab dan bahkan dengan antusias maka Anda akan mencapai apa yang Anda telah datang ke sini untuk dicapai.

INGATKAN DIRI ANDA TENTANG GAGASAN INI SEPANJANG hari dan jangan tertipu oleh kerumitan masalah. Masalah hanya rumit ketika Anda mencoba untuk mengambil manfaat dari menyelesaikannya atau menghindarinya. Ketika Anda mempunyai preferensi yang mengatur pikiran Anda, Anda tidak dapat melihat apa yang nyata. Saat Anda sekarang belajar untuk melihat setiap masalah dengan Pengetahuan, Anda akan melihat bahwa penyelesaiannya tampak jelas. Anda akan melihat bahwa Anda tidak dapat mengenalinya sebelumnya karena Anda takut akan hasilnya secara tertentu atau Anda merasa cemas bahwa penyelesaian masalah akan membuat Anda kehilangan dan miskin. Anda akan memiliki visi yang berbeda hari ini.

DALAM DUA PERIODE LATIHAN ANDA YANG LEBIH DALAM, patuhi Pengetahuan. Jangan mencoba menjawab masalah Anda, tetapi cukup hening dan menerima. Pengetahuan mengetahui hal-hal apa yang harus ditangani dan akan memberikan pengaruhnya kepada Anda sehingga Anda dapat meresponsnya dan mengikuti arahannya. Tanpa campur tangan terus menerus dari Anda, apa yang sudah jelas akan muncul, dan Anda akan belajar apa yang harus dilakukan langkah demi langkah. Dengan demikian, Anda akan menyadari bahwa ada jawaban sederhana untuk semua masalah di hadapan Anda. Ini akan menjadi penegasan Pengetahuan, dan Anda akan senang bahwa kehidupan memberi Anda masalah-masalah ini sehingga Anda dapat melatih kemampuan sejati Anda untuk meresponsnya.

Latihan 267: *Dua periode latihan 30 menit.*
Latihan setiap jam.

Langkah 268

SAYA TIDAK AKAN TERTIPU OLEH KERUMITAN HARI INI.

MASALAH DI DUNIA MENJADI RUMIT KETIKA ada kesulitan yang memerlukan koreksi dan perkembangan, dan itu tercampur dengan preferensi semua orang, hasrat semua orang untuk melindungi apa yang mereka miliki, dan persaingan semua orang satu sama lain. Demikianlah masalah di dunia menjadi rumit, dan apa pun yang Anda lakukan untuk mencoba menyelesaikannya, seseorang kehilangan haknya. Seseorang kesal. Seseorang kalah. Dalam masyarakat Anda hal ini nyata. Tetapi ini hanya mewakili ketakutan dan ambisi orang-orang yang berlawanan dengan Pengetahuan mereka. Dalam Pengetahuan, Anda bersedia melepaskan apa pun yang menghalangi Pengetahuan. Anda bersedia melepaskan apa pun yang berbahaya bagi Anda atau orang lain. Anda bersedia melepaskan diri dari situasi apa pun yang tidak lagi terbukti bermanfaat bagi Anda atau orang lain. Ini karena Pengetahuan memungkinkan kejujuran sejati. Ini adalah bentuk keterlibatan tanpa pamrih di dunia, sehingga bermanfaat bagi semua.

KARENA ITU, KETIKA ANDA MELIHAT SUATU MASALAH di dunia dan tampaknya rumit, sangat sulit pada awalnya untuk melihat apa masalahnya. Tetapi pemecahannya selalu sangat langsung. Ketakutan orang-orang akan hal inilah yang melumpuhkan mereka dari mengenali apa yang sudah jelas. Hari ini diberikan kepada Anda untuk menyadari bahwa ada pemecahan langsung untuk semua masalah yang memerlukan pemecahan. Terkadang pemecahan jelas sekaligus. Terkadang harus didekati secara bertahap. Tetapi setiap langkah sangat langsung jika Anda mengikuti Pengetahuan.

UNTUK MENDEKATI MASALAH SECARA INI Anda harus mendekatinya tanpa rasa takut atau preferensi. Anda harus mengikuti Pengetahuan dan tidak berusaha menggunakan Pengetahuan untuk menyelesaikan hal-hal sesuai dengan motif Anda sendiri. Anda tidak dapat menggunakan Pengetahuan secara ini, tetapi Anda dapat mengikuti Pengetahuan, dan dalam mengikuti Pengetahuan Anda akan mengikuti jalur penyelesaian. Ini adalah jalur yang pada awalnya hanya segelintir orang yang dapat mengenalinya, tetapi ini adalah jalur yang akan terbukti sangat efektif seiring waktu, karena ini akan membebaskan semua orang yang terlibat dan menyediakan cara penerapan diri yang berhasil bagi semua orang yang terlibat. Dengan demikian, pria atau wanita Pengetahuan di dunia menjadi sumber penyelesaian dan pemulihan di dunia. Dan kehadiran mereka dan aktivitas mereka akan selalu memengaruhi setiap situasi demi kebaikan.

Jangan tertipu oleh masalah-masalah dunia yang tampaknya rumit, karena dengan Pengetahuan semua hal dengan mudah diselesaikan. Pengetahuan tidak tertipu, dan saat Anda belajar untuk bersama Pengetahuan, Anda juga tidak akan tertipu.

Ingatkan diri Anda tentang gagasan ini pada setiap jam dan dalam dua latihan meditasi Anda yang lebih dalam, masuki sekali lagi suaka keheningan dalam diri Anda. Jadilah terbiasa dengan keheningan karena Pengetahuan itu hening. Jadilah terbiasa dengan keheningan karena dalam keheningan Anda menegaskan kebaikan Anda dan nilai Anda. Pikiran yang damai bukanlah pikiran yang berperang. Pikiran yang damai tidak tertipu oleh dunia.

Latihan 268: *Dua periode latihan 30 menit.*
Latihan setiap jam.

Langkah 269

KUASA PENGETAHUAN AKAN MENGULURKAN DIRI DARI SAYA.

KUASA PENGETAHUAN AKAN MENGULURKAN DIRI dari Anda yang sedang menerima Pengetahuan. Pada awalnya ini akan sangat halus, tetapi saat Anda terus berkembang dan menerapkan diri, kuasa Pengetahuan akan semakin kuat. Ini akan menjadi daya tarik bagi sebagian orang. Ini akan menjadi daya penolakan bagi orang lain yang tidak mampu meresponsnya. Ini akan memengaruhi semua. Itulah sebabnya Anda harus belajar menjadi sangat bijak dalam berhubungan, karena saat Anda maju sebagai siswa Pengetahuan, pengaruh Anda pada orang lain akan lebih besar. Anda tidak boleh menggunakan pengaruh ini demi tujuan egois, atau aktivitas Anda akan merusak bagi Anda dan orang lain.

PENGETAHUAN MENYEDIAKAN PENAHANAN diri ini yang telah Kami bicarakan, dan Anda harus melatihnya demi Anda sendiri. Jika Anda ambisius dengan Pengetahuan, Anda akan menimbulkan risiko yang sangat besar bagi diri sendiri dan orang lain, karena kearifan, belas kasih, penahanan diri, dan pengendalian diri harus menyertai perkembangan Pengetahuan. Jika Anda mencoba menggunakan Pengetahuan demi keuntungan egois Anda sendiri atau demi apa yang menurut Anda dibutuhkan dunia, Anda akan menyesatkan diri sendiri dan Pengetahuan tidak akan menemani Anda.

TERIMALAH PENGENDALIAN DIRI DAN PENGEMBANGAN yang diperlukan sekarang, karena ini akan melindungi Anda dan memungkinkan Anda untuk menyerahkan anugerah-anugerah Anda dengan minimum perselisihan dan risiko pribadi. Ini akan menjamin keutuhan dan kelayakan kontribusi Anda, karena tidak akan ternoda oleh maksud-maksud egois. Berlatihlah pada setiap jam dan masuk jauh ke dalam meditasi dua kali hari ini. Ulangi gagasan Anda untuk hari ini dan masuki keheningan sekali lagi. Izinkan ini menjadi hari di mana Pengetahuan diperkuat.

LATIHAN 269: *Dua periode latihan 30 menit.*
Latihan setiap jam.

Langkah 270

DENGAN KUASA DATANG TANGGUNG JAWAB.

DENGAN KUASA DATANG TANGGUNG JAWAB. Pengetahuan akan memberdayakan Anda, dan Anda harus bertanggung jawab pada Pengetahuan. Itulah sebabnya Anda harus menjadi pengikut. Dengan menjadi pengikut Anda menjadi pemimpin, karena Anda mampu menerima dan Anda mampu dipandu. Dengan demikian, Anda akan mengajar orang lain untuk menerima dan memberikan panduan bagi mereka. Ini adalah uluran alami dari anugerah yang sekarang Anda terima, yang seiring waktu akan menemukan pengungkapan melalui Anda dalam hidup Anda.

SANGAT PENTING BAHWA ANDA MENGENALI hubungan antara kuasa dan tanggung jawab. Tanggung jawab memerlukan disiplin diri, penahanan diri dan pengendalian diri. Tanggung jawab memerlukan objektivitas tentang hidup Anda sendiri yang baru dicapai oleh sangat sedikit orang di dunia ini. Tanggung jawab merupakan beban sampai dikenali sebagai sumber perlindungan. Ini adalah jaminan dan kepastian bahwa anugerah Anda akan menemukan pengungkapan yang sehat dan diterima dalam diri Anda dan bahwa Anda akan maju dan mahir oleh penyampaian kontribusi Anda.

SANGAT UMUM DI DUNIA BAHWA ORANG-ORANG MENGINGINKAN kuasa tanpa tanggung jawab, karena gagasan mereka tentang kebebasan adalah bahwa mereka tidak berterimakasih kepada apa pun. Ini sepenuhnya kontraproduktif dan memiliki konsekuensi yang sangat berbahaya bagi mereka yang bersikeras untuk mencobanya. Anda sebagai siswa Pengetahuan harus belajar menerima tanggung jawab yang diberikan kepada Anda, karena ini memberikan perlindungan dan panduan yang Anda perlukan agar Anda dapat berkembang dengan tepat, positif, dan sepenuhnya. Ini adalah jaminan bahwa persiapan Anda akan menghasilkan hasil besar yang seharusnya dihasilkan.

PIKIRKAN GAGASAN INI PADA SETIAP JAM dan jangan melupakannya hari ini. Dalam latihan Anda yang lebih dalam, pikirkan dengan sangat cermat tentang arti pernyataan ini. Pikirkan gagasan-gagasan Anda tentang kuasa dan kenali betapa ini memerlukan tanggung jawab terhadap Sumber yang Lebih Agung agar dapat dimanfaatkan dan diungkapkan dengan tepat. Dua periode latihan ini akan menjadi waktu aktivitas dan penerapan mental. Pikirkan dengan cermat semua gagasan Anda seputar pelajaran hari ini. Sangat penting bagi Anda untuk memeriksa pemikiran dan kepercayaan Anda sendiri, karena Anda harus memahami susunan mental Anda saat ini untuk menyadari dampaknya terhadap kehidupan lahir Anda. Pelajaran hari ini mungkin tampak serius pada awalnya, tetapi seiring waktu ini akan memberi Anda kepercayaan diri dan jaminan yang akan Anda perlukan untuk maju dengan sepenuh hati.

Latihan 270: *Dua periode latihan 30 menit.*
Latihan setiap jam.

Langkah 271

SAYA AKAN MENERIMA TANGGUNG JAWAB HARI INI.

TERIMALAH TANGGUNG JAWAB, yang merupakan kemampuan Anda untuk merespons. Terimalah ini, kembangkan, hargai, dan sambutlah. Inilah yang akan membuat Anda kuat. Inilah yang akan membuat Anda berbakti. Inilah yang akan mendatangkan kepada Anda hubungan-hubungan yang selalu Anda dambakan. Inilah pemberdayaan yang sangat Anda perlukan yang sekarang Anda belajar klaim untuk diri sendiri. Pemberdayaan ini datang dengan persyaratan untuk pemberdayaan — bahwa Anda merespons Pengetahuan dan mengikuti Pengetahuan, bahwa Anda menahan diri dari semua motivasi yang tidak lahir dari Pengetahuan, bahwa Anda menjadi objektif dengan diri sendiri dan motif Anda, bahwa Anda mempertanyakan diri sendiri tanpa meragukan diri sendiri, dan bahwa Anda mengelilingi diri Anda dengan individu-individu yang dapat mendukung munculnya Pengetahuan dalam diri Anda dan bebas untuk memberi tahu Anda persepsi mereka sendiri. Ini penting demi kesejahteraan dan perkembangan Anda. Ini akan melindungi Anda dari kesalahan diri sendiri, yang ketika Anda menjadi lebih kuat akan berdampak semakin besar pada Anda dan orang lain.

TERIMALAH TANGGUNG JAWAB HARI INI. Terimalah ini, karena ini mewakili kebutuhan Anda yang paling sejati dan paling besar. Tanggung jawab akan memungkinkan Anda untuk mencintai dan mengulurkan diri Anda ke dunia.

PADA SETIAP JAM PIKIRKAN GAGASAN HARI INI. Dan saat Anda memasuki meditasi dua kali hari ini, ambillah tanggung jawab penuh sebagai siswa Pengetahuan dan masuklah ke dalam keheningan dan kesunyian dengan seluruh keberadaan Anda. Jangan biarkan pikiran atau keraguan apa pun menghalangi Anda. Jangan biarkan ambivalensi menahan Anda. Teruslah maju. Buka diri Anda. Masuki misteri kehidupan Anda sehingga Anda dapat meresponsnya, karena inilah arti dari tanggung jawab.

LATIHAN 271: *Dua periode latihan 30 menit.*
Latihan setiap jam.

Langkah 272

GURU-GURU SAYA AKAN MEMANDU SAYA SAAT SAYA MELANJUTKAN.

Anda akan memerlukan Guru-Guru untuk memandu Anda saat Anda melanjutkan di jalan menuju Pengetahuan, karena Anda akan menjelajah jauh melampaui konsep dan asumsi Anda sendiri. Anda akan terlibat dalam kehidupan yang belum Anda pahami. Anda akan mengakses kuasa dan sumber daya yang belum sepenuhnya Anda kenali. Anda akan menjelajah lebih jauh ke dalam kehidupan, melampaui asumsi manusia, melampaui kepercayaan manusia dan melampaui kesepakatan manusia. Ini akan memerlukan panduan yang sangat kuat untuk Anda, baik dari Pengetahuan maupun dari hubungan-hubungan utama Anda. Guru-Guru Batin Anda mewakili hubungan Anda yang paling utama, karena hubungan ini sepenuhnya didasarkan pada Pengetahuan, dan diberikan kepada Anda untuk mengembangkan Pengetahuan dengan aman dan lengkap.

KARENA ITU, TERIMALAH KETERBATASAN ANDA SEBAGAI siswa Pengetahuan agar Anda dapat melanjutkan dengan bantuan yang akan diperlukan. Bersyukurlah bahwa bantuan yang begitu agung dapat diberikan kepada Anda dan bahwa ini dapat menembus keadaan apa pun karena tidak terlihat oleh mata Anda. Bersyukurlah bahwa Anda dapat mengalaminya dalam keadaan apa pun dan bahwa Anda dapat menerima nasihat dari Guru-Guru Anda pada titik-titik waktu dalam kehidupan di mana ini diperlukan.

TEGASKAN HADIRAT GURU-GURU ANDA HARI INI AGAR Anda dapat memiliki keberanian dan semangat besar dalam dukungan Anda terhadap kemunculan Pengetahuan. Pada setiap jam ingatkan diri Anda bahwa Guru-Guru Anda ada bersama Anda. Dalam dua periode latihan Anda yang lebih dalam, masuki keheningan dan kesunyian bersama mereka sehingga mereka dapat memberikan hadirat mereka dan nasihat mereka kepada Anda jika diperlukan. Terimalah kesiswaan Anda agar Anda dapat belajar memberi kepada dunia.

LATIHAN 272: *Dua periode latihan 30 menit.*
Latihan setiap jam.

Langkah 273

GURU-GURU SAYA MENYIMPAN MEMORI RUMAH PURBA SAYA UNTUK SAYA.

Guru-Guru Anda mewakili Keluarga Spiritual Anda yang berada di luar dunia. Mereka menyimpan memori tentang asal usul Anda dan takdir Anda untuk Anda, yang Anda harus belajar sadari melalui pengalaman Anda di dunia. Mereka telah menempuh perjalanan dunia. Mereka mengetahui peluang dan kesulitannya. Mereka mengetahui kemungkinan kesalahan yang dapat Anda lakukan, dan mereka menyadari kesalahan yang sudah Anda lakukan. Mereka sepenuhnya siap untuk memandu Anda. Mereka memiliki Kearifan dan prestasi untuk melakukannya.

Karena itu, jangan meremehkan nilai mereka bagi Anda dan selalu ingat bahwa mereka hadir dalam hidup Anda untuk menginisiasi Anda ke dalam Pengetahuan. Mereka berharap agar Anda menjadi kuat dalam Pengetahuan, pada akhirnya sekuat mereka. Dengan demikian, mereka melayani kebutuhan dan tujuan terbesar Anda, dan Anda harus mengikuti mereka, menerima mereka dan menghormati hadirat mereka, sebagaimana seorang siswa menghormati seorang guru. Ini akan mengizinkan Anda untuk menerima anugerah mereka sepenuhnya dan akan membebaskan Anda dari semua asosiasi palsu yang mungkin Anda buat dengan mereka. Ini adalah hubungan yang sangat bertanggung jawab, dan Anda akan menjadi dewasa di dalamnya.

Maka terimalah hadirat Guru-Guru Anda. Terimalah pada setiap jam saat Anda mengingatkan diri Anda bahwa mereka ada bersama Anda, dan terimalah dalam dua latihan meditasi Anda yang lebih dalam saat Anda membuka diri untuk menerima mereka. Ini adalah kesempatan besar untuk Pengetahuan. Guru-Guru Anda akan menginisiasi Anda ke dalam Pengetahuan, karena mereka hanya dapat diketahui. Gambaran atau konsep Anda tentang mereka relatif tidak berarti, kecuali bahwa itu mungkin membatasi pendekatan Anda. Anda harus mengalami esensi Guru-Guru Anda, yang adalah hadirat mereka, untuk sepenuhnya mengenal mereka. Dan Anda akan mengetahui dari pengalaman ini, seiring ini berkembang, bahwa ini adalah bagaimana Anda dapat mengalami kehidupan secara keseluruhan.

Meskipun indra Anda akan merasakan bentuk dari hal-hal, hati Anda akan mengalami esensi dari hal-hal, dan inilah bagaimana hal-hal akan diketahui. Begitu hal-hal diketahui, Anda akan menyadari bagaimana Anda harus berpartisipasi dengannya. Dengan demikian, semua kemampuan pikiran Anda akan digunakan demi satu tujuan besar, karena Pengetahuan akan menggunakan semua kemampuan Anda dan kemampuan dunia untuk penebusan dunia, yang merupakan penebusan Pengetahuan di dalam dunia.

LATIHAN 273: *Dua periode latihan 30 menit.*
Latihan setiap jam.

Langkah 274
SAYA MENCARI KEBEBASAN DARI AMBIVALENSI HARI INI.

CARILAH KEBEBASAN DARI AMBIVALENSI, karena ini adalah sumber dari semua kebingungan, kesengsaraan, dan frustrasi manusia. Ambivalensi adalah kebimbangan untuk berpartisipasi dengan kehidupan. Ini adalah kebimbangan untuk berada dalam kehidupan. Ini adalah kebimbangan untuk hidup. Dari kebimbangan ini segala macam pemaksaan diri, segala macam serangan dan segala macam konfrontasi diciptakan. Dari kebimbangan inilah orang-orang hidup dalam fantasi tanpa Pengetahuan.

MAKA, WASPADALAH TERHADAP AMBIVALENSI. Ini adalah tanda bahwa Anda berfungsi tanpa Pengetahuan dan bahwa Anda mencoba membuat keputusan-keputusan Anda sepenuhnya berdasarkan spekulasi, preferensi pribadi, dan rasa takut. Pengambilan keputusan tanpa fondasi adalah apa yang menyesatkan umat manusia. Pengambilan keputusan tanpa fondasi adalah apa yang telah menyesatkan Anda. Pengetahuan menghalau ambivalensi, karena Pengetahuan menetapkan arah yang jelas. Pengetahuan tidak peduli dengan pilihan dan dengan pertimbangan, karena Pengetahuan semata-mata tahu apa yang benar dan menuntun Anda menuju pemenuhan Anda, langkah demi langkah, dengan kepastian dan keyakinan yang teguh.

INGATLAH PADA SETIAP JAM BAHWA ANDA INGIN lepas dari ambivalensi. Sadarilah saat Anda mengulangi pelajaran Anda betapa banyak hidup Anda yang terbuang dalam mencoba memutuskan antara ini dan itu, dalam bertanya pada diri sendiri, "Apa yang harus saya lakukan sekarang?", dalam mempertanyakan diri sendiri tentang apa yang benar dan apa yang salah, dan dalam bertanya-tanya dan khawatir tentang pilihan terbaik dan kemungkinan konsekuensinya. Pengetahuan membebaskan Anda dari penerapan pikiran Anda yang melelahkan dan boros ini. Pengetahuan tidak mempertimbangkan. Pengetahuan hanya menunggu waktu untuk bertindak dan kemudian bertindak. Pengetahuan sepenuhnya pasti dalam arahnya. Pengetahuan tak tergoyahkan dalam pendiriannya. Jika Anda mengikuti ini, yang merupakan anugerah terbesar Tuhan bagi Anda yang hidup di dunia penuh ambivalensi dan kebingungan, Anda akan mengetahui bahwa Anda akan memiliki tujuan, makna dan arah dan hari demi hari itu akan sangat tersedia bagi Anda.

Dalam meditasi Anda yang lebih dalam, cobalah memberikan diri Anda sepenuh hati pada latihan Anda. Jangan ambivalen dengan latihan Anda. Jangan menahan diri karena rasa takut atau tidak pasti, karena Anda berpartisipasi dalam persiapan ini karena Pengetahuan telah memanggil Anda untuk melakukannya, dan setiap hari Anda memberikan diri Anda karena Pengetahuan memanggil Anda untuk melakukannya. Dengan demikian, saat kita melanjutkan persiapan kita bersama, Pengetahuan Anda diperkuat hari demi hari, karena ini adalah dasar partisipasi Anda di sini. Alasan lain apa yang mungkin Anda miliki untuk menjadi siswa Pengetahuan?

Karena itu, dalam latihan Anda yang lebih dalam dan dalam peringatan setiap jam Anda, perkuat tekad Anda bahwa Anda harus lepas dari ambivalensi. Sadari kerugian fatal dari ambivalensi. Lihatlah bagaimana hal ini membuat orang-orang tersesat dalam gagasan-gagasan mereka, menolak keterlibatan mereka dengan kehidupan. Lihatlah kerugian manusia di sekitar Anda. Yang sangat besar. Sadarilah bahwa dengan kepastian semua orang akan menemukan tempat mereka yang seharusnya. Dunia akan maju tanpa friksi yang sekarang harus ditanggungnya. Secara ini, semua hal mencari pemenuhan bersama dalam kesertaan dalam kehidupan. Itulah Tata Cara Pengetahuan.

Latihan 274: *Dua periode latihan 30 menit.*
Latihan setiap jam.

Langkah 275
HARI INI SAYA MENCARI KEBEBASAN DARI KETIDAKPASTIAN.

MENCARI KEBEBASAN DARI KETIDAKPASTIAN berarti bahwa Anda mencari kebebasan yang asli, yang nyata dan yang sungguh layak dinamakan kebebasan. Intinya, Anda tahu apa yang Anda lakukan atau tidak. Jika Anda tidak tahu apa yang Anda lakukan, Anda cukup menunggu Pengetahuan. Jika Anda tahu apa yang Anda lakukan, Anda cukup mengikuti apa yang Anda ketahui. Demikian sederhananya. Spekulasi yang tidak perlu, upaya membuat keputusan prematur berdasarkan rasa takut atau preferensi, keharusan untuk Anda memiliki kepastian yang tidak Anda miliki, dan melemparkan kesalahan pada diri sendiri dan orang lain atas kegagalan pengambilan keputusan Anda yang lemah adalah apa yang telah membebani pikiran Anda, tubuh Anda dan dunia Anda. Inilah yang ingin Anda hindari hari ini agar Anda dapat menemukan kebebasan dalam kepastian yang Tuhan telah berikan kepada Anda. Kepastian inilah yang harus Anda temukan dan ikuti. Dengan mengikuti ini, Anda akan menuai semua pahalanya dan akan menjadi kontributor pahala-pahala ini di dunia.

PADA SETIAP JAM INGATLAH GAGASAN HARI INI dan lihat relevansi penuhnya dengan dunia di sekitar Anda. Dalam periode latihan Anda yang lebih dalam, berikan diri Anda untuk keheningan. Berikan diri Anda untuk pertemuan ini dengan Pengetahuan. Berikan diri Anda sepenuhnya dan jangan biarkan ambivalensi maupun ketidakpastian menghambat Anda. Di sini, Anda akan melatih kekuatan Pengetahuan dengan mengikuti Pengetahuan, dan seiring waktu Anda akan menjadi sekuat Pengetahuan sebagaimana sesungguhnya. Karena itu, hari ini berusahalah melepaskan diri dari ketidakpastian dan semua yang menyertainya. Karena ini telah menghancurkan inspirasi umat manusia dan telah mengakibatkan umat manusia berperang melawan dirinya sendiri dan dunia.

LATIHAN 275: *Dua periode latihan 30 menit.*
Latihan setiap jam.

Langkah 276

PENGETAHUAN ADALAH PENYELAMAT SAYA.

PENGETAHUAN ADALAH PENYELAMAT ANDA, karena Pengetahuan membawa Anda keluar dari kesulitan sia-sia Anda yang lahir dari upaya untuk hidup dalam fantasi dan imajinasi. Pengetahuan membawa Anda ke dalam kecerahan dan kejelasan realitas. Pengetahuan memandu tindakan Anda dan pemikiran Anda sehingga keduanya bisa efektif dan mengarah pada kesadaran diri sejati. Jadi, Tuhan telah memberi Anda anugerah terbesar mungkin: sarana dalam diri Anda untuk memperbaiki semua kesalahan, untuk mengatasi semua kebingungan dan konflik, dan untuk mengatur hidup Anda di jalur sejati yang mengarah pada takdir sejati Anda. Di sini Anda diberdayakan dan dihormati dan harga diri Anda diperoleh kembali. Nilai Andalah yang harus diperoleh kembali kepada Anda. Tuhan tidak memerlukan nilai Tuhan diperoleh kembali, karena itu tidak pernah hilang. Tetapi nilai Anda bagi diri Anda sendiri telah hilang, dan ini hanya dapat diperoleh kembali dengan mengikuti suatu Rencana yang Lebih Agung yang bukan ciptaan Anda, tetapi yang telah diciptakan demi kesejahteraan total Anda.

KETIKA ANDA MENYADARI BETAPA BANYAK HIDUP Anda telah terbuang dalam ambivalensi dan betapa sedikit hasil yang telah dihasilkan, maka Anda akan mengenali kebutuhan besar akan Pengetahuan. Ini akan memberi Anda kekuatan dan tekad untuk melanjutkan dalam persiapan Anda dengan keterlibatan diri sebesar mungkin. Setelah Anda mengenali kebutuhan sejati Anda, maka Anda akan dapat mengenali pemulihan sejati yang telah disediakan.

MAKA, ANDA SEBAGAI SISWA PENGETAHUAN AKAN MENYADARI dengan kejernihan pikiran dan kesederhanaan kebenaran apa persis yang diperlukan, karena Pengetahuan adalah penyelamat Anda. Ingatlah ini pada setiap jam dan pikirkan mengingat latihan Anda belakangan ini. Dalam meditasi Anda yang lebih dalam, izinkan diri Anda memasuki keheningan sepenuhnya, dengan mengenali bahwa Anda melibatkan diri dengan sarana demi penyelamatan Anda sendiri dan penyelamatan dunia melalui Anda.

LATIHAN 276: *Dua periode latihan 30 menit.*
Latihan setiap jam.

Langkah 277
GAGASAN SAYA KECIL, TETAPI PENGETAHUAN AGUNG.

MENYADARI KEBENARAN PERNYATAAN INI akan mengizinkan Anda untuk menyelaraskan diri dengan sumber semua Pengetahuan. Kemudian Anda dapat melepaskan diri dari kegelapan dunia imajinasi. Imajinasi itu tidak stabil, dan bahkan momennya yang paling terang pun dapat berubah menjadi kegelapan dalam sekejap. Bahkan inspirasinya yang terbesar dapat dengan pahit dipatahkan oleh provokasi terkecil. Di sini tidak ada kepastian. Di sini tidak ada realitas. Di sini tidak ada yang dapat dipercaya, karena hanya perubahan yang dapat diantisipasi. Apa yang berbakat dan dihargai pasti akan hilang. Apa yang suram dan merusak pasti akan mengejar Anda.

BEGITULAH KEHIDUPAN DALAM IMAJINASI. Begitulah kehidupan yang dijalani dalam isolasi pemikiran Anda sendiri. Jangan meremehkan kuasa Pengetahuan untuk membebaskan Anda dari situasi sia-sia ini di mana tak ada hal asli yang dapat dicamkan, di mana tak ada makna sejati yang dapat diperoleh, dan di mana tak ada hal permanen dan nyata yang dapat diwujudkan dan dibangun. Penyelamatan Anda untuk keluar dari kegelapan imajinasi terpisah Anda adalah yang akan membawa Anda ke dalam realitas kehidupan dan akan menebus Anda di sana.

SADARILAH DI SINI BAHWA BAHKAN GAGASAN TERBESAR ANDA, bahkan gagasan yang lahir dari Pengetahuan, adalah kecil dibandingkan dengan Pengetahuan itu sendiri. Pengetahuan adalah sumber agung keberadaan Anda saat Pengetahuan mengungkapkan dirinya dalam kehidupan individu Anda. Karena itu, hormati apa yang agung dan sadari apa yang kecil. Sadarilah bahwa seiring waktu saat Pengetahuan mulai muncul dalam diri Anda dan saat Anda mengizinkannya mengungkapkan diri dengan lebih bebas, Anda akan mulai mengenali pemikiran yang berasal dari Pengetahuan dan pemikiran yang hanya dibayangkan. Namun, bahkan pemikiran dari Pengetahuan, yang jauh lebih kuat dan efektif daripada pemikiran lain yang dapat Anda bayangkan, bahkan pemikiran yang merupakan benih pemahaman sejati di dunia ini adalah kecil dibandingkan dengan Pengetahuan.

INGATLAH PADA SETIAP JAM KUASA GAGASAN INI, karena ini diberikan untuk membebaskan Anda dari kebingungan dan asumsi palsu Anda sendiri. Dalam periode latihan Anda yang lebih dalam hari ini, terapkan pikiran Anda secara aktif. Cobalah mengamati setiap gagasan yang Anda pegang teguh, baik itu positif maupun negatif. Amati gagasan apa pun yang Anda percayai atau patuhi. Periksa hubungan Anda dengan gagasan-gagasan utama yang mengatur hidup Anda. Kemudian ingatkan diri Anda setelah Anda melihat masing-masing gagasan bahwa Pengetahuan jauh lebih agung daripada gagasan itu. Di sini Anda akan menyadari bahwa ada sarana bagi Anda untuk terlepas dari dunia gagasan dan memasuki dunia hubungan, di mana semuanya dapat dilaksanakan, nyata dan berdasarkan fondasi yang tidak pernah bisa berubah.

LATIHAN 277: *Dua periode latihan 30 menit.*
Latihan setiap jam.

Langkah 278

APA YANG TIDAK BERUBAH AKAN MENGUNGKAPKAN DIRINYA MELALUI SAYA.

KEBENARAN TIDAK BERUBAH, TETAPI KEBENARAN mengungkapkan dirinya di dalam dunia dengan keadaan yang berubah dan pemahaman yang berubah. Maka, tampaknya kebenaran berubah-ubah, namun sumber dari kebenaran tak dapat berubah. Anda yang hidup di dunia yang berubah dan sedang mengalami perubahan sendiri harus menyadari bahwa Sumber Anda tak dapat berubah. Dengan menyadari ini Anda akan memiliki fondasi kepercayaan terhadap Sumber Anda. Kepercayaan hanya dapat benar-benar dibangun apabila didasarkan pada apa yang tak dapat diubah, diserang atau dihancurkan. Di sini, iman Anda dan kepercayaan Anda akan memiliki fondasi sejati. Anda menyadari bahwa apa yang tidak berubah, yang merupakan sumber kepercayaan Anda dan penerima kepercayaan Anda, akan mengungkapkan dirinya di dunia yang berubah dengan cara-cara yang berubah. Dengan demikian, pengungkapannya akan memenuhi setiap keperluan Anda. Yang akan melayani Anda dalam setiap keadaan. Yang akan berfungsi di setiap tingkat pemahaman. Yang akan mewujudkan dirinya di setiap tempat upaya manusia. Maka, akan tampak bahwa kebenaran dapat berubah, karena kebenaran beroperasi dengan cara yang berbeda di lingkungan yang berbeda, dan dikenali dalam cara yang berbeda dari sudut pandang yang berbeda. Namun kebenaran itu sendiri, yang adalah Pengetahuan itu sendiri, senantiasa tidak berubah, senantiasa penuh kasih dan senantiasa asli.

KARENA ITU, HARI INI PAHAMILAH betapa relatif dan dapat berubahnya gagasan-gagasan Anda dan betapa besar Anda mengidentifikasi dengan apa yang dapat berubah, apa yang tak dapat berdiri sendiri. Saat identitas Anda mulai dibangun dalam Pengetahuan dan tidak sekadar pada gagasan, spekulasi atau kepercayaan, Anda akan mulai mengalami kekekalan dan jaminan yang hanya dapat diberikan oleh Pengetahuan. Ketika Anda menyadari bahwa kehidupan sejati Anda tak dapat berubah, maka Anda akan merasa bebas untuk mengizinkannya mengungkapkan diri dalam keadaan-keadaan yang berubah. Di sini Anda akan terhindar dari semua rasa takut akan kematian dan kehancuran. Di sini Anda akan menemukan kedamaian di dunia, karena dunia berubah, tetapi Anda tidak.

LATIHAN 278: *Baca pelajaran tiga kali hari ini.*

Langkah 279

SAYA HARUS MENGALAMI KEBEBASAN SAYA UNTUK MENYADARINYA.

Kebebasan bukanlah konsep atau gagasan. Kebebasan adalah pengalaman. Karena itu, harus disadari dalam banyak, banyak keadaan yang berbeda agar Anda dapat melihat penerapannya secara universal. Anda diberi waktu untuk mencapai hal ini. Ini akan membuat semua aktivitas Anda bermakna, memiliki tujuan, dan bernilai. Kemudian Anda tidak akan memiliki dasar untuk mengutuk diri sendiri atau dunia, karena semua hal akan memperkuat pemahaman Anda tentang perlunya Pengetahuan dan semua hal akan menjadi penerima Pengetahuan.

Karena itu, berikan diri Anda untuk latihan, persiapan, dan penerapan. Jangan hanya mengidentifikasi dengan gagasan, karena bahkan gagasan terbaik pun dimaksudkan untuk menjadi ungkapan dalam keadaan yang dapat berubah dan dengan sendirinya akan tidak stabil. Untuk memiliki stabilitas sejati di dunia, Anda harus mengidentifikasi dengan Pengetahuan dan mengizinkan Pengetahuan mendemonstrasikan kuasanya, kemanjurannya, dan kebaikannya di dalam dunia. Anda harus mengalami kebebasan Anda untuk menghargainya dan memahami maknanya di dunia. Inilah sebabnya Anda adalah siswa Pengetahuan. Dan inilah sebabnya Anda harus menerapkan semua yang Anda pelajari dalam persiapan Anda ini.

Ingatlah ini pada setiap jam saat Anda terlibat di dunia. Ingatlah ini dalam latihan meditasi Anda yang lebih dalam di mana Anda terlibat dalam kehidupan batin Anda. Di kedua arena ini, Pengetahuan harus unggul. Di kedua arena ini, kebebasan Anda harus dilatih untuk disadari. Dalam meditasi Anda yang lebih dalam, latihlah kekuatan pikiran Anda untuk memungkinkannya masuk ke dalam keheningan dan kesunyian. Jangan biarkan rasa takut atau ambivalensi mendominasi Anda hari ini. Anda sedang melatih kebebasan Anda dan menjalankannya, karena Anda hanya bisa bebas ketika batin Anda hening, dan jika batin Anda hening, Anda sudah bebas.

Latihan 279: *Dua periode latihan 30 menit.*
Latihan setiap jam.

Langkah 280
TINJAU ULANG

TINJAULAH DUA MINGGU TERAKHIR, dimulai dengan pelajaran pertama dalam periode Tinjau Ulang Anda dan berlanjut setiap hari hingga pelajaran terakhir. Cobalah mendapatkan gambaran umum tentang semua yang telah terjadi dalam dua minggu terakhir. Cobalah melihat bagaimana Anda bisa memperdalam dan meningkatkan latihan Anda. Kenalilah betapa banyak waktu dan energi yang terbuang dalam ambivalensi dan spekulasi kosong. Sadarilah betapa banyak energi Anda yang terbuang dalam keraguan dan kebingungan ketika Anda hanya perlu mematuhi Pengetahuan. Kemampuan Anda untuk mengikuti apa yang berada di luar pemahaman Anda, yang diperlukan di sini, akan membawa Anda kepada kepastian terbesar mungkin yang dapat diberikan kehidupan kepada Anda. Melalui kepastian ini, gagasan Anda, tindakan Anda dan persepsi Anda akan mendapatkan keseragaman yang akan mengizinkannya menjadi pengungkapan yang kuat di dunia, di mana umat manusia bingung dan tersesat dalam ambivalensi imajinasi. Dengan mengikuti Anda mampu memberi dan Anda mampu memimpin. Anda akan mengenali hal ini seiring waktu ketika Anda menjalankan kebebasan Anda dan mengizinkan kebebasan Anda menjalankan dirinya melalui Anda.

ANDA SEKARANG ADALAH SISWA PENGETAHUAN. Dedikasikan diri Anda pada penerapan persiapan Anda dengan meningkatkan pengabdian dan keterlibatan. Izinkan kesalahan masa lalu Anda memotivasi Anda. Itu tidak perlu dan tidak seharusnya menjadi sumber menuduh diri. Itu sekarang dimaksudkan untuk dipahami sebagai demonstrasi kebutuhan Anda akan Pengetahuan. Dengan demikian, Anda boleh sangat bersyukur bahwa Pengetahuan diberikan kepada Anda, karena Anda menyadari bahwa di atas segalanya adalah Pengetahuan yang Anda cari.

LATIHAN 280: *Satu periode latihan panjang.*

Langkah 281

DI ATAS SEGALANYA SAYA MENCARI PENGETAHUAN.

DI ATAS SEGALANYA CARILAH PENGETAHUAN, karena Pengetahuan akan memberi Anda semua hal lain yang Anda perlukan. Anda akan mencari Pengetahuan dengan kebulatan tekad ketika Anda menyadari bahwa segala upaya lain dan penggunaan pikiran dan tubuh Anda yang lain akan sia-sia dan akan membawa Anda ke dalam kebingungan yang lebih besar. Karena tanpa Pengetahuan, Anda hanya bisa belajar bahwa Anda memerlukan Pengetahuan, dan dengan Pengetahuan, semua pembelajaran sejati akan berlanjut. Masa lalu Anda sudah mengajarkan Anda keperluanan besar akan Pengetahuan. Anda tidak perlu mempelajari ini berulang kali. Mengapa harus mengulangi pelajaran yang sama berulang-ulang, dengan berpikir bahwa itu akan memberikan hasil yang berbeda bagi Anda?

SEORANG DIRI ANDA TIDAK BISA MELAKUKAN APA-APA. Tanpa Pengetahuan Anda hanya bisa menghasilkan lebih banyak imajinasi. Karena itu, ada satu jawaban untuk satu kebutuhan terbesar Anda, dan satu jawaban ini akan memenuhi semua kebutuhan lain yang berasal dari satu kebutuhan besar Anda. Kebutuhan Anda fundamental dan respons terhadap kebutuhan Anda fundamental. Tidak ada kerumitan di sini, karena intinya Anda memerlukan Pengetahuan untuk hidup secara bermakna. Anda memerlukanan Pengetahuan untuk maju. Anda memerlukan Pengetahuan untuk menyadari Jati Diri Anda. Anda memerlukan Pengetahuan untuk memenuhi takdir Anda di dunia. Tanpa Pengetahuan, Anda hanya akan mengembara kesana kemari dan kembali lagi untuk menyadari bahwa Anda memerlukan Pengetahuan.

INI ADALAH HARI UNTUK BERSYUKUR, karena doa-doa Anda telah dikabulkan. Kebutuhan Anda telah ditanggapi. Anugerah telah diberikan kepada Anda untuk memperoleh kembali Pengetahuan Anda. Di atas segalanya carilah apa yang akan melayani segala sesuatu melalui Anda. Di sini, kebutuhan Anda dan pemulihan untuk hidup Anda akan menjadi sederhana, dan Anda akan dapat melanjutkan dalam kepastian dan kesabaran, dengan menjadi siswa Pengetahuan yang konsisten. Hari demi hari Anda memperoleh kembali Jati Diri Anda. Hari demi hari Anda melepaskan diri dari semua hal lain yang berusaha menarik Anda ke dalam kegelapan kebingungan. Hari demi hari apa yang palsu mulai luruh dan apa yang asli mulai muncul.

Pada setiap jam hari ini ingatlah dan tegaskan kebenaran agung ini — bahwa Anda mencari Pengetahuan di atas segalanya. Dalam latihan meditasi Anda yang lebih dalam, izinkan diri Anda memasuki keheningan. Izinkan hidup Anda ditransformasi. Izinkan Pengetahuan muncul sehingga Anda dapat menjadi sarana pengungkapannya, karena di sini Anda akan menemukan kebahagiaan.

LATIHAN 281: *Dua periode latihan 30 menit.*
Latihan setiap jam.

Langkah 282

SAYA AKAN BELAJAR MENERIMA TANGGUNG JAWAB DALAM MEMBAWA PENGETAHUAN DI DUNIA.

MEMBAWA PENGETAHUAN DI DUNIA memerlukankan tanggung jawab. Tanggung jawab Anda adalah mengikuti Pengetahuan dan belajar mengungkapkan Pengetahuan secara memadai dan terarah. Di sini, kemampuan manusia Anda perlu dipupuk dan ditingkatkan. Kebijakan dan semua ketrampilan lain yang berharga dalam diri Anda perlu dipupuk juga, karena Anda harus belajar mengungkapkan apa yang Anda bawa. Anda harus belajar mengikutinya dan menjadi sarana yang layak untuknya. Inilah makna sejati dari semua perkembangan individu. Di sinilah perkembangan individu memiliki tujuan asli. Di sinilah pertumbuhan dan kemajuan Anda memiliki arah juga.

KARENA ITU, IZINKAN DIRI ANDA MENGALAMI MAKNA gagasan hari ini. Izinkan diri Anda menerima tanggung jawab. Ini bukan beban di pundak Anda. Ini adalah ritus peralihan untuk Anda, dan di sini semua hal yang telah membingungkan dan membuat Anda frustrasi dalam diri Anda akan diberikan penerapan yang baru dan terarah. Sadarilah bahwa Pengetahuan membawa tanggung jawab. Di sini, Anda perlu memperlakukannya dengan keseriusan yang diminta, namun dengan keseriusan ini, Anda menerima keagungan dan kedamaian yang akan diberikannya kepada Anda. Seiring waktu, Anda akan menjadi sarana yang sangat, sangat selaras untuk Pengetahuan di dunia. Di sini, semua hal yang memerlukan perkembangan akan menemukan perkembangan, dan semua hal yang hanya menghambat kemajuan Anda akan dilepaskan.

DALAM LATIHAN ANDA YANG LEBIH DALAM dalam keheningan hari ini, sadarilah bahwa Anda memiliki tanggung jawab untuk memupuk kemampuan berpikir Anda sebagai siswa Pengetahuan. Latihlah tanggung jawab ini dan jangan hanyut ke dalam imajinasi. Libatkan diri Anda sebagai siswa Pengetahuan sesuai persyaratan dari persiapan Anda, karena Anda sekarang menjadi orang yang bertanggung jawab dan orang dengan kuasa.

LATIHAN 282: *Dua periode latihan 30 menit.*

Langkah 283

DUNIA AMBIVALEN, TETAPI SAYA TIDAK.

LIHATLAH SEKELILING ANDA DI DUNIA dan Anda akan melihat bahwa dunia umat manusia tersesat dalam ambivalensinya sendiri. Ia ingin memiliki ini dan ingin pergi ke sana. Ia ingin mempertahankan semua yang sudah diperolehnya dan tidak kehilangan sesuatu apa pun, namun ia menginginkan lebih dari yang diperlukannya. Ia bingung tentang kesulitannya. Ia bingung tentang pemulihannya. Ia bingung dengan identitasnya. Ia bingung tentang apa yang harus dihargai dan apa yang jangan dihargai. Semua percekcokan dan perdebatan, semua konflik dan semua perang terlibat dalam mempraktikkan ambivalensi ini.

SAAT ANDA MEMATUHI PENGETAHUAN, Anda akan mengamati dunia dan mengenali kebingungan totalnya. Ini akan mengajarkan Anda dan mengingatkan Anda tentang kebutuhan besar akan Pengetahuan di dunia. Pengetahuan tidak akan pernah menyerang dirinya sendiri, dan Pengetahuan tidak bertentangan dengan dirinya sendiri. Karena itu, dua individu, atau dua bangsa, atau bahkan dua dunia, tidak akan memiliki masalah pertikaian jika mereka dipandu oleh Pengetahuan, karena Pengetahuan akan selalu berusaha menggabungkan individu secara bermakna dan mengklarifikasi interaksi mereka satu sama lain. Tidak mungkin Pengetahuan bertentangan dengan dirinya sendiri, karena tidak ada pertentangan di dalam Pengetahuan. Pengetahuan memiliki satu tujuan dan satu sasaran, dan untuk ini Pengetahuan mengatur semua aktivitas. Pengetahuan mengatur semua bentuk pertentangan untuk melayani satu tujuan dan satu arah. Dengan demikian, Pengetahuan adalah pendamai agung di dunia. Saat Anda mematuhi Pengetahuan, Anda akan menjadi sarana untuk pengungkapannya. Kemudian Anda akan mengajarkan perdamaian karena perdamaian itu sendiri akan mengajar melalui Anda.

MELIHAT PENGETAHUAN SEPERTI INI akan memungkinkan Anda untuk mengenali keterlibatan sejati Anda dan tanggung jawab sejati Anda sebagai siswa Pengetahuan. Dunia dalam keadaan ambivalen. Dunia dalam keadaan bingung dan menderita semua akibatnya. Tetapi Anda yang sekarang belajar menyaksikan dunia tanpa penghakiman atau pengutukan dan sedang belajar menyaksikan dunia dari kepastian Pengetahuan akan dapat dengan mudah mengenali kesulitan dunia dan mengetahui bahwa Anda membawa pemulihannya dalam diri Anda sekarang.

Dalam latihan Anda yang lebih dalam masuklah ke dalam keheningan sekali lagi dan gunakan kata RAHN jika diperlukan untuk membantu Anda. Karena Anda belajar menjadi hening, maka Anda belajar menjadi pasti. Setiap individu yang dapat mencapai keheningan di dunia akan menjadi sumber Pengetahuan di dunia, karena Pengetahuan akan mengungkapkan diri di dunia di mana pun ada celah dalam pikiran apa pun. Pikiran Anda sekarang menjadi terbuka sehingga Pengetahuan dapat mengungkapkan diri.

Latihan 283: *Dua periode latihan 30 menit.*

Langkah 284

KEHENINGAN ADALAH ANUGERAH SAYA UNTUK DUNIA.

BAGAIMANAKAH KEHENINGAN BISA MENJADI anugerah, Anda mungkin bertanya. Keheningan adalah anugerah karena keheningan adalah ungkapan kepastian dan kedamaian. Bagaimanakah keheningan bisa menjadi anugerah bagi dunia? Karena keheningan Anda memungkinkan Pengetahuan mengungkapkan diri melalui Anda. Bagaimanakah keheningan bisa menjadi anugerah bagi dunia? Karena keheningan Anda memungkinkan semua pikiran lain menjadi hening sehingga mereka dapat mengetahui. Pikiran yang berkonflik tidak bisa hening. Pikiran yang bersusah payah mencari penyelesaian tidak bisa hening. Pikiran yang bergejolak dengan evaluasinya sendiri tidak bisa hening. Dengan demikian, saat Anda menyajikan keheningan yang kini Anda kembangkan kepada dunia, Anda memberikan semua pikiran lain yang mengenali Anda peluang dan demonstrasi yang akan memungkinkan mereka sendiri memasuki keheningan. Pada intinya, Anda mengomunikasikan bahwa kedamaian dan kebebasan itu mungkin dan bahwa ada hadirat agung Pengetahuan di dunia, yang memanggil setiap pikiran yang terpisah dan tersiksa.

KEHENINGAN ANDA ADALAH ANUGERAH. Yang akan menenangkan semua pikiran. Yang akan mengheningkan semua kontroversi. Yang akan memiliki pengaruh menenangkan dan menyejukkan pada semua yang menderita di bawah beban imajinasi mereka sendiri. Maka, ini adalah anugerah agung. Ini bukan satu-satunya anugerah Anda, karena Anda juga akan memberi melalui gagasan Anda, tindakan Anda dan prestasi Anda di dunia. Di sini Anda akan mendemonstrasikan perkembangan kualitas pikiran yang diminta dari Anda sebagai siswa Pengetahuan. Namun, dari semua yang dapat Anda kontribusikan ke dunia, keheningan Anda akan memiliki pengaruh terbesar, karena dalam keheningan Anda akan beresonansi dengan semua pikiran lain, Anda akan menenangkan semua pikiran lain dan Anda akan mengulurkan kedamaian sejati ke dalam dunia serta kebebasan yang didemonstrasikannya.

HARI INI INGATLAH PENTINGNYA KEHENINGAN pada setiap jam. Amati dunia penuh gejolak dan sadari penerapannya yang besar di sana. Dalam dua latihan meditasi Anda yang lebih dalam, kembali berikan diri Anda pada keheningan. Izinkan diri Anda lepas dari ambivalensi dan ketidakpastian yang menghantui Anda dan yang menahan Anda. Mendekatlah ke ranah keheningan, yang merupakan ranah Pengetahuan, karena di sana Anda akan menemukan kedamaian dan kepastian. Ini adalah anugerah Tuhan bagi Anda, dan ini akan menjadi anugerah Anda bagi dunia.

LATIHAN 284: *Dua periode latihan 30 menit.*
Latihan setiap jam.

Langkah 285

DALAM KEHENINGAN SEMUA HAL DAPAT DIKETAHUI.

DALAM KEHENINGAN SEMUA HAL DAPAT DIKETAHUI, karena pikiran mampu merespons Pengetahuan. Kemudian Pengetahuan akan menemukan pengungkapan dalam pemikiran dan aktivitas spesifik Anda. Pikiran Anda dimaksudkan untuk melayani Pengetahuan, seperti tubuh Anda dimaksudkan untuk melayani pikiran Anda. Di sini, kontribusi dari Rumah Sejati Anda dapat mengungkapkan diri di dunia pengasingan. Di sini Surga dan Bumi bersentuhan, dan ketika mereka bersentuhan, komunikasi sejati mulai ada, dan transfer Pengetahuan ke dunia terjadi.

ANDA SEDANG MEMPERSIAPKAN UNTUK MENJADI sarana bagi Pengetahuan sehingga semua hal yang Anda capai, besar maupun kecil, unik maupun biasa, akan mengungkapkan hadirat Pengetahuan. Karena itu, fungsi Anda di dunia tidak megah; tapi sederhana. Apa yang diungkapkan melalui aktivitas Anda itulah yang penting, karena tindakan paling sederhana yang dilakukan dengan Pengetahuan adalah ajaran agung Pengetahuan dan akan mengesankan dan memengaruhi semua pikiran di dunia.

KARENA ITU, INGATKAN DIRI ANDA PADA SETIAP JAM HARI ini tentang pentingnya membina keheningan dan kebebasan langsung dari rasa cemas dan konflik yang disediakannya bagi Anda. Izinkan periode latihan Anda yang lebih dalam hari ini menjadi waktu pengabdian sejati, di mana Anda datang ke altar Tuhan untuk memberikan diri Anda. Ini, pada intinya, adalah gereja sejati. Ini adalah kapel sejati. Di sinilah doa menjadi nyata dan di mana pikiran Anda, yang merupakan pengungkapan dari Pikiran Tuhan, dalam keheningan, kerendahan hati dan keterbukaan, menyerahkan diri kepada sumber agungnya. Di sini, Tuhan memberkati Anda dan memberi Anda anugerah untuk diberikan kepada dunia yang merupakan hasil dari perkembangan Anda sendiri.

SEMUA INI TERJADI DALAM KEHENINGAN, karena dalam keheningan transfer Pengetahuan dapat diselesaikan. Ini sepenuhnya alami dan sama sekali di luar pemahaman Anda. Maka, Anda tidak perlu menghabiskan energi dan waktu untuk berspekulasi tentang hal ini, bertanya-tanya tentang hal ini atau mencoba memahami mekanismenya. Ini tidak perlu. Anda hanya perlu menjadi penerima Pengetahuan. Jangan berdiri terpisah dan berusaha memahaminya.

Jangan berdiri terpisah hari ini melainkan masuki keheningan, karena ini adalah anugerah Tuhan untuk Anda. Dalam keheningan transfer Pengetahuan akan terjadi. Bersama ini, Anda menjadi sarana Pengetahuan di dunia.

Latihan 285:   *Dua periode latihan 30 menit.*
               Latihan setiap jam.

Langkah 286

SAYA MEMBAWA KEHENINGAN KE DALAM DUNIA BERSAMA SAYA HARI INI.

BAWALAH KEHENINGAN BERSAMA ANDA. Izinkan kehidupan batin Anda sunyi saat Anda bergerak di dunia yang penuh gejolak dan kebingungan. Tidak ada yang harus Anda selesaikan dalam pemikiran Anda sekarang, karena Anda sedang belajar untuk bersama Pengetahuan. Pengetahuan akan mengatur pemikiran Anda dan memberinya keseragaman dan arah sejati. Bawalah keheningan bersama Anda dan yakinlah bahwa semua konflik batin Anda akan diselesaikan melalui Pengetahuan, karena Anda mengikuti sumber dari penyelesaiannya. Setiap hari akan membawa Anda lebih dekat pada kedamaian dan pemenuhan. Dan apa yang menghantui Anda sebelumnya dan menutupi pikiran Anda dengan awan gelap besar akan semata-mata dihindari saat Anda berjalan di jalur Pengetahuan.

BAWALAH KEHENINGAN BERSAMA ANDA KE DALAM DUNIA. Ini akan memungkinkan Anda untuk benar-benar jeli. Ini akan memungkinkan Anda untuk melihat dunia apa adanya. Ini akan memungkinkan Anda untuk meredakan konflik dunia, karena di sini Anda mengajarkan kedamaian dengan menjadi damai. Ini bukan kedamaian palsu yang Anda ajarkan. Ini lahir dari asosiasi sejati dengan Pengetahuan, karena Anda mengikuti Pengetahuan di sini. Anda mengizinkan Pengetahuan untuk menyediakan arah. Anda hanya dapat melakukan ini dalam keheningan.

JANGAN BERPIKIR BAHWA KEHENINGAN AKAN membuat Anda tidak mampu melakukan aktivitas sejati di dunia. Anda akan aktif di dunia, dan Anda akan berpartisipasi dalam mekanismenya, tetapi batin Anda boleh hening saat melakukannya. Anda akan menemukan, dengan senang hati, bahwa Anda akan jauh lebih kompeten, lebih efektif dan jauh lebih responsif terhadap orang lain, dengan keterlibatan dan produktivitas yang lebih besar saat Anda membawa keheningan ini ke dalam dunia. Di sini energi Anda dapat diungkapkan di dunia secara bermakna. Di sini semua kuasa pikiran dan tubuh Anda dikontribusikan dan tidak terbuang dalam konflik batin. Maka, Anda menjadi lebih kuasa dan efektif, lebih pasti dan produktif saat Anda membawa keheningan ke dalam dunia.

SEPANJANG HARI INGATKAN DIRI ANDA BAHWA Anda membawa keheningan ke dalam dunia, dan dalam dua latihan meditasi Anda yang dalam carilah perlindungan keheningan. Lepaskan diri dari dunia yang dilaporkan oleh indra Anda, dan masuki ketenangan dan suaka keheningan dan Pengetahuan. Anda akan menemukan saat Anda melanjutkan bahwa dua periode latihan Anda yang lebih panjang akan menjadi waktu istirahat dan kelegaan besar, waktu pembaruan besar. Waktu-waktu ini adalah di mana Anda menghadiri kapel suci Roh Kudus setiap hari. Inilah di mana Anda dan Tuhan bertemu melalui Pengetahuan.

Maka, periode-periode latihan ini menjadi peristiwa pokok setiap hari saat Anda belajar menerima anugerah yang disajikan kepada Anda. Anda akan menantikan sesi latihan Anda sebagai kesempatan untuk memperbarui dan menyegarkan diri Anda, untuk menemukan inspirasi dan kenyamanan sejati dan untuk memungkinkan pikiran Anda menjadi semakin kuat dengan Pengetahuan sehingga Anda dapat membawa kedamaian dan keheningan ke dalam dunia.

Latihan 286: *Dua periode latihan 30 menit.*
Latihan setiap jam.

Langkah 287

DENGAN PENGETAHUAN SAYA TIDAK BISA BERPERANG.

DENGAN PENGETAHUAN ANDA TIDAK BISA BERPERANG. Anda tidak bisa berperang dalam diri sendiri atau dengan orang lain, karena dengan Pengetahuan hanya ada Pengetahuan dan ada kebingungan di dunia. Kebingungan tidak perlu diserang. Karena itu, dengan Pengetahuan Anda tidak berperang, karena Anda memiliki satu pikiran, satu tujuan, satu tanggung jawab, satu arah dan satu makna. Semakin pikiran Anda menjadi seragam, semakin kehidupan lahir Anda akan menjadi seragam juga. Bagaimanakah Anda bisa berperang dalam diri sendiri ketika Anda mengikuti Pengetahuan? Perang lahir dari ambivalensi di mana sistem nilai yang berlawanan saling bertentangan untuk mendapatkan pengakuan Anda. Gagasan yang saling bersaing, emosi yang saling bersaing, dan nilai-nilai yang saling bersaing semua berperang satu sama lain, dan Anda terjebak di tengah-tengah pertempuran besar mereka.

DENGAN PENGETAHUAN SEMUA INI TERHINDARI. Dengan Pengetahuan Anda tidak bisa berperang dalam diri sendiri. Seiring waktu, semua keraguan diri, ketidakpastian, rasa takut, dan rasa cemas Anda akan memudar. Saat itu terjadi, Anda akan semakin merasa bahwa Anda tidak berperang dan akan menikmati manfaat penuh dari kedamaian. Ini akan memungkinkan Anda mengalihkan perhatian Anda ke dunia dengan kekuatan penuh dari keterlibatan Anda, karena semua energi mental dan fisik Anda sekarang akan tersedia bagi Anda untuk berkontribusi pada dunia. Apa yang akan Anda kontribusikan akan lebih agung daripada tindakan Anda atau kata-kata Anda, karena Anda akan membawa keheningan dan kedamaian ke dalam dunia.

DI SINI ANDA TIDAK AKAN BERTENTANGAN DENGAN SIAPA PUN, meskipun orang lain mungkin memilih untuk bertentangan dengan Anda. Di sini Anda tidak akan berperang dengan siapa pun, bahkan jika orang lain memilih untuk berperang dengan Anda. Ini akan menjadi kontribusi terbesar Anda, dan inilah yang akan diajarkan hidup Anda melalui demonstrasi. Di sini Pengetahuan akan melimpahkan dirinya ke dunia dan mengajarkan pelajaran-pelajaran agung yang kini Anda sedang belajar untuk diterima sendiri. Pengajaran ini akan terjadi secara alami. Anda tidak perlu memaksakannya pada dunia, dan Anda tidak perlu berupaya mengubah orang lain, karena Pengetahuan akan menyelesaikan tugas sejatinya melalui Anda.

PADA SETIAP JAM SADARILAH MAKNA GAGASAN HARI ini dan sadari kuasa Pengetahuan untuk mengakhiri semua penderitaan Anda dan pada akhirnya penderitaan dunia. Dalam periode latihan Anda yang lebih dalam, kembalilah ke suaka agung Anda dan sekali lagi jadilah penerima Pengetahuan dalam keterbukaan dan kerendahan hati. Kemudian Anda akan mampu membawa hubungan Anda yang langgeng dengan Pengetahuan ke dalam dunia dengan kepastian yang semakin besar. Kemudian apa yang perlu dikontribusikan akan dengan mudah memancar dari Anda.

LATIHAN 287: *Dua periode latihan 30 menit.*
Latihan setiap jam.

Langkah 288

MUSUH HANYALAH TEMAN YANG BELUM BELAJAR UNTUK BERGABUNG.

TIDAK ADA MUSUH SEJATI DALAM KEHIDUPAN, karena semua perang dan konflik lahir dari kebingungan. Ini harus Anda pahami. Kehidupan tanpa Pengetahuan hanya dapat membingungkan dan harus menciptakan sistem panduan batinnya sendiri, yang hanya merupakan gagasan dan kepercayaan yang dengannya ia mengidentifikasi diri. Dengan demikian, individu memiliki tujuan pribadi dan identifikasi diri masing-masing. Evaluasi ini berbentrok dengan milik individu lain, dan dengan demikian satu lawan satu, kelompok lawan kelompok, bangsa lawan bangsa, dan dunia lawan dunia, perang dibangkitkan dan dilancarkan.

DALAM PENGETAHUAN HAL INI TIDAK MUNGKIN, karena dalam Pengetahuan semua adalah teman Anda. Anda menyadari bahwa setiap orang terlibat dalam tahap perkembangan apa pun di mana dia berada saat ini. Anda mungkin terlibat dengan sebagian dari mereka, dan dengan sebagian mungkin tidak. Sebagian dari mereka mungkin dapat menerima kontribusi Anda secara langsung, sementara yang lain harus menerimanya secara tidak langsung. Tapi mereka semua adalah teman Anda. Tidak ada pertentangan dalam Pengetahuan, karena hanya ada satu Pengetahuan di alam semesta. Yang mengungkapkan dirinya melalui setiap individu. Ketika setiap individu semakin murni sebagai sarana Pengetahuan, ketika setiap individu menjadi penerima Pengetahuan yang lebih besar dan ketika setiap individu mengikuti Pengetahuan dan menjadi bertanggung jawab pada Pengetahuan, maka peluang baginya untuk berkonflik akan berkurang dan akhirnya akan hilang.

MAKA, KENALILAH BAHWA SEMUA PERANG DAN KONFLIK hanya mengungkapkan kurangnya kapasitas orang-orang yang terlibat untuk bergabung. Ketika individu bergabung, mereka mengenali kebutuhan bersama, yang menjadi kebutuhan utama mereka. Ini harus lahir dari Pengetahuan dan bukan dari idealisme jika akan terwujud. Ini harus lahir dari Pengetahuan dan bukan sekadar filsafat jika akan mengarah pada tindakan sejati dan keterlibatan sejati. Dengan demikian, Anda menjadi pembawa perdamaian dan penjaga perdamaian di dunia saat Anda mengikuti sebagai siswa Pengetahuan. Semakin kuat Pengetahuan dalam diri Anda, semakin lemah ketakutan dan ambivalensi Anda. Secara ini, perang dalam diri Anda akan berakhir, dan hidup Anda akan menjadi demonstrasi bahwa perang tidak diperlukan.

Dedikasikan diri Anda hari ini untuk mengakhiri perang dalam dunia dengan mengakhiri perang dalam diri Anda sehingga Anda dapat menjadi pembawa perdamaian dan penjaga perdamaian. Pada setiap jam ingatkan diri Anda tentang pelajaran hari ini dan terapkan di dunia yang Anda lihat di sekitar Anda. Terapkan ke semua konflik di dunia yang Anda ketahui. Cobalah untuk memahami kaitan penuhnya dengan konflik-konflik ini. Ini akan mengharuskan Anda melihat konflik-konflik ini dari sudut pandang yang berbeda untuk menyadari dampak dan makna penuh dari gagasan hari ini. Sudut pandang inilah yang harus Anda kembangkan, karena Anda harus belajar melihat sebagaimana Pengetahuan melihat, berpikir sebagaimana Pengetahuan berpikir, dan bertindak sebagaimana Pengetahuan bertindak. Semua ini pasti akan Anda capai sewaktu Anda mengikuti Pengetahuan setiap hari.

Dalam periode latihan Anda yang lebih dalam, kembalilah pada keheningan dan kesunyian sehingga Anda dapat memperkuat kemampuan Anda untuk mengembangkan dan mempersiapkan diri untuk menjadi duta Pengetahuan di dunia. Inilah tanggung jawab Anda hari ini. Ini akan meresapi semua aktivitas Anda yang lain dan memberinya nilai dan makna, karena hari ini Anda adalah siswa Pengetahuan.

Latihan 288: *Dua periode latihan 30 menit.*
Latihan setiap jam.

Langkah 289

HARI INI SAYA ADALAH SISWA PENGETAHUAN.

JADILAH SISWA SEJATI HARI INI. Berikan diri Anda sepenuhnya pada proses belajar Anda. Jangan mengasumsikan apa pun, karena siswa sejati tidak mengasumsikan apa pun, dan itulah yang memungkinkan mereka mempelajari segalanya. Sadarilah bahwa Anda tidak dapat memahami Pengetahuan; Anda hanya dapat menerimanya. Anda hanya dapat mengalami ulurannya melalui hidup Anda ke dalam dunia.

KARENA ITU, IZINKAN DIRI ANDA MENERIMA Pengetahuan. Jangan izinkan diri Anda menerima ambivalensi yang merasuki dunia. Jagalah jarak Anda dari ambivalensi ini, karena Anda belum cukup kuat dengan Pengetahuan untuk menghadapi ambivalensi dan untuk memberikan anugerah Anda kepada dunia yang ambivalen. Jangan ambisius dalam hal ini, atau Anda akan melampaui kapasitas Anda dan akan gagal sebagai akibatnya. Saat Pengetahuan tumbuh dan berkembang dalam diri Anda, Pengetahuan akan membawa Anda ke bidang-bidang di mana Anda mampu melayani. Pengetahuan akan membawa Anda ke dalam situasi di mana Anda memiliki kapasitas yang memadai untuk memberikannya.

JADILAH SISWA HARI INI. Jangan mencoba menggunakan pembelajaran ini untuk memenuhi ambisi Anda sendiri. Jangan biarkan gagasan pribadi Anda memandu Anda hari ini, melainkan jadilah siswa Pengetahuan. Ketika Anda yakin akan sesuatu, laksanakan dengan sebijak dan selayak mungkin. Ketika Anda tidak yakin akan sesuatu, kembalilah ke Pengetahuan dan cukuplah berdamai bersama Pengetahuan, karena Pengetahuan akan memandu Anda. Secara ini, Anda akan menjadi agen Pengetahuan yang sejati dan aktif di dunia. Pengetahuan akan mengulurkan diri melalui Anda ke dalam dunia, dan semua yang Anda terima akan diberikan ke dalam dunia melalui Anda.

DALAM LATIHAN ANDA YANG LEBIH DALAM HARI ini perkuat kemampuan Anda untuk masuk ke dalam ranah Pengetahuan. Hari ini masuklah lebih dalam dari yang pernah Anda masuki sebelumnya. Hari ini jadilah siswa Pengetahuan. Masukilah Pengetahuan. Alamilah Pengetahuan. Secara ini, Anda akan semakin terlibat dengan kuasanya dan rahmatnya. Secara ini, Anda akan menyadari tujuanya di dunia, yang hanya dapat disadari melalui partisipasi.

LATIHAN 289: *Dua periode latihan 30 menit.*

Langkah 290

SAYA HANYA BISA MENJADI SISWA. KARENA ITU, SAYA AKAN MENJADI SISWA PENGETAHUAN.

DUNIA ANDA ADALAH SISWA — SELALU. Setiap hari, setiap jam dan setiap menit Anda belajar dan berusaha mencerna pembelajaran Anda. Anda adalah siswa Pengetahuan atau siswa kebingungan. Anda adalah siswa kepastian atau siswa ambivalensi. Anda adalah siswa keutuhan dan integritas atau Anda adalah siswa konflik dan perang. Anda hanya bisa belajar dari berada di dunia, dan Anda hanya bisa mendemonstrasikan hasil dari pembelajaran Anda.

KARENA ITU, TIDAK ADA PILIHAN apakah Anda akan menjadi siswa atau tidak, karena Anda akan menjadi siswa meskipun jika Anda memutuskan untuk tidak menjadi siswa. Jika Anda memutuskan untuk tidak menjadi siswa, Anda hanya akan belajar kurikulum lain. Di sini, Anda tidak mempunyai pilihan, karena berada di dunia adalah belajar dan mendemonstrasikan hasil dari pembelajaran Anda. Maka, dengan menyadari hal ini, keputusan Anda adalah untuk menentukan di mana Anda akan menjadi siswa dan apa yang akan Anda pelajari. Ini adalah kuasa keputusan yang diberikan kepada Anda. Pengetahuan secara alami akan memandu Anda untuk mengambil keputusan yang tepat dan akan membawa Anda kepada dirinya sendiri, karena Pengetahuan diberikan kepada Anda untuk diberikan kepada dunia. Jadi, saat Anda mendekati Pengetahuan, Anda akan merasa seolah-olah Anda terlibat dalam kepulangan besar. Anda akan merasakan integrasi besar dalam diri Anda, dan Anda akan merasakan konflik diri Anda dan perang Anda dengan diri sendiri mulai berkurang dan memudar.

JADILAH SISWA PENGETAHUAN HARI INI, karena Anda adalah siswa. Pilihlah kurikulum yang telah memilih Anda. Pilihlah kurikulum yang akan menebus Anda dan menebus dunia melalui Anda. Pilihlah kurikulum yang memenuhi tujuan Anda di sini dan yang adalah contoh kehidupan Anda di luar dunia ini, yang ingin mengungkapkan dirinya di sini. Jadilah siswa Pengetahuan.

SADARILAH KUASA GAGASAN HARI INI dan ingatlah pada setiap jam. Selalu ingat untuk membaca pelajaran hari ini sebelum memasuki dunia sehingga Anda dapat mulai memanfaatkan latihan untuk hari ini. Tegaskan kesiswaan Anda dalam Pengetahuan. Perkuat keterlibatan Anda sebagai siswa Pengetahuan. Ikuti latihan hari ini dengan pengabdian yang semakin besar.

Dalam dua periode latihan Anda yang lebih dalam, secara aktif libatkan pikiran Anda dalam mempertimbangkan apa artinya menjadi siswa di dunia. Libatkan pikiran Anda dalam memahami pesan untuk hari ini, dan upayakan menyadari bahwa Anda adalah siswa dalam segala keadaan. Cobalah menyadari bahwa Anda tidak punya pilihan di sini, karena Anda harus belajar, mencerna, dan mendemonstrasikan pembelajaran Anda. Ini adalah fondasi untuk pengajaran sejati. Sadari bahwa tujuan Anda di dunia adalah untuk menjadi siswa Pengetahuan, untuk mencerna Pengetahuan dan untuk mengizinkan Pengetahuan mengungkapkan diri sehingga Anda dapat mendemonstrasikan Pengetahuan di dunia. Dengan cara paling sederhana, ini adalah ungkapan dari tujuan Anda, dan dari tujuan Anda suatu panggilan spesifik akan tampil untuk memandu Anda dengan cara-cara spesifik di dunia sesuai dengan kodrat dan rancangan Anda.

Dengan demikian, hari ini Anda akan memperkuat diri Anda sebagai siswa Pengetahuan. Dalam periode latihan Anda yang lebih panjang, secara aktif libatkan pikiran Anda dalam upaya menembus gagasan hari ini dan mengenali kaitan mutlaknya dengan hidup Anda.

Latihan 290: *Dua periode latihan 30 menit.*
Latihan setiap jam.

Langkah 291

Saya bersyukur kepada saudara-saudara saya yang telah bersalah pada saya.

Bersyukurlah kepada orang-orang yang mendemonstrasikan perlunya Pengetahuan. Bersyukurlah kepada orang-orang yang mengajari Anda bahwa terlibat dalam pengejaran apa pun di dunia tanpa Pengetahuan adalah sia-sia. Bersyukurlah kepada orang-orang yang menghemat waktu Anda dengan mendemonstrasikan hasil dari hal-hal yang Anda renungkan untuk diri Anda sendiri bahkan pada saat ini. Bersyukurlah kepada orang-orang yang menunjukkan kepada Anda kebutuhan besar Anda sendiri di dunia. Bersyukurlah kepada orang-orang yang mendemonstrasikan apa yang harus Anda berikan kepada dunia. Bersyukurlah kepada semua orang yang tampaknya telah bersalah pada Anda, karena mereka akan menunjukkan kepada Anda apa yang penting dalam hidup Anda, dan mereka akan mengingatkan Anda bahwa Pengetahuan adalah satu-satunya tujuan sejati Anda, satu-satunya cita-cita sejati Anda dan satu-satunya ungkapan sejati Anda.

Di sini, semua yang telah bersalah pada Anda menjadi teman Anda, karena bahkan dalam kesengsaraan mereka, mereka melayani Anda dan akan memanggil Anda untuk melayani mereka. Di sini semua kebodohan, kesalahan, kebingungan, ambivalensi, konflik, dan perang di dunia dapat membawa Anda pada keyakinan akan Pengetahuan. Secara ini, dunia melayani Anda, mendukung Anda, dan mempersiapkan Anda untuk melayaninya dalam kebutuhan besarnya. Di sini Anda menjadi penerima pencapaian dunia dan diingatkan tentang kesalahan dunia. Secara ini, cinta dan belas kasih Anda untuk dunia akan ditimbulkan.

Hari ini ingatkan diri Anda pada setiap jam akan pesan ini dan upayakan untuk menyadari maknanya dalam konteks semua aktivitas Anda sehingga semua yang terjadi hari ini akan mendemonstrasikan makna dari gagasan hari ini. Dalam periode latihan Anda yang lebih dalam, secara aktif libatkan pikiran Anda dalam upaya untuk menembus gagasan hari ini. Ingatlah kembali setiap orang yang Anda pikir telah bersalah pada Anda. Lihat bagaimana orang itu telah melayani Anda dan akan terus melayani Anda sebagai peringatan. Ini dapat menghemat banyak waktu dan energi Anda dengan membawa Anda lebih dekat kepada Pengetahuan, dengan meningkatkan tekad Anda untuk Pengetahuan dan dengan mengingatkan Anda bahwa tidak ada alternatif untuk

Pengetahuan. Dalam periode latihan Anda yang lebih panjang pikirkanlah setiap orang yang Anda rasa telah bersalah pada Anda dan sadari layanan luar biasa mereka kepada Anda dari sudut pandang ini.

Izinkan hari ini menjadi hari pengampunan dan hari penerimaan di mana Anda mengenali dan menyampaikan rasa bersyukur Anda kepada mereka yang telah bersalah pada Anda. Kehidupan berencana untuk membawa Anda kepada Pengetahuan. Ketika Anda memasuki Pengetahuan, Anda akan menyadari layanan besar yang diberikan kehidupan kepada Anda, baik dari pencapaiannya maupun dari kegagalannya. Jadilah penerima anugerah ini, karena dalam cinta kasih dan syukur Anda akan berpaling ke dunia dan ingin memberikan kontribusi terbesar dari semua kontribusi. Di sini Anda akan memberikan Pengetahuan dalam rasa syukur dan dalam pelayanan kepada dunia yang telah melayani Anda.

Latihan 291: *Dua periode latihan 30 menit.*
Latihan setiap jam.

Langkah 292

BAGAIMANA SAYA BISA MARAH PADA DUNIA KETIKA DUNIA HANYA MELAYANI SAYA?

BAGAIMANA ANDA BISA MARAH KETIKA dunia melayani Anda? Ketika Anda menyadari betapa dunia melayani Anda, yang hanya dapat dikenali dalam konteks Pengetahuan, Anda kemudian akan mengakhiri semua kebencian Anda terhadap dunia, semua kutukan Anda terhadap dunia dan semua penolakan Anda terhadap dunia. Ini akan mengonfirmasi takdir sejati Anda, asal usul sejati Anda dan tujuan sejati Anda untuk berada di dunia.

ANDA TELAH DATANG KE DUNIA UNTUK BELAJAR dan untuk melepaskan hal-hal. Anda telah datang ke dunia untuk mengenali apa yang nyata dan apa yang tidak. Anda telah datang ke dunia untuk menjadi kontributor bagi dunia, kontributor yang telah dikirim dari luar dunia untuk melayani di sini. Ini adalah sifat nyata dari kehadiran Anda di sini, dan meskipun mungkin tampaknya bertentangan dengan evaluasi Anda tentang diri Anda sendiri, hal ini tetap benar dan akan tetap benar terlepas dari sudut pandang Anda, terlepas dari cita-cita dan kepercayaan Anda sendiri dan terlepas dari pengejaran apa pun yang mungkin Anda tetapkan untuk diri sendiri. Kebenaran menanti Anda dan menunggu Anda siap untuk menghargainya.

PADA SETIAP JAM INGATLAH GAGASAN HARI ini dan lihat penerapannya di mana-mana saat Anda mengamati dunia. Dalam dua latihan Anda yang lebih dalam, sekali lagi ingatlah pada setiap orang yang Anda rasa telah bersalah pada Anda, dan sekali lagi cobalah memahami kontribusi mereka kepada Anda dalam membawa Anda kepada Pengetahuan, dalam mengajarkan Anda untuk menghargai Pengetahuan dan dalam mengajarkan Anda untuk menyadari bahwa tidak ada harapan di luar Pengetahuan. Tidak ada harapan tanpa Pengetahuan. Gagasan hari ini akan menimbulkan cinta kasih dan syukur terhadap dunia dan akan memperkuat sudut pandang ini, yang akan diperlukan bagi Anda untuk mengamati dunia dengan kepastian, cinta kasih, dan Pengetahuan.

LATIHAN 292: *Dua periode latihan 30 menit.*
Latihan setiap jam.

Langkah 293

SAYA TIDAK INGIN MENDERITA HARI INI.

Perkuat tekad Anda untuk tidak menderita hari ini dengan menjadi siswa Pengetahuan, dengan mematuhi Pengetahuan dan dengan mengabdikan diri pada Pengetahuan. Jangan biarkan dunia menarik Anda ke dalam pengejarannya yang tidak berarti, ke dalam upayanya yang sia-sia, atau ke dalam konfliknya yang sengit. Semua hal ini masih menarik bagi Anda, namun jangan izinkan diri Anda menyerah padanya hari ini, karena bujukan dunia lahir dari kecemasan dan rasa takut dunia yang besar. Kecemasan dan rasa takut adalah seperti penyakit yang memengaruhi pikiran. Jangan izinkan pikiran Anda begitu terpengaruh hari ini. Anda tidak ingin menderita hari ini, dan Anda akan menderita jika Anda mengikuti bujukan dunia. Berpartisipasilah di dunia dan penuhi tanggung jawab duniawi Anda, tetapi perkuat tekad Anda untuk menjadi siswa Pengetahuan, karena ini akan membebaskan Anda dari semua penderitaan dan akan memberi Anda keagungan yang dimaksudkan untuk Anda berikan kepada dunia.

Pada setiap jam tegaskan bahwa Anda tidak ingin menderita hari ini dan sadari penderitaan Anda yang tak terhindarkan jika Anda berusaha melibatkan diri di dunia tanpa Pengetahuan. Dunia hanya dapat mengingatkan Anda tentang satu tujuan agung dan tanggung jawab Anda sekarang, yaitu menjadi siswa Pengetahuan. Bersyukurlah bahwa dunia akan mendukung Anda dengan satu-satunya cara yang dapat dilakukannya, dan bersyukurlah bahwa dari Rumah Purba Anda, Tuhan telah mengulurkan Rahmat ke dalam dunia untuk Anda terima dan belajar memberi.

Latihan 293: *Latihan setiap jam.*

Langkah 294
TINJAU ULANG

Mulailah Tinjau Ulang dua minggu ini dengan doa ini:

"Saya sekarang adalah siswa Pengetahuan. Saya akan belajar tentang arti dan tujuan Pengetahuan melalui partisipasi saya. Saya akan mengikuti partisipasi saya tanpa berusaha mengubah metodenya atau pelajarannya secara apa pun karena saya ingin belajar. Saya adalah siswa Pengetahuan di dunia di mana Pengetahuan tampaknya tidak ada. Demi alasan ini saya telah dikirim ke sini untuk mempersiapkan memberikan apa yang Pengetahuan ingin berikan kepada dunia. Saya adalah siswa Pengetahuan. Saya kukuh dalam tanggung jawab saya. Di sini, saya akan menerima semua yang benar-benar saya inginkan, karena saya benar-benar ingin mencintai dunia."

Mengikuti doa ini, mulailah Tinjau Ulang dua minggu Anda. Dimulai dengan hari pertama dalam periode dua minggu ini, bacalah pelajaran untuk hari itu dan ingat-ingat latihan Anda. Lanjutkan dengan cara ini untuk mencakup semua hari dalam periode dua minggu ini, dan kemudian cobalah mendapatkan gambaran umum tentang hidup Anda selama waktu latihan ini. Mulailah melihat apa yang telah terjadi dalam hidup Anda dalam periode dua minggu ini.

Ketika Anda mendapatkan gambaran umum, Anda akan mulai melihat pergerakan hidup Anda. Mungkin akan halus pada awalnya, tetapi Anda akan segera mulai menyadari bahwa hidup Anda mengalami kemajuan pesat dan bahwa nilai-nilai Anda dan pengalaman Anda tentang diri Anda sedang berubah. Anda sedang berubah secara fundamental. Anda akhirnya menjadi diri Anda sendiri. Anda akan menyadari bahwa perang, yang masih berkecamuk di dalam diri Anda dari waktu ke waktu, akan berkurang dan semakin jarang. Hal ini dapat dikenali hanya dengan gambaran umum yang disadari dan objektif, dan ketika dikenali, ini akan memberi Anda keyakinan dan tekad untuk melanjutkan, karena Anda akan tahu bahwa Anda mengikuti jalur sejati Anda dan takdir sejati Anda. Anda akan tahu bahwa Anda adalah siswa Pengetahuan sejati dan bahwa Anda telah membuat keputusan yang tepat mengenai kesiswaan Anda.

Latihan 294: *Satu periode latihan panjang.*

Langkah 295
SAYA SEKARANG MENEMBUS MISTERI HIDUP SAYA.

ANDA SEDANG MENEMBUS MISTERI HIDUP ANDA YANG ingin mengungkapkan diri kepada Anda. Misteri hidup Anda adalah sumber dari semua yang terwujud dalam kehidupan Anda. Semua yang akan terwujud dan dimaksudkan untuk terwujud terkandung dalam misteri hidup Anda. Karena itu, keterlibatan Anda saat ini sebagai siswa Pengetahuan mutlak fundamental terhadap semua yang akan Anda lakukan di dunia dan terhadap semua yang akan Anda wujudkan dan penuhi dalam kehidupan ini. Ini mutlak fundamental untuk kebutuhan Anda.

IZINKAN MISTERI INI MISTERIUS. Izinkan yang terwujud terwujud. Secara ini, Anda akan memasuki misteri Pengetahuan dengan takzim dan keterbukaan, dan Anda akan melibatkan diri di dunia dengan penekanan praktis dan pendekatan konkret. Ini akan memungkinkan Anda untuk menjadi jembatan dari Rumah Purba Anda ke dunia yang sementara ini. Kemudian, Anda akan memperlakukan kehidupan di alam semesta dengan takzim dan kagum, dan Anda akan memperlakukan penerapan diri Anda di dunia dengan ringkas dan bertanggung jawab. Di sini semua kemampuan Anda akan dipupuk dan diintegrasikan dengan tepat, dan Anda akan menjadi sarana Pengetahuan.

KITA SEKARANG AKAN MEMULAI BAGIAN KURIKULUM Anda yang lebih maju. Anda mungkin menyadari bahwa sebagian besar dari apa yang Anda pelajari belum dapat Anda pahami. Banyak dari langkah yang harus diikuti adalah untuk mengaktifkan Pengetahuan Anda, untuk membuatnya lebih kuat dan lebih hadir dalam diri Anda dan untuk membangkitkan dalam diri Anda memori purba tentang hubungan-hubungan sejati Anda di alam semesta dan makna tujuan Anda di sini. Karena itu, kita akan memulai serangkaian pelajaran yang Anda tidak akan dapat memahaminya tetapi di mana Anda harus terlibat. Anda sekarang menembus misteri kehidupan Anda. Misteri kehidupan Anda memegang semua janji untuk hidup Anda.

INGATLAH PELAJARAN ANDA SEPANJANG HARI. Bacalah pada setiap jam dan dalam dua periode latihan Anda yang lebih dalam, masuklah ke dalam keheningan dan kedamaian. Izinkan diri Anda menembus misteri hidup Anda sehingga misteri hidup Anda dapat diungkapkan kepada Anda. Karena semua makna, tujuan dan arah lahir dari asal usul Anda dan takdir Anda. Anda adalah pengunjung di dalam dunia, dan partisipasi Anda di sini harus menjadi contoh kehidupan Anda yang lebih agung di luar dunia. Secara ini, dunia diberkati dan terpenuhi. Secara ini, Anda tidak akan mengkhianati diri sendiri, karena Anda lahir dari kehidupan yang lebih agung, dan Pengetahuan ada bersama Anda untuk mengingatkan Anda tentang hal ini.

LATIHAN 295: *Dua periode latihan 30 menit.*
Latihan setiap jam.

Langkah 296

NASI NOVARE CORAM

KATA-KATA PURBA HARI INI AKAN MENSTIMULASI PENGETAHUAN. Maknanya dapat diterjemahkan sebagai berikut: "Hadirat Guru-Guru Tuhan ada bersama saya." Ini adalah terjemahan sederhana dari kata-kata ini, namun kuasanya jauh melebihi maknanya yang sudah jelas. Ini dapat membangkitkan dalam diri Anda respons yang dalam, karena ini adalah doa untuk Pengetahuan, yang lahir dari bahasa purba yang tidak berasal dari dunia mana pun. Bahasa ini mewakili bahasa Pengetahuan dan melayani semua yang menggunakan bahasa dan yang masih memerlukan bahasa untuk berkomunikasi.

MENGINGAT PELAJARAN KEMARIN, jangan berusaha memahami asal usul kata-kata ini atau mekanisme pelayanannya, tetapi jadilah penerima anugerahnya. Pada setiap jam ucapkan doa hari ini, dan dalam dua periode latihan Anda yang lebih dalam ulangi doa ini dan kemudian masuk ke dalam keheningan dan kesunyian untuk merasakan kuasa dari kata-kata ini. Izinkan kata-kata ini membantu Anda memasuki kedalaman Pengetahuan Anda sendiri. Ketika masing-masing periode latihan panjang selesai dan ketika Anda kembali ke dunia tindakan dan bentuk, ucapkan doa ini sekali lagi dan bersyukurlah bahwa misteri kehidupan Anda sedang ditembus. Bersyukurlah bahwa Rumah Purba Anda telah datang bersama Anda ke dunia.

LATIHAN 296: *Dua periode latihan 30 menit.*
Latihan setiap jam.

Langkah 297

NOVRE NOVRE COMEY NA VERA TE NOVRE

DOA HARI INI BERBICARA TENTANG KUASA KEHENINGAN dalam pikiran Anda dan kuasa yang akan dimiliki oleh keheningan dalam pikiran Anda di dalam dunia. Izinkan doa Anda diucapkan pada setiap jam, dengan penuh takzim. Izinkan misteri hidup Anda kini terungkap di depan Anda agar Anda dapat mengamatinya dan membawanya bersama Anda dalam petualangan Anda di dunia.

DALAM DUA PERIODE LATIHAN ANDA YANG LEBIH DALAM ulangi doa hari ini dan sekali lagi masuki kedalaman keheningan, dengan memberikan diri Anda sepenuhnya pada latihan Anda. Setelah menyelesaikan latihan Anda, ulangi gagasan hari ini sekali lagi. Izinkan diri Anda merasakan hadirat yang ada bersama Anda saat Anda melakukannya, karena Rumah Purba Anda berdiam bersama Anda saat Anda berdiam di dalam dunia. Memori purba Rumah Anda dan memori semua hubungan sejati yang telah Anda peroleh kembali sejauh ini dalam seluruh evolusi Anda dengan demikian diingat dengan gagasan hari ini. Karena dalam keheningan, semua hal dapat diketahui, dan semua hal yang diketahui akan mengungkapkan diri kepada Anda.

LATIHAN 297: *Dua periode latihan 30 menit.*
Latihan setiap jam.

Langkah 298

MAVRAN MAVRAN CONAY MAVRAN

DOA HARI INI MEMANGGIL MEREKA YANG berlatih Pengetahuan bersama Anda di Komunitas Besar sehingga kekuatan usaha mereka dan prestasi besar mereka dapat menambah semua upaya Anda dan semua latihan Anda sebagai siswa Pengetahuan. Doa hari ini melibatkan pikiran Anda dengan semua pikiran yang terlibat dalam memperoleh kembali Pengetahuan di alam semesta, karena Anda adalah warga Komunitas Besar selain warga dunia Anda. Anda adalah bagian dari upaya besar yang terjadi baik di dunia maupun di luarnya, karena Tuhan bekerja di mana-mana. Maka, Agama Sejati adalah memperoleh kembali Pengetahuan. Yang menemukan pengungkapannya di setiap dunia dan di setiap budaya, dan di sana ia memperoleh simbolisme dan ritualnya, tetapi esensinya universal.

BERLATIHLAH PADA SETIAP JAM MENGULANGI doa hari ini dan ketika Anda melakukannya, luangkan waktu sejenak untuk merasakan dampaknya. Anda bisa menemukan cara melakukannya dalam semua keadaan Anda hari ini, dan ini akan mengingatkan Anda akan Rumah Purba Anda dan kemampuan Pengetahuan yang Anda bawa dalam diri Anda. Dalam periode latihan Anda yang lebih dalam, ulangi doa Anda dan kemudian masuklah ke dalam suaka Pengetahuan dalam keheningan dan kerendahan hati. Ketika periode latihan Anda rampung, sekali lagi ulangi doa hari ini. Izinkan pikiran Anda melibatkan diri dengan apa yang berada di luar lingkup keterlibatan manusia yang terbatas, karena Pengetahuan berbicara tentang kehidupan yang lebih agung di dalam dunia dan melampauinya. Kehidupan yang lebih agung inilah yang sekarang harus Anda perhatikan. Kehidupan yang lebih agung inilah yang sekarang harus Anda terima, karena Anda adalah siswa Pengetahuan. Pengetahuan lebih agung daripada dunia, tetapi Pengetahuan telah datang ke dunia untuk melayani.

LATIHAN 298: *Dua periode latihan 30 menit.*
Latihan setiap jam.

Langkah 299
Nome Nome Cono Na Vera Te Nome

Doa hari ini kembali memanggil kuasa dari upaya orang lain dalam memperoleh kembali Pengetahuan untuk membantu Anda dalam upaya Anda sendiri. Sekali lagi ini adalah konfirmasi kuasa dari apa yang Anda lakukan dan kesertaan total Anda dalam kehidupan. Yang menegaskan kebenaran dalam konteks yang lebih besar, dan menegaskan kebenaran dalam kata-kata yang tidak pernah Anda gunakan selama berabad-abad, tetapi yang akan menjadi akrab bagi Anda ketika kata-kata ini beresonansi jauh di dalam pikiran Anda.

Berlatihlah pada setiap jam dan luangkan waktu sejenak untuk merasakan kemanjuran pernyataan hari ini. Gunakan sebagai doa untuk memulai dan sebagai ucapan syukur untuk menyelesaikan dua periode latihan Anda yang lebih panjang. Izinkan diri Anda menembus misteri hidup Anda, karena misteri hidup Anda adalah sumber dari semua makna dalam hidup Anda, dan makna inilah yang Anda cari hari ini.

Latihan 299: *Dua periode latihan 30 menit.*
Latihan setiap jam.

Langkah 300

SAYA MENERIMA SEMUA YANG ADALAH KELUARGA SPIRITUAL SAYA HARI INI.

Terimalah mereka yang adalah Keluarga Spiritual Anda, yang memandu dan membantu Anda, yang upayanya demi Pengetahuan melengkapi upaya Anda dan yang hadiratnya dalam hidup Anda adalah konfirmasi bahwa komunitas sejati ada dalam pelayanan kepada Pengetahuan. Izinkan realitas mereka memperjelas realitas Anda, menghalau semua kegelapan keterasingan dan semua kelemahan individualitas sehingga individualitas Anda dapat menemukan kekuatan dari kontribusi sejatinya. Jangan merenung sendirian dalam pemikiran Anda hari ini, tetapi masuklah ke dalam hadirat Keluarga Spiritual Anda, karena Anda lahir dari komunitas dan sekarang Anda masuk ke dalam komunitas, karena hidup adalah komunitas — komunitas tanpa pengecualian dan tanpa lawan.

Ingatlah ini pada setiap jam hari ini. Dalam periode latihan Anda yang lebih panjang, libatkan pikiran Anda secara aktif dalam upaya memahami pesan yang Anda terima hari ini. Cobalah memahami apa sesungguhnya makna Keluarga Spiritual. Cobalah memahami bahwa hal ini hakiki bagi Anda. Anda tidak memilihnya. Anda semata-mata lahir darinya. Ini mewakili pencapaian Anda dalam Pengetahuan sejauh ini. Semua pencapaian dalam Pengetahuan adalah memperoleh kembali hubungan-hubungan, dan Keluarga Spiritual Anda adalah hubungan yang telah Anda peroleh kembali sejauh ini dalam kembalinya Anda kepada Tuhan.

Ini akan berada di luar pemahaman Anda, tetapi Pengetahuan Anda akan beresonansi dengan pesan untuk hari ini dan doa-doa yang telah Anda latih di hari-hari sebelumnya. Pengetahuan akan mengungkapkan apa yang harus Anda ketahui dan apa yang harus Anda lakukan. Anda tidak dimaksudkan untuk dibebani dengan upaya untuk memahami apa yang di luar pemahaman Anda. Tetapi Anda diberi tanggung jawab untuk merespons komunikasi yang diberikan kepada Anda dari misteri hidup Anda sendiri dan dari kuasa Tuhan dalam hidup Anda.

Anda adalah bagian dari Keluarga Spiritual. Anda menerima ini melalui pengalaman Anda, pengalaman yang akan mengonfirmasi partisipasi Anda dalam kehidupan serta tujuan agung yang Anda telah datang untuk layani.

LATIHAN 300: *Dua periode latihan 30 menit.*
Latihan setiap jam.

Langkah 301

SAYA TIDAK AKAN TENGGELAM DALAM KECEMASAN HARI INI.

JANGAN IZINKAN KEBIASAAN TENGGELAM dalam kecemasan menguasai pikiran Anda hari ini. Terimalah bahwa Anda sedang memasuki kehidupan yang lebih agung dengan rasa tujuan yang lebih agung. Izinkan diri Anda mengandalkan kepastian Pengetahuan dalam diri Anda serta konfirmasinya akan hubungan-hubungan sejati Anda. Berdamailah hari ini. Izinkan keheningan berdiam bersama Anda ketika Anda berjalan melalui dunia.

PADA SETIAP JAM ULANGI GAGASAN HARI INI. Dalam latihan Anda yang lebih dalam, gunakan gagasan hari ini sebagai doa untuk memulai dan sebagai ucapan syukur untuk menyelesaikan meditasi Anda. Dalam meditasi Anda izinkan diri Anda hening. Jangan biarkan ketidakpastian menguasai Anda hari ini. Jangan biarkan rasa cemas mengalihkan Anda. Anda mematuhi Pengetahuan, yang merupakan sumber dari semua kepastian di dunia. Anda mematuhinya, dan Anda mengizinkannya menyebarkan keampuhannya dan anugerahnya kepada Anda yang kini sedang belajar untuk memperoleh kembali kepastian untuk diri sendiri. Izinkan hari ini sebagai konfirmasi kesiswaan Anda. Izinkan hari ini menjadi ungkapan Pengetahuan.

LATIHAN 301: *Dua periode latihan 30 menit.*
Latihan setiap jam.

Langkah 302

SAYA TIDAK AKAN MELAWAN DUNIA HARI INI.

Jangan melawan dunia, karena dunia adalah tempat Anda telah datang untuk melayani. Ini adalah tempat di mana Pengetahuan akan mengungkapkan diri saat Anda belajar menjadi sarana untuk Pengetahuan. Izinkan dunia menjadi apa adanya, karena tanpa kutukan Anda akan jauh lebih mudah bagi Anda untuk berada di dunia, untuk memanfaatkan sumber dayanya dan untuk mengenali peluang-peluangnya.

Jangan melawan dunia, karena Anda berasal dari luar dunia. Dunia bukan lagi penjara bagi Anda melainkan tempat Anda untuk berkontribusi. Sejauh apa pun Anda belum dapat menyesuaikan diri dengan dunia di masa lalu dan sejauh apa pun berada di dunia telah menyulitkan Anda, Anda sekarang melihat dunia dengan cara baru. Anda telah mencari dunia sebagai pengganti Pengetahuan, dan sekarang Anda menyadari bahwa Pengetahuan sedang diberikan kepada Anda dari Sumber Anda. Dengan demikian, dunia tidak lagi digunakan sebagai pengganti Pengetahuan dan dunia sekarang dapat menjadi kanvas di mana Anda dapat mengungkapkan keampuhan Pengetahuan. Dengan demikian, dunia menjadi seperti yang seharusnya dalam hidup Anda. Untuk alasan ini Anda tidak perlu melawan dunia hari ini.

Saat Anda melalui dunia hari ini, ingatlah gagasan ini pada setiap jam dan hadirlah dalam keadaan apa pun yang Anda alami. Izinkan kehidupan batin Anda hening agar Pengetahuan dapat mengerahkan pengaruhnya dan panduannya bagi Anda. Izinkan diri Anda membawa kepastian hari ini — kepastian Pengetahuan. Ini adalah kepastian yang tidak Anda ciptakan atau susun sendiri. Yang selalu berdiam bersama Anda, terlepas dari kebingungan Anda.

Jangan melawan dunia hari ini, karena Pengetahuan bersama Anda. Dalam periode latihan Anda yang lebih panjang, ingatlah gagasan ini sebelum dan sesudah meditasi Anda. Dalam meditasi Anda lepaskan diri Anda dari dunia ke dalam suaka keheningan. Semakin besar keterlibatan Anda dalam suaka keheningan, semakin besar kemudahan Anda untuk berada di dunia, karena Anda tidak akan berupaya menggunakan dunia sebagai pengganti Rumah Purba Anda. Di sini dunia menjadi bermanfaat bagi Anda, dan Anda menjadi bermanfaat bagi dunia.

Latihan 302: *Dua periode latihan 30 menit.*
Latihan setiap jam.

Langkah 303
SAYA AKAN MUNDUR DARI BUJUKAN DUNIA HARI INI.

MUNDURLAH DARI BUJUKAN DUNIA. Kenali apa yang pasti dan apa yang bingung. Kenali apa yang setia dan apa yang ambivalen. Jangan biarkan kekuatan frustrasi dan kebingungan dunia menguasai Anda hari ini, melainkan peganglah cahaya Tuhan dalam hati Anda. Biarkan menyala dalam diri Anda saat Anda menjelajah ke dalam dunia. Dengan demikian, Anda melewati dunia tanpa cedera dan tidak terpengaruh karena Anda mematuhi Pengetahuan. Tanpa Pengetahuan, dunia semata-mata menyapu Anda dalam hiruk pikuknya sendiri. Dunia menyapu Anda dalam pancingannya dan pengejarannya yang gila.

HARI INI ANDA MEMATUHI PENGETAHUAN, sehingga Anda bebas dari bujukan dunia. Ulangi gagasan hari ini pada setiap jam dan kenali betapa pentingnya menjaga keseimbangan batin Anda serta rasa diri dan kepastian Anda. Sadari betapa pentingnya gagasan hari ini dalam mengizinkan Anda menjaga keheningan tetap hidup dalam diri Anda sehingga meditasi Anda yang lebih dalam, di mana Anda akan kembali berlatih keheningan hari ini, dapat mengerahkan pengaruhnya dan hasilnya pada semua kegiatan Anda, karena inilah tujuannya.

KENALI BUJUKAN DUNIA DAN MUNDURLAH. Ini yang harus Anda lakukan, karena di sini Anda memiliki kuasa untuk mengambil keputusan. Ini dapat Anda lakukan begitu Anda mengenali bujukan dunia dan menyadari betapa pentingnya Pengetahuan. Ini akan memungkinkan Anda untuk menjalankan kuasa untuk mengambil keputusan demi Anda sendiri. Di sini dunia tidak akan mengklaim Anda, dan di sini Anda akan menjadi kekuatan demi kebaikan di dunia, karena inilah tujuan Anda.

DALAM LATIHAN MEDITASI ANDA YANG LEBIH DALAM, sekali lagi berikan gagasan hari ini sebagai doa untuk mempersiapkan Anda. Dalam keheningan dan kesunyian masuklah ke dalam suaka Pengetahuan sehingga Anda dapat memperbarui dan menyegarkan diri di sana. Temukan penangguhan di sana dari konflik internal Anda sendiri dan dari konflik yang berkecamuk di dunia. Ketika Anda kembali dari suaka Anda, ingatkan diri Anda bahwa Anda tidak akan diklaim oleh kebingungan dunia. Ingatkan diri Anda bahwa Anda tidak akan menjadi korban bujukan dunia. Kemudian Anda akan meneruskan keselamatan yang sekarang Anda belajar untuk menerima ke dalam dunia di sekitar Anda.

LATIHAN 303: *Dua periode latihan 30 menit.
Latihan setiap jam.*

Langkah 304

SAYA TIDAK AKAN MENJADI SISWA RASA TAKUT HARI INI.

INGATLAH BAHWA ANDA SELALU ADALAH SISWA — setiap hari, setiap jam, dan setiap saat. Karena itu, seiring Anda semakin berhati-hati, Anda harus memilih apa yang akan Anda pelajari. Di sini Anda diberi pilihan nyata, karena Anda adalah siswa Pengetahuan atau Anda adalah siswa kebingungan. Jangan menjadi siswa kebingungan hari ini. Jangan menjadi siswa rasa takut hari ini, karena tanpa Pengetahuan ada ketidakpastian dan ada ketakutan. Tanpa Pengetahuan ada upaya penuh ketakutan yang memperbuat ketakutan yang lebih besar dan rasa kehilangan yang lebih besar.

SADARI TANGGUNG JAWAB ANDA SEBAGAI SISWA. Sadarilah ini dan terimalah ini dengan kelegaan, karena Anda memiliki pilihan yang bermakna di sini — menjadi siswa Pengetahuan atau siswa kebingungan. Pengetahuan akan memberikan pengaruhnya kepada Anda untuk memungkinkan Anda membuat pilihan yang tepat, untuk memilih apa yang memberi Anda kepastian, tujuan, makna, dan nilai di dunia. Kemudian Anda dapat menjadi kekuatan bagi Pengetahuan di dunia untuk menghalau kebingungan, kegelapan dan ketakutan dari semua pikiran yang bersusah payah di bawah bebannya yang menindas.

JANGANLAH MENJADI SISWA RASA TAKUT. Buatlah ketetapan hati ini dalam diri Anda pada setiap jam saat Anda mengenali bujukan ketakutan dari dunia, kebingungan dunia dan pengaruh gelapnya pada semua yang merasakan penindasannya. Izinkan diri Anda menjadi jiwa yang merdeka di dalam dunia. Peganglah permata cinta kasih dalam hati Anda. Peganglah cahaya Pengetahuan dalam hati Anda. Ketika Anda kembali ke dua latihan meditasi Anda yang lebih dalam hari ini, ulangi gagasan untuk hari ini sehingga Anda dapat memasuki keheningan dan kesunyian di dalam suaka Anda. Perbarui diri Anda dalam Pengetahuan dan segarkan diri Anda, karena Pengetahuan adalah cahaya agung yang Anda bawa. Semakin Anda datang ke dalam hadiratnya, semakin ia akan memancarkan diri pada Anda dan semakin ia akan menyinari Anda dan, pada dunia melalui Anda.

LATIHAN 304: *Dua periode latihan 30 menit.*
Latihan setiap jam.

Langkah 305

SAYA MERASAKAN KUASA CINTA KASIH HARI INI.

Jika Anda tidak terjebak dalam bujukan dunia, Anda akan merasakan kuasa cinta kasih. Jika Anda tidak tergoda ke dalam ambivalensi dunia, Anda akan merasakan kuasa cinta kasih. Jika Anda bersama Pengetahuan, Anda akan merasakan kuasa cinta kasih. Ini alami bagi Anda, bagi keberadaan Anda, bagi kodrat Anda dan bagi kodrat semua orang yang tinggal di sini bersama Anda. Karena itu, ketika kesiswaan Anda dalam Pengetahuan semakin mendalam, pengalaman cinta kasih Anda akan semakin mendalam.

Izinkan cinta kasih hadir dalam hidup Anda hari ini, karena Pengetahuan dan cinta kasih adalah satu. Izinkan diri Anda menjadi penerimanya hari ini, karena di sini Anda dihormati dan rasa tidak layak Anda dihalau. Terimalah kuasa cinta kasih pada setiap jam dan terimalah dalam latihan meditasi Anda yang lebih dalam, di mana Anda melatih penerimaan sejati.

Izinkan Pengetahuan mengungkapkan sifat cinta kasih kepada Anda. Izinkan cinta Anda pada Pengetahuan membangkitkan Pengetahuan bagi Anda, karena Pengetahuan mencintai Anda sebagai miliknya, dan ketika Anda belajar mencintai Pengetahuan sebagai milik Anda, rasa keterpisahan Anda dari kehidupan akan menghilang. Kemudian Anda akan siap sebagai kontributor di dunia, karena saat itu Anda hanya akan ingin menyumbangkan apa yang telah Anda terima. Anda kemudian akan menyadari bahwa tidak ada pemberian lain yang dapat dibandingkan dengan anugerah Pengetahuan, yang adalah anugerah cinta kasih. Anda akan ingin melimpahkan ini kepada dunia dengan sepenuh hati. Di sini Guru-Guru Anda akan menjadi lebih aktif untuk Anda, karena mereka akan mempersiapkan Anda untuk menyumbangkan hal ini secara efektif sehingga Anda dapat memenuhi takdir Anda di dunia.

Latihan 305: *Dua periode latihan 30 menit.*
Latihan setiap jam.

Langkah 306

SAYA AKAN BERISTIRAHAT DALAM PENGETAHUAN HARI INI.

Dalam Pengetahuan Anda akan mendapatkan istirahat dan penangguhan dari dunia. Dalam Pengetahuan Anda akan mendapatkan kenyamanan dan kepastian. Dalam Pengetahuan semua yang paling sejati dalam kehidupan akan berdiam bersama Anda, karena dalam Pengetahuan, Kristus dan Buddha adalah satu. Dalam Pengetahuan semua pencapaian agung dari para Duta Spiritual agung bersatu dan terungkap kepada Anda. Di sini, janji mereka terpenuhi, karena mereka telah memberikan diri mereka demi tujuan ini. Dengan demikian, Pengetahuan yang Anda terima hari ini adalah buah dari pemberian mereka, karena Pengetahuan telah dijaga agar tetap hidup di dunia untuk Anda. Pengetahuan telah dijaga agar tetap hidup oleh mereka yang telah menerima dan menyumbangkannya. Dengan demikian, hidup mereka menyediakan fondasi untuk hidup Anda. Pemberian mereka menyediakan fondasi untuk pemberian Anda. Penerimaan mereka akan Pengetahuan memperkuat penerimaan Anda akan Pengetahuan.

Tujuan dari semua ajaran spiritual sejati adalah pengalaman dan manifestasi Pengetahuan. Ini dapat mengilhami anugerah paling sederhana dan anugerah paling besar, tindakan paling biasa dan tindakan paling luar biasa. Anda berada dalam persekutuan agung, Anda yang melatih Pengetahuan. Anda menerima anugerah dari Kristus dan Buddha. Anda menerima anugerah dari semua Duta Spiritual sejati yang mewujudkan Pengetahuan mereka. Dengan demikian, partisipasi Anda hari ini diberikan kekuatan dan fondasi saat Anda melanjutkan tujuan agung menjaga Pengetahuan tetap hidup di dunia.

Hari ini pada setiap jam dan dalam dua latihan meditasi Anda yang mendalam, beristirahatlah dalam Pengetahuan, yang hidup dalam diri Anda sekarang.

Latihan 306: *Dua periode latihan 30 menit.*
Latihan setiap jam.

Langkah 307

PENGETAHUAN HIDUP DALAM DIRI SAYA SEKARANG.

PENGETAHUAN HIDUP DALAM DIRI ANDA, dan Anda sedang belajar untuk hidup bersama Pengetahuan. Dengan demikian, semua kegelapan dan ilusi dihalau dari pikiran Anda ketika Anda menyadari bagaimana sesungguhnya hidup Anda dan akan selalu begitu. Ketika Anda menyadari tidak berubahnya keberadaan sejati Anda, Anda akan menyadari bagaimana hidup Anda ingin mengungkapkan diri di dunia yang berubah. Pengetahuan Anda lebih agung daripada pikiran Anda, lebih agung daripada tubuh Anda dan lebih agung daripada definisi Anda tentang diri Anda sendiri. Pengetahuan Anda tidak berubah namun selalu berubah dalam pengungkapannya. Pengetahuan berdiam dalam diri Anda melampaui rasa takut, keraguan, dan kehancuran, dan ketika Anda belajar untuk berdiam bersamanya, semua kualitasnya akan menjadi kualitas Anda.

TIDAK ADA YANG DAPAT DIBERIKAN DUNIA YANG dapat dibandingkan dengan hal ini secara apa pun, karena semua pemberian dunia bersifat sesaat dan sementara. Ketika Anda menghargai hal–hal tersebut, ketakutan Anda kehilangan hal tersebut akan meningkat. Ketika Anda memegangnya untuk diri sendiri, kecemasan Anda tentang kematian dan kehancuran akan meningkat, dan Anda akan memasuki kembali kebingungan dan frustrasi. Tetapi dengan Pengetahuan, Anda dapat memiliki hal-hal di dunia tanpa mengidentifikasi dengannya. Anda dapat menerimanya dan melepaskannya sesuai dengan keperluan untuk melakukannya. Maka kecemasan besar dunia tidak akan memengaruhi Anda, tetapi kuasa Pengetahuan yang Anda bawa akan memengaruhi dunia. Secara ini, Anda akan memengaruhi dunia lebih daripada dunia memengaruhi Anda. Secara ini, Anda akan menjadi kontributor bagi dunia. Secara ini, dunia akan diberkati.

PERBARUI DIRI ANDA DALAM PENGETAHUAN dalam periode latihan Anda yang lebih dalam dalam keheningan dan ingatkan diri Anda pada setiap jam akan kuasa Pengetahuan yang Anda bawa hari ini. Jangan biarkan keraguan atau ketidakpastian apa pun mengecilkan hati Anda, karena di sini keraguan dan ketidakpastian sama sekali tidak alami. Anda sedang belajar menjadi alami karena apakah yang bisa lebih alami selain menjadi diri sendiri? Dan apakah yang bisa lebih menjadi diri sendiri selain Pengetahuan itu sendiri?

LATIHAN 307: *Dua periode latihan 30 menit.*
Latihan setiap jam.

Langkah 308

TINJAU ULANG

Dalam periode latihan Anda yang lebih panjang hari ini jalankan Tinjau Ulang pelatihan dua minggu terakhir sesuai dengan instruksi Kami sebelumnya. Ini adalah periode tinjau ulang yang sangat penting, karena Anda akan meninjau doa-doa yang telah diberikan kepada Anda, dan Anda akan meninjau juga keampuhan tugas yang Anda jalankan sebagai siswa Pengetahuan. Kenalilah dalam dua minggu terakhir ini rasa takut Anda sendiri akan Pengetahuan. Sadari rasa takut Anda sendiri akan misteri hidup Anda. Kenali segala upaya yang mungkin telah Anda lakukan untuk masuk kembali ke dalam ilusi dan imajinasi. Kenali kontras dalam pembelajaran ini yang sangat penting bagi pemahaman Anda.

Tinjaulah dengan objektivitas dan belas kasih. Ketahuilah bahwa ambivalensi Anda terhadap kehidupan harus disadari dan bahwa hal itu akan terus mengungkapkan diri dengan keampuhan yang semakin berkurang ketika Anda semakin dekat dengan Pengetahuan. Ingatlah bahwa Pengetahuan adalah kehidupan itu sendiri, hakikat dari kehidupan. Yang tidak berubah namun mengungkapkan dirinya melalui perubahan yang terus-menerus. Untuk mengalaminya, Anda harus memperkuat partisipasi Anda sebagai siswa Pengetahuan dan ingat bahwa Anda adalah siswa pemula Pengetahuan sehingga Anda tidak dapat mengandalkan asumsi Anda. Anda harus menerima kurikulum ini dan dipandu untuk menerapkannya. Secara ini, Anda akan aman dari semua salah penerapan, semua salah penafsiran dan dengan demikian aman dari kesalahan.

Tinjau Ulang ini sangat penting, karena Anda sekarang mencapai titik belok besar dalam partisipasi Anda sebagai siswa Pengetahuan. Pengetahuan mulai memiliki keampuhan sekarang. Anda mulai merasakan kuasanya. Anda mulai menyadari mutlak pentingnya bagi Anda. Anda yang tidak sepenuhnya bersama kehidupan di masa lalu sekarang menyadari bahwa kehidupan sepenuhnya bersama Anda dan akan meminta Anda untuk sepenuhnya bersama kehidupan. Ini adalah penyelamatan Anda dan penebusan Anda, karena di sini semua keterpisahan, rasa takut, dan kesengsaraan dihalau. Akan kehilangan apakah Anda dalam menerima anugerah seperti ini? Anda hanya kehilangan imajinasi Anda, yang telah menghantui Anda, mengancam

Anda, dan membuat Anda takut. Namun bahkan imajinasi Anda akan diberikan tujuan yang lebih besar dengan Pengetahuan, karena hal itu dimaksudkan untuk melayani Anda dengan cara yang berbeda.

Lanjutkan Tinjau Ulang Anda dengan sangat mendalam dan tulus. Tidak masalah berapa lama waktu yang diperlukan. Waktu Anda tidak bisa dihabiskan dengan lebih baik. Tinjaulah dua minggu terakhir sehingga Anda dapat mengamati kemajuan Pengetahuan dalam diri Anda. Anda akan memerlukan pemahaman ini jika Anda ingin mendukung orang lain di masa depan dalam memperoleh kembali Pengetahuan untuk diri mereka sendiri.

Latihan 308: *Satu periode latihan panjang.*

Langkah 309

DUNIA YANG SAYA LIHAT SEDANG BERUSAHA MENJADI SATU KOMUNITAS.

DUNIA YANG ANDA LIHAT SEDANG BERUSAHA menjadi satu komunitas, karena ini adalah evolusinya. Bagaimana dunia bisa berevolusi ketika terpecah-pecah? Bagaimana umat manusia bisa maju ketika ia melawan dirinya sendiri? Bagaimana dunia bisa berdamai ketika satu golongan bersaing dengan golongan lainnya? Dunia yang Anda lihat adalah seperti pikiran yang Anda alami dalam diri Anda sendiri — berperang dengan dirinya sendiri, namun tanpa tujuan atau makna. Dunia yang Anda lihat sedang berusaha menjadi satu komunitas, karena semua dunia di mana kehidupan berakal telah berevolusi harus menjadi satu komunitas.

BAGAIMANA INI AKAN DICAPAI DAN BILAMANA ini akan dicapai berada di luar lingkup Anda saat ini, tetapi ketika Anda mengamati dunia tanpa penilaian Anda akan melihat kerinduan pada setiap orang untuk bergabung. Anda akan melihat hasrat agar keterpisahan berakhir. Masalah-masalah mendesak dunia hanya menunjukkan kesulitannya dan menyerukan penciptaan satu komunitas di dunia. Hal ini sangat jelas jika saja Anda menengok. Seperti Anda sendiri menjadi satu orang dan menyembuhkan semua luka dalam diri Anda sebagai siswa Pengetahuan, begitu juga dunia berusaha menjadi satu dunia dan menyembuhkan semua lukanya dan semua konflik dan keterpisahan internalnya. Mengapakah ini? Karena Pengetahuan ada di dunia.

SEIRING ANDA MENEMUKAN PENGETAHUAN DALAM DIRI ANDA, ingatlah bahwa Pengetahuan itu laten dalam diri setiap orang, dan bahkan dalam latensinya Pengetahuan memberikan pengaruhnya dan memperluas arahnya. Dunia juga mengandung Pengetahuan. Yang merupakan representasi yang lebih besar dari diri Anda yang Anda lihat. Dengan demikian, ketika Anda menjadi siswa Pengetahuan dan mampu mengenali persiapan Anda secara objektif, Anda akan mulai memiliki pandangan sejati tentang evolusi dunia. Di sini sudut pandang Anda tidak akan terdistorsi oleh preferensi atau ketakutan pribadi, karena evolusi dunia semata-mata akan jelas bagi Anda. Evolusi dunia jelas bagi Guru-Guru Anda, yang mengamati dunia dari luar keterbatasannya. Tetapi Anda yang berada di dalam dunia, yang merasakan pengaruh dunia dan yang berbagi keraguan dan ketidakpastian dunia, harus belajar mengamati dunia tanpa keterbatasan ini juga.

DUNIA SEDANG BERUSAHA MENJADI SATU KOMUNITAS. Ingatkan diri Anda tentang hal ini pada setiap jam, dan dalam dua periode latihan Anda yang lebih dalam libatkan pikiran Anda secara aktif dalam upaya memahami gagasan hari ini. Pikirkan masalah-masalah dunia dan penyelesaian yang diperlukan. Pikirkan konflik-konflik di dunia dan keharusan bahwa itu diatasi. Sadarilah bahwa jika ada individu atau kelompok individu yang menentang penyelesaian dan persyaratan ini, ini akan mendorong mereka untuk berperang melawan dunia dan satu sama lain. Konflik yang Anda lihat hanyalah upaya untuk melestarikan keterpisahan. Tetapi dunia sedang berusaha menjadi satu komunitas dan terlepas dari perlawanan terhadap hal ini, dunia tanpa henti akan berusaha melakukannya, karena inilah evolusinya. Inilah hasrat sejati dari semua yang tinggal di sini, karena semua keterpisahan harus diakhiri dan semua kontribusi harus diberikan. Inilah tujuan Anda dan tujuan semua orang yang telah datang ke sini.

INGAT, ANDA TELAH DIPANGGIL DAN ANDA SEDANG merespons satu tujuan sejati Anda. Seiring waktu, orang lain akan dipanggil dan mereka akan merespons. Ini pasti terjadi. Anda sedang mencapai apa yang pasti terjadi, yang akan memerlukan banyak waktu dan banyak langkah. Pengetahuan adalah sumber Anda dan Pengetahuan adalah hasilnya. Karena itu, Anda boleh yakin akan hasil akhir dari tindakan Anda. Terlepas dari bagaimana dunia akan melanjutkan dalam persiapannya dan kesulitannya, dunia harus mencapai satu tujuan sejati ini. Maka, Anda dapat melanjutkan dengan pasti.

DALAM MEDITASI ANDA YANG LEBIH PANJANG cobalah menembus gagasan hari ini. Jangan berpuas diri di sini, tetapi libatkan pikiran Anda secara aktif sebagaimana pikiran Anda dimaksudkan untuk terlibat. Cobalah mengenali ambivalensi Anda sendiri perihal dunia menjadi satu komunitas. Cobalah mengenali rasa takut dan kekhawatiran Anda tentang hal ini. Cobalah mengenali juga hasrat Anda demi satu komunitas dan pemahaman Anda bahwa hal ini perlu. Setelah Anda memeriksa pemikiran dan perasaan Anda sendiri terkait gagasan hari ini, Anda akan lebih memahami mengapa dunia berada dalam kesulitannya saat ini. Dunia memiliki takdir tertentu dan jalur yang harus diikuti, namun dunia ambivalen tentang segalanya. Maka, dunia sendiri harus melepaskan ambivalensi, seperti yang sedang Anda pelajari sekarang, dan prestasi Anda akan membantunya dalam upaya besarnya, karena inilah kontribusi Anda untuk dunia.

LATIHAN 309: *Dua periode latihan 30 menit.*
Latihan setiap jam.

Langkah 310

SAYA BEBAS KARENA SAYA INGIN MEMBERI.

KEBEBASAN ANDA AKAN TERPENUHI, kebebasan Anda akan lengkap dan kebebasan Anda akan diperoleh kembali selamanya melalui kontribusi anugerah sejati Anda kepada dunia. Anda yang sekarang mendedikasikan diri untuk memberi dan sedang belajar tentang sifat pemberian Anda dan tanggung jawab Anda sebagai pemberi sedang menyiapkan kebebasan Anda sendiri dan menjamin kebebasan Anda sendiri di dunia. Jangan berkecil hati bahwa dunia tidak memegang nilai-nilai Anda dan jangan cemas bahwa dunia tidak berbagi komitmen Anda, karena ada banyak di dalam dunia dan di luar dunia yang menjalankan persiapan yang sama seperti Anda. Ada banyak yang telah menyelesaikan persiapan Anda saat ini yang sekarang melayani dunia dengan sepenuh hati dan jiwa mereka.

MAKA, ANDA ADALAH BAGIAN DARI KOMUNITAS belajar yang agung. Apa yang Anda pelajari sekarang harus dipelajari oleh seluruh dunia pada akhirnya, karena semua harus memperoleh kembali Pengetahuan. Ini adalah Kehendak Tuhan. Kami sekarang berusaha meminimalkan waktu yang diperlukan dan kesulitan yang akan dihadapi. Namun, Kami memahami bahwa evolusi harus berlangsung di dalam individu dan di dalam umat manusia juga. Maka, Pengetahuan mengulurkan dirinya untuk mendukung evolusi sejati kehidupan sehingga kehidupan dapat mewujudkan dirinya dan memenuhi dirinya. Proses ini berlanjut di dalam diri Anda dan di dalam dunia. Anda yang mengklaim kesiswaan Anda dalam Pengetahuan akan mengklaim advokasi Anda untuk Pengetahuan. Di sini, Anda akan semakin menjadi kekuatan demi kebaikan di dunia — kekuatan yang menghalau ambivalensi, kebingungan, dan konflik, kekuatan demi perdamaian, kekuatan demi kepastian dan kekuatan demi kerja sama dan hubungan sejati.

INGATLAH GAGASAN INI PADA SETIAP JAM sepanjang hari dan dalam dua periode latihan Anda yang lebih dalam, libatkan pikiran Anda secara aktif untuk memikirkan hal ini. Jadikan pikiran Anda alat penyelidikan yang berguna. Sekali lagi tinjau semua gagasan dan kepercayaan Anda terkait gagasan hari ini. Sekali lagi sadari bagaimana ambivalensi masih merampok Anda dari inspirasi, merampok Anda dari motivasi, merampok Anda dari keberanian dan merampok Anda dari hubungan. Perkuat kesiswaan Anda dan advokasi Anda untuk Pengetahuan sehingga Anda dapat semakin terhindar dari ambivalensi hari ini dan menerima kepastian yang adalah warisan Anda.

LATIHAN 310: *Dua periode latihan 30 menit.*
Latihan setiap jam.

Langkah 311

DUNIA MEMANGGIL SAYA. SAYA HARUS MEMPERSIAPKAN UNTUK MELAYANINYA.

ANDA TELAH DATANG UNTUK MELAYANI DUNIA, namun Anda harus mempersiapkan untuk melayaninya. Anda tidak dapat mempersiapkan diri sendiri, karena Anda tidak tahu apa yang Anda persiapkan, dan Anda tidak tahu metode persiapannya, karena ini harus diberikan kepada Anda. Tetapi Anda tahu bahwa Anda harus mempersiapkan, dan Anda tahu bahwa Anda harus mengikuti langkah-langkah persiapan, karena ini sudah ada dalam Pengetahuan Anda.

ANDA TELAH DATANG UNTUK MELAYANI DUNIA. Jika ini ditolak atau diabaikan, Anda akan jatuh dalam kekacauan dalam diri Anda sendiri. Jika tujuan Anda tidak dilayani dan dilanjutkan, Anda akan merasa terasing dari diri Anda sendiri, dan Anda akan jatuh ke dalam kegelapan imajinasi Anda sendiri. Anda akan mengutuk diri sendiri dan percaya bahwa Tuhan mengutuk Anda juga. Tuhan tidak mengutuk Anda. Tuhan memanggil Anda untuk mengenali tujuan Anda dan memenuhinya.

JANGAN BIARKAN AMBISI MEMBAWA ANDA KE DALAM dunia terlalu dini. Ingat bahwa Anda adalah siswa Pengetahuan. Anda mengikuti Pengetahuan di dunia karena Anda sedang mempersiapkan untuk menjadi sarana bagi kontribusinya dan penerima anugerahnya. Ini akan memerlukan penahanan diri di pihak Anda. Ini akan memerlukan kepatuhan pada persiapan yang lebih agung. Seorang siswa hanya perlu mengikuti panduan instruksi. Seorang siswa hanya perlu meyakini kuasa instrukturnya. Pengetahuan Anda akan mengonfirmasi hal ini dan akan menghalau ketidakpastian Anda di sini, karena Pengetahuan Anda sedang kembali ke Rumahnya dan ke Sumbernya. Pengetahuan Anda sedang kembali ke mana ia harus kembali. Pengetahuan Anda merespons apa yang harus dipenuhinya di dunia.

JANGAN MEMBENCI DUNIA ATAU MELAWANNYA, karena ini adalah tempat di mana Anda akan memenuhi takdir Anda. Jadi, dunia patut menerima rasa syukur dan penghargaan Anda. Namun, ingat juga untuk mengindahkan kuasa kebingungannya dan pancingannya. Di sini Anda harus kuat dengan Pengetahuan, dan meskipun Anda menghargai dunia karena memperkuat tekad Anda demi Pengetahuan, Anda juga memperhatikan kebingungan dunia dan memasuki dunia dengan berhati-hati, dengan kebijakan dan kepatuhan pada Pengetahuan. Semua ini penting, dan Kami akan mengingatkan Anda tentang hal ini seiring kita melanjutkan, karena ini penting bagi Anda untuk belajar Kearifan sebagai seorang siswa. Baik hasrat Anda untuk Pengetahuan maupun kapasitas Anda untuk Pengetahuanlah yang harus kita kembangkan dan yang Anda harus belajar untuk menerima.

LATIHAN 311: *Baca pelajaran tiga kali hari ini.*

Langkah 312

ADA MASALAH-MASALAH YANG LEBIH BESAR UNTUK SAYA SELESAIKAN DI DUNIA.

BANYAK MASALAH PRIBADI ANDA AKAN TERSELESAIKAN ketika Anda memberikan diri Anda kepada panggilan yang lebih besar. Beberapa masalah pribadi Anda perlu Anda tangani secara khusus, tetapi bahkan di sini Anda akan menemukan bahwa beban mereka pada Anda akan berkurang ketika Anda memasuki arena partisipasi yang lebih besar dalam kehidupan. Pengetahuan memberi Anda hal-hal yang lebih besar untuk dilakukan, tetapi tidak mengabaikan detail apa pun yang harus Anda capai. Karena itu, detail kecil dan detail besar, penyesuaian kecil dan penyesuaian besar semua termasuk. Tidak ada yang tertinggal. Anda sendiri tidak mungkin dapat menyeimbangkan persiapan Anda secara ini, karena Anda tidak akan tahu bagaimana menetapkan prioritas Anda antara yang besar dan yang kecil. Upaya Anda untuk melakukannya hanya akan mendorong Anda lebih jauh ke dalam kebingungan dan frustrasi.

MAKA BERSYUKURLAH BAHWA ANDA TELAH TERHINDAR dari mengupayakan hal yang mustahil untuk diri Anda sendiri, karena apa yang nyata diberikan kepada Anda. Yang harus Anda lakukan adalah menjadi siswa dan sarana Pengetahuan. Ini akan mengaktifkan semua pengembangan individu yang bermakna dan semua pendidikan individu yang bermakna. Yang akan meminta lebih banyak dari Anda daripada yang telah Anda minta dari diri Anda sendiri, dan semua yang dimintanya akan dipenuhi dan akan menghasilkan janji sejatinya bagi Anda.

PADA SETIAP JAM INGATKAN DIRI ANDA TENTANG HAL INI dan bersemangatlah bahwa keterlibatan yang lebih besar dijanjikan yang akan memberi Anda jalan keluar dari kesengsaraan pribadi Anda. Dalam periode latihan Anda yang lebih dalam hari ini, libatkan pikiran Anda secara aktif untuk meninjau semua masalah pribadi kecil Anda. Tinjaulah semua hal yang menurut Anda menghambat Anda dan semua hal yang menurut Anda harus Anda selesaikan sendiri. Ketika Anda melihat masing-masing secara objektif, tanpa penyangkalan, ingat dan ingatkan diri Anda bahwa suatu panggilan yang lebih besar diberikan kepada Anda yang akan mengoreksi hal-hal ini atau membuat koreksinya tidak diperlukan. Ingatkan diri Anda bahwa Pengetahuan akan memberikan koreksi di semua tingkat seiring hidup Anda menjadi seragam dan terarah, seiring Pengetahuan Anda mulai muncul dan seiring rasa diri Anda yang sejati mulai diakui dan diterima.

Latihan 312:   *Dua periode latihan 30 menit.*
　　　　　　　Latihan setiap jam.

Langkah 313
BIARKAN SAYA MENGENALI BAHWA APA YANG RUMIT ADALAH SEDERHANA.

Anda pikir masalah pribadi Anda rumit. Anda pikir masalah dunia rumit. Anda pikir masa depan Anda dan takdir Anda rumit. Ini karena Anda telah hidup dalam imajinasi dan telah berusaha menyelesaikan pertanyaan tanpa kepastian. Ini adalah hasil dari menggunakan kepercayaan pribadi Anda untuk mengatur alam semesta sesuai keinginan Anda. Ini adalah hasil dari mengupayakan apa yang mustahil, dan ini adalah hasil dari kegagalan mencapai apa yang mustahil.

Anda telah diselamatkan karena Pengetahuan ada bersama Anda. Anda telah ditebus karena Anda sedang belajar menerima Pengetahuan. Dengan demikian semua konflik akan terselesaikan, dan Anda akan menemukan tujuan, makna, dan arah sejati di dunia. Anda akan menemukan bahwa Anda masih akan berusaha menyelesaikan masalah Anda sendiri, dan ini hanya akan mengingatkan Anda bahwa Anda memerlukan Pengetahuan untuk memandu Anda, karena apa yang dapat dilakukan oleh upaya Anda sendiri tanpa Pengetahuan hanyalah mengingatkan Anda tentang kebutuhan Anda akan Pengetahuan.

Karena itu, hari ini ingatlah pada setiap jam bahwa Pengetahuan ada bersama Anda dan bahwa Anda adalah siswa Pengetahuan. Yakinlah bahwa semua masalah yang Anda rasakan — besar maupun kecil, di dalam maupun di luar diri Anda — akan diselesaikan melalui Pengetahuan. Ingatkan diri Anda juga bahwa ini tidak menempatkan Anda dalam keadaan pasif. Ini akan meminta keterlibatan aktif Anda sebagai siswa Pengetahuan dan pengembangan aktif kemampuan Anda demi tujuan yang sejati. Memang, Anda telah pasif sebelumnya karena upaya Anda pada hal yang mustahil dan kegagalan Anda pada hal yang mustahil. Sekarang Anda menjadi aktif, dan apa yang aktif dalam diri Anda adalah Pengetahuan, karena Anda sekarang menerima Jati Diri Anda.

Dalam dua latihan Anda yang lebih panjang, libatkan diri Anda secara aktif dengan gagasan hari ini. Cobalah menembus maknanya. Tinjau semua gagasan dan kepercayaan yang Anda miliki saat ini yang terkait dengannya. Izinkan diri Anda menginventarisasi pemikiran dan kepercayaan Anda agar Anda dapat mengenali kerja yang harus dicapai dalam diri Anda. Anda adalah penerima pertama Pengetahuan, dan begitu Anda telah mencapai tingkat pencapaian tertentu di sini, Pengetahuan secara alami akan mengalir melalui Anda. Aktivitas Anda kemudian akan semakin terlibat dalam melayani dunia di sekitar Anda, dan masalah yang lebih besar akan disajikan kepada Anda sehingga Anda dapat diselamatkan dari dilema Anda sendiri.

Latihan 313: *Dua periode latihan 30 menit.*
Latihan setiap jam.

Langkah 314

SAYA TIDAK AKAN TAKUT UNTUK MENGIKUTI HARI INI.

Jangan takut untuk mengikuti, karena Anda adalah pengikut. Jangan takut menjadi siswa, karena Anda adalah siswa. Jangan takut untuk belajar, karena Anda adalah pelajar. Terima saja apa adanya Anda dan manfaatkan demi kebaikan. Di sini Anda mengakhiri perang melawan diri sendiri, di mana Anda telah berusaha menjadi sesuatu yang bukan Anda. Belajarlah mengakui diri sendiri, dan Anda akan menyadari bahwa Anda diakui. Belajarlah mencintai diri sendiri, dan Anda akan menyadari bahwa Anda dicintai. Belajarlah menerima diri sendiri, dan Anda akan mengetahui bahwa Anda diterima. Bagaimanakah Anda dapat mencintai, mengakui, dan menerima diri sendiri? Dengan menjadi siswa Pengetahuan, karena di sini semua pencapaian ini alami. Anda harus mencapainya untuk bersama Pengetahuan, dan Pengetahuan akan mencapainya. Maka, cara yang sederhana diberikan kepada Anda untuk menyelesaikan dilema yang tampaknya rumit.

Jangan meragukan kuasa Pengetahuan dalam diri Anda dan apa yang dapat dicapainya, karena Anda tidak dapat memahami makna Pengetahuan, sumber Pengetahuan atau mekanisme Pengetahuan. Anda hanya dapat menerima kebaikannya. Anda hanya diminta untuk menerima hari ini. Anda hanya diminta menjadi penerima Pengetahuan.

Pada setiap jam ingatlah gagasan Anda dan berikan pertimbangan serius sepanjang hari. Sadarilah banyak kesempatan untuk berlatih hari ini, saat pikiran Anda sekarang menjauh dari fantasi dan kebingungan. Sadari betapa banyak waktu dan energi yang tersedia untuk Anda. Anda akan takjub melihat bagaimana hidup Anda akan membuka dan peluang-peluang besar apa yang akan mulai muncul untuk Anda.

Dalam latihan Anda yang lebih dalam hari ini, sekali lagi masuki keheningan. Sekali lagi berlindunglah dari perubahan dan kebingungan dunia. Sekali lagi masuki suaka Pengetahuan untuk memberikan diri Anda. Dalam pemberian inilah Anda menerima. Dalam pemberian inilah Anda akan menemukan apa yang Anda cari hari ini.

Latihan 314: *Dua periode latihan 30 menit.*
Latihan setiap jam.

Langkah 315

HARI INI SAYA TIDAK AKAN SENDIRIAN.

Hari ini janganlah sendirian. Jangan mengasingkan diri dalam ketakutan Anda atau imajinasi negatif Anda. Jangan mengasingkan diri dalam fantasi Anda. Jangan berpikir bahwa Anda sendirian, karena ini adalah fantasi. Hari ini janganlah sendirian. Sadarilah bahwa mereka yang bersama Anda tidak terpengaruh oleh kesalahan Anda atau kecewa dengan kegagalan Anda, melainkan mengenali kodrat sejati Anda dan Pengetahuan Anda. Mereka yang bersama Anda hari ini mencintai Anda tanpa kecuali. Terimalah cinta kasih mereka, karena ini akan memastikan bahwa Anda tidak sendirian, dan ini akan memastikan bahwa Anda tidak ingin sendirian. Mengapa lagi Anda ingin sendirian kecuali untuk menyembunyikan penderitaan Anda, rasa gagal Anda dan rasa bersalah Anda? Hal-hal ini yang merupakan hasil dari keterpisahan Anda hanya semakin mengasingkan Anda.

Namun, hari ini Anda tidak sendirian. Karena itu, pilihlah untuk tidak sendirian, dan Anda akan melihat bahwa Anda tidak pernah sendirian. Pilihlah untuk tidak mengasingkan diri, dan Anda akan melihat bahwa Anda sudah menjadi bagian dari kehidupan. Konfirmasikan ini pada setiap jam dan sadari lagi banyak kesempatan untuk mempertimbangkan hal ini sepanjang hari. Dalam latihan meditasi Anda yang lebih dalam, mulailah dengan doa pesan hari ini. Kemudian masuklah ke dalam keheningan dan kesunyian di mana tidak ada keterpisahan. Izinkan diri Anda menerima anugerah cinta kasih agung yang adalah hak Anda dan singkirkan semua rasa tidak mampu dan tidak layak yang hanya merupakan sisa dari kehidupan Anda yang terpisah dan imajiner. Hari ini Anda tidak sendirian. Karena itu, ada harapan bagi dunia.

LATIHAN 315: *Dua periode latihan 30 menit.*
Latihan setiap jam.

Langkah 316

SAYA AKAN MEMERCAYAI KECENDERUNGAN TERDALAM SAYA HARI INI.

Kecenderungan terdalam Anda muncul dari Pengetahuan. Ketika pikiran Anda menjadi jernih dari pengekangannya dan ketika hidup Anda mulai terbuka untuk panggilan yang lebih agung yang muncul untuk Anda sekarang, kecenderungan yang lebih dalam ini akan menjadi lebih kuat dan lebih jelas. Anda akan dapat membedakannya dengan lebih mudah. Ini akan memerlukankan keyakinan diri besar, yang tentu akan memerlukankan cinta diri besar. Memercayai kecenderungan terdalam Anda, mengikuti Pengetahuan, dan menjadi siswa Pengetahuan akan membangun kembali cinta diri Anda dan akan menempatkannya di atas fondasi yang kuat yang tidak dapat diguncang dunia.

Di sini Anda ditebus di mata Anda sendiri. Di sini Anda dibawa ke dalam hubungan dengan kehidupan. Di sini cinta diri Anda menimbulkan cinta kasih untuk orang lain, karena tidak ada ketidaksetaraan di sini. Anda diperoleh kembali, dan dalam memperoleh Anda kembali Pengetahuan mulai mengungkapkan dirinya di dunia. Anda adalah penerima manfaat utamanya, tetapi bahkan lebih agung daripada ini adalah dampaknya pada dunia. Karena dalam pemberian Anda, Anda akan mengingatkan dunia bahwa dunia tidak kehilangan harapan, bahwa dunia tidak sendirian, bahwa Anda tidak sendirian, bahwa orang lain tidak sendirian dan bahwa semua kecenderungan terdalam demi harapan, kebenaran dan keadilan yang dirasakan orang lain bukanlah tanpa fondasi, tetapi lahir dari Pengetahuan dalam diri mereka sendiri. Dengan demikian, Anda akan menjadi kekuatan konfirmasi di dalam dunia dan kekuatan untuk mengonfirmasi Pengetahuan pada orang lain juga.

Ingatlah gagasan Anda pada setiap jam dan cobalah memanfaatkan semua situasi yang Anda hadapi hari ini untuk tujuan memperoleh kembali Pengetahuan. Secara ini, Anda akan melihat bahwa seluruh hidup Anda dapat digunakan untuk berlatih. Ketika ini dilakukan, semua yang terjadi akan melayani Anda, dan Anda akan merasakan cinta kasih pada dunia. Kecenderungan Anda yang lebih dalam akan memicu dan mendorong kecenderungan yang lebih dalam pada orang lain, dan dengan demikian Anda akan menjadi kekuatan untuk Pengetahuan di dunia.

Dalam dua latihan meditasi Anda yang lebih dalam, dalam keheningan berlindunglah di kuil Pengetahuan dalam diri Anda. Cobalah di sini untuk hening dan semata-mata merasakan kuasa Pengetahuan dalam hidup Anda. Jangan membawa pertanyaan Anda, karena itu akan terjawab oleh Pengetahuan saat Pengetahuan muncul dalam diri Anda. Datanglah dalam keterbukaan, mencari kelegaan, mencari kenyamanan, mencari kuasa dan mencari kepastian. Hal-hal ini akan Anda alami karena hal-hal ini keluar dari hakikat Pengetahuan dalam diri Anda. Jadikan hari ini hari keyakinan diri dan karena itu menjadi hari cinta diri.

Latihan 316: *Dua periode latihan 30 menit.*
Latihan setiap jam.

Langkah 317
SAYA HANYA PERLU MELEPASKAN AMBIVALENSI SAYA UNTUK MENGETAHUI KEBENARAN.

BETAPA SEDERHANANYA MENGETAHUI KEBENARAN ketika kebenaran benar-benar diinginkan. Betapa mudahnya mengenali ambivalensi dan melihat dampaknya yang merusak pada hidup Anda. Betapa sederhananya melihat bukti ambivalensi di dunia di sekitar Anda dan bagaimana ini merusak kecenderungan yang lebih dalam dari semua yang tinggal di sini. Maka, carilah jalan keluar dari ambivalensi, karena ini adalah kebingungan. Maka, carilah jalan keluar dari beban pengambilan keputusan dan pilihan yang terus menerus, karena ini adalah beban.

PRIA DAN WANITA PENGETAHUAN tidak perlu membebani diri mereka dengan pertimbangan terus-menerus tentang apa yang harus mereka lakukan, bagaimana mereka harus bersikap, siapa diri mereka dan ke mana mereka menuju dalam kehidupan, karena hal-hal ini diketahui ketika setiap langkah diantisipasi dan diambil. Maka, beban besar yang Anda bawa di dunia terlepas dari pundak Anda. Maka, Anda mulai yakin pada diri Anda dan dunia. Di sini kedamaian dimungkinkan dan terjamin bahkan bagi mereka yang aktif di dunia, karena mereka membawa keheningan dan keterbukaan dalam diri mereka. Mereka tidak terbebani sekarang dan berada dalam posisi untuk benar-benar berkontribusi.

INGATKAN DIRI ANDA TENTANG PELAJARAN ANDA pada setiap jam dan ketika Anda mengamati dunia, lihatlah akibat dan pengaruh dari ambivalensi. Kenalilah bagaimana hal ini melumpuhkan dan bagaimana hal ini muncul dari dan mendukung kebingungan. Ini adalah hasil dari upaya menghargai apa yang tidak bermakna dan mengabaikan apa yang bermakna. Di sini hal-hal yang tidak bernilai bersaing dengan hal-hal dengan nilai sejati dalam perkiraan orang-orang yang mengartikannya. Kenalilah hal ini saat Anda mengamati dunia. Jangan biarkan satu jam berlalu hari ini tanpa latihan, karena secara ini hari ini akan mengajarkan Anda akan pentingnya Pengetahuan. Ini akan mengajarkan Anda bahwa ambivalensi harus dihindari dan bahwa itu adalah kutukan kebingungan pada dunia.

DALAM PERIODE LATIHAN ANDA YANG LEBIH DALAM, hindari ambivalensi Anda sendiri dan masuki kembali suaka Pengetahuan di mana dalam keheningan dan dalam kedamaian Anda dapat sepenuhnya mengalami kuasa Pengetahuan dan kebenaran dari kodrat Anda sendiri. Ini adalah hari kebebasan. Ini adalah hari untuk memahami dilema Anda dan menyadari bahwa jalan keluar Anda sudah dekat. Ambillah langkah ini dengan penuh keyakinan, karena hari ini Anda dapat menghindari ambivalensi.

LATIHAN 317: *Dua periode latihan 30 menit.*
Latihan setiap jam.

Langkah 318

ADA KUASA YANG LEBIH AGUNG YANG BEKERJA DI DUNIA.

Ada Kuasa yang Lebih Agung yang bekerja di dunia karena ada Kuasa yang Lebih Agung yang bekerja dalam hidup Anda, dan Kuasa yang Lebih Agung ini bekerja dalam hidup semua orang yang tinggal di sini. Sekalipun mayoritas penghuni dunia Anda belum siap untuk mulai memperoleh kembali Pengetahuan, Pengetahuan masih ada dalam diri mereka dan memberikan pengaruhnya kepada mereka — pengaruh yang akan memengaruhi mereka secara tertentu dan yang akan mereka abaikan secara lain. Namun ketika Anda menjadi penerima dan perwakilan Pengetahuan dan ketika Anda menjadi sarana untuk pengungkapan Pengetahuan di dunia, Anda akan memiliki kuasa untuk mengaktifkan dan memengaruhi semua yang perlu menerima Pengetahuan dalam diri mereka. Secara ini, semua yang Anda lakukan, besar maupun kecil, menjadi berkat bagi dunia. Anda yang sekarang belajar meninggalkan pengutukan diri dan melepaskan diri dari ambivalensi akan melihat kemanjuran Panduan Batin Anda sendiri yang memberikan percikan kehidupannya kepada dunia. Dengan demikian, Anda menjadi bagian dari kekuatan demi kebaikan, kekuatan yang melayani Kuasa yang Lebih Agung di dunia.

Dunia mendemonstrasikan kesalahan-kesalahannya yang sangat parah dan sangat besar, namun kesalahan-kesalahan ini diimbangi oleh hadirat Kuasa yang Lebih Agung di dunia. Tanpa Kuasa yang Lebih Agung ini, umat manusia tidak akan berevolusi sejauh ini. Tanpa Kuasa yang Lebih Agung ini, semua hal yang baik dalam manifestasi Anda, semua hal yang telah melayani dan menginspirasi umat manusia dan semua hal yang telah berbicara tentang keagungan Pengetahuan, secara langsung atau tidak langsung, tidak akan pernah terjadi. Kuasa yang Lebih Agung di dunia telah mengizinkan evolusi umat manusia terus berlanjut dan telah mempertahankan Pengetahuan tetap hidup di dunia melalui individu-individu seperti Anda yang, melalui percikan Pengetahuan mereka sendiri, telah dipanggil ke dalam persiapan sehingga Pengetahuan dapat diperoleh kembali dan diungkapkan dan dengan demikian dipertahankan tetap hidup.

Karena itu, bersemangatlah karena Kuasa yang Lebih Agung ada di dunia. Tetapi jangan berpikir bahwa ini membuat Anda pasif. Jangan berpikir bahwa ini mengangkat dari bahu Anda tanggung jawab yang selalu menyertai perolehan kembali Pengetahuan. Kuasa yang Lebih Agung di dunia ini mengharuskan Anda mempersiapkan untuk menerimanya dan mengungkapkannya. Suara Anda adalah suaranya; tangan Anda adalah tangannya; mata Anda adalah matanya; telinga Anda adalah telinganya; gerakan Anda adalah gerakannya. Hal ini tergantung pada persiapan Anda dan demonstrasi Anda, seperti Anda tergantung padanya untuk kepastian dan seperti Anda tergantung padanya untuk tujuan, makna dan arah. Dengan demikian, melalui ketergantungan Anda pada Pengetahuan dan ketergantungan Pengetahuan pada Anda, persatuan Anda dengan Pengetahuan menjadi lengkap.

PADA SETIAP JAM INGATKAN DIRI ANDA BAHWA Kuasa yang Lebih Agung sedang bekerja di dunia. Pikirkanlah ini ketika Anda mengamati dunia dalam ambivalensi dan kesalahannya. Pikirkanlah ini ketika Anda mengamati dunia dalam kemegahannya dan pengungkapannya yang menginspirasi. Jika saja Anda melihat tanpa menilai, Anda akan melihat hadirat Pengetahuan yang menakjubkan di dunia. Ini akan memberi Anda keyakinan pada dunia seperti Anda sekarang belajar untuk memiliki keyakinan pada diri sendiri.

DALAM PERIODE LATIHAN ANDA YANG LEBIH DALAM HARI INI, masuki kembali suaka Anda di mana Anda datang untuk memberikan diri Anda kepada Kuasa yang Lebih Agung yang ada di dunia dan yang ada dalam diri Anda. Izinkan pikiran Anda hening agar Anda dapat menerima dan mengalami Kuasa yang Lebih Agung ini dalam hidup Anda. Di sini Anda belajar menerima apa yang menerima Anda. Di sini Anda belajar mengenali apa yang menerima dunia dan yang memberi dunia satu-satunya harapannya yang sejati.

LATIHAN 318: *Dua periode latihan 30 menit.*
Latihan setiap jam.

Langkah 319

MENGAPA SAYA HARUS TAKUT KETIKA KUASA YANG LEBIH AGUNG ADA DI DUNIA?

Setiap kali Anda jatuh ke dalam kegelapan rasa takut, Anda menarik diri dari Pengetahuan dan memasuki kegelapan imajinasi. Setiap kali Anda jatuh ke dalam kegelapan rasa takut Anda sendiri, Anda menolak realitas Kuasa yang Lebih Agung di dunia dan dengan demikian kehilangan manfaatnya untuk diri sendiri. Setiap kali Anda jatuh ke dalam kegelapan rasa takut Anda sendiri, Anda mengikuti ajaran rasa takut, yang merajalela di dunia. Anda mengizinkan diri Anda menjadi siswa rasa takut. Anda mengizinkan diri Anda dikendalikan oleh rasa takut. Kenalilah hal ini dan Anda akan menyadari bahwa tidak harus begitu, bahwa Anda memiliki kuasa untuk mengarahkan kembali kesiswaan Anda dan bahwa Anda memiliki kemampuan untuk memasuki kembali persiapan sejati.

Pikirkan ini dengan serius hari ini. Mengapa Anda harus takut ketika Kuasa yang Lebih Agung ada di dunia? Kuasa yang Lebih Agung ini yang sekarang Anda sedang belajar untuk menerima adalah sumber penebusan Anda. Akan kehilangan apakah Anda ketika sumber ini dikenali, ketika Anda belajar untuk menjalin hubungan dengan sumber ini dan ketika Anda melayani sumber ini dan mengizinkannya melayani Anda? Apakah yang dapat diambil dunia dari Anda ketika sumber Pengetahuan ada dalam diri Anda? Apakah yang dapat dunia lakukan terhadap dirinya sendiri ketika sumber Pengetahuan ada di dalam dunia?

Kesadaran ini memanggil partisipasi penuh Anda di dunia dan layanan penuh Anda untuk Pengetahuan. Ini memanggil keterlibatan penuh Anda dalam kontribusi kepada orang lain karena Anda adalah sarana bagi Kuasa yang Lebih Agung di dunia. Namun dalam partisipasi aktif ini Anda juga memahami bahwa hanya masalah waktu sebelum semua pikiran terbangun terhadap cahaya Pengetahuan dalam diri mereka. Ini bisa memakan waktu yang sangat lama, tetapi waktu ada bersama Anda dan dalam kesabaran dan keyakinan Anda bisa melanjutkan, karena apakah yang dapat mengikis persiapan Anda dan kontribusi Anda selain keraguan diri dan rasa takut? Apakah yang dapat menghalangi Anda untuk melanjutkan dengan kepastian dan keterlibatan penuh selain menyangsikan bahwa Pengetahuan ada di dunia?

Karena itu, setiap kali Anda memasuki ketakutan, hari ini berlatihlah mengenali bahwa Kuasa yang Lebih Agung ada di dunia.

Manfaatkan pengakuan ini untuk membawa diri Anda keluar dari rasa takut dengan mengingat bahwa Kuasa yang Lebih Agung ada di dunia dan dengan mengingat bahwa Kuasa yang Lebih Agung ada dalam hidup Anda. Pikirkan hal ini pada setiap jam dan dalam dua latihan meditasi Anda yang lebih dalam, masuki kembali suaka Anda di mana dalam keheningan dan keyakinan Anda menerima Kuasa yang Lebih Agung yang ada di dunia. Di sini Anda harus menyadari bahwa persiapan Anda mengharuskan Anda menjauh dari rasa takut dan kegelapan dan bahwa Anda melangkah maju ke dalam terang kebenaran. Dua aktivitas ini akan mengonfirmasi kodrat Anda dan tidak akan mengkhianati apa pun yang nyata dalam diri Anda atau di dalam dunia.

KETIKA ANDA MENGAMATI DUNIA TANPA PENGHAKIMAN dan ketika Anda mengamati diri Anda tanpa penghakiman, Anda akan melihat bahwa ada Kuasa yang Lebih Agung sedang bekerja. Ini akan mengembalikan kebahagiaan kepada Anda, karena Anda akan menyadari bahwa Anda telah membawa Rumah Purba Anda bersama Anda dan Rumah Purba Anda ada di sini juga. Ini akan mengangkat beban ketakutan, tindasan kecemasan, dan kebingungan ambivalensi dari pikiran Anda. Kemudian Anda akan mengingat mengapa Anda telah datang, dan Anda akan mengabdikan hidup Anda untuk menyumbangkan apa yang Anda telah datang untuk berikan. Kemudian hidup Anda akan menjadi pernyataan kebahagiaan dan kesertaan, dan semua yang melihat Anda akan mengingat bahwa mereka juga telah datang dari Rumah Purba Anda.

LATIHAN 319: *Dua periode latihan 30 menit.*
Latihan setiap jam.

Langkah 320

SAYA BEBAS UNTUK BEKERJA DI DALAM DUNIA.

Ketika dunia tidak menindas Anda, Anda bebas untuk bekerja di dunia. Ketika dunia tidak mengintimidasi Anda, Anda bebas untuk bekerja di dunia. Ketika Anda menyadari bahwa dunia adalah tempat yang memanggil kontribusi Anda, Anda bebas untuk bekerja di dunia. Maka, semakin besar pengalaman Pengetahuan Anda dalam hidup Anda, Anda semakin bebas untuk bekerja di dunia. Dan Anda akan bekerja di dunia seiring waktu, dan kerja Anda akan jauh lebih efektif, jauh lebih terlibat dan jauh lebih lengkap daripada apa pun yang sudah Anda lakukan sejauh ini. Di masa lalu Anda, Anda takut pada dunia, terintimidasi oleh dunia, marah oleh dunia dan tertekan oleh dunia. Karena itu, kontribusi Anda kepada dunia di masa lalu telah dibatasi oleh reaksi-reaksi ini. Anda telah ambivalen tentang berada di dunia karena Anda takut pada dunia. Mungkin Anda telah mencari perlindungan dalam hal-hal spiritual, namun kodrat spiritual sejati Anda akan mengarahkan kembali Anda ke dalam dunia dan membawa Anda kembali dengan kuasa, kepastian, dan tujuan yang lebih besar, karena Anda telah datang untuk berada di dunia.

Dengan memahami ini, Anda akan kembali menyadari pentingnya Pengetahuan. Anda akan kembali menegaskan betapa Anda ingin memberi kepada dunia dan betapa menyakitkannya bagi Anda ketika pemberian ini dihambat atau ditahan. Anda telah datang untuk bekerja di dunia, dan Anda ingin melakukannya sepenuhnya sehingga ketika Anda pergi, Anda pergi dengan anugerah Anda sudah diberikan dan semua sudah disajikan. Tidak ada yang Anda bawa Pulang dari dunia selain memperoleh kembali hubungan. Dengan pemahaman ini, Anda akan bebas untuk berada di dunia.

Pada setiap jam ulangi gagasan hari ini dan kenali bahwa sejauh apa pun Anda masih ambivalen tentang berada di dunia, ambivalensi Anda disebabkan dan diabadikan oleh intimidasi dan ketakutan Anda sendiri pada dunia. Ingatlah ini pada setiap jam agar Anda dapat mempelajari pelajaran besar yang sedang diajarkan hari ini, pelajaran besar bahwa Anda menjadi bebas untuk berada di dunia. Di sini Anda membawa serta Rumah Purba Anda. Di sini Anda tidak akan mencoba melarikan diri dari dunia hanya karena dunia menakutkan Anda, mengancam Anda atau membuat Anda tertekan.

Anda berada di sini untuk memberi kepada dunia, karena Pengetahuan lebih agung daripada dunia — dunia hanyalah tempat sementara di mana Pengetahuan telah dilupakan untuk sementara. Di sini, Anda akan menyadari apa yang memberi dan apa yang menerima, apa yang agung dan apa yang kecil. Kerja Anda di dunia sekarang bisa mendapatkan perhatian dan pengabdian penuh Anda. Kerja Anda sekarang bisa mendapatkan keterlibatan penuh Anda. Dengan demikian, kehidupan fisik Anda bisa sepenuhnya bermakna, terarah, dan penuh dengan nilai.

Dalam dua latihan meditasi mendalam Anda hari ini, nyalakan kembali Api Pengetahuan dalam diri Anda dengan memasuki kembali suaka Anda. Ingatlah untuk hening. Ingatlah untuk memberikan diri Anda untuk berlatih. Inilah kerja yang harus dilakukan. Dari kerja ini kerja Anda di dunia akan diberikan kebebasan untuk mengungkapkan dirinya, dan Anda yang berada di dalam dunia akan diberikan kepastian dan kenyamanan bahwa Rumah Purba Anda ada bersama Anda.

Latihan 320: *Dua periode latihan 30 menit.*
Latihan setiap jam.

Langkah 321

DUNIA MENUNGGU KONTRIBUSI SAYA.

DUNIA SUNGGUH MENUNGGU KONTRIBUSI ANDA, tetapi ingatlah bahwa kontribusi Anda akan mengungkapkan diri dalam semua hal yang Anda lakukan, besar maupun kecil. Jadi jangan membayangkan bagi diri Anda peran yang megah atau yang akan sangat sulit. Itu bukan Tata Cara Pengetahuan. Pengetahuan akan mengungkapkan diri melalui semua aktivitas Anda, karena ini adalah hadirat yang Anda bawa beserta Anda. Ketika pikiran Anda dan hidup Anda menjadi bebas dari konflik, hadirat ini akan semakin mengungkapkan diri melalui Anda, dan Anda akan menjadi saksi Pengetahuan bekerja, baik dalam diri Anda maupun dalam hidup Anda. Di sini Anda akan mulai memahami apa artinya membawa Pengetahuan ke dalam dunia.

IMAJINASI ANDA TELAH MELUKISKAN GAMBARAN MEGAH dan mimpi sangat buruk bagi Anda. Yang tidak selaras dengan kehidupan. Yang membesar-besarkan kehidupan dalam harapannya dan dalam ketakutannya. Yang membesar-besarkan perasaan Anda tentang diri Anda sendiri, terutama untuk mencela diri sendiri. Ketika imajinasi Anda diarahkan kembali oleh Pengetahuan, ia akan melibatkan diri dengan cara yang sama sekali baru. Ia akan melayani tujuan yang sama sekali baru. Kemudian Anda akan bisa bebas, dan imajinasi Anda tidak akan mengkhianati Anda.

DUNIA MEMANGGIL ANDA. Anda sekarang sedang mempersiapkan. Dalam kebutuhannya yang besar Anda mengenali kontribusi besar Anda. Tapi ingat selalu bahwa kontribusi Anda memberikan dirinya sendiri, dan hasrat Anda agar ia memberikan dirinya sendiri adalah hasrat Anda untuk memberi. Hasrat Anda agar hidup Anda menjadi sarana pengungkapan adalah hasrat Anda agar hidup Anda tidak terkekang oleh konflik dan ambivalensi. Hasrat Anda untuk memberi adalah hasrat Anda untuk menjadi bebas dan utuh. Inilah hasrat Anda — agar hidup Anda menjadi sarana Pengetahuan.

MAKA, TUGAS ANDA BESAR TETAPI tidak sebesar yang mungkin diindikasikan oleh imajinasi Anda, karena tugas Anda adalah menyempurnakan sarana Anda agar Pengetahuan dapat mengungkapkan diri dengan bebas. Anda tidak perlu bertanya-tanya atau membayangkan bagaimana hal ini dapat dilakukan, karena hal ini sedang dilakukan hari ini dan akan dilakukan besok. Ketika Anda mengikuti langkah-langkah dalam persiapan Anda saat ini dan ketika Anda belajar mengikuti langkah-langkah melampaui persiapan ini, Anda akan melihat bahwa Anda hanya perlu mengikuti langkah-langkah sesuai yang diberikan untuk melanjutkan.

PADA SETIAP JAM INGATKAN DIRI ANDA TENTANG pelajaran Anda dan jangan lupa. Amati dunia dan sadari bahwa dunia memanggil Anda untuk berkontribusi. Dalam meditasi Anda yang lebih dalam, masuki kembali suaka Anda dalam keheningan dan penerimaan. Dalam melakukannya, sadari bahwa Pengetahuan memerlukan Anda untuk menjadi sarananya. Pengetahuan memerlukan Anda untuk menjadi penerimanya. Pengetahuan perlu memenuhi dirinya melalui Anda. Dengan demikian, Anda dan Pengetahuan dipenuhi bersama-sama.

PADA SETIAP JAM DAN DALAM LATIHAN ANDA YANG LEBIH DALAM HARI INI, sadarilah pentingnya peran Anda. Sadari juga bahwa semua bantuan sejati diberikan kepada Anda untuk mempersiapkan dan akan berdiam bersama Anda dalam kontribusi Anda saat Anda belajar mengungkapkan Pengetahuan dan mengizinkan Pengetahuan mengungkapkan diri melalui Anda.

LATIHAN 321: *Dua periode latihan 30 menit.*
Latihan setiap jam.

Langkah 322
TINJAU ULANG

Marilah kita sekarang meninjau ulang persiapan dua minggu terakhir ini. Sekali lagi tinjaulah setiap langkah, membaca kembali instruksinya dengan cermat dan mengingat-ingat latihan Anda untuk hari itu. Teruskan untuk semua hari dalam periode dua minggu ini. Jadilah objektif dan kenali di mana latihan Anda bisa lebih mendalam atau lebih teliti. Kenali bagaimana Anda masih membiarkan dunia menguasai Anda dan bagaimana Anda perlu menerapkan kembali diri Anda dengan kepastian dan tekad yang lebih besar. Lakukan secara objektif. Pengecaman hanya akan membuat Anda berkecil hati dan hanya akan membuat Anda menghentikan partisipasi Anda, karena pengecaman hanyalah keputusan untuk tidak berpartisipasi dan pembenaran untuk tidak berpartisipasi.

Karena itu, jangan terjerumus ke dalam kebiasaan ini, tetapi tinjaulah partisipasi Anda secara objektif. Di sini Anda akan belajar cara belajar, dan Anda akan belajar bagaimana mempersiapkan diri dan mengatur diri sendiri. Anda harus memilih untuk berpartisipasi, dan Anda harus memilih untuk memperdalam partisipasi Anda. Setiap keputusan yang Anda buat demi Pengetahuan didukung oleh keputusan semua orang lain yang membuat keputusan yang sama dan oleh kuasa dan hadirat Guru-Guru Anda yang ada bersama Anda. Dengan demikian, keputusan Anda demi Pengetahuan, kapan pun itu dibuat dan didukung, sangat diperkuat oleh hadirat semua yang berlatih bersama Anda dan oleh hadirat Guru-Guru Spiritual Anda. Ini tentu memadai untuk mengatasi hambatan apa pun yang Anda lihat dalam diri Anda atau dalam dunia Anda.

Kuasa keputusan diberikan kepada Anda. Di sini kuasa keputusan adalah untuk melihat partisipasi Anda secara objektif dan untuk mengenali di mana hal ini dapat diperdalam dan diperkuat. Tetapkan dalam latihan dua minggu ke depan untuk melaksanakan apa yang Anda akui diperlukan hari ini. Di sini Anda akan bertindak secara berkuasa demi Anda sendiri, dan penerapan kuasa Anda akan melayani Pengetahuan, karena Anda sedang mempersiapkan untuk menerima Pengetahuan. Di sini kehendak Anda dan tekad Anda dikonfirmasi, karena mereka melayani kebaikan yang lebih agung.

Latihan 322: *Satu periode latihan panjang.*

Langkah 323

PERAN SAYA DI DUNIA TERLALU PENTING UNTUK DIABAIKAN.

Peran Anda di dunia terlalu penting untuk diabaikan. Karena itu, jangan mengabaikannya hari ini. Lanjutkan tekad yang telah diberikan Tinjau Ulang kemarin kepada Anda. Lanjutkan apa yang perlu Anda lakukan untuk memperdalam latihan Anda, untuk memanfaatkan latihan Anda, untuk memanfaatkan pengalaman Anda di dunia untuk berlatih, untuk membawa latihan Anda ke dalam dunia dan untuk mengizinkan dunia mendukung latihan Anda. Jangan mengabaikannya, karena jika Anda mengabaikannya, Anda hanya mengabaikan diri Anda sendiri, kepastian Anda, pemenuhan Anda dan kebahagiaan Anda.

JANGAN MENGABAIKAN PERSIAPAN yang sedang berlangsung sekarang. Setiap hari Anda memperkuatnya, dan ketika Anda melakukannya setiap hari, Anda mendukung Pengetahuan. Anda mendukung partisipasi Anda dalam kehidupan. Sesungguhnya, bahkan dalam persiapan Anda sekarang Anda sedang mengajarkan Pengetahuan, dan Anda sedang memperkuat Pengetahuan di dunia. Mungkin Anda belum dapat melihatnya, tetapi seiring waktu ini akan menjadi begitu jelas bagi Anda sehingga Anda akan belajar menghargai setiap saat, setiap perjumpaan dengan orang lain, setiap pemikiran dan setiap hembusan napas. Anda akan menghargai setiap pengalaman dalam kehidupan karena Anda akan hadir untuknya, dan Anda akan menyadari bahwa dalam setiap pengalaman, Anda dapat mengungkapkan Pengetahuan dan mengalami Pengetahuan mengungkapkan dirinya.

INGATLAH PADA SETIAP JAM HARI INI. Jadikan dedikasi ini, di awal hari ini dan di awal semua hari yang akan datang, untuk memanfaatkan langkah-langkah Anda selengkap mungkin. Dalam dua periode latihan Anda yang lebih dalam, masuklah kembali ke dalam keheningan untuk menyegarkan pikiran Anda. Perkuat kemampuan Anda dan tekad Anda untuk mengizinkan pikiran Anda menjadi hening dan menerima. Ini harus Anda perkuat setiap hari, karena ini adalah bagian dari latihan Anda. Anda harus memberikan diri Anda kepada ini setiap hari, karena ini adalah bagaimana Anda memberi kepada diri sendiri dan kepada dunia.

JANGAN MEREMEHKAN PENTINGNYA PERAN ANDA, tetapi jangan membebani diri dengan berpikir bahwa peran Anda berada di luar jangkauan Anda, karena apakah yang lebih alami bagi Anda selain memenuhi peran yang dimaksudkan untuk Anda? Apakah yang bisa lebih sepenuhnya mengonfirmasi pentingnya dan nilai hidup Anda selain menjalankan apa yang menjadi maksud hidup Anda? Kuasa keputusan diberikan kepada Anda hari ini untuk diperkuat dan diterapkan, namun Kuasa yang Lebih Agung di belakang keputusan Anda bahkan lebih agung daripada keputusan Anda. Kuasa yang Lebih Agung ini berdiam bersama Anda sekarang. Jangan mengabaikan persiapan Anda. Jangan lalai bergerak menuju penuntasan dan pemenuhan peran Anda di dunia, karena ketika Anda mendekatinya, kebahagiaan akan mendekati Anda.

LATIHAN 323: *Dua periode latihan 30 menit.*
Latihan setiap jam.

Langkah 324

SAYA TIDAK AKAN MENGHAKIMI ORANG LAIN HARI INI.

Sekali lagi berlatihlah menegaskan gagasan ini. Sekali lagi terapkan pada pengalaman nyata Anda. Sekali lagi perkuat pemahaman Anda bahwa Pengetahuan bersama Anda dan tidak memerlukan penghakiman atau evaluasi Anda.

Jangan menghakimi orang lain hari ini. Belajarlah melihat. Belajarlah mendengar. Belajarlah memerhatikan. Tidak ada satu pun orang di dunia yang tidak dapat memberi Anda sesuatu yang bermanfaat jika Anda tidak menghakimi mereka. Tidak ada satu pun orang di dunia, melalui pencapaian mereka atau kesalahan mereka, yang tidak dapat mengonfirmasi pentingnya Pengetahuan dan tidak dapat mendemonstrasikan keperluannya di dunia. Jadi, mereka yang Anda cintai dan mereka yang Anda benci semua menawarkan anugerah kepada Anda yang sama nilainya. Mereka yang menurut Anda saleh dan mereka yang menurut Anda tidak saleh, semua menawarkan hal yang hakiki bagi Anda. Sesungguhnya Dunia mendemonstrasikan semua yang disediakan oleh persiapan ini untuk Anda, jika saja Anda mengamati dunia tanpa menghakimi atau mengutuk. Sejauh Anda melihat orang lain dengan menghakimi, maka Anda akan menghakimi diri sendiri. Anda tidak ingin menghakimi diri sendiri, maka jangan menghakimi orang lain.

Ingatlah pada setiap jam. Jangan mengabaikan latihan Anda hari ini, karena ini hakiki demi kebahagiaan Anda. Ini hakiki demi kesejahteraan dan kemajuan dunia. Dalam dua periode latihan Anda yang lebih dalam, masuklah kembali ke dalam keheningan. Datanglah memberikan diri Anda untuk berlatih. Datanglah memberikan diri Anda. Anda akan merasakan kekuatan Anda saat Anda melakukannya. Di sini kuasa keputusan adalah milik Anda untuk digunakan. Ketika Anda melakukannya, kuasa keputusan Anda akan semakin kuat dan efektif dalam menghalau semua yang menghalanginya. Ingat bahwa Anda adalah siswa Pengetahuan, dan seorang siswa harus berlatih untuk maju dan melanjutkan. Jangan menghakimi orang lain hari ini dan Anda akan melanjutkan dalam kebenaran.

Latihan 324: *Dua periode latihan 30 menit.*
Latihan setiap jam.

Langkah 325

Dunia sedang muncul ke dalam Komunitas Besar dunia-dunia. Karena itu, saya harus penuh perhatian.

Dunia sedang muncul ke dalam Komunitas Besar dunia-dunia. Bagaimana Anda bisa mengenali hal ini jika Anda asyik dengan urusan Anda sendiri, harapan Anda sendiri dan ambisi Anda sendiri? Bagaimana Anda bisa mengenali apa yang sedang terjadi di dunia Anda? Bagaimana Anda bisa melihat kekuatan-kekuatan yang memengaruhi kehidupan luar Anda dan yang mengatur urusan Anda sampai sebegitu jauh? Bagian dari menjadi kuat dengan Pengetahuan adalah menjadi penuh perhatian. Anda hanya bisa penuh perhatian apabila pikiran Anda tidak disibukkan dengan imajinasi dan fantasinya sendiri.

Dunia sedang bersiap-siap untuk muncul ke dalam Komunitas Besar dunia-dunia, dan ini mendasari evolusinya dan semua kemajuannya saat ini. Itulah penyebab meletusnya konflik di dunia, karena mereka yang menentang evolusi dunia akan bertarung melawannya. Mereka yang ingin melanjutkan kemajuan dunia akan berusaha memperkuat kebajikan umat manusia dan rasa bahwa umat manusia adalah satu komunitas yang harus memelihara dan mendukung dirinya sendiri melampaui semua penggolongan bangsa, ras, agama, budaya, dan suku. Dengan demikian, Anda yang mulai menjadi wakil dan penerima Pengetahuan akan memperkuat perdamaian, persatuan, pemahaman dan belas kasih di dunia. Semua ini adalah bagian dari persiapan dunia untuk muncul ke dalam Komunitas Besar dunia-dunia, karena ini mewakili evolusi dunia. Ini mewakili Pengetahuan di dalam dunia.

Pengetahuan di dalam dunia tidak memelihara konflik secara apa pun. Tidak mendorong kebencian atau perpecahan. Tidak mendorong apa pun yang memecah belah atau apa pun yang kejam atau merusak. Pengalaman kolektif Pengetahuan di dunialah yang menggerakkan dunia menuju persatuan dan komunitas. Karena dunia Anda adalah bagian dari Komunitas Besar, maka dunia Anda bergerak menuju persatuan dan komunitas karena evolusinya sendiri dan karena dunia Anda merespons terhadap Komunitas Besar di mana dunia Anda adalah bagian darinya. Anda tidak bisa mengetahui pentingnya gagasan ini kecuali apabila Anda penuh perhatian pada dunia, dan Anda tidak bisa mengetahui pentingnya hal ini bagi Anda yang telah datang untuk melayani kemunculan ini kecuali apabila Anda penuh perhatian pada diri Anda sendiri.

INGATLAH SEKALI LAGI BAHWA ANDA hanya dapat kehilangan kontak dengan diri sendiri jika Anda memasuki kembali imajinasi atau fantasi, karena ini adalah satu-satunya alternatif selain penuh perhatian pada diri sendiri dan dunia Anda. Maka, bangunlah dari mimpi Anda dan jadilah perhatian. Ingatlah pada setiap jam untuk mengamati dunia tanpa menghakimi, dan Anda akan melihat bahwa dunia sedang berupaya menjadi satu komunitas, karena dunia ingin mengulurkan dirinya ke dalam Komunitas Besar. Komunitas Besar mewakili komunitas yang memanggil umat manusia untuk masuk dan berpartisipasi. Anda tidak bisa memahami mekanismenya, karena ini terlalu besar untuk mata Anda dan kapasitas mental Anda sekarang, tetapi pergerakan ini sangat nyata dan jelas jika saja Anda menengok.

PADA SETIAP JAM LIHATLAH, dan dalam latihan meditasi Anda yang lebih dalam, libatkan pikiran Anda secara aktif untuk mempertimbangkan gagasan ini. Latihan hari ini bukan latihan keheningan, melainkan latihan keterlibatan pikiran secara aktif dan bermanfaat. Pertimbangkan respons Anda sendiri terhadap gagasan hari ini. Perhatikan pemikiran Anda yang mendukung atau menentangnya. Perhatikan kecemasan Anda, terutama mengenai dunia yang menjadi satu komunitas dalam kemunculan dan partisipasinya di Komunitas Besar. Perhatikan hal-hal ini, karena di sini Anda akan memahami apa di dalam diri Anda yang mendukung kemajuan Anda dan apa yang menolaknya. Ketika Anda belajar memerhatikan hal-hal ini tanpa mengutuk tetapi dengan objektivitas sejati, Anda akan mengerti mengapa dunia berada dalam konflik. Anda akan memahami ini, dan Anda tidak akan melihatnya dengan rasa benci, dengki, atau iri. Anda akan melihatnya dengan pengertian dan belas kasih. Kemudian ini akan mengajari Anda bagaimana Anda harus belajar bekerja di dunia agar Anda dapat memenuhi tujuan Anda di sini.

LATIHAN 325: *Dua periode latihan 30 menit.*
Latihan setiap jam.

Langkah 326

KOMUNITAS BESAR ADALAH SESUATU YANG DAPAT SAYA RASAKAN TETAPI TIDAK DAPAT SAYA PAHAMI.

BAGAIMANA ANDA DAPAT MEMAHAMI KOMUNITAS BESAR ketika Anda hampir tidak dapat memahami komunitas tempat Anda hidup, apalagi bangsa tempat Anda hidup dan dunia tempat Anda hidup? Di sini Anda hanya perlu memahami bahwa ada Komunitas Besar dan bahwa ini adalah konteks yang lebih luas di mana kehidupan mengungkapkan dirinya. Saat umat manusia berupaya menjadi satu komunitas dan saat Anda berupaya menjadi satu orang daripada banyak orang, Anda akan menyadari bahwa Anda muncul ke dalam dunia sebagai seorang yang lebih besar dan dunia muncul ke dalam Komunitas Besar sebagai komunitas yang lebih besar. Di sini semua individu mencari komunitas, karena dalam komunitas pengungkapan sejatinya, kontribusi sejatinya, dan peran sejatinya ditemukan. Ini benar bagi Anda sebagaimana ini benar bagi dunia.

ANDA BISA MERASAKANNYA. Ini sangat terbukti. Anda bisa mengetahuinya, karena gagasan ini lahir dari Pengetahuan. Jangan membebani diri sendiri dengan mencoba memahami semua ini, karena pemahaman tidak diperlukan di sini. Hanya ketahui dan rasakan realitas ini. Saat Anda melakukannya, pemahaman Anda akan tumbuh secara alami. Tidak akan lahir dari fantasi atau idealisme Anda, melainkan akan lahir dari Pengetahuan dan pengalaman. Dengan demikian, hal ini akan berdiam bersama Anda, melayani Anda dan membuat hidup Anda lebih nyata dan efektif.

INGATLAH BAHWA ANDA AKAN PAHAM SAAT ANDA MELANJUTKAN, karena pemahaman lahir dari melihat ke belakang dan penerapan sejati. Maka, yakinlah bahwa pemahaman Anda akan tumbuh seiring partisipasi Anda tumbuh. Anda tidak perlu memahami alam semesta, tetapi Anda perlu mengalaminya. Anda perlu merasakannya dalam diri Anda dan di sekitar Anda. Anda perlu melihat diri Anda sebagai satu orang, Anda perlu melihat dunia Anda sebagai satu komunitas dan Anda perlu melihat alam semesta Anda sebagai suatu Komunitas Besar yang, dalam lingkup partisipasi yang lebih luas, sedang berusaha menyatukan dirinya juga. Dengan demikian, Pengetahuan bekerja di semua arena dan pada semua tingkat partisipasi — dalam setiap orang, dalam setiap komunitas, dalam setiap dunia, antar masing-masing dunia dan di dalam alam semesta secara keseluruhan. Itulah mengapa Pengetahuan begitu agung dan mengapa, meskipun Anda menerimanya dalam diri Anda sendiri, Pengetahuan jauh lebih agung daripada yang dapat Anda pahami.

DEMIKIANLAH SEKARANG ANDA DAPAT MENGALAMI Komunitas Besar dan tidak memisahkan diri Anda dalam upaya memahaminya. Pemahaman datang melalui partisipasi. Ingatkan diri Anda tentang gagasan hari ini pada setiap jam dan dalam dua periode latihan Anda yang lebih dalam, cobalah sekali lagi untuk secara aktif memikirkan makna pelajaran ini. Terapkan pada pengalaman Anda. Terapkan pada persepsi Anda tentang dunia. Kenali pemikiran yang mendukungnya dan yang menolaknya. Kenali inspirasi dan harapan yang diberikannya kepada Anda, dan kenali kecemasan yang mungkin timbul. Inventarisasi pemikiran dan pengalaman Anda terkait gagasan hari ini, tetapi jangan menghakiminya, karena ini berasal dari Pengetahuan. Ini dimaksudkan untuk membebaskan Anda dari kelumpuhan imajinasi Anda sendiri. Ini dimaksudkan untuk membebaskan Anda dan dunia juga.

HARI INI MANFAATKAN PIKIRAN ANDA DAN TUBUH Anda untuk menjadi siswa Pengetahuan. Di sini, Anda akan belajar memahami makna diri Anda sendiri, dunia Anda, dan Komunitas Besar dunia-dunia.

LATIHAN 326: *Dua periode latihan 30 menit.*
Latihan setiap jam.

Langkah 327

SAYA AKAN DAMAI HARI INI.

Anda boleh merasa damai hari ini, bahkan ketika Anda mempertimbangkan hal-hal yang lebih besar di dunia dan di luar dunia. Anda boleh merasa damai hari ini bahkan ketika Anda menghadapi tantangan menjadi siswa Pengetahuan dan tantangan mengamati dunia Anda secara objektif. Bagaimana Anda bisa begitu aktif dan menghadapi tantangan seperti itu dan tetap merasa damai? Jawabannya adalah bahwa Pengetahuan bersama Anda. Saat Anda patuh pada Pengetahuan, merasakan Pengetahuan dan membawa Pengetahuan ke dalam dunia, batin Anda akan hening, meskipun lahir Anda mungkin terlibat secara aktif. Tidak ada kontradiksi antara kedamaian dan pergerakan, antara keheningan batin dan keterlibatan lahir. Meskipun dunia adalah tempat yang sulit dan membuat frustrasi, dunia adalah penerima alami Pengetahuan. Kesulitannya dan frustrasinya tidak perlu memengaruhi keadaan batin Anda, yang semakin menyatu dan selaras.

INGATKAN DIRI ANDA PADA SETIAP JAM untuk merasa damai saat Anda berada di dunia. Lepaskan semua ketakutan dan kegelisahan dan perkuat kepatuhan Anda pada Pengetahuan saat Anda melakukannya. Dalam dua periode latihan Anda yang lebih dalam ketika Anda berlindung dari dunia, nyalakan kembali Api Pengetahuan dan nikmati kenyamanan dalam kehangatan hadiratnya. Sadari bahwa dalam api ini semua hal yang imajiner dan berbahaya akan dimusnahkan. Api Pengetahuan tidak akan membakar Anda, tetapi akan menghangatkan jiwa Anda. Anda dapat memasuki api ini tanpa merasa takut akan sakit atau bahaya. Api ini akan memurnikan dan membersihkan Anda, karena ini adalah api cinta kasih. Hari ini damailah, karena hari ini adalah hari kedamaian, dan kedamaian diberikan untuk Anda terima hari ini.

LATIHAN 327: *Dua periode latihan 30 menit.*
Latihan setiap jam.

Langkah 328

HARI INI SAYA AKAN MENGHORMATI MEREKA YANG TELAH MEMBERI KEPADA SAYA.

SEKALI LAGI KAMI MENEGASKAN PELAJARAN ini yang akan menegaskan realitas cinta kasih dan pemberian di dunia. Gagasan Anda tentang pemberian sangat jauh terbatas dan kecil. Ini perlu diperluas agar Anda dapat mengenali cakupan pemberian di dunia.

PADA SETIAP JAM INGATKAN DIRI ANDA untuk mengingat mereka yang telah memberi kepada Anda. Jangan hanya memikirkan mereka yang Anda yakin telah memberi kepada Anda, tetapi ingatlah mereka yang Anda rasa telah menyakiti Anda, yang telah menolak Anda, atau yang telah menghalangi Anda. Ingatlah mereka, karena mereka juga telah memberi sesuatu kepada Anda. Mereka telah memberi Anda peringatan akan perlunya Pengetahuan, dan mereka telah mendemonstrasikan kepada Anda kehidupan tanpa Pengetahuan. Mereka telah mendemonstrasikan kepada Anda bahwa Pengetahuan sedang berusaha muncul dalam diri mereka juga. Apakah mereka menerima atau menolak kemunculan ini, Pengetahuan masih hadir dan masih mewujudkan dirinya.

ANDA MAJU KARENA ORANG lain telah mendemonstrasikan inspirasi mereka dan kesalahan mereka kepada Anda — penerimaan mereka akan Pengetahuan dan penolakan mereka akan Pengetahuan. Jika tidak ada penolakan Pengetahuan di dunia, Anda tidak dapat belajar di sini. Anda tidak dapat mengenali pentingnya Pengetahuan. Kontras dalam pembelajaran akan mengajarkan Anda apa yang berharga dan apa yang tidak, dan ini akan mengajarkan Anda untuk berbelas kasih dan untuk mengasihi. Memahami hal ini akan memungkinkan Anda melayani di dunia.

PADA SETIAP JAM, KENALILAH SIAPA YANG sedang memberi kepada Anda pada saat itu dan kenalilah siapa yang telah memberi kepada Anda di masa lalu. Secara ini, ini akan menjadi hari bersyukur dan penghargaan. Anda akan memahami betapa pentingnya persiapan Anda dan betapa banyak yang telah memberikan dirinya kepada Anda untuk melayani Anda sehingga Anda dapat menjalankan persiapan ini.

DALAM DUA LATIHAN MEDITASI ANDA YANG LEBIH DALAM, ulangi gagasan hari ini dan kemudian izinkan masuk ke dalam pikiran Anda setiap individu yang menunggu untuk diakui dan diberkati oleh Anda.

Ketika Anda melakukan ini, semua individu yang perlu melakukannya akan menampilkan diri kepada Anda. Perhatikan dan lihat bagaimana mereka telah melayani Anda dan berterima kasihlah kepada mereka untuk layanan mereka kepada Anda. Berterima kasihlah kepada mereka karena telah membantu Anda mengenali kebutuhan Anda akan Pengetahuan. Berterima kasihlah kepada mereka karena menunjukkan kepada Ada bahwa tidak ada alternatif untuk Pengetahuan. Dan berterima kasihlah kepada mereka karena menguatkan partisipasi Anda dalam Pengetahuan. Berkati masing-masing dan izinkan individu berikutnya untuk memasuki pikiran. Secara ini, Anda akan memberkati semua yang pernah hadir dalam hidup Anda dan yang saat ini ada dalam hidup Anda. Secara ini, Anda akan belajar menghargai masa lalu Anda dan tidak mengutuknya. Secara ini, cinta kasih akan muncul dari diri Anda secara alami, karena cinta kasih harus lahir dari rasa bersyukur, dan rasa bersyukur harus lahir dari pengakuan sejati. Pengakuan sejatilah yang akan Anda latih hari ini.

LATIHAN 328: *Dua periode latihan 30 menit.*
Latihan setiap jam.

Langkah 329
SAYA BEBAS UNTUK MENCINTAI DUNIA HARI INI.

Hanya orang bebas yang dapat mencintai dunia, karena hanya orang bebas yang dapat memberi kepada dunia. Hanya mereka yang dapat sepenuhnya mengenali kebutuhan dunia dan kontribusi mereka sendiri. Hanya orang bebas yang dapat mencintai dunia karena hanya mereka yang dapat melihat bahwa dunia telah mendukung dan melayani mereka untuk memungkinkan mereka menjadi bebas dan menjadi kontributor bagi dunia. Karena dunia sangat mendambakan kontribusi Anda, dunia telah memberikan dirinya untuk persiapan Anda sehingga Anda dapat belajar menjadi kontributor. Dunia telah memperkuat hal ini melalui kebenaran yang ada di dunia dan melalui penyangkalan kebenaran yang ada di dunia.

Dalam segala cara, dunia melayani munculnya Pengetahuan. Meskipun dunia bertentangan dengan Pengetahuan dan tampaknya menyangkal, menolak, dan menyerang Pengetahuan, jika dilihat dari sudut pandang ini, Anda akan menyadari bahwa sesungguhnya dunia melayani Pengetahuan. Bagaimanakah sesuatu bisa bersaing dengan Pengetahuan? Bagaimanakah sesuatu bisa menolak Pengetahuan? Apa pun yang tampaknya menolak Pengetahuan hanya memanggil Pengetahuan dan memohon Pengetahuan datang. Mereka yang berada dalam kebingungan, dalam kegelapan dan dalam keputusasaan mendambakan bantuan dan kenyamanan. Dan meskipun mereka tidak memahami pesan dari kesengsaraan mereka sendiri, mereka yang bersama Pengetahuan dapat memahami ini dan melalui Kearifan akan belajar bagaimana melayani individu-individu ini, semua individu dan dunia secara keseluruhan.

Hari ini pada setiap jam ingatkan diri Anda bahwa ketika Anda menjadi bebas, Anda akan mampu mencintai dunia. Ketika Anda belajar mencintai dunia, Anda akan mampu menjadi bebas karena Anda berada di dunia ini tetapi bukan dari dunia ini. Karena Anda berada di dunia ini, Anda mewakili apa yang telah Anda bawa serta dari Rumah Purba Anda. Betapa sederhana dan jelasnya ini dengan Pengetahuan, namun betapa sulit dipahami ketika Anda berada dalam imajinasi Anda sendiri dan memikirkan gagasan-gagasan terpisah Anda sendiri. Inilah mengapa Anda berlatih — agar Anda dapat mengonfirmasi apa yang alami bagi Anda dan menjauh dari apa yang tidak alami bagi Anda.

Dalam latihan meditasi Anda yang lebih dalam, sekali lagi terimalah kebebasan yang datang kepada Anda dalam keheningan dan penerimaan. Pikiran yang hening adalah pikiran yang tidak terkekang dan bebas. Yang akan secara alami mengembangkan diri, dan dalam pengembangan ini akan secara alami mengungkapkan apa yang paling alami baginya. Maka, dalam meditasi Anda yang lebih dalam Anda berlatih menerima, dan dalam latihan setiap jam Anda, Anda berlatih memberi. Anda bebas mencintai dunia hari ini, dan dunia memerlukan kebebasan Anda karena dunia memerlukan cinta kasih Anda.

Latihan 329: *Dua periode latihan 30 menit.*
Latihan setiap jam.

Langkah 330

SAYA TIDAK AKAN MENGABAIKAN HAL-HAL KECIL DALAM HIDUP SAYA.

Sekali lagi Kami menegaskan gagasan ini bahwa Anda tidak lalai dari tugas-tugas sederhana dan praktis yang memungkinkan Anda menjadi siswa Pengetahuan. Ingatlah bahwa Anda tidak mencoba melarikan diri dari dunia, melainkan sedang berusaha menjadi kuasa di dalam dunia. Karena itu, jangan mengabaikan hal-hal sederhana dan kecil yang memungkinkan Anda dan memberi Anda kebebasan untuk menjadi siswa Pengetahuan. Di sini semua aktivitas Anda, bahkan yang paling biasa dan berulang-ulang, dapat dilihat sebagai bentuk pelayanan dan kontribusi. Secara ini, semua hal kecil, betapa pun biasa dan berulang-ulang, dapat melayani dunia karena itu menunjukkan bahwa Anda menghormati Jati Diri Anda. Ini adalah Diri yang ada di semua individu, Diri yang ada di dunia, dan Diri yang ada di Komunitas Besar dunia-dunia.

Perhatikan hal-hal kecil yang Anda lakukan hari ini dan jangan mengabaikannya. Jika Anda tidak takut padanya, Anda tidak akan menolaknya. Jika Anda tidak menolaknya, Anda akan mampu menanganinya. Dan ketika Anda menanganinya, Anda akan mampu memberikan diri padanya. Di sini Pengetahuan akan mengungkapkan diri di semua aktivitas dan Pengetahuan akan diajarkan dan diperkuat di semua aktivitas. Dunia memerlukan demonstrasi ini, karena dunia berpikir bahwa Tuhan, cinta kasih, kuasa dan inspirasi sejati hanya ada dalam suasana ideal dan hanya ada dalam keadaan ideal. Dunia tidak memahami bahwa Tuhan mengungkapkan Tuhan di mana-mana dan bahwa Pengetahuan mengungkapkan dirinya di mana-mana dan di semua hal.

Ketika Anda mulai memahami kebenaran agung ini, Anda akan melihat hadirat Pengetahuan dalam semua hal. Anda akan melihat Pengetahuan di dalam dunia. Anda akan melihat Pengetahuan di dalam diri Anda. Ini akan memberi Anda keyakinan penuh pada partisipasi Anda dan pada pelayanan Anda kepada Pengetahuan. Anda kemudian akan menyadari bahwa Anda menghemat waktu dunia dalam perkembangan, kemajuan, dan penyelamatannya. Ini sangat penting untuk kepercayaan diri Anda. Tetapi bahkan lebih penting adalah bagi Anda untuk menyadari keagungan Pengetahuan dan keagungan yang akan Anda alami dalam diri Anda ketika Anda belajar untuk menerimanya.

Pada setiap jam ingatlah gagasan hari ini dan terapkan agar Anda bisa menjadi teliti setiap jam. Dalam dua latihan meditasi Anda yang lebih dalam, masuklah kembali ke dalam keheningan sehingga Anda dapat menghidupkan kembali pengalaman Anda akan Api Pengetahuan sehingga Api Pengetahuan dapat memurnikan dan membersihkan pikiran Anda dan membebaskannya dari semua kekangan. Secara ini, Anda akan mampu berada di dunia sepenuhnya, dan hal-hal kecil tidak akan diabaikan.

Latihan 330: *Dua periode latihan 30 menit.*
Latihan setiap jam.

Langkah 331

APA YANG KECIL MENGUNGKAPKAN APA YANG AGUNG.

LIHATLAH ALAM DI SEKITAR ANDA. Lihatlah makhluk terkecil dan sadari misteri keberadaan makhluk tersebut, ketakjuban mekanisme fisiknya dan kebenaran tentang kesertaan totalnya di alam secara keseluruhan. Makhluk terkecil dapat mengungkapkan kebenaran teragung. Hal paling sederhana dapat mengungkapkan kuasa alam semesta. Apakah makhluk yang kecil kurang mengungkapkan kehidupan dan kesertaan dalam kehidupan dibandingkan makhluk yang besar? Dengan menggunakan analogi ini, sadarilah bahwa aktivitas terkecil dapat mengandung ajaran teragung. Sadarilah bahwa kata paling sederhana, sikap paling biasa, dapat mengungkapkan perasaan dan emosi terdalam. Sadarilah bahwa hal paling sederhana dapat menambahkan pada latihan Anda dan mengonfirmasi hadirat Pengetahuan dalam diri Anda.

KETIKA ANDA PENUH PERHATIAN PADA KEHIDUPAN, Anda akan mulai menyaksikan misteri kehidupan dalam semua hal. Betapa besarnya hal ini bagi Anda yang sekarang terbangun dari tidur imajinasi terpisah Anda sendiri. Misteri kehidupan akan menginspirasi Anda dan memanggil Anda. Hal ini akan mengonfirmasi misteri kehidupan Anda sendiri, yang semakin nyata dan terbukti bagi Anda.

ANDA MUNGKIN MERASA KECIL, tetapi Anda mengungkapkan yang agung. Anda tidak perlu menjadi agung untuk mengungkapkan yang agung karena yang agung ada dalam diri Anda, dan sarana fisik Anda kecil jika dibandingkan dengannya. Realitas Anda lahir dari keagungan yang menyertai Anda yang ingin mengungkapkan dirinya dalam kesederhanaan sarana kecil Anda. Di sini Anda memahami bahwa Anda berasal dari yang agung dan Anda bekerja melalui yang kecil. Di sini Anda tidak akan menyanggah hubungan antara yang agung dengan yang kecil, di mana yang kecil harus mengungkapkan yang agung, yang dilakukannya secara alami. Apakah makhluk kecil harus berusaha mengungkapkan yang agung? Tidak. Yang agung semata-mata mengungkapkan dirinya melalui makhluk kecil.

JADI, DALAM HIDUP ANDA — yang kapan pun mungkin tampak kecil bagi Anda, yang kapan pun mungkin tampak terpisah dan terbatas — keagungan menyertai Anda. Karena itu, apa yang kecil dimanfaatkan, dikonfirmasi, dihormati, dan diberkati. Kemudian tidak ada dasar untuk mengutuk diri sendiri dan kebencian. Semua hal besar dan kecil dihargai, karena semua hal besar dan kecil bersatu.

Maka, pada setiap jam dalam tugas kecil apa pun, dalam ungkapan atau sikap apa pun, dan dalam pandangan kecil apa pun, izinkan yang agung mengungkapkan diri. Dalam dua periode latihan Anda yang lebih dalam, datanglah kembali ke dekat apa yang agung dalam diri Anda. Masuki kembali Api Pengetahuan yang memurnikan Anda. Berlindunglah dalam suaka Pengetahuan. Di sini Anda bertemu sepenuhnya dengan yang agung. Ini melampaui semua bentuk. Di sini apa yang meresapi semua bentuk dan memberinya tujuan, makna, dan arah menunggu Anda untuk menerimanya. Yang kecil mengungkapkan yang agung, dan yang agung memberkati yang kecil.

Latihan 331: *Dua periode latihan 30 menit.*
Latihan setiap jam.

Langkah 332

SAYA BARU MULAI MEMAHAMI MAKNA PENGETAHUAN DALAM HIDUP SAYA.

Anda baru mulai memahami ini, karena pemahaman Anda akan lahir dari pengalaman, pengakuan, dan hasil dari penerapan Anda. Karena Anda adalah siswa pemula Pengetahuan, maka Anda memiliki pemahaman awal. Bersemangatlah, karena ini membebaskan Anda dari upaya menarik kesimpulan tentang partisipasi Anda dan tentang hidup Anda. Dengan demikian, Anda tidak perlu mengupayakan hal yang mustahil dan dapat membebaskan pikiran Anda dari beban besar yang jika tidak akan mengeruhkan kebahagiaan Anda dan menghalau rasa damai dan aktivitas bermakna Anda hari ini. Ketika Anda menerima bahwa Anda baru mulai memahami makna hidup Anda dan makna Pengetahuan dalam hidup Anda, ini membebaskan Anda untuk berpartisipasi dan belajar lebih banyak. Tanpa adanya beban penghakiman, yang akan Anda tempatkan pada hidup Anda jika tidak, Anda bebas untuk berpartisipasi dan partisipasi Anda akan membebaskan Anda.

Ingatkan diri Anda pada setiap jam bahwa Anda baru mulai memahami makna Pengetahuan dalam hidup Anda. Dalam periode latihan Anda yang lebih dalam, sekali lagi masuklah ke dalam suaka Pengetahuan Anda sehingga kapasitas untuk Pengetahuan Anda dapat tumbuh, hasrat Anda untuk Pengetahuan dapat tumbuh, dan pengalaman Anda akan Pengetahuan dapat tumbuh. Hanya ketika hal-hal ini tumbuh maka pemahaman Anda dapat tumbuh. Karena itu, Anda bebas dari penghakiman. Anda bebas untuk berpartisipasi, di mana semua pemahaman akan muncul.

Latihan 332: *Dua periode latihan 30 menit.*
Latihan setiap jam.

Langkah 333

ADA HADIRAT BERSAMA SAYA. SAYA DAPAT MERASAKANNYA.

Rasakan hadirat Guru-Guru Anda hari ini yang berdiam bersama Anda dan mengawasi persiapan Anda sebagai siswa Pengetahuan. Rasakan hadirat mereka hari ini dan Anda akan merasakan hadirat Anda sendiri, karena Anda tergabung bersama dalam hadirat yang Anda rasakan ini. Ingatlah bahwa Anda tidak sendirian, dan Anda tidak akan terasing dalam pemikiran Anda sendiri. Anda tidak akan terasing dalam pertimbangan menakutkan Anda sendiri.

Pada setiap jam alami hadirat ini, karena hadirat ini bersama Anda pada setiap jam. Rasakan hadirat ini di mana pun Anda berada hari ini, apakah Anda di tempat kerja atau di rumah, apakah Anda sendirian atau bersama orang lain, karena hadirat ini ada bersama Anda ke mana pun Anda pergi.

Dalam dua latihan meditasi mendalam Anda izinkan diri Anda mengalami hadirat cinta kasih, yang adalah hadirat Pengetahuan, yang adalah hadirat Kearifan, yang adalah hadirat kepastian, yang adalah sumber dari tujuan, makna, dan arah Anda di dunia, dan yang mengandung untuk Anda panggilan Anda di dunia. Datanglah mendekat dan ke dalam pengalaman akan hadirat ini dalam meditasi Anda yang lebih dalam. Jangan abaikan ini, karena di sini Anda akan mengalami cinta diri, harga diri, dan kesertaan sejati dalam kehidupan. Bawalah hadirat ini bersama Anda hari ini dan terimalah hadirat ini dalam meditasi Anda yang lebih dalam, dan Anda akan mengetahui bahwa hadirat ini bersama Anda setiap hari.

Latihan 333: *Dua periode latihan 30 menit.*
Latihan setiap jam.

Langkah 334

HADIRAT GURU-GURU SAYA BERSAMA SAYA SETIAP HARI.

SETIAP HARI, DI MANA PUN ANDA BERADA, ke mana pun Anda pergi, hadirat Guru-Guru Anda bersama Anda. Gagasan ini adalah untuk mengingatkan Anda bahwa Anda tidak sendirian. Gagasan ini adalah untuk memberi Anda kesempatan untuk keluar dari keterasingan imajinasi Anda sendiri dan untuk mengalami hadirat ini dan untuk menerima anugerah hadirat ini. Dalam anugerah ini, Guru-Guru Anda akan memberi Anda gagasan dan inspirasi yang Anda perlukan. Di sini, Anda akan mengungkapkan apa yang telah Anda terima dan dengan demikian mengonfirmasi apa yang telah Anda terima.

BERLATIHLAH MENGINGAT HAL INI PADA SETIAP JAM dengan sekali lagi berkonsentrasi pada hadirat yang bersama Anda. Anda hanya perlu rileks untuk merasakannya, karena hadirat ini pasti bersama Anda. Dalam latihan Anda yang lebih dalam, sekali lagi masuki keheningan dalam suaka Pengetahuan sehingga Anda dapat menerima hadirat ini serta konfirmasi dan kenyamanan besar yang diberikannya kepada Anda. Izinkan diri Anda mengesampingkan keraguan diri dan rasa tak berharga, karena hal-hal ini akan ditelan oleh Api Pengetahuan dan dibersihkan dari pikiran Anda. Setelah ini dilakukan, Anda tidak perlu memberi diri Anda gagasan-gagasan muluk tentang diri sendiri. Anda tidak perlu salah menafsirkan diri sendiri dalam upaya melepaskan diri dari rasa bersalah dan ketidakmampuan, karena rasa bersalah dan ketidakmampuan akan ditelan oleh Api Pengetahuan. Karena itu, bawalah semua yang menghambat partisipasi Anda dan semua ketakutan yang menghantui dan menindas Anda ke Api Pengetahuan agar semua dapat ditelan. Anda akan duduk di depan api ini, dan Anda akan melihat semua itu tertelan, dan Anda akan merasakan pikiran Anda dimandikan dan dibersihkan dalam api cinta kasih Pengetahuan. Hadirat ada bersama Anda setiap hari. Api Pengetahuan ada bersama Anda setiap hari.

LATIHAN 334: *Dua periode latihan 30 menit.*
Latihan setiap jam.

Langkah 335
Api Pengetahuan bersama saya setiap hari.

Ke mana pun Anda pergi, apa pun yang Anda lakukan, Api Pengetahuan membara dalam diri Anda. Rasakan baranya. Pada setiap jam rasakan baranya. Terlepas dari apa yang Anda lihat dan apa yang Anda pikirkan, rasakan Api Pengetahuan membara. Inilah hadirat Pengetahuan yang akan Anda rasakan dalam diri Anda saat Anda merasakan hadirat Guru-Guru di sekeliling Anda. Api Pengetahuan membara dan saat Anda mengalaminya, api ini akan menelan semua yang menahan Anda — semua yang menghantui dan menindas Anda, semua rasa tak berharga dan rasa bersalah dan semua derita dan konflik. Saat semua ini tertelan, semua ini tidak akan lagi memengaruhi hidup Anda, dan hidup Anda secara alami akan menjadi lebih seragam dan selaras.

Hari ini Anda mengambil langkah besar ke arah ini dengan mengingat dan mengalami Api Pengetahuan pada setiap jam. Dalam dua periode latihan Anda yang lebih dalam, masuki kembali Api Pengetahuan dalam suaka Pengetahuan. Ingat bahwa api ini akan menghibur Anda dan melepaskan Anda. Api ini tidak akan membakar Anda tetapi hanya akan menghangatkan jiwa Anda. Api ini akan memberi Anda kenyamanan dan ketenteraman. Api ini akan mengonfirmasi makna dan tujuan hidup Anda serta keagungan yang Anda bawa dalam diri Anda.

Jangan mengabaikan latihan Anda hari ini, tetapi sadari manfaat totalnya bagi Anda. Tidak ada yang dapat Anda lihat di dunia yang dapat memberi Anda kepastian, kuasa, kedamaian, dan rasa kesertaan seperti yang dapat diberikan oleh Api Pengetahuan. Tidak ada yang bisa lebih mengingatkan Anda tentang kesertaan total Anda dalam kehidupan daripada hadirat Guru-Guru Anda yang berdiam bersama Anda. Karena itu, Anda sudah memiliki pengalaman yang Anda perlukan, dan dari pengalaman ini seiring waktu Anda akan belajar mengulurkannya ke semua hubungan Anda — dengan orang lain, dengan dunia, dan dengan Komunitas Besar dunia-dunia di mana Anda tinggal.

Latihan 335: *Dua periode latihan 30 menit.*
Latihan setiap jam.

Langkah 336
TINJAU ULANG

Mulailah Tinjau Ulang dua minggu Anda dengan meninjau pelajaran pertama dalam periode dua minggu ini, membaca ulang pelajarannya dan mengingat kembali latihan Anda untuk hari itu. Lakukan hal yang sama untuk setiap hari berikutnya. Tinjaulah latihan Anda. Sadarilah untuk apa latihan Anda dan kenali apa yang diperkuat oleh latihan Anda di dalam diri Anda. Kenali seberapa besar Anda ingin penguatan ini terjadi dan sadari nilai luar biasa yang Anda terima dan coba terima saat Anda mempersiapkan diri sebagai siswa Pengetahuan. Jadikan tinjau ulang Anda hari ini sebagai konfirmasi akan pentingnya persiapan Anda. Kenali seberapa besar Anda perlu memperkuat partisipasi Anda dan seberapa besar Anda perlu menyisihkan gagasan-gagasan yang melemahkan atau yang menolak keberadaan Pengetahuan dalam hidup Anda. Ingatlah bahwa Pengetahuan bersama Anda dan bahwa Guru-Guru Anda bersama Anda, untuk dialami dan diterima setiap saat. Ketika Anda belajar untuk menerimanya, Anda akan secara alami mengungkapkannya.

Dalam satu periode latihan panjang Anda hari ini, tinjaulah latihan dua minggu terakhir dan sadari apa yang ditawarkan kepada Anda. Sadari seberapa besar Anda perlu menerima. Sadari seberapa besar Anda ingin menerima.

Latihan 336: *Satu periode latihan panjang.*

Langkah 337

SENDIRIAN SAYA TIDAK BISA BERBUAT APA-APA.

SENDIRIAN ANDA TIDAK BISA BERBUAT APA-APA, tetapi Anda tidak sendirian. Ya, Anda adalah seorang individu, tetapi Anda lebih agung daripada seorang individu. Karena itu Anda tidak mungkin sendirian, dan karena itu individualitas Anda memiliki janji dan tujuan agung di dunia. Dengan demikian Anda yang merupakan bagian dari keagungan yang lebih agung daripada individualitas Anda dan Anda yang juga merupakan bagian dari individualitas Anda menjadi utuh dan bersatu. Di sini, semua yang telah Anda bangun untuk diri sendiri diarahkan demi kebaikan. Semua ciptaan Anda diberikan tujuan, makna, arah dan kesertaan dalam kehidupan. Maka, hidup Anda ditebus dan diperoleh kembali, dan Anda menjadi bagian dari kehidupan dan sarana pengungkapannya yang unik. Inilah makna sejati dari pelajaran hari ini.

HANYA DALAM BAYANGAN DAN KEGELAPAN IMAJINASI maka Anda dapat bersembunyi dari cahaya kebenaran. Anda tentunya percaya bahwa Anda sendirian untuk berpikir bahwa imajinasi Anda itu nyata. Untuk mengetahui bahwa Anda tidak sendirian pada awalnya mungkin tampak menakutkan karena Anda takut imajinasi dan rasa bersalah Anda akan tersingkap. Namun ketika Anda mempertimbangkan hal ini dengan jujur dan tanpa mengecam, Anda menyadari bahwa ini berarti Anda telah diperoleh kembali, diperbarui dan kini sedang dipersiapkan untuk menerima kuasa yang berdiam bersama Anda, kuasa yang merupakan Sumber dan Jati Diri Anda.

ULANGI GAGASAN HARI INI PADA SETIAP JAM dan sadari bahwa ini adalah penegasan akan kekuatan dan kesertaan Anda dalam kehidupan. Dalam meditasi Anda yang lebih dalam izinkan diri Anda memasuki kembali keheningan suaka Pengetahuan Anda di mana akan terbukti bahwa Anda tidak sendirian. Di sini Anda berada dalam perkawinan sejati dengan kehidupan dan dalam persatuan sejati dengan mereka yang telah datang untuk melayani Anda dan memandu Anda dan dengan mereka yang berlatih dengan Anda sekarang. Dalam kesertaan Anda ada kebahagiaan Anda. Dalam keterasingan Anda ada penderitaan Anda. Penderitaan Anda tidak berdasar, karena Anda tidak sendirian dan keberhasilan Anda terjamin, karena sendirian Anda tidak bisa berbuat apa-apa.

LATIHAN 337: *Dua periode latihan 30 menit.*
Latihan setiap jam.

Langkah 338

HARI INI SAYA AKAN PENUH PERHATIAN.

Perhatikanlah hari ini agar Anda dapat melihat apa yang terjadi di sekitar Anda. Perhatikanlah hari ini agar Anda dapat mengalami diri Anda di dunia. Perhatikanlah hari ini agar Anda dapat mengalami Api Pengetahuan membara dalam diri Anda. Perhatikanlah hari ini agar Anda dapat mengalami hadirat Guru-Guru Anda bersama Anda. Perhatikanlah hari ini agar Anda dapat melihat Api Pengetahuan membara dalam dunia dan hadirat Guru-Guru Anda juga hadir di dunia. Hal-hal ini akan datang kepada Anda secara alami saat Anda penuh perhatian, karena tanpa mengecam Anda akan melihat apa yang sesungguhnya terjadi. Ini akan mengonfirmasi kodrat spiritual dan tujuan Anda di dunia. Ini akan mengonfirmasi identitas sejati Anda dan memberi makna pada kehidupan pribadi Anda.

Perhatikanlah pada setiap jam hari ini dan yakinlah bahwa sikap penuh perhatian akan memberikan hasil sejatinya untuk Anda. Tanpa menghakimi dan mengevaluasi, Anda akan melihat menembus semua penampilan menakutkan yang mungkin disajikan dunia kepada Anda. Anda akan melihat menembus semua penampilan yang mungkin disajikan imajinasi Anda kepada Anda, karena semua penampilan menakutkan lahir dari dan diperkuat oleh imajinasi. Dengan memerhatikan dunia, Anda mengenali kebingungan dunia dan kebutuhannya akan Pengetahuan. Ini akan mengonfirmasi kebingungan dan kebutuhan akan Pengetahuan Anda sendiri dan akan membuat Anda bahagia bahwa kini Anda sedang mempersiapkan untuk menerima Pengetahuan itu sendiri.

Dalam latihan meditasi Anda yang lebih dalam perhatikan, hadir dan berikan diri Anda dalam keheningan di dalam suaka Pengetahuan. Anda hanya perlu penuh perhatian. Tidak diperlukan penghakiman. Perhatikanlah dan Anda akan menembus apa yang palsu dan akan menerima apa yang sejati. Karena perhatian sejati akan selalu memberikan Anda apa yang sejati, dan perhatian palsu akan selalu memberikan Anda apa yang palsu.

Hari ini Anda memperkuat kecakapan pikiran ini, kemampuan untuk penuh perhatian ini. Anda memperkuat hal ini demi diri Anda dan demi dunia, yang perlu diakui. Karena dunia perlu dicintai, dan cinta kasih hanya datang melalui pengakuan sejati.

LATIHAN 338: *Dua periode latihan 30 menit.*
Latihan setiap jam.

Langkah 339

HADIRAT CINTA KASIH BERSAMA SAYA SEKARANG.

Hadirat cinta kasih bersama Anda, dalam Api Pengetahuan dalam diri Anda. Seperti yang dicontohkan oleh hadirat Guru-Guru Anda, hadirat ini meresapi semua hal di dunia. Ini adalah konteks di mana dunia berada. Hal ini hening; sehingga berdiam bersama segalanya. Apakah Anda yang memersepsikan dunia dapat memersepsikan hadirat kekal ini? Apakah Anda yang bertindak di dunia dapat melihat pengaruh hadirat ini di dalam dunia? Jika hadirat ini tidak ada di dunia, dunia sejak lama sudah menghancurkan dirinya sendiri dan tidak akan ada harapan untuk penyelamatan Anda. Tidak akan ada harapan untuk komunitas sejati dan untuk semua hal yang mampu dilakukan manusia dalam kehidupannya yang sementara di sini. Semua hal dengan nilai sejati tidak akan muncul, karena kegelapan imajinasi dan kegelapan ketakutan akan meliputi dunia secara permanen dan semua akan hidup dalam gelap gulita. Tanpa hadirat cinta kasih di dunia, inilah yang akan terjadi. Hidup Anda di sini akan terkunci dalam kegelapan, dan Anda tak akan pernah bisa melepaskan diri.

ITULAH SEBABNYA HIDUP ANDA DI DUNIA HANYA SEMENTARA. Tidak mungkin permanen, karena Anda lahir dari cahaya, yang ke mana Anda akan kembali. Bagaimana mungkin Anda hidup dalam kegelapan selamanya ketika Anda lahir dari cahaya, yang ke mana Anda akan kembali? Anda telah dikirim ke dalam dunia untuk membawa cahaya ke dalam dunia, bukan untuk mengonfirmasi kegelapan dunia. Kehendak Tuhan adalah agar Anda membawa cahaya ke dalam dunia, bukan agar Anda dibuang ke dunia dalam kegelapan. Anda berada di sini untuk membawa cahaya ke dalam dunia.

ANDA YANG ADALAH SISWA PENGETAHUAN sedang belajar langkah demi langkah untuk menerima cahaya Pengetahuan dan Api Pengetahuan. Ketika Anda mengalami hal ini dalam diri Anda, Anda akan melihat Api Pengetahuan membara di dunia, karena ini adalah hadirat cinta kasih. Inilah Tuhan di dalam dunia. Apa yang Tuhan lakukan di dunia akan Tuhan lakukan melalui Anda, namun hadirat Tuhan di dunia mengaktifkan Pengetahuan dalam semua pikiran dan memanggil semua pikiran untuk terbangun. Ini mengukuhkan, mengonfirmasi dan menguatkan kemunculan Pengetahuan di mana pun hal ini terjadi.

Hadirat Tuhan bersifat permanen. Dunia itu sendiri bersifat sementara. Alam semesta fisik bersifat sementara. Hadirat Tuhan bersifat permanen. Maka dapatkah Anda melihat apa yang agung dan apa yang kecil? Maka dapatkah Anda melihat apa yang memberi dan apa yang harus belajar menerima? Maka dapatkah Anda menyadari pentingnya persiapan Anda? Maka dapatkah Anda menyadari pentingnya pelayanan Anda di dunia?

Pada setiap jam perhatikan dan alami hadirat cinta kasih di dunia. Jika Anda penuh perhatian, maka Anda akan mengalaminya. Dalam latihan meditasi Anda yang lebih dalam alamilah hadirat cinta kasih dalam diri Anda, yang merupakan Api Pengetahuan. Ingatlah saat Anda mengamati hal ini, dalam dunia Anda dan dalam diri Anda, bahwa dari keheningan hadirat ini muncul semua perbuatan baik, semua gagasan penting, dan motivasi untuk semua aktivitas penting. Inilah yang mendorong umat manusia dan bahkan Komunitas Besar dunia-dunia menuju Pengetahuan dan, dengan Pengetahuan, menuju menjadi satu komunitas.

Latihan 339: *Dua periode latihan 30 menit.*
Latihan setiap jam.

Langkah 340

LATIHAN SAYA ADALAH KONTRIBUSI SAYA KEPADA DUNIA.

Anda adalah siswa pemula Pengetahuan. Sebagai siswa pemula, Anda terlibat sepenuhnya dengan latihan Anda. Jangan membayangkan bagi diri Anda peran besar sebagai juru selamat atau penebus di dunia, karena ini hanya akan membuat Anda berkecil hati karena Anda belum siap untuk melaksanakan hal-hal agung. Tugas Anda adalah mengikuti langkah-langkah seperti yang diberikan. Ini adalah persyaratannya. Seiring waktu, keagungan akan tumbuh dalam pengalaman Anda, dan Anda akan mengalami keagungan di dunia. Namun, seperti yang sudah sering Kami tunjukkan dalam persiapan kita sejauh ini, keagungan yang akan Anda alami akan mengungkapkan diri dalam hal-hal sederhana dan sehari-hari. Karena itu, jangan membayangkan gagasan-gagasan muluk tentang diri Anda sebagai seorang juru selamat. Jangan melihat diri Anda disalib di dunia, karena gambaran ini lahir dari ketidaktahuan dan Anda tidak memahami makna sejatinya.

Ikutilah setiap langkah, karena setiap langkah akan memerlukan perhatian dan keterlibatan penuh Anda. Tanpa upaya Anda menambahkan apa yang tidak perlu dalam persiapan Anda, maka Anda dapat sepenuhnya terlibat dalam persiapan Anda. Ini akan sepenuhnya melibatkan Anda dan akan meningkatkan semua kemampuan fisik dan mental Anda dan memberinya tujuan dan arah yang seragam. Latihan Anda adalah anugerah Anda untuk dunia. Dari latihan Anda semua anugerah yang akan Anda berikan di masa depan akan dapat diberikan dengan keyakinan, dengan cinta kasih dan dengan kepastian.

Pada setiap jam ingatkan diri Anda bahwa latihan Anda adalah anugerah Anda kepada dunia. Jika Anda benar-benar ingin melayani dunia dan jika Anda benar-benar ingin menjadikan teladan di dalam dunia apa yang paling Anda hargai dan apa yang Anda hormati dalam diri Anda, maka berikan diri Anda untuk latihan Anda dan jangan mengabaikannya hari ini. Dalam meditasi Anda yang lebih dalam berikan diri Anda untuk latihan, karena latihan adalah tindakan memberi. Dan Anda yang sekarang belajar menerima juga memberikan diri Anda untuk belajar menerima. Dengan demikian, Anda belajar memberi juga. Jika Anda tidak dapat memberikan diri Anda untuk latihan, Anda tidak akan dapat memberi kepada dunia, karena memberi kepada dunia merupakan bentuk latihan juga. Ingatlah bahwa apa yang dapat Anda lakukan hanyalah berlatih. Apapun yang Anda lakukan, Anda sedang berlatih sesuatu, Anda sedang menegaskan sesuatu, Anda sedang mengonfirmasi sesuatu dan Anda sedang belajar sesuatu. Dengan pemahaman ini, berikan diri Anda pada persiapan sejati Anda, karena ini adalah anugerah Anda untuk diri sendiri dan untuk dunia.

LATIHAN 340: *Dua periode latihan 30 menit.*
Latihan setiap jam.

Langkah 341

SAYA BAHAGIA, KARENA SAYA SEKARANG DAPAT MENERIMA.

Belajarlah menerima maka Anda akan belajar menjadi bahagia. Belajarlah memberi maka kebahagiaan Anda akan dikonfirmasi. Dengan kata-kata paling sederhana, inilah yang sedang Anda lakukan. Jika Anda tidak membuatnya rumit dengan gagasan dan harapan Anda sendiri, Anda akan mampu melihat kebenaran abadi tentang ini, dan Anda akan mengetahui persis apa artinya dan apa yang akan dibutuhkannya. Ingatlah bahwa kerumitan merupakan penolakan terhadap kebenaran yang sederhana. Kebenaran akan melaksanakan aktivitasnya setiap hari, langkah demi langkah, seperti Anda melaksanakan persiapan Anda setiap hari, langkah demi langkah. Saat Anda belajar menjadi siswa Pengetahuan, Anda belajar menjalankan kebenaran. Kesederhanaan ini selalu ada untuk Anda, karena kebenaran itu sederhana dan nyata bagi semua yang mencari kebenaran dan bagi semua yang mencari tanpa beban pengutukan atau penghakiman.

INGATLAH LATIHAN ANDA PADA SETIAP JAM DAN dalam meditasi Anda yang lebih dalam, sekali lagi perkuat kapasitas dan hasrat Anda untuk keheningan. Karena jika Anda mengalami sedikit lagi keheningan setiap hari, hal ini akan semakin tumbuh dan mengisi hidup Anda dan memancar dari hidup Anda seperti cahaya agung, karena Anda berada di sini untuk menjadi cahaya bagi dunia.

LATIHAN 341: *Dua periode latihan 30 menit.*
Latihan setiap jam.

Langkah 342

SAYA ADALAH SISWA PENGETAHUAN HARI INI.

Hari ini Anda adalah siswa Pengetahuan. Anda mengikuti persiapan Anda langkah demi langkah. Anda belajar untuk tidak terbebani oleh penilaian dan kecemasan Anda sendiri. Anda belajar untuk dikonfirmasi oleh hadirat Pengetahuan dalam diri Anda dan oleh hadirat cinta kasih dalam hidup Anda. Anda belajar menghormati diri sendiri dan belajar menghargai dunia Anda. Anda belajar mengenali tanggung jawab Anda dan belajar mengenali kebutuhan dunia agar tanggung jawab ini dilaksanakan. Anda belajar untuk hening di dalam dan terlibat secara bermakna di luar. Anda belajar menerima. Anda belajar memberi. Anda belajar mengenali bahwa hidup Anda sedang ditebus.

Jadilah siswa Pengetahuan hari ini dan laksanakan petunjuk hari ini selengkap dan sejelas mungkin. Ingatkan diri Anda pada setiap jam bahwa Anda adalah siswa Pengetahuan dan luangkan waktu sejenak pada setiap jam untuk memikirkan artinya ini, khususnya dalam situasi Anda saat ini. Dalam periode latihan Anda yang lebih dalam, libatkan pikiran Anda secara aktif dalam mempertimbangkan apakah siswa Pengetahuan itu. Ingatlah kembali apa yang sudah diajarkan kepada Anda sejauh ini. Kenali apa yang sedang diperkuat langkah demi langkah dan apa yang sedang dianjurkan untuk Anda lepaskan. Dua periode latihan Anda adalah periode keterlibatan mental aktif di mana Anda melihat gagasan hari ini dan berusaha memahami artinya sehubungan dengan hidup Anda. Ketika Anda berpikir, berpikirlah secara konstruktif, karena semua pemikiran harus konstruktif. Ketika berpikir tidak diperlukan, Pengetahuan akan membawa Anda maju. Di dunia Anda harus memiliki Pengetahuan, dan Anda harus belajar berpikir secara konstruktif karena Anda adalah siswa Pengetahuan. Hari ini jadilah siswa Pengetahuan dan Anda akan menghormati apa yang memandu Anda, apa yang menuntun Anda dan apa yang memberkati Anda. Anda akan mewakili Pengetahuan, karena Anda adalah siswa Pengetahuan.

LATIHAN 342: *Dua periode latihan 30 menit.*
Latihan setiap jam.

Langkah 343

HARI INI SAYA AKAN MENGHORMATI SUMBER PERSIAPAN SAYA.

Hormatilah sumber persiapan Anda dengan menjadi siswa Pengetahuan hari ini. Ingatlah hal ini pada setiap jam dan pikirkan kembali artinya menjadi siswa Pengetahuan. Cobalah mengingat semua yang telah diberikan kepada Anda dan semua yang sedang diperkuat dan cobalah mengenali secara objektif apa yang menghalangi Anda dan menahan Anda. Kuatkan iman Anda. Kuatkan partisipasi Anda. Gunakan kuasa keputusan Anda untuk melakukannya, dan ingatlah saat Anda melakukannya bahwa Anda menghormati dan mewakili apa yang memandu Anda dan apa yang Anda layani.

Dalam dua periode latihan Anda yang lebih dalam, libatkan pikiran Anda secara aktif dalam mempertimbangkan makna gagasan hari ini. Ingatlah bahwa Anda hanya dapat melayani apa yang Anda hargai. Jika Anda menghargai Pengetahuan, Anda akan melayani Pengetahuan. Jika Anda menghargai ketidaktahuan dan kegelapan, Anda akan melayani itu. Apa yang Anda hargai adalah tuan Anda, dan tuan Anda akan memberikan apa yang harus Anda pelajari. Anda adalah siswa Pengetahuan. Anda adalah siswa Pengetahuan karena Anda telah memilih bahwa kesiswaan Anda dan tuan yang memandu Anda mencerminkan Pengetahuan dan kebenaran di dunia. Di sini Anda hanya memiliki dua pilihan, karena Anda hanya dapat melayani Pengetahuan atau apa yang berusaha menggantikan Pengetahuan. Karena sesungguhnya tidak ada yang dapat menggantikan Pengetahuan, hasrat untuk melayani apa yang menggantikan Pengetahuan adalah hasrat untuk tidak melayani apa-apa, tidak menjadi apa-apa, dan tidak memiliki apa-apa. Inilah yang Kami maksudkan ketika Kami berbicara tentang kemiskinan. Ini adalah keadaan tidak melayani apa-apa, tidak menjadi apa-apa dan tidak memiliki apa-apa.

Karena itu, hormatilah apa yang melayani Anda. Hormatilah apa yang mengakui realitas Anda serta arti dan nilai hadirat Anda di dunia, maka Anda akan melayani sesuatu yang nyata, Anda akan menjadi sesuatu yang nyata dan Anda akan memiliki sesuatu yang nyata. Dengan demikian Anda yang sedang belajar melayani akan menjadi orang yang belajar menerima.

Latihan 343: *Dua periode latihan 30 menit.*
Latihan setiap jam.

Langkah 344

Pengetahuan saya adalah anugerah yang saya berikan kepada dunia.

Pengetahuan adalah anugerah Anda untuk dunia, tetapi pertama-tama Anda harus menjadi saranya untuk mengungkapkan diri. Anda harus menerimanya, mendapatkannya, belajar darinya dan memberikan apa yang diberikannya kepada Anda untuk Anda berikan. Anda harus membuka diri agar Pengetahuan secara alami dapat menyinari dunia melalui Anda. Dari Pengetahuan Anda akan datang segalanya — semua aktivitas bermakna, semua kontribusi penting, semua pemikiran penting, semua pengungkapan emosi yang bermakna dan semua motivasi untuk meyakinkan, menghibur, mencintai, memulihkan, bergabung dan membebaskan orang lain. Ini semata-mata berarti bahwa Anda yang sesungguhnya akhirnya mengungkapkan diri. Inilah anugerah Anda untuk dunia.

Pada setiap jam ingatkan diri Anda tentang hal ini dan rasakan Api Pengetahuan membara dalam diri Anda. Rasakan diri Anda sebagai sarana untuk membawa Pengetahuan di dunia. Berbahagialah bahwa Anda tidak perlu menyiksa diri dengan mencoba mencari tahu bagaimana Anda akan memberikan Pengetahuan, bagaimana Pengetahuan akan memberikan dirinya sendiri dan apa yang akan terjadi sebagai akibatnya. Anda tinggal mengikuti langkah-langkahnya. Seperti yang sudah Anda lihat sejauh ini, langkah-langkah ini meminta Anda untuk mengembangkan kemampuan mental Anda dan menerapkannya secara tepat. Hal ini meminta Anda untuk hadir secara mental. Hal ini meminta Anda untuk menyeimbangkan dan menyelaraskan hidup Anda. Bahkan sejauh ini dalam persiapan Anda, Anda menyadari bahwa Anda mengetahui banyak hal tentang hidup Anda yang belum Anda terima atau terapkan. Pengetahuan bersama Anda selama ini dan bahkan sekarang dalam persiapan awal Anda, saat Anda maju bersama yang lainnya yang maju bersama Anda, kuasa dan keampuhan Pengetahuan semakin nyata bagi Anda. Inilah anugerah Anda untuk dunia.

Dalam dua periode latihan Anda yang lebih panjang hari ini, dalam keheningan dan penerimaan, berlatihlah menerima kuasa Pengetahuan agar Pengetahuan dapat tumbuh dalam diri Anda dan agar Anda dapat semakin mengalaminya saat Anda menjelajah ke dalam dunia. Periode latihan yang lebih panjang ini sangat penting bagi persiapan Anda, karena meningkatkan kapasitas Anda, meningkatkan pemahaman Anda, meningkatkan pengalaman Anda, dan semakin mempermudah Anda mengalami Pengetahuan saat Anda berada di dunia. Karena Pengetahuan Anda adalah anugerah Anda untuk dunia, dan Pengetahuan Anda adalah anugerah Anda untuk diri Anda sendiri.

LATIHAN 344: *Dua periode latihan 30 menit.*
Latihan setiap jam.

Langkah 345

PENGETAHUAN SAYA ADALAH ANUGERAH SAYA UNTUK KELUARGA SPIRITUAL SAYA.

Pengetahuan Anda adalah anugerah Anda untuk Keluarga Spiritual Anda, karena Anda telah datang ke dunia bukan hanya untuk memajukan diri Anda dan dunia tetapi untuk memajukan Keluarga Spiritual Anda. Kelompok belajar spesifik Anda mengharuskan Anda maju agar kelompok itu sendiri dapat maju, karena kelompok Anda mencari persatuan yang lebih besar juga. Sepanjang masa Anda telah membina jangkauan dan kapasitas Anda untuk hubungan. Semua keberhasilan Anda sejauh ini terwujud dalam ungkapan dan bukti Keluarga Spiritual Anda.

Kembali kepada Tuhan adalah kembali kepada kesertaan dalam hubungan. Ini melampaui kemampuan Anda untuk memahami, dan ini tentu melampaui gagasan-gagasan Anda dan ideliasme Anda. Ini hanya dapat dialami. Ini harus dialami, dan melalui pengalaman ini Anda akan memahami bahwa Anda telah datang ke sini bukan hanya demi penebusan Anda sendiri dan bukan hanya untuk melayani dunia, tetapi untuk melayani mereka yang telah mengirim Anda. Di sini, peran Anda menjadi semakin penting. Di sini, persiapan Anda menjadi semakin penting. Jika Anda memikirkannya, Anda akan mengetahui bahwa hal ini benar.

Pada setiap jam hari ini pikirkan gagasan ini dan ingatlah pada Keluarga Spiritual Anda, yang sekarang Anda sedang belajar untuk mengingatnya. Dalam dua latihan meditasi Anda yang lebih dalam, masuki kembali suaka Pengetahuan Anda dan cobalah mengalami hadirat Keluarga Spiritual Anda. Jika pikiran Anda hening, Anda akan menyadari bahwa mereka bersama Anda sekarang. Bagaimana mungkin mereka terpisah dari Anda yang tidak mungkin terpisah dari mereka, dan saat Anda berada di dunia mereka bersama Anda sekarang.

LATIHAN 345: *Dua periode latihan 30 menit.*
Latihan setiap jam.

Langkah 346

SAYA BERADA DI DUNIA UNTUK BEKERJA.

ANDA BERADA DI DUNIA UNTUK BEKERJA. Kerja adalah apa yang ingin Anda lakukan. Kerja adalah sebab Anda telah datang. Tetapi apakah kerja yang Kami bicarakan ini? Apakah ini pekerjaan Anda saat ini, yang Anda tolak dan mengalami kesulitan? Apakah ini berbagai tugas yang menurut Anda adalah milik Anda dan yang Anda berikan pada diri sendiri? Kerja sejati Anda dapat diungkapkan dalam apa pun aktivitas ini, namun sesungguhnya hal ini lebih agung. Akan menjadi kebahagiaan Anda dan pemenuhan Anda untuk melaksanakan setiap langkah dari kerja sejati Anda. Kerja sejati Anda di dunia adalah menemukan Pengetahuan Anda dan mengizinkannya mengungkapkan diri melalui Anda. Kerja sejati Anda di dunia adalah merespons panggilan spesifik Anda, yang melibatkan Anda dengan orang-orang tertentu dengan cara-cara tertentu sehingga Anda dapat memenuhi takdir pribadi Anda di dunia.

INILAH KERJA ANDA. Jangan berpikir saat ini Anda dapat memahami apa kerja ini dan jangan mencoba mendefinisikannya di luar apa yang telah Kami berikan kepada Anda. Tidak apa-apa untuk tidak sepenuhnya mengetahui apa maknanya. Tidak apa-apa untuk memahami misteri hidup Anda tanpa berusaha membuatnya berwujud.

ANDA BERADA DI DUNIA UNTUK BEKERJA. Karena itu, terapkan diri Anda agar penerapan Anda dapat mengungkapkan kepada Anda sumber dari tujuan, makna dan arah Anda. Melalui kerja dan aktivitas bermakna Anda, Anda akan mengalami nilai Anda — nilai dari kehidupan pribadi Anda dan kepastian dari takdir sejati Anda. Kerja sejati Anda menjamin untuk Anda semua hal bernilai dan memberi Anda jalan keluar dari semua hal yang menutupi Anda dan membuat Anda tak berdaya dan sengsara.

INGATKAN DIRI ANDA TENTANG GAGASAN hari ini pada setiap jam. Dalam dua latihan Anda yang lebih dalam, sekali lagi libatkan pikiran Anda secara aktif dalam mempertimbangkan gagasan hari ini. Pertimbangkan pandangan Anda tentang kerja itu sendiri dan semua asosiasi Anda perihal kerja. Tinjaulah bagaimana Anda telah menanggapi kerja di masa lalu — hasrat Anda untuk bekerja, ambivalensi Anda perihal kerja dan penolakan Anda terhadap kerja. Kenali bahwa semua hasrat Anda untuk terlepas dari kerja sesungguhnya merupakan hasrat untuk menemukan Pengetahuan. Kenali bahwa Pengetahuan akan melibatkan Anda dengan kerja dengan tujuan baru, makna baru dan arah baru.

Periksalah pemikiran Anda. Anda harus memahami pemikiran Anda, karena itu masih sangat efektif dalam memengaruhi persepsi Anda dan pemahaman Anda. Ketika Anda bisa objektif dengan pikiran Anda sendiri, Anda akan mampu mengizinkan Pengetahuan meneranginya, dan Anda akan mampu menggunakan kuasa keputusan untuk mempersiapkan diri dan untuk bekerja dengan isi pikiran Anda. Ini efektif dalam jangkauan partisipasi Anda, karena ini tidak diberikan kepada Anda untuk menentukan tujuan, makna atau arah Pengetahuan, melainkan untuk menjadi penerima Pengetahuan, untuk mengalami Pengetahuan dan untuk mengizinkan Pengetahuan mengungkapkan diri melalui Anda.

Maka, dalam dua periode latihan Anda yang lebih panjang libatkan pikiran Anda secara aktif. Konsentrasilah pada satu gagasan ini. Kenali semua pemikiran dan perasaan yang terkait dengannya. Pada bagian akhir dari tiap latihan panjang ini, izinkan semua pemikiran meninggalkan Anda. Masuki kembali keheningan dan penerimaan sehingga Anda dapat mengetahui. Pengetahuan tidak memerlukan pemikiran Anda ketika Anda mengalami Pengetahuan itu sendiri, karena semua pemikiran merupakan pengganti Pengetahuan. Namun, Pengetahuan akan mengarahkan semua pemikiran Anda untuk melayani tujuan yang lebih agung.

Latihan 346: *Dua periode latihan 30 menit.*
Latihan setiap jam.

Langkah 347

SAYA MENGIZINKAN HIDUP SAYA MEMBUKA HARI INI.

IZINKAN HIDUP ANDA MEMBUKA HARI INI. Tanpa disorientasi batin anda sendiri, tanpa kegelapan imajinasi Anda sendiri dan tanpa kebingungan dan konflik Anda sendiri, Anda dapat menyaksikan hidup Anda membuka. Hari ini mewakili langkah membukanya hidup Anda, dalam munculnya Pengetahuan Anda, dalam pengembangan pemahaman sejati Anda dan dalam pengungkapan pencapaian sejati Anda. Perhatikanlah hari ini dan belajar mengamati kehidupan lahir Anda dan kehidupan batin Anda secara objektif. Secara ini, Anda dapat mengalami apa yang sesungguhnya ada, dan Anda akan mencintai apa yang sesungguhnya ada, karena apa yang sesungguhnya ada adalah sejati dan mencerminkan cinta kasih itu sendiri.

PADA SETIAP JAM INGATKAN DIRI ANDA untuk mengamati hidup Anda membuka. Dalam meditasi Anda yang lebih dalam, dalam keheningan dan penerimaan, amati kehidupan batin Anda membuka. Amati kehidupan lahir dan kehidupan batin Anda membuka bersama-sama sebagaimana mestinya. Di sini Anda akan merasakan pergerakan hidup Anda. Di sini Anda akan mengetahui bahwa hidup Anda dipandu dan diarahkan. Di sini Anda akan mengetahui bahwa semua hal yang benar-benar Anda hargai dan junjung tinggi dan semua yang telah Kami tunjukkan dalam persiapan kita sejauh ini sedang terwujud. Di sini Anda mengizinkan hal-hal tertentu disisihkan dan hal-hal tertentu muncul. Di sini Anda mengatur bagian hidup Anda yang milik Anda untuk diatur, yaitu pemikiran dan perilaku Anda. Di sini Anda mengizinkan bagian hidup Anda yang tidak dapat Anda atur, yaitu tujuan, makna dan arah Anda, untuk secara alami muncul dan mengungkapkan diri. Di sini Anda menjadi saksi hidup Anda, yang hari ini muncul dan membuka.

LATIHAN 347: *Dua periode latihan 30 menit.*
Latihan setiap jam.

Langkah 348

HARI INI SAYA AKAN MENYAKSIKAN DUNIA MEMBUKA.

TANPA SPEKULASI KETAKUTAN ANDA, tanpa reaksi cemas Anda terhadap penampilan yang menakutkan dan tanpa ambisi dan penolakan Anda, Anda dapat melihat dunia membuka hari ini. Mata Anda akan melihatnya, telinga Anda akan mendengarnya, kulit Anda akan merasakannya dan Anda akan merasakannya dengan seluruh keberadaan fisik dan mental Anda. Anda akan mengetahui hal ini karena keberadaan Anda mengetahui sementara pikiran Anda berpikir dan tubuh Anda bertindak. Dengan demikian, kuasa Pengetahuan adalah kuasa keberadaan, di mana Anda adalah bagiannya.

DENGAN KUASA INILAH ANDA dapat mengamati dunia membuka, karena dunia memiliki keberadaan, pikiran, dan tubuh. Keberadaannya mengetahui, pikirannya berpikir dan tubuhnya bertindak. Alam adalah tubuhnya. Pemikiran kolektif Anda adalah pikirannya. Pengetahuan adalah keberadaannya. Dengan demikian, saat Anda mulai menyadari Pengetahuan dalam hidup Anda, Anda akan menyadari Pengetahuan dalam dunia. Saat Anda melihat Pengetahuan membersihkan dan memurnikan pikiran Anda, Anda akan melihat Pengetahuan membersihkan dan memurnikan semua pikiran di dunia Anda. Saat Anda melihat Pengetahuan memandu Anda menuju tindakan yang efektif, Anda akan melihat Pengetahuan di dunia memandu orang lain menuju tindakan yang efektif. Dengan demikian, saat Anda belajar berbelas kasih pada diri sendiri, Anda akan belajar berbelas kasih pada dunia. Saat Anda menyaksikan membukanya diri Anda, Anda akan menyaksikan membukanya dunia.

HARI INI PADA SETIAP JAM ULANGI GAGASAN INI dan saksikan membukanya dunia. Dalam dua latihan Anda yang lebih panjang hari ini, dengan mata terbuka, pandanglah dunia sekeliling Anda. Habiskan waktu ini sendirian, memandang dunia di sekeliling Anda. Lihatlah tanpa menghakimi. Rasakan dunia membuka. Anda tidak perlu berusaha merasakannya. Anda akan merasakannya karena ini alami. Tanpa halangan atau campur tangan dari Anda, pengalaman ini akan selalu ada dan tersedia untuk Anda. Rasakan dunia membuka, karena ini akan mengonfirmasi semua yang Anda pelajari sekarang, dan semua yang Anda pelajari sekarang akan melayani dunia dalam pembukaannya.

Latihan 348: *Dua periode latihan 30 menit.
Latihan setiap jam.*

Langkah 349

SAYA BAHAGIA BAHWA SAYA AKHIRNYA DAPAT MELAYANI KEBENARAN.

MERUPAKAN KEGEMBIRAAN TERBESAR ANDA, merupakan kebahagiaan terbesar Anda, dan merupakan kepuasan terbesar Anda untuk akhirnya melayani kebenaran. Masa lalu Anda telah membuat frustrasi dan suram karena Anda telah berusaha melayani hal-hal tanpa fondasi dan makna. Anda telah berusaha mengidentifikasi dengan hal-hal tanpa tujuan dan arah. Ini telah membuat Anda merasa bahwa Anda tidak memiliki tujuan, makna atau arah. Berbahagialah sekarang bahwa Anda dapat mewakili kebenaran dan melayani kebenaran, karena kebenaran memberi Anda semua yang sejati. Kebenaran memberi Anda tujuan, makna dan arah yang merupakan apa yang telah Anda cari dalam semua keterlibatan, hubungan, aktivitas dan upaya Anda. Inilah yang Anda cari dalam semua fantasi Anda, dalam semua kekhawatiran Anda dan dalam semua harapan Anda.

SEMUA YANG BENAR-BENAR ANDA INGINKAN sedang diberikan kepada Anda sekarang. Belajarlah sekarang menerima apa yang benar-benar Anda inginkan, dan Anda akan menyadari apa yang sejati. Anda juga akan menyadari apa yang selalu benar-benar Anda inginkan. Ini memungkinkan kebenaran menjadi sederhana dan jelas. Ini memungkinkan kodrat individual Anda menjadi sederhana dan jelas, karena dalam kesederhanaan semua hal diketahui. Dalam kerumitan semua hal terselubung. Hanya hal mekanis di dunia yang dapat menjadi rumit, namun intinya sederhana dan dapat dialami secara langsung. Hanya dalam mengendalikan apa yang mekanis dalam kehidupan, yang harus Anda lakukan sampai taraf tertentu, terdapat kerumitan, namun bahkan kerumitan ini pun mudah ditentukan langkah demi langkah. Dengan demikian, pendekatan Anda terhadap kehidupan harus sederhana, apakah Anda menangani kesederhanaan atau kerumitan. Kerumitan yang Kami bicarakan, yang merupakan bentuk penolakan, mewakili kerumitan pemikiran Anda sendiri dan kesulitan dalam pendekatan Anda sendiri.

MAKA, BERBAHAGIALAH BAHWA ANDA DAPAT MELAYANI APA YANG SEJATI, karena ini akan menyederhanakan semua hal dan akan membuat Anda mampu menangani kerumitan mekanis secara langsung dan efektif. Maka, berbahagialah bahwa hidup Anda memiliki tujuan, makna, dan arah, karena Anda melayani apa yang memiliki tujuan, makna, dan arah.

Ingatlah ini pada setiap jam, dan dalam dua periode latihan Anda yang lebih dalam masuki kembali keheningan dengan penerimaan dan pengabdian besar. Ingatlah bahwa Anda memberikan diri Anda di sini, bahwa latihan adalah memberi, bahwa Anda sedang belajar memberi dan bahwa Anda sedang belajar melayani. Anda memberi apa yang sejati dan Anda melayani apa yang sejati, dan sebagai hasilnya Anda mengalami apa yang sejati dan menerima apa yang sejati. Dengan demikian, ini adalah hari bahagia karena Anda melayani apa yang sejati.

Latihan 349: *Dua periode latihan 30 menit.*
Latihan setiap jam.

Langkah 350
TINJAU ULANG

Sekali lagi tinjaulah dua minggu terakhir pelatihan Anda, dengan membaca setiap pelajaran dan meninjau setiap hari latihan. Sekali lagi kembangkan kemampuan Anda untuk menjadi objektif. Sekali lagi kenali keseluruhan pergerakan hidup Anda — perubahan yang perlahan tetapi sangat penting dan nyata yang terjadi dalam nilai-nilai Anda, dalam keterlibatan Anda dengan orang lain, dalam aktivitas Anda dan, yang paling penting, dalam keseluruhan rasa diri Anda.

Ingatlah bahwa perubahan penting terjadi secara bertahap dan sering kali tanpa disadari sampai hasilnya terbukti. Sadarilah bahwa perubahan kecil atau sepele sering kali melibatkan pergolakan emosi besar di mana orang-orang berpikir bahwa sesuatu yang besar telah terjadi. Perubahan yang lebih besar terjadi lebih dalam dan merubah segalanya. Perubahan kecil dan bertahap langsung memengaruhi sudut pandang Anda, tetapi pengaruh keseluruhannya tidak begitu langgeng. Satu-satunya pengecualian adalah ketika Guru-Guru Anda campur tangan ke dalam lingkup pribadi Anda untuk mendemonstrasikan hadirat mereka atau untuk menyampaikan pesan kuat yang mutlak Anda perlukan pada saat itu. Campur tangan ini langka tetapi dapat terjadi sesekali ketika diperlukan demi Anda sendiri.

Karena itu, tinjaulah keseluruhan pergerakan hidup Anda. Tinjaulah hidup Anda membuka. Ini mempersiapkan Anda untuk masa depan, karena program ini mempersiapkan Anda untuk masa depan. Semua yang diajarkan disini harus Anda manfaatkan dan perkuat, dan Anda harus berlatih baik di dalam lingkup persiapan ini maupun jauh melampauinya juga. Dalam periode latihan Anda yang lebih panjang hari ini, jadilah pengamat yang arif atas perkembangan Anda sendiri. Kenalilah di mana latihan Anda harus diperkuat. Sadarilah bahwa ini muncul dari Pengetahuan Anda. Ikuti ini sebaik kemampuan Anda saat kita menjelang latihan-latihan akhir dalam tahap *Langkah-Langkah Menuju Pengetahuan* ini.

Latihan 350: *Satu periode latihan panjang.*

Langkah-Langkah Menuju Pengetahuan

PELAJARAN-PELAJARAN TERAKHIR

Anda akan memulai Langkah-Langkah terakhir dalam persiapan kita. Ini bukan langkah-langkah terakhir dalam pendekatan Anda secara keseluruhan menuju Pengetahuan atau dalam pemanfaatan dan pengalaman Anda akan Pengetahuan. Namun ini adalah langkah-langkah terakhir dalam satu tahap perkembangan penting ini di mana Anda sekarang terlibat. Karena itu, berikan diri Anda ke bagian latihan berikutnya dengan hasrat dan intensitas yang meningkat. Izinkan Pengetahuan mengarahkan Anda dalam partisipasi Anda. Izinkan diri Anda menjadi begitu kuasa, begitu kuat dan begitu terlibat. Jangan memikirkan masa lalu Anda, melainkan sadari realitas Pengetahuan saat ini dan janji besarnya untuk masa depan. Anda dihormati yang menghormati sumber persiapan Anda. Anda dihormati hari ini saat Anda memulai Langkah-Langkah terakhir dalam tahap penting perkembangan Anda ini.

Langkah 351

SAYA MELAYANI TUJUAN YANG LEBIH AGUNG, YANG SEKARANG MULAI SAYA ALAMI.

ULANGI GAGASAN INI PADA SETIAP JAM dan jangan lupa. Ketika Anda memperkuat pemahaman ini, hal ini akan menjadi semakin nyata dan jelas bagi Anda. Saat hal ini menjadi semakin nyata, semua gagasan dan pendapat lain yang bersaing dengannya akan berangsur pudar, karena satu kebenaran agung ini memiliki substansi. Semua hal lain yang berpura-pura menjadi kebenaran dan yang bertentangan dengannya akan pudar karena mereka tanpa substansi. Apa yang sejati akan tetap ada terlepas dari apakah Anda menginginkannya atau tidak, apakah Anda mempercayainya atau tidak, dan apakah Anda mematuhinya atau tidak. Itulah yang membuatnya sejati.

ANDA TELAH BERPIKIR DI MASA LALU bahwa segala sesuatu ada karena Anda menginginkannya. Ini hanya berlaku di ranah imajinasi, ranah yang saat ini Anda sedang belajar untuk melepaskan diri. Bahkan di ranah imajinasi, Anda belajar menghargai apa yang paling dekat dengan kebenaran agar Anda dapat melepaskan diri dari ranah imajinasi. Karena ranah imajinasi bukanlah ranah Penciptaan. Apa yang mencipta, mencipta dari Pengetahuan. Inilah Penciptaan yang permanen, bermakna dan memiliki kuasa dan nilai sejati bahkan di dunia. Ini bukan ranah imajinasi.

DALAM PERIODE LATIHAN ANDA YANG LEBIH DALAM masukilah keheningan. Datanglah dengan penuh takzim untuk apa yang sedang Anda upayakan. Ingatkan diri Anda tentang pentingnya waktu-waktu keheningan ini. Ingatkan diri Anda bahwa ini adalah waktu ibadah, waktu pengabdian sejati, waktu di mana Anda membuka diri dan waktu di mana Pengetahuan membuka diri. Izinkan hari ini menjadi hari pemahaman yang lebih besar. Izinkan hari ini menjadi hari pengabdian yang lebih besar, karena Anda adalah siswa Pengetahuan sejati hari ini.

LATIHAN 351: *Dua periode latihan 30 menit.*
Latihan setiap jam.

Langkah 352

SAYA ADALAH SISWA PENGETAHUAN SEJATI HARI INI.

TEGASKAN INI PADA SETIAP JAM, dan dalam dua latihan meditasi Anda masuki periode kesunyian Anda dengan penuh takzim dan pengabdian. Ini adalah waktu ibadah Anda. Anda benar-benar pergi ke gereja sekarang — bukan karena keharusan, bukan karena ketakutan atau kecemasan, dan bukan karena rasa kewajiban kepada Tuhan yang tidak mengasihi, tetapi karena rasa sukacita besar dan karena hasrat untuk memberikan diri Anda kepada apa yang memberikan dirinya kepada Anda. Jadilah siswa Pengetahuan sejati. Ingatlah semua yang telah disampaikan kepada Anda sejauh ini dan manfaatkan setiap jam. Libatkan diri dalam berlatih secara bermakna, baik secara batin maupun secara lahir. Perkuat hari ini. Berikan hari ini kepada Pengetahuan seperti Pengetahuan memberikan hari ini kepada Anda sehingga Anda dapat belajar tentang hadirat Pengetahuan dalam hidup Anda.

PENGETAHUAN ADALAH ANUGERAH TUHAN KEPADA ANDA, karena Pengetahuan adalah uluran Tuhan untuk Anda. Dengan demikian, Pengetahuan akan menjadi Tuhan bagi Anda tetapi akan berbicara tentang keagungan di luar dirinya, karena Pengetahuan ada di sini untuk memungkinkan Anda menjalin hubungan secara bermakna dengan diri sendiri, dengan orang lain, dan dengan kehidupan. Melalui ini Anda akan mampu memperoleh kembali hubungan-hubungan dan dengan demikian bergerak menuju Rumah Sejati Anda di dalam Tuhan.

LATIHAN 352: *Dua periode latihan 30 menit.*
Latihan setiap jam.

Langkah 353

RUMAH SEJATI SAYA ADA DI DALAM TUHAN.

Rumah Sejati Anda ada di dalam Tuhan. Rumah Sejati Anda ada. Rumah Anda sejati. Anda sejati. Anda berada di rumah bahkan sekarang saat Anda berada di dunia, meskipun dunia bukan Rumah Sejati Anda. Karena Anda berada di rumah di dunia dan karena Anda bersama Pengetahuan, Anda dapat memberi kepada dunia dan menyediakan persis apa yang diperlukannya, dan Anda akan ingin memberikan rasa rumah ini kepada dunia, yang merasa tanpa rumah dan tersesat.

Pada setiap jam, ulangi gagasan ini dan amati orang-orang di dunia dan lihatlah betapa tanpa rumah tampaknya mereka. Ingatlah bagaimana mereka sebenarnya di rumah tetapi tidak menyadarinya. Seperti Anda, mereka tertidur di rumah. Anda sekarang belajar untuk terbangun dari tidur Anda, dan Anda menyadari bahwa Anda masih di rumah karena Keluarga Spiritual Anda bersama Anda, Pengetahuan bersama Anda dan Guru-Guru Anda bersama Anda.

Demikianlah Anda berada di rumah di dalam Tuhan, meskipun sekarang Anda tampaknya jauh dari Rumah Sejati Anda. Anda telah membawa serta Rumah Sejati Anda. Bagaimana mungkin Anda berada di tempat yang tidak ada Tuhan jika Tuhan ada di mana-mana? Bagaimana mungkin Anda tidak bersama Guru-Guru Anda jika mereka mendampingi Anda? Bagaimana mungkin Anda tidak bersama Keluarga Spiritual Anda jika Keluarga Spiritual Anda selalu hadir? Mungkin tampaknya bertentangan bahwa Anda dapat berada jauh dari Rumah Sejati Anda dan tetap berada di rumah, namun Anda hanya kelihatannya saja jauh dari Rumah ketika Anda melihat dunia dan mengidentifikasi dengan dunia yang Anda lihat. Tetapi dalam diri Anda, Anda membawa Pengetahuan, yang merupakan pengingat bahwa Anda sesungguhnya di rumah dan bahwa Anda berada di dunia untuk mengulurkan Rumah Sejati Anda ke dalam dunia. Karena Rumah Sejati Anda ingin memberikan dirinya kepada dunia sehingga dunia dapat menemukan Kepulangannya.

Pada setiap jam ingatlah ini, dan dalam dua meditasi mendalam Anda kembalilah pulang ke Pengetahuan. Kembalilah pulang ke suaka kuil batin Anda. Di sini Anda mengalami Rumah Sejati Anda dan di sini

Rumah Sejati Anda semakin nyata bagi Anda. Ketika ini semakin nyata bagi Anda, ini semakin berdiam dalam pengalaman Anda. Anda harus mengalami Rumah Sejati Anda ketika Anda berada di dunia.

Latihan 353: *Dua periode latihan 30 menit.*
Latihan setiap jam.

Langkah 354

SAYA HARUS MENGALAMI RUMAH SEJATI SAYA KETIKA SAYA BERADA DI DUNIA.

Di Rumah Sejati Anda Anda bahagia, Anda termasuk, Anda lengkap, Anda berhubungan, Anda peserta penuh, Anda penting dan Anda bermakna. Rumah Sejati Anda tak dapat Anda pahami ketika Anda berada di dunia. Sesungguhnya, Rumah Sejati Anda tak dapat Anda dipahami sampai Anda sepenuhnya tiba di Rumah Sejati Anda, sampai Keluarga Spiritual Anda telah bergabung kembali dengan semua Keluarga Spiritual lain dan semua penggabungan rampung di alam semesta.

NAMUN, MESKIPUN RUMAH SEJATI ANDA TAK DAPAT DIPAHAMI, jangan berpikir bahwa itu berada di luar jangkauan Anda. Hari ini diberikan kepada Anda untuk mengalami Rumah Sejati Anda, karena Anda membawa Pengetahuan dalam diri Anda. Satu-satunya keterbatasan Anda di sini adalah kapasitas Anda untuk mengalami dan mengungkapkan Pengetahuan. Namun, ketika Anda mengambil setiap langkah dan ketika Anda menerima setiap langkah dalam persiapan Anda, kapasitas Anda untuk mengalami hubungan dan komunikasi tumbuh. Ketika Anda semakin berusaha terbebas dari imajinasi Anda sendiri dan dari keterasingan pemikiran Anda sendiri, Anda mengalami kesertaan Anda dalam kehidupan ke tingkat yang semakin besar. Dengan demikian, evolusi Anda dapat diukur dipandang dari segi kapasitas Anda yang semakin meningkat untuk mengalami hubungan dan komunikasi dan kapasitas Anda yang semakin meningkat untuk mengalami dan mengungkapkan Pengetahuan. Dengan demikian, Anda berada di rumah saat Anda berada di dunia, karena Rumah Sejati Anda tumbuh dalam diri Anda di dalam pengalaman Anda sendiri. Api Pengetahuan tumbuh semakin kuat, dan pembakaran baiknya semakin nyata ketika pikiran Anda menjadi bebas, utuh, dan terarah.

PADA SETIAP JAM INGATLAH ini dan kembalilah ke Rumah Sejati Anda dalam periode latihan Anda yang lebih dalam. Anda berada di rumah di dunia. Karena itu, Anda bisa damai di dunia.

LATIHAN 354: *Dua periode latihan 30 menit.*
Latihan setiap jam.

Langkah 355

SAYA BISA DAMAI DI DUNIA.

DAMAI DI DUNIA ADALAH MUNGKIN KARENA Anda telah membawa sumber kedamaian bersama Anda. Anda dapat merasa damai di dunia walaupun dunia adalah tempat keterlibatan aktif, tempat kesulitan, tempat tantangan dan tempat pencapaian yang diperlukan karena Anda membawa kedamaian dalam diri Anda dan karena Api Pengetahuan. Dari Pengetahuan muncul semua pemikiran dan aktivitas bermakna — semua inspirasi sejati, semua gagasan penting dan semua pengungkapan besar. Namun Pengetahuan lebih agung daripada pengungkapannya, karena Pengetahuan adalah cahaya ke dalam dunia.

ANDA DAMAI DI DUNIA KARENA ANDA bersama cahaya dunia, namun Anda terlibat di dunia karena Anda telah datang ke sini untuk bekerja. Hanya melalui partisipasi dengan mengikuti setiap langkah maka Anda dapat menyadari bahwa tidak ada kontradiksi antara kedamaian dan kerja. Tidak ada pemisahan antara keheningan dan aktivitas. Ini harus sepenuhnya Anda alami, karena ini adalah pengalaman penuh, dan kapasitas Anda untuk pengalaman ini harus semakin diperluas. Pengartian dan pemahaman Anda harus senantiasa diperluas. Keterlibatan Anda dalam kehidupan harus semakin selaras dan seragam. Kebijakan Anda perihal hubungan harus ditingkatkan dan benar-benar diterapkan. Semua kualitas yang terkait dengan pembinaan Pengetahuan juga harus ditingkatkan. Ini akan memungkinkan Anda memiliki kedamaian di dunia, karena Anda dimaksudkan untuk memiliki kedamaian di dunia. Kedamaian di dunia adalah ungkapan Rumah Sejati Anda di dunia dan di sini Anda akan menemukan Diri Anda.

LATIHAN 355: *Baca pelajaran tiga kali hari ini.*

Langkah 356

SAYA AKAN MENEMUKAN DIRI SAYA HARI INI.

Diri Anda lebih agung daripada kapasitas Anda saat ini untuk mengalaminya. Namun dalam kapasitas Anda saat ini Anda dapat menemukan Diri Anda dan mengalaminya. Ingatlah bahwa ini adalah hasrat besar Anda. Ingatlah ini pada setiap jam. Ingatlah bahwa Anda ingin menemukan Diri Anda, karena tanpa Diri Anda maka Anda tersesat dalam pemikiran Anda sendiri dan dalam pemikiran dunia yang tidak menentu. Tanpa Diri Anda, Anda akan merasa sementara dan berubah-ubah seperti dunia. Tanpa Diri Anda, Anda akan merasa terancam dan mengancam seperti dunia. Karena itu, hasrat sejati Anda adalah memperoleh kembali Diri Anda dan dengan Diri Anda memperoleh kembali semua hal yang inheren dalam Diri Anda yang lahir dari satu Sumber Sejati Anda, yang diungkapkan melalui Pengetahuan Anda dan yang hidup dalam Rumah Purba Anda.

Hari ini dalam periode latihan Anda yang lebih dalam, datanglah lagi ke Pengetahuan. Datanglah untuk memberikan diri Anda. Datanglah untuk beribadah. Datanglah dalam pengabdian dan ketakziman sehingga Anda dapat meningkatkan kapasitas Anda untuk mengalami Diri Anda, baik dalam waktu latihan meditasi Anda maupun dalam waktu Anda di dunia. Anda telah datang ke dalam dunia untuk memperoleh kembali Pengetahuan Anda dan untuk mengizinkan Pengetahuan Anda mengungkapkan diri. Kemudian Anda akan mengungkapkan Diri Anda, karena Anda berada di dunia untuk mengungkapkan Diri Anda.

LATIHAN 356: *Dua periode latihan 30 menit.*
Latihan setiap jam.

Langkah 357
SAYA BERADA DI DUNIA UNTUK MENGUNGKAPKAN DIRI SAYA.

SEMUA YANG PERNAH ANDA KATAKAN dan semua yang pernah Anda lakukan adalah upaya untuk mengungkapkan Diri Anda. Dilema Anda di masa lalu adalah bahwa Anda telah berupaya mengungkapkan diri yang bukan Diri Anda. Diri yang sementara ini, diri pribadi ini, telah digunakan sebagai pengganti Jati Diri Anda, meskipun ia hanya dimaksudkan sebagai perantara antara Jati Diri Anda dan dunia. Karena ia telah digunakan sebagai pengganti, kebingungan inherennya sendiri dan kurangnya fondasi telah melumpuhkan komunikasi dan pengungkapan Anda. Karena itu, Anda belum menemukan sumber pengungkapan Anda atau sarana terbaik bagi pengungkapan Anda.

BAHWA JATI DIRI ANDA INGIN MENGUNGKAPKAN dirinya terbukti dalam semua aktivitas masa lalu Anda jika Anda memahaminya secara objektif. Semua yang pernah Anda katakan kepada siapa pun mengandung benih pengungkapan sejati. Semua yang pernah Anda lakukan atau coba demonstrasikan mengandung benih demonstrasi dan pengungkapan sejati. Anda hanya perlu memurnikan pengungkapan Anda agar menjadi utuh dan benar-benar mewakili kodrat Anda dan, karenanya, benar-benar memuaskan bagi Anda.

KARENA ANDA BERADA DI SINI UNTUK mengungkapkan Diri Anda, Anda juga harus belajar bagaimana mengungkapkan Diri Anda, bagaimana ungkapan sejati Anda akan memengaruhi orang lain dan bagaimana pengaruh ini dapat dimanfaatkan secara tepat, demi kesejahteraan Anda dan kesejahteraan mereka juga. Di sini Anda belajar apa yang ingin Anda ungkapkan dan bagaimana mengungkapkannya. Dan Anda juga belajar menyadari dampaknya pada dunia. Ini memerlukan pengembangan Pengetahuan dalam diri Anda, pengembangan kemampuan pribadi Anda, dan transformasi diri pribadi Anda dari sebagai pengganti Pengetahuan menjadi perantara untuk Pengetahuan. Sebagai perantara, diri pribadi Anda harus dikembangkan dan diaktifkan secara tepat. Di sini ia melayani Diri yang Lebih Agung dalam diri Anda, seperti Diri Anda yang Lebih Agung melayani Diri Agung Alam Semesta. Di sini semua menemukan tempat yang semestinya dan pengungkapannya yang seragam.

INGATKAN DIRI ANDA PADA SETIAP JAM bahwa Anda ingin mengungkapkan Diri Anda dan dalam pengalaman meditasi Anda yang lebih dalam, di mana Anda datang dalam keheningan dan pengabdian, izinkan Jati Diri Anda mengungkapkan diri kepada Anda. Melampaui kata-kata dan melampaui tindakan, Jati Diri Anda akan mengungkapkan dirinya dan Anda akan mengetahui pengungkapannya. Anda akan mengetahui bahwa Anda ingin menerima pengungkapannya dan mengulurkan pengungkapannya ke dalam dunia. Dunia adalah tempat di mana Anda telah datang untuk mengungkapkan Diri Anda karena dunia adalah tempat di mana Anda ingin berada di rumah.

LATIHAN 357: *Dua periode latihan 30 menit.*
Latihan setiap jam.

Langkah 358

SAYA INGIN BERADA DI RUMAH DI DUNIA.

Anda ingin berada di rumah di dunia. Anda tidak datang ke sini untuk melarikan diri dari dunia. Anda telah datang ke sini untuk berada di rumah di dunia. Memahami hal ini akan memungkinkan Anda untuk menghargai kontribusi Anda dan melibatkan diri sepenuhnya dalam pengungkapannya. Melarikan diri dari dunia tanpa memberikan kontribusi kepada dunia hanya akan mempersulit dilema Anda, dan Anda akan kembali ke Keluarga Spiritual Anda dengan anugerah Anda belum dibuka dan tidak disampaikan. Anda kemudian akan menyadari bahwa Anda harus kembali karena kerja yang ingin Anda capai di dunia tidak tercapai.

Maka, bergembiralah bahwa Anda berada di dunia sekarang dan bahwa Anda tidak perlu menunggu untuk masuk kembali. Anda sudah di sini. Anda sudah mencapai kemajuan sejauh ini. Anda berada dalam posisi sempurna untuk memenuhi takdir Anda di sini. Anda telah membawa serta Rumah Purba Anda — di dalam benih dan di dalam cahaya Pengetahuan Anda, yang kini tumbuh, muncul dan bertunas.

Dunia bukan rumah Anda, tetapi Anda dimaksudkan untuk berada di rumah di dunia. Pada setiap jam pikirkan hal ini dan sadari betapa Anda ingin berada di rumah di dunia. Sadari betapa Anda tidak ingin mengutuk dunia atau sekadar melarikan diri dari dunia. Ketika Anda berada di rumah di dunia, Anda akan mampu bergerak melampaui dunia untuk melayani dengan cara yang lebih agung dan mengalami realitas yang lebih agung daripada yang dapat disajikan dunia kepada Anda. Tetapi Anda tidak akan pergi dengan penyesalan, dengan amarah atau dengan kekecewaan. Anda akan pergi dengan kebahagiaan dan kepuasan. Ini akan merampungkan pengalaman Anda di sini. Ini akan memberkati dunia dan akan memberkati Anda yang telah memberkati diri sendiri dan dunia selama Anda berada di dunia.

Dalam latihan meditasi Anda yang lebih dalam, izinkan diri Anda secara serius mempertimbangkan apa makna rumah bagi Anda. Sekali lagi, ini adalah latihan keterlibatan mental aktif. Gunakan pikiran Anda untuk mempertimbangkan hal-hal penting yang sedang diberikan kepada Anda sekarang. Anda akan perlu memeriksa semua pemikiran Anda terkait gagasan hari ini untuk dapat memahami bagaimana pendekatan Anda terhadap gagasan hari ini dan bagaimana Anda akan meresponsnya. Kuasa keputusan ada di tangan Anda, tetapi Anda harus memahami isi pikiran Anda saat ini. Dengan ini, Anda akan mampu mengambil keputusan yang tepat dan bijaksana demi Anda sendiri, dalam lingkup tanggung jawab Anda. Anda dimaksudkan untuk berada di rumah di dunia. Bawalah rumah beserta Anda agar orang lain dapat merasa di rumah di dunia. Secara ini, dunia diberkati karena ia bukan tempat yang terpisah lagi. Jangan melarikan diri dari dunia hari ini, tetapi hadirlah untuk melayani dunia.

LATIHAN 358: *Dua periode latihan 30 menit.*
Latihan setiap jam.

Langkah 359

SAYA HADIR UNTUK MELAYANI DUNIA.

Hadirlah untuk melayani dunia, maka hadirat yang melayani dunia akan berbicara melalui Anda. Hadirlah untuk melayani dunia, maka Anda akan hadir untuk hadirat itu. Anda akan terlibat dalam semua aktivitas, dan semua aktivitas akan menjadi penting dan bermakna. Kemudian Anda tidak akan berusaha melarikan diri dari pengalaman Anda, Anda tidak akan berusaha melarikan diri dari dunia, dan Anda tidak akan mencari tempat gelap untuk bersembunyi, karena Anda akan menyadari bahwa cahaya Pengetahuan sepenuhnya murah hati. Anda akan ingin semakin mandi di dalamnya dan semakin mengungkapkannya di dalam dunia. Inilah tugas Anda di sini dan cinta kasih agung Anda.

Pada setiap jam ingatkan diri Anda bahwa Anda ingin hadir untuk melayani dunia. Ingatkan diri Anda juga bahwa Anda ingin hadir agar dunia melayani Anda. Ingatkan diri Anda bahwa Anda harus belajar bagaimana menerima dan bagaimana memberi, dan itulah sebabnya Anda adalah siswa pemula Pengetahuan. Jangan membebani diri dengan pengharapan diri melampaui apa yang diindikasikan dalam program persiapan Anda. Guru-Guru Anda mengenali tahap Anda saat ini dan mereka mengenali langkah Anda saat ini. Mereka tidak meremehkan kuasa Anda, tetapi mereka juga tidak melebih-lebihkan kemampuan Anda saat ini. Itulah sebabnya Anda akan memerlukan mereka untuk melanjutkan dengan kepastian, kejujuran, dan keandalan.

Dalam latihan Anda yang lebih dalam, hadirlah untuk memberikan diri Anda pada latihan Anda dalam keheningan. Ingat kembali bahwa semua latihan adalah memberi. Anda memberikan diri Anda agar Jati Diri Anda dapat diberikan kepada Anda. Di sini Anda membawa apa yang kecil kepada apa yang agung dan apa yang agung membawa dirinya kepada apa yang kecil. Di sini Anda menyadari bahwa Anda juga agung dan bahwa apa yang kecil dimaksudkan untuk mengungkapkan keagungan di mana Anda adalah bagiannya. Dunia sangat meminta agar keagungan ini tersingkap, namun Anda harus belajar bagaimana menyingkap keagungan di dunia.

LATIHAN 359: *Dua periode latihan 30 menit.*
Latihan setiap jam.

Langkah 360

SAYA HARUS BELAJAR BAGAIMANA MENYINGKAP KEAGUNGAN DI DUNIA.

DENGAN KESEDERHANAAN, KERENDAHAN hati dan tanpa asumsi palsu, dengan mengingat bahwa Anda adalah siswa pemula Pengetahuan, Anda akan mampu belajar bagaimana menyingkap keagungan di dunia. Ini sungguh penting karena dunia ambivalen terhadap keagungan, terhadap Pengetahuan dan terhadap cinta kasih. Jika Anda menyajikan hasrat dunia kepadanya ketika dunia dalam keadaan ambivalen, dunia tidak akan tahu bagaimana harus bereaksi. Karena itu, reaksinya akan mendemonstrasikan apakah dunia mendukung atau menentang kontribusi Anda. Individu mana pun, komunitas mana pun atau dunia mana pun yang dilanda ambivalensi akan bereaksi lebih dari satu cara karena ia ambivalen. Karena alasan inilah maka Anda harus belajar mendekati ambivalensi dengan Kearifan, karena mereka yang ambivalen harus belajar bagaimana menerima kepastian mereka, seperti yang sedang Anda pelajari sekarang.

KENALILAH SEJAUH INI BETAPA ANDA TELAH AMBIVALEN tentang hidup Anda dan tentang persiapan ini. Sadari bahwa karena alasan ini, persiapan ini telah diberikan kepada Anda dalam langkah-langkah yang sangat bertahap, satu per satu langkah, hari demi hari. Satu per satu langkah, Anda belajar mengembangkan dan menerima hasrat dan kapasitas Anda untuk Pengetahuan dan Anda belajar mengungkapkan Pengetahuan juga. Menjadi siswa berarti Anda berada di sini untuk belajar, dan ketika Anda belajar Anda akan mendemonstrasikan, mengajar dan menghasilkan hasil besar yang ingin dihasilkan oleh Pengetahuan. Namun Pengetahuan tidak dapat melampaui keterbatasan Anda karena Pengetahuan merawat Anda dan melindungi Anda sebagai saranaya. Karena Anda adalah bagian dari Pengetahuan, maka Anda akan ingin merawat sarana Anda juga. Itulah sebabnya Anda harus sangat merawat pikiran dan tubuh Anda sambil Anda melanjutkan.

HARI INI DALAM PERIODE LATIHAN ANDA YANG LEBIH DALAM, izinkan diri Anda diberi petunjuk tentang bagaimana menyingkap keagungan di dunia. Sadari bahwa dunia ambivalen dan terimalah ini, karena inilah keadaan dunia saat ini. Sadari bahwa Anda harus memberi dengan kearifan dan ketajaman. Dan sadari bahwa Anda harus membiarkan Pengetahuan memberikan dirinya dan tidak mencoba memberi dari ambisi atau kebutuhan Anda sendiri untuk menghindari rasa tidak mampu. Izinkankan pemberian Anda sejati maka pemberian Anda akan sejati. Kemudian pemberian Anda akan memberikan dirinya dengan cara yang sesuai, yang akan menjaga Anda dan yang akan menghormati mereka yang menerima anugerah Anda. Ini akan membawa mereka keluar dari ambivalensi mereka, seperti Anda sendiri sedang diarahkan ke dalam cahaya.

Latihan 360: *Dua periode latihan 30 menit.*

Langkah 361

SAYA SEDANG DIARAHKAN KE DALAM CAHAYA PENGETAHUAN HARI INI.

Anda membawa cahaya. Bawalah bersama Anda setiap jam dan dalam setiap keadaan. Gunakan seluruh hari Anda untuk berlatih membawa Pengetahuan. Jangan mencoba mengungkapkan Pengetahuan, karena Pengetahuan akan melakukannya sendiri ketika tepat. Tugas Anda hari ini adalah untuk membawa Pengetahuan, untuk penuh perhatian dan untuk mengingat bahwa Pengetahuan bersama Anda. Apakah Anda sendirian atau bersama orang lain, apakah Anda di tempat kerja atau di rumah, dan apakah keadaan Anda menyenangkan atau tidak menyenangkan, bawalah Pengetahuan dalam diri Anda. Rasakan baranya dalam hati Anda. Rasakan Pengetahuan memenuhi hamparan luas pikiran Anda.

Dalam dua periode latihan Anda yang lebih dalam, masuki kembali suaka Pengetahuan agar Anda dapat disegarkan dan diperbarui, agar Anda dapat diberkati dan dihormati dan agar Anda dapat menemukan penangguhan dan kebebasan. Semakin Anda menemukan ini dalam kehidupan batin Anda, semakin Anda akan mampu membawanya ke dalam kehidupan lahir Anda, karena Anda dimaksudkan untuk membawa Pengetahuan ke dalam dunia hari ini.

LATIHAN 361: *Dua periode latihan 30 menit.*
Latihan setiap jam.

Langkah 362

SAYA BELAJAR CARA BELAJAR KARENA SAYA MEMBAWA PENGETAHUAN DALAM DIRI SAYA HARI INI.

Anda sedang belajar cara belajar. Anda sedang belajar menerima Pengetahuan. Anda sedang belajar menghargai Pengetahuan. Anda sedang belajar membawa Pengetahuan. Anda sedang belajar mengungkapkan Pengetahuan. Anda sedang belajar mengolah semua kemampuan mental dan fisik Anda yang penting untuk persiapan keseluruhan ini. Anda adalah siswa yang sangat mahir. Karena itu, terlibatlah sepenuhnya dengan kesiswaan Anda hari ini, yang akan membebaskan Anda dari asumsi palsu dan dari membebani diri dengan hal mustahil. Apa yang diberikan dalam kebenaran akan dapat Anda lakukan secara alami, karena Anda secara alami diciptakan untuk melakukannya. Sarana fisik dan mental Anda, hal-hal yang terikat dengan dunia ini, secara alami akan terlibat dalam pemenuhan sejati Anda.

Belajarlah cara belajar. Belajar cara belajar artinya Anda belajar cara berpartisipasi. Ini berarti Anda sekaligus mengikuti dan memimpin. Anda mengikuti Guru-Guru Anda dan program pengembangan mereka, dan Anda memimpin sarana mental dan fisik Anda. Secara ini, memimpin dan mengikuti menjadi sama, seperti memberi dan menerima adalah sama. Maka, mereka yang menerima akan memberi dan mereka yang mengikuti akan memimpin. Maka, mereka yang memberi akan perlu terus menerima dan mereka yang memimpin akan perlu terus mengikuti. Di sini dualisme dari hal-hal semacam ini menghilang. Keseragamannya dan sifat saling melengkapinya dikenali karena ini sederhana, karena ini jelas dan karena ini benar.

Ingatlah gagasan ini pada setiap jam dan gunakan dua periode latihan Anda untuk melibatkan diri dengan Pengetahuan dalam keheningan dan kesederhanaan. Izinkan periode latihan akhir dalam program ini sangat mendalam. Berikan diri Anda padanya sepenuh kemampuan Anda, karena dalam melakukannya Anda akan meningkatkan kapasitas Anda untuk Pengetahuan dan pengalaman Anda akan Pengetahuan. Saat kapasitas dan pengalaman Anda akan Pengetahuan tumbuh, hasrat Anda demi Pengetahuan juga akan tumbuh, karena Pengetahuan adalah hasrat sejati Anda.

LATIHAN 362: *Dua periode latihan 30 menit.*
Latihan setiap jam.

Langkah 363

PENGETAHUAN ADALAH HASRAT SEJATI SAYA KARENA SAYA ADALAH SISWA PENGETAHUAN.

PENGETAHUAN ADALAH HASRAT SEJATI ANDA. Jangan berpikir bahwa hasrat Anda salah, karena semua hasrat, jika dikenali, adalah demi Pengetahuan. Karena Anda telah salah menafsirkan hasrat Anda atau telah mencoba menggunakannya untuk melindungi hal lain maka hasrat Anda telah menyesatkan Anda. Janganlah berusaha untuk tanpa hasrat, karena hidup adalah hasrat. Hasrat adalah tujuan. Hasrat adalah makna dan arah. Namun Anda harus mengenali hasrat sejati Anda, yaitu hasrat agar Pengetahuan memenuhi dirinya dan mengklaim dirinya, hasrat agar Pengetahuan menyelamatkan Anda dan agar Anda menyelamatkan Pengetahuan. Bagaimanakah Anda dapat menyelamatkan Pengetahuan? Dengan memegangnya dalam diri Anda, dengan menjadi siswa Pengetahuan, dengan membawa Pengetahuan ke mana pun Anda pergi, dengan memperkuat kesadaran Anda akan Pengetahuan, dengan menjadi sederhana dengan Pengetahuan dan dengan tidak berupaya menggunakan Pengetahuan demi memenuhi sasaran Anda sendiri dan tujuan Anda sendiri.

LANJUTKAN AKTIVITAS NORMAL HARI INI, tetapi bawalah Pengetahuan bersama Anda. Jika Pengetahuan tidak ragu, Anda tidak perlu ragu. Jika Pengetahuan tidak takut, Anda tidak perlu takut. Jika Pengetahuan tidak mengubah situasi, Anda tidak perlu mengubah situasi. Namun, jika Pengetahuan menahan Anda, tahanlah diri Anda. Jika Pengetahuan mengubah situasi, ubahlah situasi. Jika Pengetahuan memberi tahu Anda untuk meninggalkan keadaan, tinggalkan keadaan. Jika Pengetahuan memberi tahu Anda untuk tetap dalam keadaan, tetaplah dalam keadaan. Di sini Anda menjadi sesederhana dan sekuat Pengetahuan. Di sini Anda menjadi Pengetahuan itu sendiri.

PADA SETIAP JAM ULANGI GAGASAN UNTUK HARI ini dan alamilah. Dalam kehidupan batin Anda, alami juga hal ini dalam latihan meditasi Anda yang lebih dalam. Kehidupan batin dan lahir Anda adalah di mana Anda menerapkan diri dan di mana Anda memberikan diri. Di sanalah Anda membawa Pengetahuan. Seiring waktu, Anda akan melihat bahwa Pengetahuan akan membawa Anda.

LATIHAN 363: *Dua periode latihan 30 menit.*
              Latihan setiap jam.

Langkah 364

PENGETAHUAN MEMBAWA SAYA KARENA SAYA ADALAH SISWA PENGETAHUAN.

KETIKA ANDA MEMBAWA PENGETAHUAN, Anda akan merasakan Pengetahuan membawa Anda. Anda akan merasakan Pengetahuan memandu Anda dan mengarahkan Anda, menjaga Anda, melindungi Anda dari bahaya, menahan Anda dari keterlibatan yang sulit dan berbahaya, melibatkan Anda dengan individu-individu dengan siapa Anda harus terlibat, dan menjauhkan Anda dari keterlibatan memecah belah tanpa tujuan. Dengan demikian Anda menjadi pemimpin dan pengikut, karena Anda mengikuti Pengetahuan dan memimpin diri sendiri. Anda berserah pada Pengetahuan, namun Anda menggunakan kuasa keputusan demi Anda sendiri. Dengan demikian Anda menjadi pengikut besar dan pemimpin besar. Dengan demikian, Anda berada dalam posisi untuk melayani, dan Anda akan semakin merasa seperti Pengetahuan membawa Anda melalui kehidupan. Dan Anda akan merasa bahwa Anda membawa Pengetahuan juga. Jika dilihat dengan tepat, Anda akan menyadari hubungan sejati Anda dengan Pengetahuan. Anda akan menyadari bahwa Anda membawa Pengetahuan dalam diri Anda dan bahwa Pengetahuan membawa kesejahteraan Anda dalam dirinya. Ini sepenuhnya saling melengkapi. Ini sempurna karena ini lahir dari kesempurnaan.

JADILAH SISWA PENGETAHUAN SEJATI. Libatkan diri Anda dalam latihan. Berikan diri Anda dalam latihan. Jangan mengubah latihan Anda. Jangan mengabaikan latihan Anda. Yang perlu Anda lakukan hanyalah berlatih dan penuh perhatian, berlatih dan penuh perhatian. Pada setiap jam dan dalam dua latihan meditasi Anda yang lebih dalam, di mana Anda menjadi hening untuk bersama keheningan itu sendiri, berlatihlah cara berlatih, berlatihlah cara belajar dan belajarlah cara belajar. Hari ini Anda belajar cara belajar. Hari ini Anda adalah siswa Pengetahuan.

LATIHAN 364: *Dua periode latihan 30 menit.*
Latihan setiap jam.

Langkah 365

SAYA BERKOMITMEN UNTUK BELAJAR CARA BELAJAR. SAYA BERKOMITMEN UNTUK MEMBERIKAN APA YANG DIMAKSUDKAN UNTUK SAYA BERIKAN. SAYA BERKOMITMEN KARENA SAYA ADALAH BAGIAN DARI KEHIDUPAN. SAYA ADALAH BAGIAN DARI KEHIDUPAN KARENA SAYA BERSATU DENGAN PENGETAHUAN.

APAKAH KOMITMEN KALAU bukan ungkapan alami dari hasrat sejati Anda? Hal ini membebaskan Anda; hal ini tidak mengikat Anda. Hal ini melibatkan Anda; hal ini tidak mewajibkan Anda. Hal ini melindungi Anda; hal ini tidak membatasi Anda. Komitmen sejati lahir dari Pengetahuan sejati, dari mana Anda sendiri dilahirkan. Di langkah terakhir dalam tahap persiapan Anda ini, berikan diri Anda dan seluruh hari Anda untuk berlatih.

HORMATI DIRI ANDA karena telah menyelesaikan tugas yang luar biasa dan substansial dalam menyelesaikan satu tahun persiapan ini. Hormati Pengetahuan Anda karena memberi Anda hasrat untuk berpartisipasi dan kekuatan untuk berpartisipasi. Hormati Pengetahuan Anda karena memberi Anda visi yang sekarang muncul. Hormati semua yang telah melayani Anda dalam kehidupan Anda — keluarga Anda, orang tua Anda, teman-teman Anda dan yang tampak sebagai musuh dan lawan Anda. Hormati semua yang telah memungkinkan Anda menghargai Pengetahuan dan yang telah memberi Anda kekuatan dan tekad untuk menjalankan persiapan untuk Pengetahuan. Ingatlah Guru-Guru Anda juga, karena mereka mengingat Anda dan berdiam bersama Anda bahkan saat ini. Ingat bahwa Anda adalah siswa Pengetahuan, dan dengan ini Anda akan mampu melanjutkan dalam persiapan Anda.

HARI INI PADA SETIAP JAM dan dalam dua latihan meditasi Anda yang lebih dalam, berikan diri Anda. Pertimbangkan semua yang diberikan kepada Anda. Jadikan hari ini hari pencapaian dan bersyukur. Jadikan hari ini hari untuk menghormati bahwa Pengetahuan nyata dalam diri Anda dan Anda nyata dalam Pengetahuan. Bukalah diri Anda untuk langkah selanjutnya melampaui program ini. Langkah selanjutnya menanti Anda — langkah yang akan secara bermakna melibatkan Anda dengan siswa Pengetahuan lainnya, langkah yang akan secara bermakna melibatkan

Anda dengan mereka yang telah maju melampaui apa yang telah Anda capai sejauh ini, langkah yang akan melibatkan Anda dalam melayani mereka yang baru mulai maju dalam tahap yang baru saja Anda selesaikan. Dengan demikian, Anda menerima dari mereka yang di depan Anda dan Anda memberi kepada mereka yang di belakang Anda. Dengan demikian, semua diasuh dan didukung dalam kepulangan mereka ke Rumah Tuhan. Dengan demikian, Anda mengikuti dan Anda memimpin, Anda menerima dan Anda memberi. Dengan demikian semua aktivitas Anda menjadi seragam dan Anda menemukan jalan keluar dari semua imajinasi negatif. Dengan demikian Anda adalah siswa Pengetahuan. Dan dengan demikian Pengetahuan memberkati Anda yang dimaksudkan untuk memberkati dunia.

Nasi Novare Coram

Indeks

Ajaran: Langkah: 237, 244, 259, 306
Ambisi: Langkah: 219, 243, 269
Ambivalensi: Langkah: 172, 252, 274, 280, 283, 310, 317, 360
Api Pengetahuan: Langkah: 97, 334, 335, 338, 339, 344
Asal Usul: Langkah: 6, 174, 186, 211
Asumsi: Langkah: 4, 6, 90

Balas Dendam: Langkah: 127
Belajar: Langkah: 47, 50, 77, 84, 91, 102, 119, 126, 133, 136, 138, 139, 150, 179, 254, 281, 282, 314, 362
Berada di Dunia: Langkah: 118
Berpikir Konstruktif: Langkah: 97, 127, 151, 152, 166, 179, 188, 189, 199, 200, 201, 208, 220, 226, 233, 237, 240, 256
Bersyukur: Langkah: 86, 178, 179, 245, 250, 291, 328

Cinta Kasih: Langkah: 24, 48, 57, 61, 181, 205, 206, 258, 305, 328, 329, 339

Disiplin Diri: Langkah: 118, 177
Doa: Langkah: 28, 197, 238, 294, 296, 297, 298, 299
Doa Aktif: Langkah: 121, 122
Dunia: Langkah: 63, 65, 66, 67, 145, 160, 179, 190, 205, 213, 218, 255, 256, 259, 260, 283, 292, 302, 311, 312, 320, 348

Emosi: Langkah: 89, 241
Evolusi: Langkah: 179, 190, 199, 325

Guru-Guru: Langkah: 22, 23, 36, 47, 48, 78, 114, 128, 129, 146, 215, 216, 224, 237, 247, 254, 272, 273, 333, 334

Hadirat Spiritual: Langkah: 69, 216, 339
Harga Diri: Langkah: 24, 144, 171, 172, 174, 276
Hasrat: Langkah: 253, 363

Hubungan: Langkah: 25, 129, 130, 131, 132, 157, 169, 170, 186, 211, 212, 232, 234, 244, 245, 249, 250, 251, 258, 260, 271

Idealisme: Langkah: 54, 55, 66, 67, 106, 125, 199
Identitas: Langkah: 125, 356, 357
Imajinasi: Langkah: 95, 128, 277, 321, 351
Iman: Langkah: 68, 156
Individualitas: Langkah: 11, 12, 13, 45, 232, 243

Keagungan: Langkah: 46, 142, 191, 171, 234, 237, 257, 331, 360
Kebahagiaan: Langkah: 85, 96, 107, 108, 124, 225, 341
Kebebasan: Langkah: 57, 94, 132, 167, 209, 220, 239, 246, 264, 265, 274, 275, 279, 310, 320
Kebenaran: Langkah: 17, 18, 27, 196, 278, 317, 341, 349
Kebijakan: Langkah: 176, 179, 193, 261
Kebingungan: Langkah: 20, 165, 213, 214, 221, 222, 230, 267, 274, 283, 288
Kebutuhan Materi: Langkah: 159, 253, 330
Kecenderungan Terdalam: Langkah 72, 316
Kedamaian: Langkah: 74, 193, 204, 268, 287, 327, 355
Kedamaian di Dunia: Langkah: 288, 309
Keharusan: Langkah: 172, 173
Kehendak: Langkah: 43, 96, 197
Keheningan: Langkah: 9, 48, 57, 69, 85, 143, 177, 184, 187, 235, 284, 285, 286
Kejujuran: Langkah: 98, 110, 177
Kekayaan: Langkah: 158, 160, 171, 185
Kekecewaan: Langkah: 66, 67, 262
Kekuatan Batin: Langkah: 44
Keluarga Spiritual: Langkah: 186, 189, 211, 238, 300, 345
Kemanusiaan: Langkah: 190, 191, 202

Kemiskinan: Langkah: 117, 159, 160, 228, 343
Kepastian: Langkah: 141, 173, 230, 236
Kepercayaan: Langkah: 5, 213
Keraguan: Langkah: 20
Kerja: Langkah: 65, 165, 166, 173, 192, 218, 320, 330, 346
Kerumitan: Langkah: 117, 267, 268, 313
Kesabaran: Langkah: 59, 79, 101, 116
Kesadaran Tertinggi: Langkah: 88
Kesalahan: Langkah: 26, 27, 73, 77, 241, 245, 246, 255, 261
Kesederhanaan: Langkah: 117, 140, 166, 253, 313
Ketakutan: Langkah: 41, 51, 87, 103, 128, 151, 152, 162, 195, 219, 226, 228, 293, 319
Keterbatasan: Langkah: 44, 45, 46, 51, 233
Keterpisahan: Langkah: 13
Ketidakpastian: Langkah: 79, 81, 275
Komitmen: Langkah: 365
Komunikasi: Langkah: 153, 193, 201, 285
Komunitas: Langkah: 300, 309
Komunitas Besar: Langkah: 187, 189, 190, 199, 202, 203, 211, 256, 325, 326
Komunitas Pelajar: Langkah: 170, 171
Konsistensi: Langkah: 142
Kuasa: Langkah: 269, 270
Kuasa Tuhan: Langkah: 39, 40, 41

Latihan: Langkah: 80, 91, 120, 148, 149, 170, 181, 197, 212, 226, 340

Master: Langkah: 106, 140
Melihat: Langkah: 19, 23, 30, 31, 35, 48, 62, 99, 138, 179, 199, 213, 224
Memaafkan: Langkah: 86, 123, 178, 205, 207, 209, 222, 229, 241, 245, 246, 255, 262, 291
Memberi: Langkah: 53, 86, 101, 105, 121, 122, 147, 148, 149, 156, 158, 159, 171, 173, 178, 217, 237, 242, 244, 245, 260, 261, 284, 321, 329, 344
Memercayai: Langkah: 72, 83, 87, 164, 253, 254, 316

Mempelajari Kurikulum: Langkah: 42, 58, 91, 98, 119, 138, 147, 161, 181, 182, 185, 196, 198, 224, 235, 244, 255, 265, 266, 308, 322, 344
Menahan Diri: Langkah: 101, 220, 269
Mendengarkan: Langkah: 15, 62, 64, 75, 193
Menerima: Langkah: 24, 155, 159, 181, 223, 328, 341
Mengambil Keputusan: Langkah: 176, 236, 322
Mengasihani Diri: Langkah: 123, 124, 127
Mengeluh: Langkah: 66, 180
Mengungkapkan Diri: Langkah: 357
Menipu Diri: Langkah: 81, 227, 228
Menjadi Siswa: Langkah: 34, 42, 47, 100, 109, 150, 196, 230, 237, 262, 269, 270, 289, 290, 294, 304, 332, 342, 343, 352, 363, 364
Menyelesaikan masalah: Langkah: 267, 268, 312, 313
Merasa Nyaman: Langkah: 109, 111
Misi: Langkah: 33, 36, 165, 166
Misteri: Langkah: 36, 39, 110, 137, 138, 139, 186, 295

Objektivitas: Langkah: 63, 126, 189, 202, 203, 204, 208, 210, 224, 228

Panduan Batin: Langkah: 29, 128, 194, 215, 247, 248
Panggilan di Dunia: Langkah: 185, 231, 232, 312, 323
Pelayanan: Langkah: 60, 86, 89, 101, 139, 141, 190, 194, 195, 234, 255, 257, 292, 310, 311, 312, 319, 320, 331, 343, 349, 359
Pemenuhan: Langkah: 95, 97, 320
Pemulihan: Langkah: 188, 189, 198, 206, 287, 309
Penderitaan: Langkah: 27, 229, 293
Pengalaman: Langkah: 27, 183, 241
Pengamatan: Langkah: 29, 30, 62, 202
Pengaruh: Langkah: 113, 203, 212, 269, 303
Penilaian: Langkah: 30, 49, 60, 76, 82, 99, 151, 193, 205, 213, 214, 262, 324
Penuh Perhatian: Langkah: 338

Penyelamat: Langkah: 276
Persatuan: Langkah: 11, 140, 196, 288
Perubahan: Langkah: 84, 266, 294, 347, 348, 350
Pikiran Pribadi: Langkah: 87, 200, 201

Rencana Tuhan: Langkah: 85, 92, 96, 186, 241, 276, 318
Rumah: Langkah: 353, 354, 358

Sendirian: Langkah: 53, 78, 157, 249, 250, 315, 337

Takdir: Langkah: 135
Tanggung Jawab: Langkah: 270, 271
Teman: Langkah: 114, 211, 258, 288
Tubuh: Langkah: 201
Tuhan: Langkah: 40, 43, 96, 103, 104, 127, 318, 319, 339, 353
Tujuan: Langkah: 20, 71, 92, 93, 94, 105, 131, 134, 136, 179, 185, 188, 190, 193, 212, 231, 290, 306, 345, 346, 351, 357

Pengetahuan tidak termasuk dalam daftar di atas karena hampir semua langkah dalam *Langkah-Langkah menuju Pengetahuan* membuat referensi penting untuk itu.

Tentang Proses Penerjemahan

Utusan Tuhan, Marshall Vian Summers, telah menerima sebuah Pesan Baru dari Tuhan sejak tahun 1982. Pesan Baru dari Tuhan adalah Wahyu terbesar yang pernah diberikan kepada umat manusia, yang kini diberikan kepada sebuah dunia terpelajar dengan komunikasi global dan kesadaran global yang meningkat. Ini tidak diberikan untuk satu suku, satu bangsa atau satu agama saja, melainkan untuk menjangkau seluruh dunia. Ini memerlukan terjemahan ke dalam sebanyak mungkin bahasa.

Proses Wahyu kini sedang diungkapkan untuk pertama kalinya dalam sejarah. Dalam proses yang luar biasa ini, Hadirat Tuhan berkomunikasi melampaui kata-kata kepada Majelis Kemalaikatan yang mengawasi dunia. Majelis kemudian menerjemahkan komunikasi ini ke dalam bahasa manusia dan berbicara semua sebagai satu melalui Utusan mereka, yang suaranya menjadi sarana untuk Suara yang lebih agung ini—Suara Wahyu. Kata-katanya diucapkan dalam bahasa Inggris dan langsung direkam dalam bentuk audio, kemudian ditranskripsikan dan disediakan dalam teks dan rekaman audio Pesan Baru. Dengan cara ini, kemurnian Pesan asli Tuhan dilestarikan dan dapat diberikan kepada semua orang.

Namun ada juga proses penerjemahan. Karena Wahyu asli disampaikan dalam bahasa Inggris, ini adalah dasar untuk semua terjemahan ke dalam banyak bahasa umat manusia. Karena ada banyak bahasa yang digunakan di dunia kita, terjemahan sangat diperlukan untuk membawa Pesan Baru kepada orang-orang di mana-mana. Seiring waktu siswa-siswa Pesan Baru telah tampil untuk secara sukarela menerjemahkan Pesan ini ke dalam bahasa asal mereka.

Pada saat ini dalam sejarah, Society tidak mampu membayar untuk penerjemahan dalam begitu banyak bahasa dan untuk Pesan yang begitu luas, Pesan yang harus menjangkau dunia dengan sangat mendesak. Di luar itu, Society juga percaya bahwa penting bahwa para penerjemah kami adalah siswa Pesan Baru untuk memahami dan mengalami, sebanyak mungkin, esensi dari apa yang sedang diterjemahkan.

Mengingat urgensi dan kebutuhan untuk membagikan Pesan Baru ke seluruh dunia, kami mengundang bantuan penerjemahan lebih lanjut untuk memperluas jangkauan Pesan Baru ke dunia, membawa lebih banyak Wahyu ke dalam bahasa-bahasa di mana terjemahan sudah dimulai dan juga memperkenalkan bahasa-bahasa baru. Seiring waktu, kami juga berupaya meningkatkan kualitas terjemahan ini. Masih banyak yang harus dilakukan.

Kisah Utusan Tuhan

Marshall Vian Summers adalah Utusan untuk Pesan Baru dari Tuhan. Selama lebih dari tiga dekade beliau telah menjadi penerima sebuah Wahyu Ketuhanan yang diberikan untuk mempersiapkan umat manusia menghadapi perubahan besar lingkungan, sosial dan ekonomi yang akan tiba ke dunia dan untuk kontak umat manusia dengan kehidupan berakal di alam semesta.

Pada tahun 1982, pada usia 33, Marshall Vian Summers dipanggil ke gurun Barat Daya Amerika di mana beliau bertemu langsung dengan Hadirat Kemalaikatan, yang telah memandu dan mempersiapkan beliau untuk peran dan panggilannya yang akan datang. Pertemuan ini selamanya mengubah jalan hidup beliau dan menginisiasi beliau ke dalam hubungan yang lebih dalam dengan Majelis Kemalaikatan, yang mengharuskan beliau menyerahkan hidupnya kepada Tuhan. Ini memulai proses panjang dan misterius untuk menerima Pesan Baru Tuhan bagi umat manusia.

Mengikuti inisiasi misterius ini, beliau menerima wahyu pertama dari Pesan Baru dari Tuhan. Selama beberapa dekade sejak itu, sebuah Wahyu besar bagi umat manusia telah membuka, terkadang perlahan dan terkadang secara deras. Selama tahun-tahun yang panjang ini, beliau harus melanjutkan dengan dukungan hanya segelintir individu, tanpa mengetahui apa arti dari Wahyu yang berkembang ini dan ke mana akhirnya menuju.

Utusan Tuhan telah menempuh perjalanan yang panjang dan sulit untuk menerima dan menyajikan Wahyu terbesar yang pernah diberikan kepada keluarga manusia. Sampai hari ini Suara Wahyu terus berbicara melalui beliau saat beliau menghadapi tantangan besar untuk membawa Wahyu Baru Tuhan ke dunia yang bermasalah dan penuh konflik.

Baca lebih lanjut tentang kehidupan dan kisah Utusan Tuhan Marshall Vian Summers: https://www.pesanbaru.org/siapakah-marshall-vian-summers/

Baca dan dengarkan wahyu asli Kisah Utusan Tuhan (dalam bahasa Inggris): https://www.pesanbaru.org/pesan/volume-1/utusan-tuhan-yang-baru/kisah-utusan-tuhan/

Dengarkan dan saksikan ajaran dunia dari Utusan Tuhan:
https://www.pesanbaru.org/utusan-tuhan-berbicara/

Suara Wahyu

Untuk pertama kalinya dalam sejarah, Anda dapat mendengar Suara Wahyu, Suara seperti yang berbicara kepada para nabi dan Utusan masa lalu dan yang kini berbicara kembali melalui Utusan baru yang ada di dunia saat ini.

Suara Wahyu bukanlah suara satu individu, melainkan suara seluruh Majelis Kemalaikatan yang berbicara bersama, semua sebagai satu. Di sini Tuhan berkomunikasi melampaui kata-kata kepada Majelis Kemalaikatan, yang kemudian menerjemahkan Pesan Tuhan ke dalam kata-kata dan bahasa manusia yang dapat kita pahami.

Wahyu-Wahyu dalam buku ini awalnya diucapkan dengan cara ini oleh Suara Wahyu melalui Utusan Marshall Vian Summers. Proses Wahyu Ketuhanan ini telah berlangsung sejak tahun 1982.

Wahyu berlanjut hingga hari ini.

Dengarkan rekaman audio asli dari Suara Wahyu, yang merupakan Sumber dari teks yang terkandung dalam buku ini dan di seluruh Pesan Baru: https://www.pesanbaru.org/pesan/

Pelajari lebih lanjut tentang Suara Wahyu, apa itu dan bagaimana ia berbicara melalui Utusan Tuhan: https://www.pesanbaru.org/tentang-proses-turunnya-wahyu/

Tentang Society Untuk Pesan Baru Dari Tuhan

Didirikan pada tahun 1992 oleh Marshall Vian Summers, Society untuk Pesan Baru dari Tuhan adalah organisasi nirlaba keagamaan independen 501(c)(3) yang terutama didukung oleh para pembaca dan siswa Pesan Baru, yang tidak menerima sponsor atau pendapatan dari pemerintah atau organisasi keagamaan apa pun.

Misi Society adalah untuk membawa Pesan Baru dari Tuhan kepada orang-orang di mana-mana sehingga umat manusia dapat menemukan kesamaannya, melestarikan Bumi, melindungi kebebasan manusia dan memajukan peradaban manusia saat kita berdiri di ambang batas perubahan besar dan alam semesta penuh dengan kehidupan berakal.

Marshall Vian Summers dan Society telah diberi tanggung jawab besar untuk membawa Pesan Baru ke dalam dunia. Anggota Society adalah sekelompok kecil individu yang berdedikasi yang telah berkomitmen untuk memenuhi misi ini. Bagi mereka, merupakan beban sekaligus berkat besar untuk memberikan diri mereka dengan sepenuh hati dalam pelayanan besar ini kepada umat manusia.

THE SOCIETY FOR THE NEW MESSAGE
Hubungi kami:
P.O. Box 1724 Boulder,
CO 80306-1724
(303) 938-8401 (800) 938-3891
011 303 938 84 01 (Internasional)
(303) 938-1214 (fax)
society@newmessage.org
www.pesanbaru.org
www.marshallsummers.com
www.alliesofhumanity.org/id
www.newknowledgelibrary.org

Kunjungi kami:
www.youtube.com/thenewmessagefromgod
www.youtube.com/c/PesanBaruDariTuhan
www.facebook.com/newmessagefromgod

www.facebook.com/marshallsummers
www.facebook.com/PesanBarudariTuhan
www.twitter.com/godsnewmessage

Donasi untuk mendukung Society dan bergabung dengan komunitas pemberi yang membantu membawa Pesan Baru ke dunia:
www.newmessage.org/donate

Tentang Komunitas Seluruh Dunia Pesan Baru Dari Tuhan

Pesan Baru dari Tuhan sedang dipelajari dan dipraktikkan oleh orang-orang di seluruh dunia. Mewakili lebih dari 90 negara dan mempelajari Pesan Baru dalam lebih dari 30 bahasa, komunitas siswa seluruh dunia telah dibentuk untuk menerima Pesan Baru dan mendukung Utusan Tuhan dalam membawa Pesan Baru Tuhan ke dunia.

Pesan Baru memiliki kuasa untuk membangkitkan kecemerlangan yang dorman di dalam orang-orang di mana-mana dan membawa inspirasi dan kearifan baru ke dalam kehidupan orang-orang dari semua bangsa dan tradisi kepercayaan.

Pelajari lebih lanjut tentang komunitas seluruh dunia orang-orang yang mempelajari dan menjalankan Pesan Baru dan mengambil Langkah-Langkah Menuju Pengetahuan dalam kehidupan mereka.

Baca dan dengarkan Wahyu asli Komunitas Seluruh Dunia Pesan Baru dari Tuhan: https://www.pesanbaru.org/pesan/volume-2/komunitas-seluruh-dunia-pesan-baru-dari-tuhan

Bergabunglah di situs gratis Komunitas Seluruh Dunia tempat Anda dapat bertemu siswa lain dan terlibat dengan Utusan Tuhan:
www.community.newmessage.org

Pelajari lebih lanjut tentang peluang pendidikan yang tersedia di Komunitas Seluruh Dunia:

Situs Komunitas - www.community.newmessage.org/
Sekolah Gratis Pesan Baru - www.community.newmessage.org/school
Siaran Internet Langsung dan Acara Internasional - www.newmessage.org/events
Perpustakaan Teks dan Audio Online - www.newmessage.org/the-message

Buku-Buku Pesan Baru Dari Tuhan

God Has Spoken Again (Tuhan Telah Berfirman Kembali)

The One God (Tuhan Yang Esa)

The New Messenger (Utusan Tuhan yang Baru)

The Greater Community (Komunitas Besar)

The Journey to a New Life (Perjalanan Menuju Kehidupan yang Baru)

The Power of Knowledge (Kuasa Pengetahuan)

The New World (Dunia Baru)

The Pure Religion (Agama Murni)

*Preparing for the Greater Community
(Mempersiapkan untuk Komunitas Besar)*

*The Worldwide Community of the New Message from God
(Komunitas Seluruh Dunia Pesan Baru dari Tuhan)*

Steps to Knowledge (Langkah-Langkah Menuju Pengetahuan)

Greater Community Spirituality (Spiritualitas Komunitas Besar)

The Great Waves of Change (Gelombang-Gelombang Besar Perubahan)

Life in the Universe (Kehidupan di Alam Semesta)

*Wisdom from the Greater Community I & II
(Kearifan dari Komunitas Besar I & II)*

Secrets of Heaven (Rahasia Surga)

Relationships & Higher Purpose (Hubungan & Tujuan yang Lebih Tinggi)

Living The Way of Knowledge (Hidup dengan Tata Cara Pengetahuan)

www.ingramcontent.com/pod-product-compliance
Lightning Source LLC
Chambersburg PA
CBHW020329240426
43665CB00043B/120